此页为自学考试教材  专用防伪页

（销售单位盖章处）

本书如有质量问题由本单位负责调换

此防伪页系专门制造

☆ 此防伪页内有黑白水印，透光看水印清晰，水印凹凸感明显

☆ 此防伪页上有开天窗金属线，金属线上印有"自学考试"字样

☆ 此防伪页上徽标用防伪油墨印刷，该徽标在验钞机紫外光照射下显示鲜艳红色荧光

发现盗版　欢迎举报

☆ 向全国高等教育自学考试指导委员会办公室举报

　　举报电话及传真：010-62705005

　　举报网址：www.neea.edu.cn—打击盗版

　　短信举报：13911597580

☆ 向全国"扫黄打非"工作领导小组办公室举报

　　举报热线：010-65212870

☆ 向所在地打击盗版执法部门举报

　　举报热线：12318

全国高等教育自学考试指定教材
文化产业专业(独立本科段)

中国文化导论

(附：中国文化导论自学考试大纲)
(2007年版)

全国高等教育自学考试指导委员会　组编
主　编　陈洪　赵季
编　者(按姓氏笔画为序)
王　军　牛景丽　龙　珊　可延涛　任福海
任德魁　刘彦彦　宋华燕　沈立岩　陈　宏
张　静　倪春莉　盛志梅　梁晓萍　彭惠莉

南开大学出版社
·天津·

图书在版编目(CIP)数据

中国文化导论 / 陈洪，赵季主编. —天津：南开大学出版社，2007.8
ISBN 978-7-310-02721-7

Ⅰ.中… Ⅱ.①陈…②赵… Ⅲ.传统文化－概论－中国 Ⅳ.G12

中国版本图书馆 CIP 数据核字(2007)第 110487 号

版权所有　　侵权必究

南开大学出版社出版
出版人：肖占鹏
地址：天津市南开区卫津路 94 号　邮政编码：300071
*
北京瑞德印刷有限公司印刷
*
2007 年 8 月第 1 版　2010 年 8 月第 3 次印刷
880×1230 毫米　32 开本　15 印张　425 千字
定价：22.00 元

本书如有质量问题，请与教材供应部门联系。

组编前言

21世纪是一个变幻难测的世纪,也是一个催人奋进的时代。科学技术飞速发展,知识更新日新月异。希望、困惑、机遇、挑战,随时随地都有可能出现在每一个社会成员的生活之中。抓住机遇,寻求发展,迎接挑战,适应变化的制胜法宝就是学习——依靠自己学习、终生学习。

作为我国高等教育组成部分的自学考试,其职责就是在高等教育这个水平上倡导自学、鼓励自学、帮助自学、推动自学,为每一个自学者铺就成才之路。组织编写供读者学习的教材就是履行这个职责的重要环节。毫无疑问,这种教材应当适合自学,应当有利于学习者掌握、了解新知识、新信息,有利于学习者增强创新意识、培养实践能力、形成自学能力,也有利于学习者学以致用、解决实际工作中所遇到的问题。具有如此特点的书,我们虽然沿用了"教材"这个概念,但与那种仅供教师讲、学生听,教师不讲、学生不懂,以"教"为中心的教科书相比,已经在内容安排、形式体例、行文风格等方面都大不相同了。希望读者对此有所了解,以便从一开始就树立起依靠自己学习的坚定信念,不断探索适合自己的学习方法,充分利用自己已有的知识基础和实际工作经验,最大限度地发挥自己的潜能,以达到学习的目标。

欢迎读者提出意见和建议。

祝每一位读者自学成功。

全国高等教育自学考试指导委员会
2007年4月

目 录

绪言 ……………………………………………………………（1）
  第一节　文化与中国文化 …………………………………（1）
  第二节　中国文化的发展历程 ……………………………（5）
  第三节　中国文化的基本特征 ……………………………（24）
  第四节　中国文化的现代化 ………………………………（28）

第一章　人生—社会思想 ……………………………………（32）
  第一节　儒家 ………………………………………………（32）
    一、儒家思想简史 ………………………………………（32）
    二、主要代表人物 ………………………………………（34）
    三、主要典籍 ……………………………………………（40）
    四、主要理论主张 ………………………………………（43）
  第二节　道家 ………………………………………………（47）
    一、道家思想简史 ………………………………………（47）
    二、代表人物 ……………………………………………（49）
    三、主要典籍 ……………………………………………（49）
    四、主要理论主张 ………………………………………（51）
  第三节　法家 ………………………………………………（54）
    一、法家思想简史 ………………………………………（54）
    二、代表人物 ……………………………………………（56）
    三、主要典籍 ……………………………………………（57）
    四、主要理论主张 ………………………………………（58）
  第四节　其他学说 …………………………………………（59）
    一、墨家 …………………………………………………（59）
    二、名家 …………………………………………………（61）

第二章　神话传说与宗教 ……………………………………（63）

第一节　先秦神话传说 …………………………………… (63)
第二节　佛教 ……………………………………………… (65)
　　一、佛教简史 …………………………………………… (65)
　　二、佛教人物 …………………………………………… (70)
　　三、中国佛教寺院殿堂结构及其典型配置 …………… (73)
　　四、佛教基本教义 ……………………………………… (78)
　　五、佛教典籍 …………………………………………… (79)
第三节　道教 ……………………………………………… (81)
　　一、道教简史 …………………………………………… (81)
　　二、道教人物 …………………………………………… (83)
　　三、道教基本教义 ……………………………………… (86)
　　四、道教典籍 …………………………………………… (87)
第四节　其他宗教 ………………………………………… (90)
　　一、基督教 ……………………………………………… (90)
　　二、伊斯兰教 …………………………………………… (92)

第三章　史学 ……………………………………………… (94)
第一节　史学沿革 ………………………………………… (94)
　　一、中国古代史学的萌芽 ……………………………… (94)
　　二、中国古代史学的确立 ……………………………… (95)
　　三、中国古代史学的发展与完善 ……………………… (96)
　　四、中国古代史学的转型 ……………………………… (100)
第二节　史学成就 ………………………………………… (101)
　　一、中国古代史学的多样表述形式 …………………… (101)
　　二、中国古代史学的优良传统 ………………………… (105)
第三节　重要典籍 ………………………………………… (110)
　　一、编年类 ……………………………………………… (110)
　　二、纪传类 ……………………………………………… (116)
　　三、纪事本末类 ………………………………………… (121)
　　四、典志类 ……………………………………………… (124)
　　五、史评类 ……………………………………………… (127)

第四章 文学 …………………………………………… (132)
第一节 诗歌 …………………………………………… (132)
一、原始歌谣与《诗经》、《楚辞》 ………………………… (132)
二、汉乐府民歌和"古诗十九首" ………………………… (136)
三、焕然多彩的魏晋南北朝诗歌 ………………………… (138)
四、唐代诗歌与唐五代词 ………………………………… (144)
五、宋诗与宋词 …………………………………………… (149)
六、辽金元诗坛与元散曲 ………………………………… (152)
七、明代诗、词、曲和民歌 ………………………………… (154)
八、清代诗词的复兴 ……………………………………… (156)
九、近代诗词 ……………………………………………… (158)

第二节 散文 …………………………………………… (159)
一、先秦散文 ……………………………………………… (159)
二、秦汉散文 ……………………………………………… (162)
三、魏晋南北朝散文 ……………………………………… (165)
四、唐宋散文 ……………………………………………… (166)
五、明清散文 ……………………………………………… (166)

第三节 小说 …………………………………………… (167)
一、雏形期(魏晋南北朝)——志怪小说和志人小说 …… (167)
二、有意为小说的时代(唐代)——唐传奇 ……………… (168)
三、小说史上的变迁期(宋元)——宋元话本 …………… (168)
四、小说的成熟期——明清小说 ………………………… (169)

第五章 艺术 …………………………………………… (177)
第一节 建筑园林 ……………………………………… (178)
一、建筑 …………………………………………………… (178)
二、园林 …………………………………………………… (182)

第二节 音乐舞蹈戏曲 ………………………………… (185)
一、音乐 …………………………………………………… (185)
二、舞蹈 …………………………………………………… (189)
三、戏曲 …………………………………………………… (192)

第三节　绘画雕塑 …………………………………… （196）
　一、绘画 ……………………………………………… （196）
　二、雕塑 ……………………………………………… （200）
第四节　书法篆刻 …………………………………… （203）
　一、书法 ……………………………………………… （203）
　二、篆刻 ……………………………………………… （207）
第五节　工艺美术 …………………………………… （210）

第六章　文字与图书 …………………………………… （216）
第一节　汉字的演变 ………………………………… （216）
　一、汉字与汉语的关系 ……………………………… （216）
　二、汉字的演变 ……………………………………… （217）
　三、汉字的简化 ……………………………………… （224）
第二节　汉字的构造——六书 ……………………… （225）
第三节　图书的形式 ………………………………… （228）
　一、图书的发展 ……………………………………… （229）
　二、图书的形态 ……………………………………… （231）
第四节　图书的分类 ………………………………… （232）
　一、四部分类法 ……………………………………… （232）
　二、类书与丛书 ……………………………………… （233）
　三、现代图书分类法 ………………………………… （236）

第七章　科学技术 ……………………………………… （239）
第一节　天文历法 …………………………………… （239）
　一、天学理论 ………………………………………… （239）
　二、天象观测与天文仪器 …………………………… （241）
　三、岁时历法 ………………………………………… （243）
第二节　农学 ………………………………………… （246）
　一、农业发展简史与农学思想 ……………………… （246）
　二、农耕技术 ………………………………………… （248）
　三、农田水利工程 …………………………………… （250）
　四、农学家与农学著作 ……………………………… （252）

第三节　数学 …………………………………………… (253)
　　一、中国古代数学的产生 ………………………………… (254)
　　二、中国古代数学发展简史 ……………………………… (254)
　　三、中国古代数学的突出成就 …………………………… (256)

第四节　医学 …………………………………………… (258)
　　一、中医理论概述 ………………………………………… (259)
　　二、临床医学成就 ………………………………………… (260)
　　三、医药学名家与名著 …………………………………… (261)
　　四、少数民族医学 ………………………………………… (263)

第五节　物理学、化学与生物学 ……………………… (265)
　　一、物理学 ………………………………………………… (265)
　　二、化学 …………………………………………………… (267)
　　三、生物学 ………………………………………………… (268)

第六节　工艺制造 ……………………………………… (270)
　　一、造纸术与印刷术 ……………………………………… (270)
　　二、陶瓷工艺 ……………………………………………… (272)
　　三、纺织工艺 ……………………………………………… (273)
　　四、冶金与铸造 …………………………………………… (275)
　　五、机械制造 ……………………………………………… (277)
　　六、造船工艺 ……………………………………………… (279)

第八章　家族与称谓 …………………………………… (281)

第一节　家族关系 ……………………………………… (281)
　　一、严整的宗法体系 ……………………………………… (281)
　　二、血缘九族制和血亲五服制 …………………………… (282)

第二节　亲属称谓 ……………………………………… (283)
　　一、九族的称谓 …………………………………………… (283)
　　二、"五服亲等"的原则 …………………………………… (285)

第三节　姓名字号 ……………………………………… (286)
　　一、姓氏的由来与演变 …………………………………… (286)
　　二、名与命名 ……………………………………………… (288)

    三、字及其适用范围 …………………………………（289）
    四、号与其他尊称 …………………………………（290）
  第四节　谦语敬称及特殊称谓 …………………………（291）
    一、谦语 ……………………………………………（291）
    二、敬称 ……………………………………………（293）
    三、特殊称谓 ………………………………………（295）
  第五节　帝王称号 ………………………………………（296）
    一、年号 ……………………………………………（296）
    二、谥号 ……………………………………………（298）
    三、庙号 ……………………………………………（299）
    四、尊号 ……………………………………………（299）
    五、避讳 ……………………………………………（299）

第九章　民俗 ………………………………………………（302）
  第一节　礼俗 ……………………………………………（302）
    一、礼学经典 ………………………………………（302）
    二、古代的五礼 ……………………………………（304）
    三、礼俗举例 ………………………………………（305）
  第二节　节日 ……………………………………………（308）
    一、春节 ……………………………………………（309）
    二、元宵节 …………………………………………（310）
    三、清明节 …………………………………………（312）
    四、端午节 …………………………………………（313）
    五、中秋节 …………………………………………（314）
  第三节　禁忌 ……………………………………………（316）
    一、岁时禁忌 ………………………………………（317）
    二、行业禁忌 ………………………………………（318）
    三、日常生活禁忌 …………………………………（320）
    四、动植物禁忌 ……………………………………（323）

第十章　政体与官制 ………………………………………（325）
  第一节　政体沿革 ………………………………………（325）

一、王权制度 …………………………………………… (326)
　　二、皇权制度 …………………………………………… (328)
　　三、秦汉时期的三公九卿制中央政体 ………………… (330)
　　四、魏晋南北朝时期的过渡性政体 …………………… (331)
　　五、隋唐三省六部制的政体 …………………………… (332)
　　六、宋代二府三司制的政体 …………………………… (334)
　　七、元代一省制为核心的政体 ………………………… (335)
　　八、明清内阁制的中央政体 …………………………… (335)
　第二节　政区沿革 ………………………………………… (336)
　　一、政区名称的由来及级别 …………………………… (337)
　　二、夏商西周时期的政区 ……………………………… (338)
　　三、秦汉时期的郡县制政区 …………………………… (339)
　　四、魏晋南北朝隋时期的州制政区 …………………… (340)
　　五、唐宋辽时期的道（路）制政区 …………………… (340)
　　六、元明清时期的行省制政区 ………………………… (341)
　第三节　官制沿革 ………………………………………… (342)
　　一、中央官制 …………………………………………… (342)
　　二、地方官制 …………………………………………… (345)
　　三、职官管理 …………………………………………… (351)
第十一章　教育与科举 …………………………………… (357)
　第一节　学校 ……………………………………………… (357)
　　一、学校的起源 ………………………………………… (357)
　　二、学在官府与官学的发展 …………………………… (358)
　　三、学术下移与私学的发展 …………………………… (364)
　第二节　书院 ……………………………………………… (368)
　　一、书院的起源与发展 ………………………………… (368)
　　二、书院的组织管理制度 ……………………………… (371)
　　三、书院的学术传授方式 ……………………………… (375)
　第三节　选举制 …………………………………………… (377)
　　一、先秦时期的选举制 ………………………………… (377)

二、汉代的察举征辟制 …………………………………………（380）
　　三、魏晋南北朝的九品中正制 …………………………………（382）
　第四节　科举制 ……………………………………………………（384）
　　一、科举制的产生——隋代进士科 ……………………………（384）
　　二、科举制的确立与完备——唐代科举 ………………………（385）
　　三、科举制的变革——宋代科举 ………………………………（388）
　　四、科举制的定型与衰亡——明清科举 ………………………（390）
　　五、科举制的功过 ………………………………………………（393）

第十二章　货币与度量衡制度 …………………………………………（395）
　第一节　中国古代的货币 …………………………………………（395）
　　一、中国货币的滥觞 ……………………………………………（395）
　　二、统一货币的产生和发展：半两钱、五铢钱、通宝钱 ……（396）
　　三、中国古代的纸币：交子、元钞、宝钞 ……………………（398）
　　四、古代中国社会货币的典型——银两 ………………………（400）
　　五、近代货币——银元 …………………………………………（401）
　第二节　中国古代的度量衡 ………………………………………（401）
　　一、中国度量衡的起源和初步发展 ……………………………（402）
　　二、中国度量衡制的建立——秦汉度量衡制 …………………（402）
　　三、中国度量衡制的延续和发展 ………………………………（404）
　　四、中国古代的度量衡器具 ……………………………………（405）

参考书目 …………………………………………………………………（408）
后　记 ……………………………………………………………………（410）

附：全国高等教育自学考试《中国文化导论》自学考试大纲 ………（411）
　　后　记 …………………………………………………………（464）

绪 言

是什么力量,使人从动物的世界中脱颖而出?是工具的制造和使用?是复杂的社会组织和群体生活?是理性思维的能力?是表达观念、交流信息的语言符号?可以说都是,但所有这一切,无非是"文化"。

又是什么力量,使人与人之间分别开来?是不同的风俗和习惯?是不同的生活方式和状态?是不同的价值观念和思想体系?是不同的社会制度和意识形态?也可以说都是,但所有这一切,亦无非是"文化"。

那么,文化是什么?什么又是中国文化?中国文化是如何产生、发展和演变的?其不同于其他文化的基本特征是什么?中国文化还有生命力吗?其未来命运又将如何?要回答这些问题,必须对中国文化有一个基本的了解。而作为一个中国人,作为担负着中国文化传承与创新的神圣历史使命的当代学子,对于这些问题更需要有一个基本体认和清醒的思考。本书之编写,即在于为此思考提供一个简明的知识背景。

第一节 文化与中国文化

关于"文化"概念,界说至为纷繁。为了便于同学们掌握,这里从词源和概念的角度作个简要的解释。

从词源的角度来看,我们目前所使用的"文化"一词,可以说有着双重的渊源。在诞生于殷周之际、后为中国文化元典之一的《周易》当中,就已经出现了"文化"一语的雏形。《周易》"贲"卦的《象辞》说:"观乎天文,以察时变;观乎人文,以化成天下。""天文"意指天象的文采、条理或运行规律,属于自然的范畴;"人文"则是"人类的文采或条理",其与"天文"相对,隐含着"人文"是对"天文"有意识效法的意思,属于社会文化的范畴。这种"人文化成"的思想,后来凝结为"文化"一词,始见于西汉末年刘向的《说苑·指武》,曰:"圣人之治天下也,先文德而后武力。凡武之兴,为不服也;文化不改,然后加诛。"这里的"文化",是"以文德教化"的意思,与武力征服相对。

不过我们今天所使用的"文化"概念,更多地吸收了西方的内涵。英语、法语和德语的"文化"即"Culture"或"Kultur",系由拉丁语的"Cultura"一词演化而来,这个词最初作动词使用,有"耕种"、"培养"、"居住"、"敬神"等具体含义,和人类的物质生活有直接的关系。到了十六七世纪,这个词又引申出"培植树木禾苗"的含义,进而衍生出"精神修养"的含义,并涵摄了知识、情操、心灵、风尚等各个方面,其重心遂由物质生活转向精神生活的领域。至19世纪尤其是20世纪以后,"文化"一词逐渐成为人文学术和社会科学的核心概念之一。

自1868年起,日本实行明治维新,其间大量译介西方学术,在对译"Culture"一词时,便采用了来自汉语的古老词汇——"文化"。三十年后,中国人在甲午战败的反思中开始关注日本的经验,西方的思想通过日本的中转进入中国,其间便伴随着大量的西文日译术语的引进,"文化"即其一例。从这个意义上说,今天我们所使用的"文化"概念有着双重的来源:就词形而言,其来源为汉语本身(至少是日语中的汉语词汇);但就内涵而言,则大部分来自西方。

西方学术界较早对"文化"概念作出系统解释的,是英国人类学家爱德华·泰勒在1871年出版的《原始文化》一书。他认为:

> 文化是一个复合的整体,其中包括知识、信仰、艺术、道德、法律、风俗和任何人作为社会成员而获得的任何其他的能力和习惯。

1952年,美国著名人类学家克罗伯和克鲁克洪在《文化的概念》一文中对当时所能见到的一百六十多种"文化"定义作了系统的梳理和辨析,并阐述了自己的看法:

> (文化)是指整个人类环境中由人所创造的那些方面,既包含有形的也包含无形的。所谓"一种文化",它指的是某个人类群体独特的生活方式,他们整套的"生存式样"。……是通过观察该民族的应对方式,由其中的规律或规律倾向抽象出来的。

其后,人们对"文化"的不同定义仍陆续出现,虽各自广狭、角度有所不同,但核心部分还是大体一致的,就是指人类创造出的物质、精神成果,与天然自在的物体、现象相区分。

就国内情况来看,则大多偏重于从文化构成的角度来界定这一概念,如通常把文化概念分为广义和狭义的两种。广义的文化指人类所创造的全部财富的总和,其进一步的分类则有简有繁。其简者,将文化分为物质文化(或器物文化)和精神文化(或观念文化)两类;其繁者,将文化分为物质文化、制度文化、行为文化、精神文化四类,其中制度文化是指约束力较强的行为规则与组织模式,行为文化则指风俗、习惯、礼仪等约束力较弱的规则与模式。狭义的文化,则不包括物质文化,或仅指精神文化与行为文化。

还有人根据不同文化在整个文化体系中所处地位和具有的作用的差异,将文化分为主文化(或主流文化)、亚文化(或副文化、支流文化)和反文化(指与主流文化相对立的文化)。与此类似的,也有划分为上层文化与民间文化、精英文化与大众文化、雅文化与俗文化等不同的文化形态的。

客观地来看,这些不同的文化定义彼此并无高下之分,只是由于观察角度和研究旨趣的不同而各有取重而已。在本教材中,我们在认可、吸收上述定义的同时,根据本书特殊的编写意图,首重"精神文化"的内涵,兼及"行为文化"和"制度文化"的方面。这样做的原因在于:精神文化乃是一个民族价值观念、意义体系、思维方式、民族性格乃至民族精神的集中体现,是文化的核心所在;而行为文化和制度文化,则具体呈现着一个民族特有的生存样态,是精神文化的直接表现。

本书所谓"中国文化",指中国的传统文化而言。此处的"中国"一词既是一个地理概念,也是一个文化概念。而"中国传统文化",即是由中华民族历代祖先所创造,并在历史长河中交汇、融合、积淀下来的精神遗产。

就地理而言,中国的疆域经历了漫长的开拓与变迁,最初以黄河流域为中心,其后不断扩展,代有盈缩,至清代乃奠定"东极三姓所属库页岛,西极新疆疏勒,至于葱岭,北极外兴安岭,南极广东琼州之崖山"(《清史稿·地理志》),面积约一千二百六十万平方公里的庞大版图。此后虽屡遭世界列强蚕食鲸吞,但有赖于全中国人民之顽强抵抗与流血牺牲,最终保持了目前状似雄鸡、面积达九百六十万平方公里的国土。此意义上的"中国",首先是一个方位兼政治的概念,如周初青铜器铭文《何尊》"余其宅兹中国,自是乂民",《诗经·大雅·民劳》"民亦劳止,汔可小康。惠此中国,以绥四方"等之"中国",乃"中央之城"(即京城)、"中央之国"之意,与"中原"、"中土"、"中州"、"中华"等意义相近。此后,"中国"的指涉范围随王朝更迭、文化变迁而不断扩展,至汉代乃成为与异域外邦相对举的非正式国名,如《史记·大宛列传》"大宛及大夏、安息之属,皆大国,多奇物、土著,颇与中国同业"。并于宋元萌发,于清代晚期基本确立为与其他国家相对举的国体含义,"中央之国"的意义逐渐消退。辛亥革命以后,"中国"作为历史悠久且家喻户晓的名字,先后成为"中华民国"和"中华人民共和国"的简称,用为正式的国名并得到国际社会的普遍承认。

至迟在春秋战国时期,"中国"(亦称"诸夏")一词已具有文化的意味,时人以为"中国"之异于"四夷"者,不唯"居天下之中",更有"文章之盛",即发达的礼乐文化和精神文明。《史记·赵世家》记公子成曰:

> 中国者,盖聪明徇智之所居也,万物财用之所聚也,贤圣之所教也,仁义之所施也,诗书礼乐之所用也,异敏技能之所试也,远方之所观赴也,蛮夷之所义行也。

与此相关,由"中国"与"华夏"复合、简化而来的"中华"一词,更明显地带有了文化的含义。《左传》定公十年孔颖达疏云:

> 中国有礼义之大,故称夏;有服章之美,谓之华。

元人王元亮《唐律疏议释文》也说:

> 中华者,中国也。亲被王教,自属中国,衣冠威仪,习俗孝悌,居身礼义,故谓之中华。

这些表述无疑都包含着一种文化的自我意识。当然,中国文化并非单一的汉民族文化,而是自古以来在中国境内繁衍生息的各族人民共同创造的多元文化交汇融合的历史结晶。所以本书所论之"中国文化",

其创造主体为中华民族;其时空范围,肇自远古,而绵延于近代,以今日中国之疆域为界;其主要内容,则是以哲学、宗教、历史、文学、艺术、文字图书、科学技术为核心的精神文化,并兼及于以家族伦理、民间习俗、典章制度等为主体的行为文化与制度文化。

第二节 中国文化的发展历程

古代中国,与古埃及、古巴比伦、古印度并称四大文明古国,其文明的诞生时间虽较后三者略晚,却是其中唯一一个保持了自身连续性和同一性的文化,与其他三大文明先后中断或消亡的命运迥异。这不能不说是一个引人深思的问题。而追溯中国文化发生、发展与演变的历程,将为解答这个问题提供有益的启发。

任何一种文化的发生,都有其特殊的条件。从功能的价值来考察,文化正是人类适应其生态和自然环境的工具。与此同时,人类也把自己对世界的认知、体验、评价和想象铭刻在自然之上。因此,考察中国文化独特的发生、发展和演变的过程,首先需要对古代中国的地理生态环境有个基本的了解。

中国位于亚洲大陆的东部,其西与西南边耸立着有"世界屋脊"之称的青藏高原和纵贯南北的横断山脉,西北与北边横亘着广袤无垠的戈壁和沙漠,东面与南面则濒临浩瀚无际的西太平洋。在科技未兴的古代世界,它们是人类难以逾越的自然屏障,为中国文化的连续发展提供了一个相对封闭的地理空间。

当然,这种屏障作用是两方面的:它一方面可以阻隔异域文明的毁灭性打击;另一方面则限制了中国文化的无限外延,也易于孳生自我封闭的文化保守主义。而且,这种屏障作用也具有历史的相对性:当中国文化处于盛壮之时,它们并不能抑制中华民族走出国门的雄心与智慧,此有陆海两线丝绸之路的开辟,张骞、班超的通西域,法显、玄奘的取经于印度,郑和的七下西洋等可以为证;而在科技高度发达、交通更为便利的现代,它们就更不足以构成隔绝中外交流的绝对障碍。

在高山、大漠、巨洋的围护之内,东亚大陆又有着极为辽阔的腹地,其中地形、河流、土壤、气候等自然条件十分复杂,为中国文化的多样性和持续发展提供了有利的自然条件。大体说来,中国是一个多山国家,地势西高东低,高山、高原和大型内陆盆地主要集中在西部,丘陵、平原和较低的山地则主要分布在东部。受地势影响,中国的河流大多呈自西而东的流向,黄河、长江、淮河、珠江、汉江、辽河等水系为中国人的饮食、灌溉、交通运输提供了宝贵的资源,也作为天然的地理分界线催生出不同的文化群落。显著的季风气候造成降雨量由沿海向内陆递减之势,决定了东南农耕、西北游牧乃至后世"东南财赋"与"西北甲兵"的基本格局,同时导致夏天雨热同季,温度与水分配合良好,对农作物的生长十分有利。因此中国很早就拥有世界上最发达的农业,其传统文化的物质与精神成果,亦无不以农业为基础。总之,复杂的海陆形势、山川地貌、气候类型和广阔的国土纵深,构成中国文化生成、演化与多样化的天然地理区域,又为中国文化之趋利避害和再生复壮提供了充分的回旋余地。

中国文化,正是中国人在适应和改造中国的自然环境,表达自己对世界的认知、体验和想象的过程中创造出来的。这种文化的形成和发展经历了漫长而复杂的历史,其间既有多种成分与不同倾向的对立、冲突、互渗和交融,也有一以贯之、传承不衰的共同传统。因此,要把握中国文化的发展历程,一方面必须充分考虑它在时间、空间与逻辑上的各种复杂的关系和脉络,另一方面则要抓住它发展演化的核心线索。据此,我们将中国文化的发展历程分为八个阶段,并概括其基本情况如下:

第一阶段,是中国文化的史前或起源时代,包括旧石器和新石器时期,相当于中国古史中的传说时代。此一阶段,在中国境内发现了多处古人类化石,如属直立人的巫山人(距今约二百万年)、元谋人(距今约一百七十万年)、蓝田人(距今约六十五至八十万年)、北京人(距今约五十万年),属早期智人的马坝人(距今约二十万年)、大荔人(距今约十万年)、长阳人(距今约十万年)、丁村人(距今约五万年),属晚期智人的柳江人(距今约三至五万年)、山顶洞人(距今约一万八千万年)、资阳人(距今约七千年)。从人种学上看,他们均存在共同的体质特征,如颧骨高突、铲形门齿、印加骨、额中缝等,皆属于蒙古利亚人种。由此可以证明,从旧石器时代到新石器时代,中国境内的居民在体质上存在着一脉相承的进化序列,中国人种并非外来而是独立起源的。

旧石器时代,人类主要用打击、刮削等方法制造粗糙的石器工具。新石器时代主要使用磨制方法,工艺较为精细。中国境内的旧石器文化以石片石器为主,砾石石器和石核石器次之,其最大成就是火的使用。元谋人是否已会用火,学界尚有争议,但在北京人文化遗址中发现了大量灰烬和因烧灼而变色的石块、骨骼,甚至还有木炭。这些都确凿地证明了北京人已经学会用火和保存火种。在中国的古史传说中,燧人氏发明了取火方法,此说保存了人类最初发明取火技术的史影。恩格斯指出:"就世界性解放作用而言,摩擦生火还是超过了蒸汽机,因为摩擦生火第一次使人支配了一种自然力,从而最终把人同动物界分开。"

中国内地新石器文化遗址星罗棋布,目前已发现的有七千多处,已发掘的有四百多处。比较典型的有仰韶文化(公元前 5000 年~前 3000 年)、大汶口文化(公元前 4500 年~前 2500 年)、红山文化(公元前 4000~前 3000 年)、良渚文化(公元前 3300 年~前 2250 年)、马家窑文化(公元前 3000 年~前 2600 年)、龙山文化(公元前 2800 年~前 2300 年)、屈家岭文化(公元前 2750 年~前 2650 年)等。此外还有河南新郑裴李岗、河南舞阳贾湖、甘肃秦安大地湾、河南澧县城头山、内蒙赤峰兴隆洼、陕西临潼姜寨、四川巫山大溪、河南陕县庙底沟、山东章丘城子崖、湖北天门石家河、辽宁凌源牛河梁、山西襄汾陶寺等。

可以肯定的是,中国文化自始便处于多元发生的状态。黄河流域、长江流域、珠江流域以及东北和北方地区,都有相对独立的文化群落。著名考古学家苏秉琦将起源期的中国文化划分为六大区系,即以燕山南北长城地带为中心的北方,以山东为中心的东方,以关中、晋南、豫西为中心的中原,以环太湖为中心的东南部,以环洞庭湖与四川盆地为中心的西南部,以鄱阳湖—珠江三角洲一线为中轴的南方。著名考古学家徐旭生认为中国人的主要来源有三个:一是华夏集团(或河洛集团),以北部的黄帝和南部的炎帝为首,主要活动于黄河中游的中原地区,即考古学的仰韶文化、龙山文化分布区;二是东夷集团(或海岱集团),以蚩

7

尤为首,少昊氏、高阳氏(颛顼)、有虞氏也属于这一集团,主要活动于黄河下游及东部沿海地区,即考古学的大汶口文化、龙山文化、青莲岗文化江北类型的分布区;三是苗蛮集团(江汉集团),主要活动于长江、汉水流域甚至更远的地区,即考古学的大溪文化、屈家岭文化乃至东边的河姆渡文化和良渚文化,传说中的伏羲、女娲就属于这个集团。这些不同的文化区系或集团既有激烈的斗争,又有密切的交流,而最终归于完全的同化,对中国文化均有重要的贡献。

就物质文化来看,中国在新石器时代已开始农业栽培和家畜驯养,五谷、蔬菜、水果等丰富的农作物生产使中国成为农业发源地之一,马、牛、羊、猪、鸡、犬等家畜饲养已十分普遍。制陶业和丝织业的出现,导致了农业与手工业的分离。就制度文化而言,中国文化的史前期经历了从血亲杂交、血缘群婚到族外婚,从母系氏族到父系氏族,从公有制到私有制,从禅让制到世袭制的演变。就精神文化而言,中国的史前文化遗迹呈现出自然崇拜、生殖崇拜、祖先崇拜等多种形态。具有记事或象形特征的刻绘符号已被较为普遍地发现,有的被认为已"具有文字的性质"。绘画、雕塑、音乐、舞蹈等原始艺术遗迹也在各地被普遍地发现。而河南濮阳西水坡古墓蚌塑龙虎图案,则确证了中国史前文化的天文学成就及其深远的宗教政治意义。

第二阶段,是中国文化的雏形时代或"青铜时代"。包括夏(约公元前21世纪~前16世纪)、商(约公元前16世纪~前11世纪)、西周(约公元前11世纪~前771年)三代。所谓"中国文化的雏形时代",是说在此一阶段之内,中国传统文化的某些独特属性开始逐步形成并显现出来。而在前一阶段,这些属性还处于潜在酝酿之中,因此并不明显。所谓"青铜时代",是说自夏代(公元前21世纪)始,中国开始使用青铜器,并一直延续到春秋战国之际(公元前5世纪),历时凡一千五百年,此后铁器的使用逐渐普及。中国的青铜文化,具有十分独特的性质。

考古学上的"青铜时代",大体与人类学的"文明时代"相吻合。对于文明时代的标志性要素,学界尚有不同的意见。大体上说,主要有文字的发明、青铜器的使用、城市的出现、阶级与国家的建立、宗教性礼仪中心的建筑等。但显而易见的是,不同文化的具体发展很难用单一的模式来裁量。例如,西方的定义强调国家是在超越血缘关系的基础上建立起来的社会政权,是根据政治与地域界定的等级机构。然而,中国的夏、商、周三代都是宗法血缘关系与地缘政治关系相统一的,但是我们很难否认,它们已具有了早期的国家形态,即由一个大邦统治之下的众邦的等级性联合,是以对众多血缘组织(即所谓"万邦"或"万国")的统治为基础、政治组织与血缘组织相互为用的公共权力机构,拥有相应的政府、军队、法律和贡赋制度。

河南偃师二里头文化的碳 14 年代测定都在夏代的纪年范围之内,因此二里头文化属夏文化已是学界的普遍共识。但是夏代青铜器中以礼器和兵器为最多,而很少作为生产工具来使用。而且,这种以礼器和兵器为主的架构模式,贯穿了中国的整个青铜时代,与世界其他地方的青铜文化明显有别,充分体现了"国之大事,在祀与戎"的时代特征。祭祀是神权的体现,神权又是政权的来源,这种祭政合一、以神道设教的文化特质,具有鲜明的中国特色。此外,这些青铜礼器大多成套出土,器物组合也颇为规律,体现出"名位不同礼亦异数"的等级制度与意识形态。

此外,大型的宫殿、祭坛和文字的发现,无不确切标示着中国文明时代的初现。早在新石器时代晚期,中国各地就已经存在着大量夯土或石筑的城邑,夏商周三代的城市规模就更为可观,有二里头、偃师、郑州、殷墟等地所发现的大型宫殿遗址,及文献记载的宗周、成周的营造为证。而大型的祭祀中心,如神庙、祭坛等,早在红山文化、良渚文化、齐家文化中就已经出现,到了三代,尤其是商、周时代,祀典之完备与规模更非前代可比,这在考古发现和文献的记载中都可以看得很清楚。而19 世纪末所发现的殷商甲骨文字,是中国已知最早的成体系文字,其构字方法已体现出东汉许慎《说文解字》所概括的"六书",即"象形"、"指事"、"会意"、"形声"、"转注"、"假借"的造字法,而甲骨卜辞之内容丰富及体例的成熟,使《尚书·周书·多士》的"惟殷先人,有典有册"的说法得到印证。

孔子"殷因于夏礼,所损益可知也;周因于殷礼,所损益可知也。其或继周者,虽百世可知也"的说法,精辟地揭示了三代文化的连续性及其深远影响。至于三代之间的损益关系，《礼记·表记》更具体地概括为夏代的"尊命,事鬼敬神而远之,近人而忠焉",殷代的"尊神,率民以事神,先鬼而后礼"和周人的"尊礼尚施,事鬼敬神而远之"。夏代文化之详情迄今未明,可以不论。殷人的尊神重鬼,甲骨卜辞有明确的体现：其至上神是上帝,能令风令雨、赐福降灾；其崇拜的对象还有自然神,包括风、云、雨、雪、雷、电及山川四方等；其祭祀的主体则是祖先神,他们生前是上帝在人间的代表,死后则"宾于帝所","在帝左右",成为沟通上帝与人间的信使。对于殷人,除选祭之外还有一种周祭的制度,即以十天为一旬,一年三十六旬周而复始地祭祀。与此同时,频繁的占卜也是殷人宗教信仰的一大事象,其占卜主要使用龟甲兽骨,由"贞人"即巫史专司其事,而吉凶休咎的占断则大抵决于商王,表现出神权与王权的高度统一。这种情况,到了周人克商成为天下新的共主便发生了重要变化。周代文化最突出的特征,是敬天法祖、尊德尚礼的意识形态和宗法制、分封制、礼乐制度互为表里的社会制度。强烈的忧患意识使周人对夏商覆亡的历史教训进行了深刻反思,由此提出"天命靡常"、"惟德是辅"、"明德慎罚"、"敬天保民"等进步主张。为了强化社会整合与统治根基,周代对于晚商以来已初具雏形的宗法制度进行了进一步的强化,使之更为严密和制度化。同时,将血缘等级制度与政治等级制度完全统一起来,实行"封建亲戚以藩屏周"的封建制,即周天子为天下之"大宗",集政权、族权、神权于一身,在名义上拥有天下所有的土地,同时大规模分封同姓(有血缘关系)及异姓(有姻亲关系)诸侯到王朝各地,这些诸侯对周天子而言是小宗,但在各自封国之内则又是大宗,以同样的原则分封卿大夫,卿大夫也以同样的原则分封士。如此自天子而诸侯,而卿大夫,而至于士,构成周代宗法制与封建制相统一的贵族统治集团的金字塔结构。

孔子又云："周监于二代,郁郁乎文哉！"指明了周代文化的另一重大成就,即礼乐制度的创设。礼起源于原始社会的礼俗,在文明社会和国家阶段则被条理化和制度化。周代文化之最大特点,即在其无所不包而又文质彬彬的礼乐文明,即所谓"道德仁义,非礼不成；教训正俗,非礼不备；分争辨讼,非礼不决；君臣上下,父子兄弟,非礼不定；宦学事师,非礼不亲;班朝治军,莅官行法,非礼威严不行;祷祠祭祀,供给鬼神,非礼不诚不庄"。重要的是,"礼别异,乐统同"。前者的功能是区分尊卑贵贱、亲疏远近,建立牢固的等级秩序,后者的功能则是规驯人的心志、协调社会关系,二者相须为用,使整个社会达到有序与稳定。

宗法、封建、礼乐三位一体,其共同归趣则如王国维所说,在"纳上下于道德,而后天子、诸侯、卿大夫、士、庶民以成一道德之团体"。此于中国文化之影响,实在是极为重大而深远的。

第三阶段,是中国文化的"轴心时代"或"元典时代"。包括春秋(公元前770年~前481年)、战国(公元前481年~前221年)两个时期,这是中国社会与文化史上第一次重大转折时期。

这是一个"礼坏乐崩"的时代,王纲解纽,诸侯力政,卿大夫专权,以致家臣、庶人干预政治,宗法、世袭制度日趋瓦解,礼乐制度迭遭破坏和僭越,兄弟甥舅之国已无亲敬可言,大威小、强并弱而相战无已。中国社会由此进入一个大动荡、大变革的时代。首先是社会结构发生"高岸为谷,深谷为陵"的剧变,原本养尊处优的宗法贵族因腐化无能而逐渐失势,而士人与庶民等低等阶层则因掌握了社会急需的军政技能和文化知识而日渐崛起,"世官世禄"之制让位于"布衣卿相"之局,"礼不下庶人"的传统也一变而为"礼贤下士"之风。在政治制度方面,封建制开始萎缩,春秋以来发轫于秦、晋等国的郡县制至战国时代则趋于普及,大一统和中央集权的趋势已在酝酿之中。在文化思想方面,"王官失守,学在四夷",原先为官府垄断的文化学术因王室衰微而下移民间,畴官世守之学遂为民间私学所取代,《诗》、《书》、《易》、《春秋》等古代典籍得到广泛传播,对百家之学的兴起产生了推动作用。

"轴心时代"的说法借自德国思想家雅斯贝尔斯,他在《历史的起源与目标》一书中指出,以公元前500年为中心,自公元前800年至前200年间,在世界范围内集中发生了一些极不寻常的历史事件,即"在中国,孔子和老子非常活跃,中国所有的哲学流派,包括墨子、庄子、列子和诸子百家都出现了。和中国一样,印度出现了《奥义书》和佛陀,探究了从怀疑主义、唯物主义到诡辩派、虚无主义的全部范围的哲学可能性。伊朗的琐罗亚斯德传授一种挑战性的观点,认为人世生活就是一场善与恶的斗争。在巴勒斯坦,从以利亚经由以赛亚和耶利米到以赛亚第二,先知们纷纷涌现。希腊贤哲如云,其中有荷马、哲学家巴门尼德、赫拉克利特和柏拉图,许多悲剧作者,以及修昔底德和阿基米德。在这数世纪内,这些名字所包含的一切,几乎同时在中国、印度和西方这三个互不知晓的地区发展起来"。而在此前,"像巴比伦文化、埃及文化、印度河流域文化和中国土著文化,其本身可能十分宏大,但却没有显示出某种觉醒的意识,古代文化的某些因素进入了轴心期,并成为新开端的组成部分,只有这些因素才得以保存下来。与轴心期光辉的人性相比,以前最古老的文化十分陌生"。轴心时代结束了几千年的古代文明,将其吸收、融铸为具有独特个性和自我意识的文化,从此以后,人类拥有了自我理解的普遍框架,进入了理性思维的时代。而且,"人类一直靠轴心时代所产生的思考和创造的一切而生存,每一次新的飞跃都回顾这一时期,并被它重燃火焰,自那以后,情况就是这样,轴心期潜力的苏醒和对轴心期潜力的回归,或者说复兴,总是提供了精神的动力"。

这是一个十分精辟的观点。执此以观中国的春秋、战国时代,一批熟悉的名字立刻跃入我们的脑海:思想家如老聃、孔丘、墨翟、子思、孟轲、列子、庄周、邹衍、荀况、韩非,政治家如管仲、范蠡、子产、叔向、晏婴、商鞅,军事家如吴起、孙武、孙膑,外交家如蔺相如、苏秦、张仪,史学家如左丘明,文学家如屈原、宋玉,名辩家如惠施、公孙龙,天文学家如甘德、石申,医学家如扁鹊,水利学家如李冰、郑国,等等。这是一个群星璀璨、辉耀千古的时代,一个需要巨人且产生了巨人的时代。中国文化的元典由此而得以确立——从《诗》、《书》、《礼》、《易》、《春秋》等古代文化典籍的搜集、整理、研究和传播,到《论语》、《老子》、《墨子》、《孟子》、《庄子》、《荀子》、《韩非子》等诸子百家之书的创制,皆基本完成于此一时期。由是,中国文化的价值取向、思维模式和公理体系得以初步建立。

以儒、墨、道、法、名、阴阳等为代表的诸子百家,是在礼崩乐坏、学术下移、士人崛起、列国兼并的时代环境中产生的,他们的思想和学术,有着强烈的批判精神和明确的救世倾向。儒家的"克己复礼,天下归仁","墨家的"兼爱"、"尚同"、"非攻"、"节用",道家的"道法自然"、"清静无为",法家的"法"、"术"、"势"和"以法为教"、"以吏为师",名家的"合同异"、"离坚白",阴阳家的"五行生克"、"五德终始",等等,无不回应着时代提出的问题,有着宏阔的视野、深刻的内涵和鲜明的个性,既彼此辩难、攻讦,又相互激发、补偿,使中国文化的不同侧面皆得以发荣滋长而愈见其丰富与深邃,并积蓄了生生不息的活力。

伴随着春秋、战国时代的兼并战争和文化交流,中国文化的统一主体——华夏民族亦得以最终形成。诸侯之间的攻伐和兼并使中原地区的各个部族逐渐统一到少数几个大国的版图之中,如东方的夷族多为齐鲁所兼并,西方的戎族多为秦国所兼并,南方的苗蛮多为楚国所兼并,北方的狄族则多为晋国所兼并。至于过去被诸夏视为戎狄和蛮夷的秦、楚两国,也在与中原各国的冲突交往中逐渐"进于中国",被华夏文化所同化。此于中国文化的统一与发展打下了坚实的基础。

第四阶段,是中国文化实现"大一统"的时代。包括秦(公元前221年~前206年)、西汉(公元前206年~25年)和东汉(公元25年~220年)三个朝代。

经过长期的兼并战争,秦王嬴政于公元前221年统一中国,建立了中国历史上第一个中央集权制的大一统帝国,于强化政治专制的同时,大力推行思想文化的统一,实行"书同文"、"车同轨"、"度同制"、"行同伦"、"地同域",彻底改变了以往"田畴异亩,车涂异轨,律令异法,衣冠异制,言语异声,文字异形"的混乱状况。又烧《诗》、《书》、百家之语,坑是古非今之士,既推动了社会文化的整合,促进了民族共同观念与共同心理的形成,也严重破坏了古代经典的传承,开了思想禁锢与文化专制的恶例。秦政暴虐,民不堪命,期于万世的秦帝国竟二世而亡,取而代之的是另一个大一统帝国——汉王朝。汉初在经济上实行"与民休息"的政策,在思想上尊黄老"自然无为"之学,有助于缓解社会矛盾,使凋敝的民生得以休养生息。但黄老思想无益于中央集权的巩固,因此当国家政治稳定、经济繁荣之后,汉武帝便采纳董仲舒的建议,罢黜百家,独尊儒术,使儒家思想经学化和神圣化,经学遂成为统一天下思想的官方哲学,但凡有所创举,无不依傍经典、托迹注疏,以致有"以《禹贡》治河"、"以《洪范》察变"、"以《春秋》决狱"、"以《诗三百》作谏书"之说。又"以经取士",设《诗》、《书》、《礼》、《易》、《春秋》五经博士及弟子员,身通经艺者擢为郎中。其时以白衣而为天子三公者,便有公孙弘、韦贤韦玄成父子、匡衡、张禹、翟方进、贡禹、薛广德、孔光、马宫、平当、子晏等,利禄所诱,令天下士人靡然向风。

秦火之后,先秦旧籍几乎荡然无存,只有凭老师宿儒的记忆口耳相授,复以汉代通行的隶书文字抄写、整理,所以往往"一人不能独尽其经,或为《雅》,或为《颂》,相合而成"。这些经典就称为"今文经"。五经博士所研习、传授的都是今文经。汉惠帝除"挟书律",汉武帝更令丞相公孙弘开献书之路,遂有民间私藏的先秦旧籍陆续被发现,如《周官》、《尚书》、《论语》、《礼记》、《孝经》等,均用先秦六国文字写成,因此被称为"古文经"。其书发现之后便被藏之秘府,未得学者传习。至汉成帝时,刘向、刘歆父子受命校理秘府藏书,才发现了这批古文典籍。刘歆对《周礼》、《左传》等古文经极力推崇,以期立于学官,但遭到今文学家的强烈反对,斥为"改乱旧章,非毁先帝"。汉末王莽以《周礼》为据实行改制,于是古文经学大盛,《周礼》、《左传》等一度立于博士学官。到了东汉,光武帝又恢复今文博士,古文经再度被废。尽管失去官方支持,古文经却在民间得到广泛的传播和研习,贾逵、服虔、马融、许慎等大师辈出。东汉末年,更有经学大师郑玄以古文经学为主,兼综今文,遍注群经,为天下所宗,今古文之争遂渐告消歇,直到一千六百多年以后的晚清。

今文经学与古文经学的差异,并不仅是书写字体的不同,同时也是字句、版本、篇目的不同,更有学术风格和思想旨趣的重大差别。现存的今文经有《春秋公羊传》、《春秋谷梁传》、《仪礼》、《小戴礼记》、《大戴礼记》、《韩诗外传》,存世的古文经有《毛诗》、《周礼》、《左传》。今文经学重《公羊传》(或《王制》),古文经学重《周礼》。今文经学推尊孔子,视之为"受命"而"托古改制"的"素王";古文经学推尊周公,以孔子为"述而不作"的史家。今文经学注重发掘微言大义,古文经学注重文本训诂和名物考释。今文经学意在干预政治,好讲阴阳灾异,学风活泼而常失之空疏荒诞;古文经学专注经文本义和典章考据,学风朴实而常失之于繁琐。今文经学主合时,古文经学主复古。而两者的矛盾消长之势,每与社会政治动向和时代精神风气相表里,成为政治鼎革、社会变迁与文化转型的重要表征。

秦汉王朝均为当时世界上疆域最广、国力最强的国家,前者与欧洲的罗马帝国、印度的孔雀王朝鼎足而三,后者则与罗马帝国双峰并峙。新生的大一统帝国正磅礴着无限生机与活力,文治武功均有空前的成绩。如击败匈奴,结束了战国以来数百年的边患;修筑万里长城,创造了人类建筑史上的奇迹;开辟丝绸之路,建立了东西文化交流的通道。此外还有"苞括宇宙,总览人物"的汉赋,议论纵横、气象醇厚的汉文,"究天人之际,通古今之变,成一家之言"的纪传体通史《史记》,"包举一代,撰成一书,言皆精练、事甚该密"的断代史《汉书》,以及指南针与造纸术的发明,天文、地理、农业、医药、数学等科技方面的长足进步等,不仅标志着中国文化的辉煌成就,更远播域外,对世界文化的发展产生了深远的影响。

此阶段对中国文化发展具有重大意义的事件,还有佛教的传入和道教的创立。佛经于西汉哀帝时期首次传入中国,而佛教的正式传入则在东汉明帝永平十年(公元67年)。佛教作为产自印度的外来宗教,经过与本土文化的不断冲突和融合,对后世中国文化的发展产生了深刻的影响。道教是在吸收中国古代的神灵信仰、神仙方术、道家思想(尤其是黄老学说)乃至儒、墨、阴阳五行、谶纬、佛教等复杂成分的基础上,于东汉末期创立起来的,对于中国人的思想、生活乃至科技均有重要的影响。

第五阶段,是中国文化由一统走向多元的时代。包括魏(公元220年～265年)、晋(公元265年～420年)、南北朝(公元420年～589年)。这一阶段,可以称为中国文化的第二次重大转折时期。

东汉末年,外戚干政,宦官专权,皇权的绝对权威遭到严重破坏。黄巾起义与董卓之乱的疾风骤雨,终于将大一统的东汉帝国彻底摧垮。此后的四百年间,军阀混战,群雄割据,北方少数民族乘势大举涌入,中原大乱,政权为之频频更迭。其初是三国纷争,曹魏代汉,继则司马篡魏,建立西晋。统一未久,又有"八王之乱"与晋室南迁。此后,南有东晋、宋、齐、梁、陈的几易国柄,北有十六国的混战和北魏、东魏、西魏、北齐、北周的代嬗。战乱、饥馑和瘟疫导致人口锐减,残酷的政治斗争更凸显出生命之脆弱与祸福之无常。天灾人祸的沉重打击,使中国社会各阶层的心态为之一变,秦汉大一统帝国时期乐观豪迈、开放进取的文化精神,转而为一种"忧生"、"忧世"的苍凉梗概。中国文化的走势也因此而发生了转折。

在社会政治方面,门阀制度和士族政治取代秦汉以来中央集权的官僚政治制度,成为此后几百年间中国政治文化的突出特征。世家大族拥有自给自足的庄园经济、强大的宗族组织甚至私人武装,享有赋役、选举等方面的垄断性特权,遂造成"上品无寒门,下品无势族"的局面。强宗大族如琅琊王氏、颍川庾氏、谯郡桓氏、陈郡谢氏、太原王氏、弘农杨氏、清河崔氏、陇西李氏、渤海高氏等轮流执掌政要,其势力足以左右朝政,其文化优势更影响到整个社会的文化风气。

社会政治的分崩离析,引发了文化的分化与多元。儒学独尊的局面被打破,繁琐的章句之学遭到厌弃,于是"公卿士庶,罕通经业",而《周易》、《老子》、《庄子》即所谓"三玄"则成为士人必读之书,本末、体用、有无、才性、言意等成为士人清谈和辩难的热门话题,形成"有晋中兴,玄风独振"、"聃周当路,与尼父争途"的局面,甚而有"非汤武而薄周孔"、"越名教而任自然"的惊世骇俗之说。玄学超越现象而直探本体,其思维方法与经学的注重实证大为迥异,带有浓厚的抽象思辨色彩,此于中国哲学之臻于深邃精密之境具有重要的意义。与此思想之解放相关,魏晋名士蔑弃礼法、崇尚自然,而有种种的任情放诞之举,此即所谓"魏晋风度"。

与玄学的兴盛相随,佛、道二教也在进一步地传播和发展,并与儒学、玄学发生复杂的矛盾与融合。其间之关系,除了佛教与玄学闻风相悦、一拍即合之外,大体上如范文澜先生所说:儒家对道教既不排斥也不调和,道教对儒家有调和而无排斥;儒家对佛教排斥多于调和,佛教对儒家调和多于排斥;佛教和道教则互相排斥,不相调和。此外更有人主张儒、释、道"三教调和"、"三教同源"。而儒、玄、释、道的冲突与融合,极大地丰富了中国文化的特质和内涵。南北朝时期,除北魏太武帝拓拔焘和北周武帝宇文邕有灭佛之举外,南北政权大抵对佛教持尊礼乃至崇奉的态度,于是僧众云集,佛寺林立,佛教经典得以大量翻译传习,佛教教义亦逐步走向中国化,为后世各种中国化佛教宗派的创立提供了肥沃的土壤。受玄学与佛学影响,时人理论思维的水平有了很大提高,刘勰的《文心雕龙》"体大虑周",钟嵘的《诗品》"思深意远",祖冲之计算圆周率之精准,贾思勰《齐民要术》之系统完备等,皆为显例。

与五胡乱华、北人南迁和南北分治相伴随的,还有胡、汉文化的交融与南、北文化的互补,此为春秋战国之后又一次更大规模的民族迁徙与文化融合的高潮。由之,温文尔雅而失于柔弱的中原农耕文化得以吸收北方游牧文化质朴刚健的因素而重焕生机,简要清通而失于玄虚的南学与渊综广博而失于芜杂的北学,则在隋、唐大一统政治的重建中得以取长补短、融为一体。

第六阶段,是中国文化臻于隆盛的时代,包括隋(公元581年~618年)、唐(公元618年~907年)两代。

581年,北周大丞相杨坚自立为帝,改国号为隋,随即举兵伐陈,结束了南北朝以来的分裂局面,重建了统一的中央集权制国家。隋历文、炀二帝凡三十八年而亡,取而代之的是中国历史上最为强盛的大唐帝国。唐历二十帝凡二百九十年,其疆域东临日本海,西抵中亚的阿姆河、锡尔河流域,北至西伯利亚南部,南达中印半岛,其势力远超秦汉,与当时的阿拉伯帝国、加洛林帝国为鼎足而三的世界强国,而发达程度则远非后者可比,唐太宗也被西北各族共同拥戴为"天可汗"。

隋唐文化得海内一统、胡汉交融、国力极盛、交通四达之助,乃造就成一有容乃大的恢弘气度。隋唐王室既有胡人血统,唐王朝更不拘一格广纳各族英才,而组成一真正意义上的精英政府。唐太宗说:"自古皆贵中华,贱夷狄,朕独爱之如一。"显示出一种前所未有的文化开放心态。他深知"水能载舟,亦能覆舟"之理,推行"国以人为本,人以衣食为本"的重民政策,经济上"省徭赋,不夺其时",政治上袭隋三省六部之制,强化中央集权,又虚心纳谏,任人唯贤,开创了千古传诵的"贞观之治"。玄宗承太宗之志,多用贤臣,革除弊政,也成就了一个政治清明、社会安定、国力昌盛而为世人所艳称的"开元盛世"。

唐代的长安城规模宏大,布局严整,人口逾百万,雄踞世界大都会之首,更是当时世界的文化中心。鸿胪寺接待着七十多国的外交使节,国子学和太学先后接纳了三万多名外国留学生。据统计,在长安城的百余万人口中,外国侨民多达百分之二,加上突厥后裔更高达百分之五,俨然是一个国际性大都市。海外的奇珍异宝充斥于宫廷,异域的品物、风俗流行于民间,其时输入中国的外来物品有十八类共一百七十多种。除物质文化外,唐人还以博大的胸襟和高昂的自信博采异域精神文化,包括南亚的佛学、历法、医学、语言学、音乐和美术,中亚的音乐和舞蹈,西亚的祆教、景教、摩尼教、伊斯兰教、医术、建筑,甚至马球,皆为我所用,使唐代文化成为"与印度、阿拉伯和以此为媒介甚至和西欧的文化都有交流的世界性文化"。而先进的唐文化也同时向域外辐射,汉字、儒学、礼教、典章制度、科学技术和中国化的佛教都传播到东亚乃至更远的地区,形成了以上述因素为共同特质的"东亚文化圈"。

　　隋唐两代的文化格局,可以说是儒、道、佛三教鼎立,其统治者虽各有偏好,但总体上采取了兼容并包的政策。皇家尊儒、礼佛、崇道并行不悖,三教经典常并列讲论于朝堂之上,所以儒、释、道的发展各极一时之盛,其并存与共弘使儒、释、道之间彼此激荡而互有施受。而中国化的佛教宗派也大多创始于此时,如三论宗(法性宗)、法相宗(唯识宗)、华严宗、律宗(南山宗)、禅宗等,其中尤以禅宗对中国文化的影响最为深远。思想的异质与多元有助于形成开放的文化心态,中国文化正由之而不断吐故纳新,获得了充沛的生机与活力。

　　隋唐两代影响中国社会、文化至深至远的另一重大成就,是以科举考试为核心的人才铨选制度的建立。它打破了魏晋南北朝以来世家大族对国家权力的垄断,为广大中下阶层的精英分子提供了向社会上层流动的阶梯,扩大了统治集团的社会基础,优化了官僚阶层的文化素质,强化了中央集权的统治效能。自隋朝创始至晚清诏废,科举制度实行约一千三百年,以此为核心,形成了学校教育、分科考试、铨选任官、异地赴任、月给俸禄、致仕退休等一系列的文官制度。这种制度不仅影响到东亚地区,更远播欧洲,为西方近代文官制度的建立提供了有益的启迪。

　　国家的统一强盛,政治的清明宽松,文化的多元兼容,心态的开放进取,同时造就了唐代文学艺术的极大繁荣。诗歌、书法、绘画、雕塑、音乐、舞蹈均有很大发展,而尤以唐诗影响最为巨大而深远。李白、杜甫、王维、王昌龄、白居易、李贺、李商隐、杜牧等诗人的名字向来妇孺皆知，优美的诗篇至今家习户诵，并已经成为中华民族文化记忆中最为牢固的一部分。

第七阶段，是中国文化臻于成熟、精致的时代，以北宋（公元960年～1127年）、南宋（公元1127年～1279年）两代为主，也包括辽、夏、金、元。中国文化在此阶段中发生了第三次重大转折。就历史的逻辑来看，这次转折自唐代中叶已经开始，"安史之乱"是其界标。由此，汉唐时代开放进取的雄浑气象逐渐转变为两宋的精致内敛。陈寅恪指出："华夏民族之文化，历数千载之演进，造极于赵宋之世。"其具体表现，可概括为理学的创立、上层文化的雅化、市民文化的勃兴、文官政治的确立和科技的发达等。

宋代文化在思想方面的最高成就，是理学的创立。但其源头可以追溯到唐代中叶的韩愈。韩愈力排佛老，倡言道统，即尧、舜、禹、汤、文、武、周公、孔子、孟子一脉相传的仁义之道。然其道统之论，却受到佛家衣钵相传之说的影响。北宋五子——周敦颐（号濂溪先生）、邵雍（号康节先生）、张载（陕西人，故其学称关学）、程颢与程颐（二程居洛阳，故其学称洛学）以儒为主，兼综佛道，奠定了理学的理论基础。南宋的朱熹是理学的集大成者，他继承二程的思想，将理学推向体系完备、思辨精微之境。理学尊信的主要经典是"四书"，即《大学》、《中庸》、《论语》、《孟子》，以《大学》的"格物、致知、正心、诚意、修身、齐家、治国、平天下"也即"内圣外王"为人生理想，其主要范畴和论题有"理气"、"心性"、"格物"、"致知"、"主敬"、"主静"、"知行"、"已发未发"、"道心人心"、"天理人欲"、"天命之性气质之性"等。它为原本缺乏形上思辨的传统儒学提供了精致的宇宙论和本体论，并由之推演出一种政治哲学和人生哲学。无论在积极方面还是消极方面，皆影响中国文化至深至巨。

上层文化的雅化是宋代文化的又一大特色。与汉唐以雄浑见长的风格不同，宋代的士大夫别有一种精致细腻的文化品味，其具体表现有"以思理筋骨见胜"的宋诗，以婉约柔美见长的宋词，舒徐和缓、阴柔澄定的宋文，淡远柔润、萧散简古的宋画。其服饰"惟务洁净"，以简朴清秀为雅；其饮茶则"品第之胜，烹点之妙，莫不咸造其极"。于笔墨纸砚则重其质地、样式和装饰,于瓷器则脱略繁丽丰腴而尚其朴澹意态。此外,金石古董之收藏、鉴赏与研究也成为一时之风气。

中晚唐以来日益发达的都市经济,至宋代则大为繁荣,以此为基础,宋代的市民文化得以勃兴。在苏州、杭州、常州、建康、越州、湖州乃至大大小小的商业性城市中,有着无数的茶馆、酒肆、饭庄和专业性的娱乐场所——"瓦舍",大者可容纳数千人。瓦舍中又设有专供演出的各种圈子——"勾栏",多者可达数十处。其中上演着戏曲、杂技、说书、讲史、皮影、傀儡、散乐、诸宫调、角抵、舞旋、花鼓、武术等五花八门的节目,观众也是鱼龙混杂,既有达官贵族和文人墨客,也有行商坐贾、市井杂人。内容通俗而注重感官享乐的市民文化,对中国文化的格局产生了深刻的影响。

隋唐以来以科举制度为核心的文官政治至宋亦趋于完善。宋代实行"右文"、"略武"的政策,将唐、五代的军镇改为商镇,以文官掌方镇、知州,以通判、转运使强化中央对地方的权力监督。同时重视教育,大兴学校,中央官学(国子学、太学等)、地方官学(州县学)与私学(书院等)均极一时之盛,可谓"学校之设遍天下"。又将进士考试确定为州试、省试、殿试三级,扩大录取名额,再加词科、明经、明法诸科,录取人数远过于隋唐,所以"宋有天下三百载,视汉唐疆域之广不及,而人才之盛过之"。在此基础上又完善了官吏选拔、任用、督察、奖惩、俸禄、退休的制度体系,其文官待遇之厚、地位之高为中国历史上所罕见。而且有宋一代,政治开明,太祖即位之初即于太庙立铁券,宣誓本朝不杀大臣与言事者。又将秦汉以来的御史台和谏院从宰相衙门里独立出来,完善了台谏制度,形成台、省并重的权力格局,有利于权力的监督和制衡,为大臣的直言敢谏提供了良好的舆论氛围和制度保证。

宋代科技的突出成绩是指南针、印刷术和火药的发明。指南针刺激了航海事业的发展,活字印刷促进了文化学术的传播,火药改变了战争的形态,皆为文明进步的巨大动力。此外如天文、地理、数学、医药等也都有领先世界的辉煌成就。

意义深远的是,以宋室的南迁为标志,中国文化的中心也随之南移。此一迁移的序幕是东晋的永嘉之乱。北方黄河流域长期陷于少数民族政权之间的割据和纷争,其文化日趋衰败,安史之乱更加剧了这一衰败的进程;而南方则由于形势相对稳定、大量人口尤其是文化精英的迁移而得到开发。自南宋开始,中国文化的中心由长安、洛阳、汴京一线转移到杭州、苏州地区,并一直延续到近代。

辽、夏、金是与北宋、南宋同时存在的北方少数民族政权。它们的强大武力给两宋造成极大威胁甚至亡国之痛,但同时又积极吸收汉文化的优长,如政治、文教、学术、文艺和科技等方面皆是。元代为横跨欧亚大陆的蒙古帝国,在中西文化的交流方面有突出的成就。随着蒙古大军的西征,中国的四大发明传至阿拉伯和欧洲,中国的历法、数学、文艺以及瓷器、茶叶、丝绸等也赢得了世界性声誉。与此同时,伊斯兰教进入中国,穆斯林大规模迁入,逐渐形成一个以中原为家且遍及天下的回族。基督教的一支——景教于此时得以再兴,而另一支——罗马天主教也于此时进入中国并建立了自己的教区。意大利旅行家马可·波罗也在元初来到中国,受到忽必烈汗的礼遇,其口授的《马可·波罗行纪》描述了中国的文明富庶,此书风靡欧洲,直接刺激了日后新航路的探险与开辟。发达的阿拉伯天文学、数学(包括阿拉伯数字)及欧几里德几何学传入中国,对中国科技的发展产生了重大影响。

元曲是与唐诗、宋词相并列的中国古代文学的最高成就之一,是在吸收唐宋大曲、宋词、金元音乐与多种民间曲艺的基础上形成的,包括杂剧和散曲,曲牌达四百多个。著名作家有关汉卿、王实甫、马致远、郑光祖、白朴等,著名作品有关汉卿的《窦娥冤》、《救风尘》、《单刀会》,王实甫的《西厢记》、马致远的《汉宫秋》、白朴的《梧桐雨》、郑光祖的《倩女离魂》等。

值得一提的是,创于两宋但一直屈居草野的程朱理学,在元代却得到了统治者的大力提倡。元代的科举考试以明经为重,以朱子所注的四书五经为标准教科书,儒家学派的创始人孔子也被封为"大成至圣文宣王"。程朱理学在元代的兴盛,造就了一批理学大儒,为理学在明代成为官方意识形态奠定了基础。

第八阶段,是中国传统文化总结、衰落并酝酿新变的时代,包括明(公元1368年~1644年)、清(公元1616年~1911年)两代。此时的中国文化,似乎已进入了垂暮之年,中央集权登峰造极,文化专制空前严酷,社会结构无突破性变化,思想、学术臻于系统、精密,而创新的活力则日渐匮乏,内倾、因循的国民性格趋于定型。但在另一方面,明中叶以降,资本主义生产方式的萌芽,市民阶层的成长,启蒙思想的涌动,实学思潮的蔚兴,也为传统文化向近现代文化的转型积蓄了潜能。

明太祖朱元璋废除沿袭千年之久的丞相制,使六部直接对皇帝负责,集国家政治、军事、财政等大权于一身。清承明制,更于强化君主专制的同时实行民族压迫,使皇权丧失了有效的制衡机制,极易造成不可遏制的灾难性后果,明清两代文化专制的恶性发展即其显例。一方面,朝廷将儒学尤其是程朱理学规定为官方哲学,"一宗朱子之书"、"非濂洛关闽之学不讲",又通过科举制度,以利禄之途引诱天下士人入其彀中;另一方面,对那些"越轨"、"悖逆"的"异端"则施以残酷的迫害与屠戮,文网密布、深文周纳,"以区区小过,纵无穷之诛",制造了大量骇人听闻的文字狱。这种严酷的政治、文化专制造成了群英凋落、万马齐喑的沉闷局面,导致有明"三百年来学问文章,不能上追汉唐,下及宋元",清代士人则"避席畏闻文字狱,著书都为稻粱谋",于中国文化之健康发展,为害可谓至深至烈!

与此同时,明清时代也是中国古典文化的总结和集大成的时代。其标志性成果,是明代的《永乐大典》,清代的《康熙字典》、《古今图书集成》和《四库全书》的编纂。《永乐大典》是世界上最早、最大的一部百科全书,《康熙字典》是世界上最早的收字最多的字典,而《四库全书》则是迄今为止世界上页数最多的丛书。这些大型图书的编纂,无疑是中国古典文化臻于成熟的象征,对于保存中国古代文化遗产居功甚伟。当然,正如《四库全书总目提要》所说:"离经叛道、颠倒是非者,掊击必严;怀诈挟私、荧惑视听者,屏斥必力。"不少珍贵的图书也遭到禁毁。明清之际还涌现了一批领先世界的科技巨著,如李时珍的《本草纲目》、徐光启的《农政全书》、宋应星的《天工开物》等。

在学术文化方面,明代中叶王守仁(即王阳明)开创的"心学"(亦称王学)和清代乾嘉学派开创的"朴学",是明清两代最具特色的学术思想,在中国的学术文化史上占有十分重要的地位。王阳明的心学继承南宋陆九渊的思想,以"心即理"和"致良知"为理论主旨,以"知行合一"为践行路径,张扬了人的主观能动性和个体性,对程朱理学的正统思想造成了强烈的冲击。乾嘉学派的朴学反对义理之学的空疏玄虚之弊,注重文字、音韵、训诂的实证研究,对中国古代的经典文献进行了规模空前的整理和考据,其直接效果当如梁启超所说:"一,吾辈向觉难解难读之书,自此可以读可以解;二,许多伪书及书中窜乱芜秽者,吾辈可以知所别择,不复虚縻精力;三,有久坠之哲学,或前人向不注意之学,自此皆卓成一专门学科,使吾辈学问之内容日益丰富。"其开山大师为明末清初的学者顾炎武,其代表人物有阎若璩、姚际恒、江永、惠栋、戴震、钱大昕、段玉裁、崔述、王念孙、焦循、汪中、阮元等。

明清鼎革之际,一批杰出的学者兼思想家如黄宗羲、顾炎武、王夫之、唐甄等,对中国几千年来的君主专制制度进行了激烈的批判。黄宗羲在《明夷待访录》中指出:"今也天下之人怨恶其君,视之如寇仇,名之为独夫,固其所也。"唐甄《潜书》也指出:"自秦以来,凡为帝王者皆贼也!……杀一人而取其匹布斗粟,犹谓之贼;杀天下之人而尽有其布粟之富,乃反不谓之贼乎!"顾炎武明确地把"国家"与"天下"区别开来,认为"亡国"只不过是"易姓改号",是皇帝一家之私事;而"天下"则是所有人的天下,其兴亡匹夫有责。王夫之也认为:"一姓之兴亡,私也;而生民之生死,公也","天下非一人之私也",如果君主"以天下私一人",为害民众,则"可禅、可继、可革"。这些主张将中国传统的民本思想推到了极致,具有鲜明的启蒙主义因素,对于传统政治思想向近代的转型产生了直接的影响。

值得注意的是,明末清初,曾有过一度的西学东渐之潮。利马窦、汤若望、南怀仁等欧洲耶稣会士来到中国,在传播其宗教神学的同时,更带来了近代的世界观念、先进的科技和人文知识。这些观念和知识震动了中国的有识之士如徐光启、李之藻、方以智、黄宗羲、顾炎武、王夫之、梅文鼎、王锡阐乃至康熙皇帝等,使其眼界大开,也一度促进了中国科技的发展。遗憾的是,由于传统观念的积习过深,这次西学东渐只是激起了一阵古井中的波澜,而未能产生足够深广的社会影响。随着雍正年间耶稣会士被驱逐出境,中国的国门再一次关闭了。

但是,历史的发展是不以人的意志为转移的。当西方资本主义列强开拓世界市场的步伐迈向东方,逼近中国的大门时,中国传统文化与西方现代文化的一场血与火的冲突便在所难免。1840年的鸦片战争以及后来的一系列打击,把中国文化强行推到了一个何去何从的十字路口。这是一场前所未有的文化危机,逼迫着中国人去反思:这一切的背后原因究竟何在。一个文化蜕变与新生的过程也由此开始了。

第三节　中国文化的基本特征

中国文化的发展历程大体如上所述,那么,中国文化的基本特征又是什么?这是一个十分复杂的问题,既因中国文化本身的博大丰富而难以笼统地概括,也因观察角度和价值立场的不同而可以有种种的看法。但是站在文化比较的客观立场上,在避免将相对的判断绝对化的前提下,仍然可以作出一些基本的描述。

第一,人文精神。

纵观中国文化的历史演变,尽管其中也曾有过尊神重鬼的文化形态,但是很早以来便形成了一种"敬鬼神而远之"的生活态度。其关注的中心,是人和人的生活,所谓"域中有四大,人居其一焉"、"人为五行之秀,实天地之心"、"水火有气而无生,草木有生而无知,禽兽有知而无义,人有气有生有知亦且有义,故最为万物贵也"等,皆表述着一种以人为中心的人文精神,并由此发展出一种平实的经验理性。所以,中国文化少有宗教的狂热与虔信,在天神、地祇、人鬼等崇拜和祭祀对象中,也以人鬼即祖宗神最受重视,从而强调一种以"敬"为核心的道德感情。此与重自然的文化(如古希腊)和超自然的文化(如古印度、古希伯莱)相比,明显呈现为不同的文化类型。只是,中国的人文精神所重的不是个体的人、人的个性及其自由发展,而是群体的人和人的群体性,是家庭、宗族、国家,乃至天下。所以,中国文化的人文精神可以说是一种集体主义的人文精神,与西方文艺复兴以后兴起的个体主义的人文精神并非同类。

第二,伦理本位。

与集体主义的人文精神相关联,中国文化特重人类群体的伦理秩序。而由氏族社会遗留下来的宗法社会形态,使中国文化围绕男女、夫妇、父子、兄弟、朋友乃至君臣等各种社会关系形成了井然有序的伦理规范,以及尊卑、贵贱、亲疏、远近的等级观念。与古希腊"求真爱智"的"科学型"文化相比,中国文化自成一种"求善重德"的"伦理型"文化。所谓"明德"、"新民"、"止于至善",所谓"修身"、"齐家"、"治国"、"平天下",皆以道德的完善为旨归。其教育以德育为核心,其政治以德治为宗旨,立身行世强调"贱利重义",解决人际矛盾讲究"以德服人",处理国际纷争强调"先文德而后武力",祭祀鬼神曰"黍稷非馨,明德惟馨",王朝兴替曰"皇天无亲,惟德是辅"。"亲亲"是中国文化百世不移的传统,孝道被视为一切道德规范的起点与核心,至于忠君、尊上和敬长,皆为孝道的自然延伸,因此政治领域里的君民关系和官民关系,便常常被隐喻为父母与子女的关系。就连非人的天地自然,也因道德的移情而具有了伦理的意味,以天地为父母,以万物为朋友,所谓"天人合一"、"民胞物与"者即是。凡此种种,无不体现出一种以伦理为中心的文化模式。

　　第三,天人合一。

　　天,在此指自然。天人关系也就是人与自然的关系。在这个问题上,中西文化有着鲜明的差异。大体上说,中国文化自古以来便强调人与自然的和谐统一,其早期形态是人神合一,因为在初民眼里,天是有意志的、有人格的神,是自然与社会的主宰。《尚书·洪范》里讲"惟天阴骘下民,相协厥居",以为天是庇荫民众使其安居和乐的。春秋时代,郑国的子产有"天地之经,而民实则之"的说法,老子也说"人法地,地法天,天法道,道法自然",强调人要主动地效法天地自然的规律。战国时代,孟子认为,"尽其心者,知其性也,知其性则知天也",显然是把天道与人性视为统一的关系。庄子认为,"通天下一气耳",一切事物都是由气构成的,包括人与自然在内,所以二者在根本上是统一的,因此他主张"无以人灭天",以"天地与我并生,而万物与我为一"为最高的精神境界。《易传》云"夫大人者,与天地合其德,与日月合其明,与四时合其序,与鬼神合其吉凶。先天而天弗违,后天而奉天时",既主张尊重客观规律,又强调发挥人的主观能动性。至汉儒董仲舒提出"人副天数"的天人感应论,则又将天人合一的思想神学化了。"天人合一"命题的正式提出者,是宋儒张载,其《正蒙》云"因明致诚,因诚致明,故天人合一,致学而可以成圣,得天而未始遗人",进而提出"民胞物与"的思想。总之,在这一强大传统的笼罩下,尽管也曾有过"天人相分"的思想,但难以成为主流。客观地说,天人合一观在洞察到人与自然的统一性的同时,也忽略了其间的异质性,难以培养对自然世界的客观深入的探索,但在根本上是合理、正确的,对于纠正人类妄自尊大、肆意破坏自然的弊端具有极为深刻的启迪意义。

第四,尊君重民。

中国传统的经济形态是以农业为主的自然经济,其传统的社会形态是以宗法为核心的等级社会。彼此孤立的农业自然经济造成一个极度分散的社会,家族本位的宗法体系也易于导致各自为政的离心性。因此,为了凝聚社会力量,维护社会稳定,有效地应对严重的自然灾害和外敌侵略,就需要有一个高度统一、极具权威的公共权力机构来提供强有力的社会整合。因此,在中国历史上,不仅是那些身居大位的君主倡导君权神授、尊主集权的思想,多数学派和思想家也都程度不同地主张尊君。商王盘庚就强调所有的臣民都要"暨予一人猷同心"、"听予一人之作猷",否则将"劓殄灭之,无遗育"。周代的《诗经》中也说:"溥天之下,莫非王土;率土之滨,莫非王臣。"儒家学派的创始人孔子以"礼乐征伐自天子出"为理想社会,法家韩非则明确主张"事在四方,要在中央,圣人执要,四方来效",至于臣民,则只能"顺上之为,从主之法,虚心以待令而无是非也。故有口不以私言,有目不以私视,而上尽制之",诸如此类,不一而足。所以尊主集权的倾向不仅没有随着时代的变迁而消失,甚至有愈演愈烈之势。而作为尊君倾向的平衡机制,中国文化中自古也有一种民本主义的观念。因为尽管"劳心者治人,劳力者治于人",但"治于人者食人,治人者食于人",统治者毕竟要靠劳动者来养活,如果劳动者不能安居乐业,甚至到了无以为生的惨境,那么不仅财赋无所出,国削君亡的悲剧也不能避免。所以在中国的历史上,不断可以听到"民之所欲,天必从之"、"天视自我民视,天听自我民听"、"民为邦本"、"民,神之主也"、"养民如子"、"以德和民"乃至"天之爱民甚矣,岂其使一人肆于民上,以纵其淫而弃天地之性","民为贵,社稷次之,君为轻"的民本呼声。尊君与重民也因此成为中国政治文化中相反相成的两大特质。

第五,尚中贵和。

中者,中庸;和者,和谐。尚中贵和是中国文化最为独特的品质之一,是在几千年的农业自然经济和宗法等级社会里孕育而成的民族心态和生存智慧。《中庸》云:"喜怒哀乐未发谓之中,发而皆中节谓之和。中也者,天下之大本也;和也者,天下之达道也。致中和,天地位焉,万物育焉。"尚中,就是保持适当的尺度,不偏不倚,无过无不及,凡事执其两端而用其中。如此才能达到和的境界。西周末年的史伯认为:"和实生物,同则不继。以他平他谓之和,故能丰长而物归之。若以同裨同,尽乃弃矣。"可见"和"与"同"的区别,在于"和"是把不同甚至矛盾的事物结合在一起,相反相成而达到一种平衡的状态;"同"则是把相同的事物累加在一起,只能导致量的增加而无法使事物持续发展或使新事物产生。春秋时代齐国的政治家晏婴则以"相济"、"相成"的思想进一步丰富了"和"的内涵,指出在政治决策中,应该"可否相济",充分吸收不同意见,"济其不及,以泄其过",从而达到平衡和谐的状态,也就是"和"。孔子提出"君子和而不同,小人同而不和"的思想,弟子有若本其师说,也指出:"礼之用,和为贵。"这些观点均体现了一种深刻的哲学洞见和政治智慧。战国的《易传》提出了"太和"的概念,意指一种至高至大的和谐状态,又有"天下一致而百虑,同归而殊途"之说,《中庸》"万物并育而不相害,道并行而不悖"的说法也表达了同样的观点。这些思想,反映并培养了中国文化关于和谐理想的追求和兼收并蓄的宽容精神:于人与自然的关系,体现为"天人合一"的崇高理念;于人与人的关系,体现为"敦睦九族"、"平素百姓"乃至"协和万邦"的"人和"理念;推而广之,其艺术的活动也以"乐而不淫,哀而不伤"的中和之境为至美。所以这种尚中贵和的思想,固然有其保守和调和的一面,但于中国文化之兼容并包与通变久大,又确有不可估量的积极意义。

当然,中国文化的特征不止上述这些,但这些特征无疑是其中最为突出而又为大家所公认的。而且,像独创性、统一性、恒久性、刚健有为、家族本位、乡土情谊甚至保守性等,也大抵蕴含在上述特征之中了,只是因观察的角度和论述的重点不同,而没有特别提出而已。此外需要注意的是,所谓中国文化的基本特征,只是对中国文化的一个高度抽象的概括,这种概括是以牺牲对象固有的丰富性和多元性为代价的。所以要充分认识中国文化的性质和特点,还需要更全面、更深入的具体研究。

第四节 中国文化的现代化

自上古以迄近代,中国文化一直保持了连续的发展,并未遭到其他几大古代文明那种中断或消亡的厄运。这固然与中国文化本身的优越性有关,但客观地说,也与中国地理环境相对封闭、近邻中又没有比它更先进的文化这一事实有直接关系。所以,尽管汉族政权在历史上多次受到少数民族的侵略,也曾被蒙古和满清的强权所统治,但是对汉民族来说,至多只能感受到亡国之痛和民族危机,却从未产生过文化的危机意识,因为以武力征服了中国的,最后无一不被中国的文化所征服。而在每一次文化冲击和碰撞之后,中国文化反而愈见其生机盎然。

这种情况,随着1840年鸦片战争的爆发而宣告结束。

这一次,中国人第一次遭遇比自己更为强大的文化,第一次真切地感受到自己的文化已经走到了生死存亡的关口。当然,这种感受是逐步深化的,其应对的方式也是逐步走向深入的。

最初,确切地说是19世纪60年代以前,中国人只是觉得自己的实力不如西方。因此而有魏源"师夷长技以制夷"的口号,有冯桂芬"以中国之伦常名教为本原,辅以诸国富强之术"的思想,有政府一手操办的洋务运动。以西方的先进科技巩固中国衰朽的君主专制政体,以西方近代科技思想弥补传统儒学之缺陷,便是这一阶段的指导思想。兴办近代工业,引进西方先进的科技知识,一时间成为热潮。所以总的说来,这一阶段的文化变革主要是物质层面上的。

到19世纪70年代以后,洋务派发生分化,一部分人主张不仅要学西方的科技,还要学习西方的政治制度。甲午战争以后,以康有为、梁启超为代表的资产阶级维新派积极宣传西方的政治、经济学说,主张君主立宪制度,批判专制,倡导民权。与此同时,还创办报纸,开设新式学堂,鼓吹"诗界革命"、"小说革命"等。严复翻译的赫胥黎的《天演论》于1898年出版,使进化论的思想风靡了中国的知识界。这些举措形成了中国近代第一次思想解放的潮流。戊戌变法失败,尤其是1900年八国联军之役以后,革命取代改良成为时代思想的主流,以国内新式学堂和留日学生为主体的新式知识分子群体开始形成,他们对西方的政治学表现出强烈的兴趣,译介了大量的西方社会政治著作。卢梭的《社会契约论》、培根的《文集》、孟德斯鸠的《法的精神》、穆勒的《自由原理》和《逻辑学》、斯宾塞的《社会学原理》和《美国独立宣言》等,都是在这一时期翻译出版的。所以这一阶段的文化变革,可以说主要是制度层面上的。

1911年的辛亥革命,建立了资产阶级民主共和国——中华民国,这是一场制度革命的胜利。其后虽有袁世凯、张勋的两次复辟,但都很快失败,表明了共和的观念已经深入人心。但是复辟本身也说明,仅有制度的变革是不够的,"立宪政治而不出于多数国民之自觉"是不能成功的。因此,以陈独秀、李大钊为代表的进步知识分子发起了一场以改造国民性为目的的新文化运动。他们认为,国民性的改造其根本是消除旧的价值观念和道德观念,建立与共和制度相适应的新的价值观念和道德观念。而此新价值观念和道德观念的根本点在于对"人的价值"和"独立人格"的尊重。为此,他们高张个人主义、科学、民主的三面旗帜,对传统文化进行了前所未有的激烈批判。对于在中国文化史上占有主导地位的儒家思想,则掊击尤甚,认为"孔子尊君权,漫无限制,易演成独夫专制之弊","儒者三纲之说,为一切道德政治之大原",因此,他们提出"打倒孔家店"的口号,对儒家文化给予彻底的否定。在此期间,马克思主义随着俄国十月革命的胜利传入中国,其唯物史观、阶级斗争学说和经济思想赢得了广大进步知识分子的强烈共鸣,并对中国的历史产生了不可估量的影响。所以,与前两阶段相比,这一阶段的文化变革已远远超出物质和制度的范畴,而深及文化的核心——观念的层面。

新文化运动之后,中国文化已无复旧态,它已经跃上一个新的水平,开始了一个全新的探索。从长时段的历史角度来看,这探索仍将是艰难而曲折的。但是,它毕竟已经走出了衰颓的困境,走上了一条现代转型的新生之路。

但是,中国文化应该向何处去?未来的中国文化应该是什么样的?这绝不是一个单纯的理论问题,而是关系到整个民族的生存方式和前途命运的实实在在的大问题。它牵动着所有热爱中国、关注中国文化前途的人们的心,自从鸦片战争以来,就不断地引起激烈的争论,从洋务运动时期的"中休为体,西学用为"说,到五四新文化运动以后的"问题与主义"之争、"东西文化"之争、"科学与玄学"之争、"中国社会性质"之争,直至20世纪80年代的文化大讨论,以及当代有关"人文精神"、"复兴儒学"、"回归传统"和"学术与思想"的种种争论,都是这一问题在不同历史时期所激起的特定回响。而且,这种争论至今也没有完全结束。关于中国传统文化的特质、内涵及其在世界文化中的地位,儒家文化在现代社会中的价值和作用,传统文化与现代化的关系等重大问题上,仍然没有达成一致的意见。在可以预见的将来,这种讨论仍将继续下去。

但有一点是肯定的,那就是中国文化不应该也不可能再走回头路。中国文化发展的历史证明,文化的健康发展,有赖于开放的心态、博采兼综的气魄和明智精审的抉择。中国文化史上的几次重大转折,无不源于多元的、异质的文化因素的交激与融会,其结果亦无不导致中国文化的更加成熟与壮大,中国文化,也逐渐从"中国之中国",走向"亚洲之中国"与"世界之中国"的愈益宏阔的境界。当今世界,全球化的趋势已不可避免,这既是一个经济的趋势,也是一种文化的走向。其不仅表现为科学技术、物质生产、商业贸易等方面的全球同一化倾向,在文化观念方面也存在着同样的倾向,有关全球伦理(或谓普世伦理)的提出即是一例。

但是,与全球化的进程相伴随,在当今世界中,民族的、宗教的、文化的冲突也呈现出日渐激烈之势。在巴勒斯坦和以色列之间,在印度和巴基斯坦之间,在阿富汗、南斯拉夫和伊拉克,在这些国家和地区的不同教派之间,在西方基督教文化和阿拉伯伊斯兰文化之间,民族、宗教和文化的冲突不断制造着骇人听闻的人间惨剧。同时,根植于西方文化的现代化、现代性追求,也随着资源的枯竭、环境的恶化、人类的异化等严重弊端而引起日益深切的反思和批判。

　　这个充满矛盾的现实,给我们提出了一系列严肃而又艰难的问题。作为有着几千年悠久历史和博大精深的文化的中华民族的后代,作为以"天行健,君子以自强不息"的刚健进取与"地势坤,君子以厚德载物"的恢廓涵容为立身处世之道的优秀文化的传人,我们必须勇敢地承担起自己的历史责任,既要保持开放进取的文化心态,采取兼收并蓄的文化策略,努力吸收一切优秀的人类文化成果,同时也要消除"文化虚无主义"的心态,克服盲目的自卑心理,以同情的理解和客观的评价来认真研究我们的传统文化,积极吸取其中的精华成分,为再创中华文化的辉煌盛世而努力奋斗!

思考题:
　　1. 简述文化的定义。
　　2. 试述中国文化发展历程的八个阶段。
　　3. 试论中国文化的基本特征。

第一章 人生—社会思想

总体而言,中华民族是一个重理性、重经验、务实际的民族,不长于玄思冥想。因此,传统思想中关于人生价值、处世准则、社会伦理、人际关系等问题的探索与论述占据了很大的比重。特别是长时期处于官方意识形态的儒学,可以说完全围绕着这些问题建立其学说,从而表现出"实践理性"的思想品性。其他学派虽在程度上与儒家有所不同,但大多也是因关注现实的人生与社会而立论成说——尽管各自的观点可能大相径庭。这一特点自先秦时便鲜明显现,在此后的两千余年里不仅保持下来,且有趋于极端的势头。

第一节 儒家

一、儒家思想简史

西周时期的主流思想打破了殷商时代天命神权的神秘主义,倡导实实在在的敬德保民的德政思想。到了春秋时期,孔子将这一思想进行归纳并加以提升,从而创立了儒学。孔子死后,儒分八家,而最终占据主导地位并对后世影响深远的,则是战国中期以后形成的孟儒和荀儒两派,他们分别就孔子学说的某个方面进行了发挥和拓展,扩大了孔子学说的影响。随后,儒学经过不同的历史时期,衍变为两汉经学、宋明理学、清代朴学。儒学的内容在不断的回归与超越中绵延不绝,成为中国传统文化的思想核心,弥漫性地影响着中国几千年的文化。

1. 先秦儒家

周灭商后,以周公为代表的政治领袖制定了一系列维护嫡长子继承权的宗法制度,并提出相应的伦理道德观念。到了春秋后期,孔子继承了这种道德观与政治观,开创了较为系统的儒家学说。孔子理论偏重于伦理与政治,而且带有复古的色彩。他的思想经过孟子和荀子的弘扬和拓展,分别就天道观、人性论、政治观诸方面形成了不同的学派和理论主张,丰富并补充了孔子的思想,从而成为先秦的"显学"。先秦儒家学说的主要内容是关于个人修身方面的伦理道德规范和政治方面的治国安邦实践原则,是一种旨在济世与实践的、具有积极入世色彩的哲学思想体系,富有浓厚的人本思想和民本思想。先秦儒家思想奠定了整个儒家学说的基本格局,奠定了中国道德哲学、政治哲学和历史哲学的基础,对中国传统文化的形成和发展,产生了极其深远的影响。

2. 两汉经学

汉武帝"罢黜百家,独尊儒术",结束了春秋以来学术多元化的现象。儒学正式跃居于中国封建社会意识形态的主导地位,先秦儒家典籍——《诗》、《书》、《礼》、《易》、《春秋》被列为经典,儒学成为经学,成为与政治相贴近的学术。针对经典的不同字体和版本,当时出现了今文经和古文经。今文经是以汉代通行的隶书写成的经书,古文经则是用先秦的古字写成。表面上看这是儒学内部的学术分歧,但孰为正宗,却与实际利益直接相关,于是西汉末的今文派与古文派之争变成了旨在争抢意识形态正统宝座的政治斗争。总体说来,西汉时今文经学占据主导地位,东汉时则让位于古文经学。到东汉末,大儒郑玄在一定程度上融合了二者。

在诠释经书的过程中,汉儒(尤其是今文一派)为迎合统治者的需要附会并歪曲经书的原义,它以宣扬天人感应、君权神授为特色,为统治者的政权添加浓厚的神秘色彩,假借天意把封建统治秩序神圣化、绝对化。同时,对君臣、父子、夫妻之间的主从关系,作了全面系统的神学论证,使先秦儒学中理性的人本思想为神秘的神学思想所掩蔽。两汉儒学经学化的沦陷导致了儒学的神学化,儒学淹没在神学的光怪陆离之中,最终在思想和学术上濒临绝境。

3. 宋明理学

汉代经学内部的今古文经之争经过此消彼长的长期斗争,今文经亡失于两晋之际,古文经独传,成为唐代官学。宋明理学起而批判古文经传统,提倡义理之学。古文经学偏重"名物训诂",以考证为主,墨守章句训诂。宋儒则注重对儒学内部精神的阐发,着力发挥儒家经典的微言大义,意在重建儒家道统,复兴儒学,从而实现对伦理道德身心修养层面的终极关怀。

宋代理学主要指程朱理学与陆九渊的心学,明代理学主要指阳明心学。而程朱理学与陆王心学是理学的两脉分支,其不同在于:前者是客观唯心主义,后者偏重主观唯心主义;前者认为"天即理",后者认为"心即理";前者向外物求理,后者则向内心求理;前者强调"积学成圣"和后天的学习与反省,后者则强调直指本心即知即行的易简工夫;前者要求"存天理,灭人欲",后者则更注重张扬个性人格。但无限的个性膨胀最终导致了明代世风的萎靡不振与道德沦丧。

4.清代朴学

清代儒士将明王朝的衰亡归咎于明儒学风的空疏浮泛,清初儒学掀起了以扬弃宋明理学为前提的复兴汉学的运动,以期经世致用。清初三大家黄宗羲、顾炎武、王夫之指斥理学的虚空浮泛,提出了"经世致用"的口号,致力于通过对儒家经典的研究找出经邦治世的出路。而稍后的颜元在抨击宋明理学方面最为彻底和猛烈,他主张以"实"代"虚",提倡以实学、实习、实行、实能来代替道学家的讲、读、著、述,回复儒学创立最初的旨在社会实践的特性。

相对于宋代理学,清初儒学更贴近先秦儒学的本来属性。然而随着清初遗民的救世热情逐渐冷却和统治者文网的日趋严密,儒学逐渐走向了纯学术的方面。到乾隆时期,戴震兼重考据与义理,而其后的乾嘉学者大都只重考据。学术上的轻宋学重汉学最终演变成沉潜的朴学,即对古代典籍的整理、训诂和考据之学。此时清代朴学臻于全盛,然而乾嘉经学的纯粹学术性过于笃实而不具有政治上的可操作性,最终导致了清代儒学的繁琐、枯燥和僵化,至道光咸丰之际清代朴学出于和汉代古文经学拙于"义理"同样的原因而再次走向衰落。

二、主要代表人物

儒学的发展和中兴得助于一大批思想家和学者,在儒学发展的曲折道路上,他们坚持不懈地上下求索,寻求着人生的哲理与社会的准则。其代表人物有：

1. 孔子（公元前551—前479）

名丘，字仲尼。鲁国陬邑（今山东曲阜）人。春秋末期思想家、教育家，儒家学派的创始人。祖先是宋国贵族，少年时生活贫困，早年做过委吏（会计）和乘田（管畜牧）的小官。学无常师，不耻下问，相传曾问礼于老聃。中年聚徒讲学，从事政治活动。五十岁时做鲁国司寇。后又周游列国，推行其政治思想。晚年致力于教育和整理《诗》、《书》、《礼》、《乐》等古代文献，修订鲁国史著《春秋》。孔子承继周代的文化传统，创立了富于人文主义特色的儒家思想体系，以及与伦理道德相契合的政治思想。他的中心思想是"仁"和"礼"。他在中国历史上首开私人讲学的风气，开创了平民教育，提出了一系列的教育思想和教育方法。主张"有教无类"，因材施教，提出学思结合的认识论，提倡"学而不厌，诲人不倦"、"不耻下问"的精神，倡导"学而时习之"、"温故而知新"等学习方法。自汉以后的两千多年中，孔子的学说成为中国封建文化的正统及主流，其思想与学说对后世影响深远。

2. 孟子（约公元前372—前289）

名轲，鲁国邹（今山东邹城）人。战国时期的思想家，儒家的主要代表之一。继孔圣人之后被后世尊称为"亚圣"。孟子是鲁国贵族孟孙氏的后裔，幼年丧父，家境贫寒。受学孔子之孙子思之门人，继承和发展了孔子的思想，提出了一套完整的思想体系。孟子发展了孔子关于"仁"的学说，提出了"性本善"的人性论，并以此为基础提出"仁政"的政治观，倡导"内圣外王"的伦理政治理想。扬"王道"抑"霸道"的政治主张体现了孟子的"民本思想"。孟子携其主张周游列国游说诸侯，但当权者认为孟子的仁政学说缺乏可操作性，而不肯采纳。于是孟子退居讲学，与弟子万章、公孙丑等"序《诗》、《书》，述仲尼之意，作《孟子》七篇"。

3. 荀子（约公元前298—前238）

名况，时人尊而号为"卿"，故又称荀卿，汉代人避汉宣帝刘询讳改称孙卿。赵国郇（今山西临猗）人。战国末期的思想家。其思想学说以儒家为本，兼采道、法、名、墨诸家之长，是先秦儒学的集大成者。他与孟子在学术上相反相成。在政治思想方面，他与孟子单一发挥"仁"学相反,突出强调孔子的"礼",倡导"隆礼重法"的政治主张,颇有向法家转变的趋势,后期法家代表人物韩非子、李斯都出于其门下;在天道观上,扬弃了孟子天人合一的传统观念,提出"天人相分","制天命而用之"的理论;在人性论上否定孟子的性善论而主张性恶说,注重后天的教育和学习。荀子大半生在齐国的稷下学宫度过,曾三次担任稷下祭酒,晚年定居楚国,任兰陵令。从事教育和著述,作《荀子》三十二篇。

4.董仲舒(公元前179—前104)

西汉广川(今属河北枣强)人。景帝时研究《公羊春秋》,为博士官,以雄阔博大的儒学理论体系为当世所推崇。武帝时诏举贤良文学之士以备咨询问对,董仲舒的"天人三策"显露出儒学神学化的倾向,颇得武帝赏识,断然决定"罢黜百家,独尊儒术",从而结束了学术多元化的现象。董仲舒推崇今文经学,偏重阐释《春秋》的微言大义,通过对天道的解释与附会,一方面宣扬"天命可畏"以控御君权,另一方面赋予君权神秘色彩从而夸大统治者的权威。在神学中浸染的儒学加速了汉代儒学的式微,而董仲舒本人也在这条路上越陷越深,因妄言灾异而遭致祸患,最终托病弃官回家,潜心著书立说,授徒讲学。作为一世名儒,董仲舒一生著述颇丰,但只有《春秋繁露》传于世。

5.孔颖达(574—648)

字冲远,冀州衡水(今属河北)人。中国唐代经学家。入唐后官至国子祭酒。受太宗之命,编成《五经正义》一百八十卷,现存于《十三经注疏》中。《五经正义》是一部典型的以疏解经的著作。其中引用大量史料诠释典章制度、名器物色,又详于文字训诂,为后人读经书提供了方便。书中包含有政治、经济、思想、文化、社会习俗等方面的丰富内容,是后代研究者的宝贵资料。《五经正义》的颁行标志着经学史上一统局面的形成,为古代经学发展的重要阶段。自唐代至宋初,明经取士,皆以此为准,对封建社会的思想学术有重要影响。孔颖达还继承儒家重礼的传统,认为礼与"天地俱兴"。在哲学上,他认为"无"为宇宙万物本原,说:"万物之本,有生于无","道是无体之名,形是有质之称,凡有从无而生,形由道而立,是先道而后形"。这种思想对宋代程朱理学影响很大。

6.周敦颐(1017—1073)

字茂叔,号濂溪,道州营道县(今湖南道县)人,一生任下级官吏。周敦颐是我国理学的开山鼻祖,他的理学思想在中国哲学史上起了承前启后的作用。周敦颐的本体论思想主要是在《太极图说》中提出的宇宙生成假说,即太极生万物,于是产生了"一实万分"的命题。后来的二程、朱熹将其发展为"理一分殊",用以说明世界的统一性和多样性。周敦颐又仿"太极"建立"人极",认为人性本体为"诚",是"纯粹至善"的,一旦人的形神已备,感情欲望便随之而生,能制欲的可复归于善,反之则归于恶,只有通过主静、无欲,才能趋于完善。周敦颐性情朴实,胸怀洒脱,人品甚高,曾作《爱莲说》标榜其出污不染、卓尔不群的品性。著有《周子全书》行世。濂溪书院是他讲学的讲坛,他的学说对以后理学的发展有很大的影响。

7. 二程

指中国北宋理学家程颢(1032—1085)与程颐(1033—1107)兄弟。

兄程颢,字伯淳,又称明道先生;弟程颐,字正叔,又称伊川先生。世称"二程"。因二程为洛阳(今河南洛阳)人,故历史上称其学派为"洛学"。二程的哲学本体论核心是"天理"或"理"。程颐说"万物皆是一理",万物都是由理派生出来的。其"理"既是自然本身的属性,也是人类社会的属性,是天人合一之"理"。人的本性与天理一样都是善的,所谓"性即理"。人有善有恶在于气有清有浊,即人的资质根据气的清浊而有善恶之分,因此人性是理气结合而成的。二程在认识论上围绕"格物致知"而展开,认为只有穷理才能获得真知识。但二人在"格物"上有分歧:程颢认为"格物"是格除由外物引起的物欲;程颐则认为是接触外部事物,寻求事物存在的理。二程的学说为朱熹所继承发展,世称"程朱理学"。二程之著作后人编为《二程全书》。

8. 朱熹(1130—1200)

字元晦,号晦庵,徽州婺源(今属江西)人,南宋哲学家。一生为官九年,不能得志而绝意官场,潜心学术,致力于著述立说,成为宋代理学的集大成者。朱熹继承了北宋程颢、程颐的理学,提出"理气说",认为"理"是世界的本质,"理在先,气在后","理"派生"性","气"派生"情",天命之性全是善的,情则因气有清浊而有善恶,因此人性中既有天理的成分,又有人欲的成分,须"存天理,灭人欲",使人性趋于至善。在认识论上,朱熹继承程颐之说,认为人心与外物同时体现了天理,只有触及外物,将心之理与物之理加以印证,才能获得真知。朱熹一生致力于理学,其学术思想成为南宋、元、明、清几代的官方哲学。

朱熹经学上的主要成就是《四书章句集注》。自元朝中期后,此书成为科举考试的标准解释,一直到清末废除科举为止。另外,朱熹治经重义理之学,注重儒家道统的确立,不主汉唐治经墨守章句训诂,从而开创了宋代"新儒学"。朱熹著作中最重要、最有影响的,除《四书集注》外,当推《朱文公文集》、《朱子语类》等。

9. 陆王

指南宋陆九渊和明代王阳明。

陆九渊(1139—1193),字子静,号存斋,南宋金溪县人。宋代著名理学家、教育家,曾讲学于象山(今贵溪县南),人称"象山先生"。于南宋乾道八年(公元1172年)中进士,历任靖安县主簿、崇安县主簿、台州崇道观主管、荆门军知军等职。远承孟子近接程颢,建立了心学体系,主张"吾心即是宇宙",提出了"心即理"的命题。陆九渊认为,心就是宇宙而无不善,此心此理不能割裂为二,所以格物穷理只需"发明本心",不必多读书外求。陆九渊主张不立文字,对于著述有类于禅宗。其讲学语录与书信后人编撰为《陆九渊集》,凡三十六卷并附录三。他的学说,经明代王守仁继承发扬,成为宋明理学的一个重要派别,影响极大。

王守仁(1472—1528),字伯安,因筑室读书于故乡阳明洞,世称"阳明先生"。王阳明系浙江人,是我国古代有名的哲学家、教育家和战功显赫的军事家,官至右副都御史、南京兵部尚书。其学深受南宋陆学和禅学的影响,经历了"学凡三变"的历程,"龙场悟道"确立了其心学体系。王阳明以陆九渊的心学理论为基础并有所发展,提出天下无心外之物、无心外之理的命题。主张"吾心之良知即理",认为求理不在"格物",而在"致知","格物"的目的在于"致良知"。他认为,"性无不善,知无不良","致吾心良知之理于事事物物,则事事物物皆得其理",从而以一元论的"良知"说代替了程朱客观唯心主义的"天理"论。其"知行合一"论主张即知即行,注重日常生活中人的道德践履和实际行动,此说为王氏后学的世俗化开启了法门。

总之,王阳明在批判居儒学正宗地位的朱熹哲学的基础上建立起他的心学体系,是对南宋陆九渊主观唯心论的进一步发展。他的学说在明朝后期曾经风靡一时,对明代及后世儒学影响甚巨。他的门徒将他的著述编纂成《王文成公全书》(一称《阳明全书》)三十八卷,其中《传习录》和《大学问》是他的主要哲学著作。

10. 清初三大家

明清之际三大思想家,即黄宗羲、顾炎武、王夫之。

黄宗羲(1610—1695),字太冲,号梨洲,浙江余姚人。明末清初史学家、思想家。曾参与反对阉党的斗争,并成为"复社"领导人之一。清兵南下时,组织"世忠营"进行武装抵抗。明亡,屡拒清廷征召,隐居著述讲学。黄宗羲学识渊博,大凡天文、历算、音律、经史百家、释道、农工等无不深究。攻伐程朱理学,力主诚意慎独之说。史学方面,开创了浙东学派。著有《明儒学案》、《宋元学案》(全祖望补足)等重要学术史著作。另外还有《明夷待访录》等著述,都有很大影响。

顾炎武(1613—1682),号亭林,江苏昆山人。年轻时参加"复社"反宦官斗争。清军南下,复参加当地的抗清斗争。抗清失败后,念念不忘恢复明室。顾炎武学问广博,对经史子集、音韵训诂、典章制度、兵农经济、郡邑掌故都有深入的研究。他拒绝清政府的征辟,专力于经学的研究。顾炎武主张"经世致用"、"明道救世",反对脱离实际,主张把书本知识和实地调查结合起来。顾炎武对"亡国"与"亡天下"作了区别:亡国是"易姓改号",而亡天下则是"率兽食人,人将相食",是文化道德的沦亡。因此懂得"保天下",然后才能懂得"保国"。而"保国"是君臣的事;"保天下"则是每个人应尽的责任,这就是"保天下者,匹夫之贱,与有责焉"(《日知录·正始》)的著名论点。梁启超把他这种爱国思想归纳为"天下兴亡,匹夫有责"八个大字。顾炎武的这些思想,在当时具有一定的进步意义,对后人曾有很大的影响。著有《日知录》、《天下郡国利病书》、《肇域志》等数十种著作。

王夫之(1619—1692),字而农,号姜斋,衡阳人。曾组织"匡社",旨在匡扶社稷。清顺治五年(公元1648年),在衡阳举兵抗清,起义失败后,先后逃至肇庆、桂林等地。最后归老于衡阳县石船山下,潜心治学著述,人称船山先生。王夫之博通经史,思想深邃,志节文章与顾炎武、黄宗羲并立。在政治思想方面,他提出"循天下之公","不以一人疑天下,不以天下私一人",主张选贤使能,"以天下之禄位,公天下之贤者"。在哲学思想上,驳斥程朱"理在气先"、"道在器先"的唯心主义观点,反对陆王"心学良知"之说,提出"天下唯器"、"理不先而气不后"的理论,并将其归于躬行实践,强调知行统一。在美学上,主张"神会"、"心意为主"、"鉴古酌今",强调情景不可相离。凡此,对近代思想均有重大影响。王夫之一生著书三百余卷,著作经后人编为《船山遗书》。

11. 戴震(1723—1777)

字慎修,又字东原,安徽休宁人。屡考进士不中,以做塾师为生,后被召为《四库全书》纂修。戴震博闻强记,精通天文、数学、历史、水利、地理等,尤对经学、音韵、训诂有精深研究,为清乾嘉学派中皖派的主要代表人物。哲学上肯定"气化流行、生生不息"的世界本体论,认为气的内容为"阴阳五行",亦即"道"的实体;形而上之道为"未成形质"之气,形而下之器为"已成形质"之物;"理"为事物之条理,人可以通过对事物"剖析至微"而得"理"。主张性善之说,认为"天理"与"人欲"共为一体,理存于欲中;批驳宋儒"存天理,灭人欲"之论为"以理杀人"。治学兼重考据与义理,著有《孟子字义疏证》、《声韵考》、《戴氏水经注》、《勾股割圆记》等。其著作为后人编为《戴氏遗书》、《戴震集》。

三、主要典籍

孔子收集夏、殷、周的文献资料,整理编订了《诗》、《书》、《易》、《礼》等文化典籍,并把鲁国史官所记的《春秋》加以删订,使之成为我国第一部编年体历史著作。这些典籍的内容十分丰富,包含我国古代政治、宗教、哲学、文学、史学以及文化制度、社会情况和历史事迹的相关记载,保存了很多珍贵的史料,并系统地表达了儒家的基本观点,是我们今天研究古代历史文化的重要文献。到了汉代儒学备受尊崇,这些儒家典籍被加上经典的光环,后世的"四书"、"五经"、"十三经"等都是不同历史时期对儒家经典不同程度的筛选与确立。而这些经典又经过历代文人儒士的诠释与注疏，不断地扩充与累积，为中国文化留下了浩繁的经卷文献。而孔子之后，孟子、荀子等儒门后学也多有著述，体现出不同时代的思想风貌。

1.《论语》

为孔子门人及再传弟子编辑的孔子与其弟子的语录结集，共有二十篇，是儒家重要经典之一。《论语》内容以伦理、教育为主，体现了孔子的政治观、人生观以及伦理道德思想等。《论语》在汉代有《鲁论语》、《齐论语》与《古论语》等不同本子流传，后来统一于郑玄。现存旧注有魏何晏注、宋邢昺疏的《论语注疏》、宋朱熹的《论语集注》及清刘宝楠的《论语正义》等，今注本有杨伯峻的《论语译注》。

2.《孟子》

由孟子与其弟子公孙丑、万章等人编撰，全书共七篇，每篇分上下两章。全书主要内容是记述孟子如何劝说当时的国君实行仁政，从而表现出强烈的社会批判意识和可贵的民本思想。文章富有雄辩色彩，在散文史上也有很大影响。《孟子》成书大约在战国中期。《汉书·艺文志》把《孟子》放在诸子略中，视为子书。汉文帝时曾一度把《孟子》立于学官，设置博士，称为传记博士。到五代后蜀时，后蜀主孟昶命人用楷书将十一经刻石，其中包括了《孟子》，这可能是《孟子》列入"经书"的开始。到南宋孝宗时，朱熹撰《四书章句集注》，将《孟子》列入其中，正式把《孟子》提到了非常高的地位。在众多的注疏中，重要的有东汉赵岐的《孟子章句》、南宋朱熹的《孟子集注》和清代焦循的《孟子正义》。

3.《荀子》

战国末期赵人荀况及其弟子所著。西汉刘向整理时定为二十卷，三十二篇。其内容包括哲学、政治、军事以及学习方法、品德修养等方面，含有朴素的唯物思想。文章雄健严密，长于说理。唐杨倞曾为之作注。较好的注本有王先谦的《荀子集释》，收入中华书局版的《诸子集成》；较为浅近的注本有梁启雄的《荀子简释》。

4.《春秋繁露》

为董仲舒阐释儒家经典《春秋》之书，共十七卷。"繁露"之意难于索解。董仲舒在书中极力推崇《公羊传》的见解，阐发"春秋大一统"之旨，把封建统一说成是天经地义而不可改变的。他认为自然界的天是超自然的、有意志的人格神,并且建立起了一套神学目的论学说,把人世间的一切包括封建王权的统治都说成是上天有目的的安排,将天上神权与地上王权联系起来,为"王权神授"制造了理论根据。同时,又以阴阳五行学说将自然界和社会人事神秘化、理论化,作出各种牵强比附,建立"天人感应"论的唯心主义形而上学的神学体系。总之,此书内容反映了作者的整个哲学思想体系,这种以儒家宗法思想为中心,杂以阴阳五行学说的思想体系,对中国封建社会的发展产生了巨大的影响。

5."四书五经"

"五经"指五部儒家经典著作,即《诗》、《书》、《礼》、《易》、《春秋》。汉武帝时正式将这五部书宣布为经典,立于学官,故称"五经"。另外,《礼记》中的《大学》与《中庸》两篇被宋代程朱理学家高度重视,并与《论语》、《孟子》并列,形成了今天人们所熟知的"四书"。朱熹作《四书章句集注》,为官方所认可而通行天下,成为学校官定的教科书和科举考试的必读书,对古代教育产生了极大的影响。《大学》提出了"三纲领"和"八条目",强调修己是治人的前提,修己的目的是为了治国平天下,说明了治国平天下和个人道德修养的一致性。《中庸》是儒家阐述"中庸之道",并提出通过"尊德性"与"道问学"来加强人性修养的教育理论著作。明清时期,"四书五经"被列为儒家的必读书籍,科举取士、经义题目也均出自"四书五经",是封建文人走上仕途的进身之阶。

6.《明夷待访录》

是明末清初著名启蒙思想家和历史学家黄宗羲的政论和史论专著。该书通过对历史的深刻反思,提出了独到的政治见解,具有鲜明的启蒙性质和民主色彩。《明夷待访录》的主旨是批判封建君主专制制度,明确主张天下是人民的天下,君只是为人民谋利益的公仆。黄宗羲从君臣关系以及行政设置、法律范畴等多方面作了论述,把君臣置于平等地位,认为君臣是共同治理天下的同事,甚至是师友。这就彻底颠覆了封建"三纲五常"中最基础、最核心的"君为臣纲",从而建立了一种接近现代民主原则的君臣观。另外,他还否定了传统社会法律的合理性,他指出,天下之法律应当是平等的:"贵不在朝廷,贱不在草莽也。"在经济上,黄宗羲突破"重本抑末"的传统思想,提出"工商皆本"的主张。综观《明夷待访录》,其内容充满了对理想社会的设计与憧憬,突破了传统的政治框架,开启了中国近代民主思想的先河。此书在清代长期被列为禁书,直至清末梁启超等人倡导变法改良,才将其作为宣传民主思想的重要文献加以广泛传播。

7.《孟子字义疏证》

清戴震撰。该书成于乾隆三十一年(公元1766年),为戴氏以疏证《孟子》字义来阐发自己哲学思想的著作,是其一生中最重要的一部哲学著作,其目的是批判宋明理学。全书分上、中、下三卷,以问答形式为书体,以考据训诂为手段,阐发"理"、"天道"、"性"、"才"、"道"、"仁义礼智"、"诚"、"权"等中国古代哲学范畴的根本意义,否定宋明理学"理具于心"、"心即理"的唯心主义观点,认为"理"只是事物的"分理"、"文理"、"条理",不能离开事物而单独存在,充分阐发了"气化流行,生生不息,是故谓之道"的唯物主义世界观和"心能使耳、目、鼻、口,不能代耳、目、鼻、口之能"的唯物主义认识论。该书尖锐地指出宋儒的"绝人欲"就是"绝天理","后儒以理杀人"同于"酷吏以法杀人",具有极大的历史进步意义。戴震通过对《孟子》的注解,从儒学义理上力辩宋学之非,指斥"酷吏以法杀人,后儒以理杀人"。与清初学者只见理学空疏误国的见识相比,不仅见戴震思想之犀利,更见其人文主义情怀与深刻识见。

四、主要理论主张

1. 复礼

孔子社会思想的核心即"礼",其中包括礼节仪式、政治制度以及道德规范等。在孔子看来,周礼是最为完备和完善的。而到了春秋时代,西周的旧礼已不适应时代的潮流,新兴势力违礼抗礼,礼崩乐坏的现象层出不穷。在这样的时代背景下,孔子试图在政治上用周礼,思想上用仁来消除当时社会制度的矛盾和君臣内部的问题,从而具体地提出了"克己"和"仁者爱人"的原则。孔子一生都致力于恢复周礼,渴望用周礼重新构建一个有序的社会,用礼纠正已经发生改变的混乱的社会。孔子"复礼"的主要内容就是"君君,臣臣,父父,子子"的等级制和以血缘关系为纽带的宗法制度,以此来强调君主的权威性和"亲亲"的政治关系。

2. 仁者爱人

孔子伦理思想的核心为"仁",孔子认为恢复周礼的思想保证就是贯彻"仁"的原则,"仁"被作为最高道德理想。他提出的"仁"学包含的内容很广,几乎包含了做人的全部规范,但主要要求是"克己复礼为仁"和"仁者爱人"两个方面,即克制自己的欲望以符合周礼,维护宗法等级的上下尊卑关系的是礼;爱护别人,处理好统治阶级内部及与劳动人民之间的关系的是仁。他还提出了"己欲立而立人,己欲达而达人","己所不欲,勿施于人"的"忠恕之道",意思是帮助别人而不伤害别人,是为"爱人"的内容。他说:"人而不仁如礼何。"一个不仁的人是不能实行周礼的。这就把"仁"用作推行"礼"的保证。"礼"规范了"仁"的内容。所以他说"非礼勿视、非礼勿听、非礼勿言、非礼勿动",只有视、听、言、动都符合周礼,才能做到真正的"仁"。

3. 人性论

春秋时期,孔子提出"性相近也,习相远也",对人性的问题浅尝辄止,并未作更深入的探索。孟子在此基础上提出了性善论,认为人具有先验的善性,因为人心生来具有"善端",即所谓"恻隐之心"、"羞恶之心"、"恭敬之心"、"是非之心"。孟子把这四种"善端"说成是仁、义、礼、智道德观念的萌芽。他认为,"不善"则是后天环境的影响所致,同时取决于人是否有向善的主观愿望,因而提出了一套修身养性的方法。荀子主张人性恶,认为人生来就好利疾恶,有耳目声色之欲,如果任人顺性发展,人与人之间就会互相争夺,使社会陷入混乱,所以必须由圣人制定礼义,进行教化,才能使人转而为善,使社会正常安定。他认为"人之性恶,其善者伪(人为)也",即善是后天环境影响、经过长期的教化和学习的结果,所以主张"隆礼重法"。

4. 民本思想

孟子的民本思想主要表现在以下几个方面:首先是"民为贵,社稷次之,君为轻"。在孟子看来,政权的更迭,君王的易位,都取决于民众的态度。在社会的政治结构中,民众是基础和前提,甚至起着决定性的作用。君和民相比,民贵君轻,民的作用更为重要。其次是"天时不如地利,地利不如人和"。孟子从桀、纣覆灭的历史经验中,分析出天下得失的根本原因在于能否得民,而能否得民又在于能否得到"民心",即能否得到民众真心实意的拥护。"人和"即是"有道",而"有道"也就有了胜利之本,所谓"得道者多助,失道者寡助。寡助之至,亲戚畔之;多助之至,天下顺之。以天下之所顺,攻亲戚之所畔;故君子有不战,战必胜矣"。所以,民心是决定战争胜负的最重要因素。第三,孟子认为"贵德而尊士,贤者在位,能者在职",强调尚贤和民主,一方面打破了孔子"亲亲"的用人原则,另一方面还主张君王广泛地听取各阶层的意见。总之孟子讲民本,其落脚点在于实行仁政,可以说民本思想是施行仁政的理论基础,而推行仁政又是实现"民本"的必要手段。

5. 天道观

孔子创立的儒家学说,偏重于人生与政治,对天道几乎不提。孟子认为人的心、性与天原是一体的,并且都具有道德的属性,天的道德属性就包含在"人性"中,所以"尽心"就能"知性",通过"知性"而达到"知天"的目的,这样人的心、性和天就融为一体,达到了"天人合一"的境界。荀子持相反的"天人两分"的观点,认为自然界和人类社会各有自己的职分和规律。"天"是客观存在的自然界,不能干预人事,所谓"天行有常,不为尧存,不为桀亡"。人类社会的治乱兴废,在"人"而不在"天",不因人间君王的好坏而发生任何改变,所以人应积极发挥主观能动作用,去控制、改造并征服自然,"制天命而用之"。

汉代儒学把"天人合一"引向神秘化,通过牵强比附,建立了"天人感应"的神学目的论理论。"唯天子受命于天,天下受命于天子","谓君臣、父子、夫妇之义,皆取之阴阳之道。……是故仁义制度之数,尽取之天。王道之三纲,可求于天"。并把"仁、义、礼、智、信"五种封建道德伦理规范,与金、木、水、火、土之五行相比附。在这种神学体系中,君权和三纲秩序都被罩上了神的灵光,迷信凌驾于理性之上,"人"屈从于"天"。而后世的封建帝王大多以此作为维护其统治思想工具。

6. 忠孝

此为儒家伦理思想的核心。忠、孝本来都有多种内涵,但到荀子时,已把二者并称,分别指对君主的忠诚和对父母的孝顺。到汉代为强化儒学的统治工具功能,提出三纲五常,其核心即为忠孝。忠孝,自有其合理的一方面,特别是孝亲敬老,更是中华民族的传统美德。但在封建宗法制度的语境中,忠孝往往沦为只讲服从,不讲权利,不讲慈爱的片面主张。

7. 存天理灭人欲

这是宋明理学的最基本命题。朱熹继承并发展了二程的学说,提出理气说,认为天是理,理是本,阴阳是气,气是末。作为精神本体的理,可以派生阴阳二气以及五行乃至万物,即所谓"理一分殊"。朱熹由理气说来论证人性,认为人性有两重性:一是"理"赋予的"天命之性",这是"天理",全是善的;一是"气"赋予的"气质之性",即"人欲",而气有清浊,清为善,浊为恶,故人有善有恶。可见人性中既有天理的成分,又有人欲的成分,两者此胜彼退,因而只有"革尽人欲"才能"复尽天理",也就是"存天理灭人欲"。

陆九渊针对朱熹的"天即理"(理在心外)提出"心"就是"理"(心外无理),主张"宇宙便是吾心,吾心即是宇宙"的天人合一论,把朱熹以理为本的客观唯心主义变化为以心为本的主观唯心主义。陆九渊认为人的"本心"本来就是清明至善,完美无缺的,一旦追逐物欲,良心善性就被蒙蔽了,因此不需外求,只要"发明本心"反省内求,发挥本心良知来战胜并去除物欲,就能回复"本心"固有的清明。由此可见,朱熹与陆九渊的主要区别就在于对"理"的理解的不同,以及求"理"的方法上的差异。

8. 格物致知

"格物致知"是宋明理学强调的基本理论命题之一,也是争议颇多的命题。其语出《大学》"八条目",即所谓"格物、致知、诚意、正心、修身、齐家、治国、平天下"。《大学》的本文对于"诚意"以下的六条目都有说明,独于"格物"、"致知"二者没有解释,所以历代对于"格物致知"的解释异说纷纭。朱熹在《大学补传》中言:"所谓致知在格物者,言欲致吾之知,在即物而穷其理也。"他认为,物指客观事物,格指穷究,知为知识,欲致知,先应即物穷理。而王阳明则认为,物指意之所在,格,正也,知,良知。所谓"格物"也就是"格心",即改正心中的私心杂念,发扬善心,摒弃"物欲",使"良知"不受"昏蔽"。王阳明把《大学》的"致知"和孟子的"良知"结合起来,提出"致良知"的认识论。他认为,"良知"存在于人

"心",它能明是非,辨善恶。这一切都是与生俱来,"不待虑而知,不待学而能"的,"良知"人人俱有,但必须通过道德修养,净化自己,才能具备"良知"所固有的各种美德。由此可见,"格物致知"的不同解释与个人的理论主张是密切相关的。

9. 知行合一

针对朱熹的"知先行后"理论,王阳明提出了"知行合一"论。他所说的"知"主要指人的道德意识和思想意念,"行"主要指人的道德践履和实际行动。因此,知行关系也就是道德意识和道德践履的关系。他所说的"知行合一",不是指感觉和思维与实践的统一,而是抹平主观认识和客观行为之间的界限。"致良知"本身既含有自我认识的因素,同时也是一种道德修持。如他说"我今说个知行合一,正要人晓得,一念发动处便即是行了"(《传习录》下),即人们内心一旦有某种念头,同时也就是人的"行"了,而如果这念头"不善",须靠具有自觉性的"良知"立即将其消灭于萌芽之际。

第二节 道家

一、道家思想简史

儒家重于对人生与政治的参与,道家在人生与政治方面则主张恬淡无为,反对人为的制度,与儒家截然有别。道家虽然与儒家相对立,却在中国传统文化思想中始终与儒家思想相辅相成,并与道教、佛教相结合产生出新的哲学思想。

1. 先秦道家

先秦道家是中国道家发展的第一个阶段。老子是道家学派的创始人,也是先秦诸子的启蒙者。孔子、荀子、公孙龙、韩非等诸家学派代表人物的思想均受过老子思想的影响。老子系统地提出宇宙本体论的问题和一整套概念、范畴,并以理论思维的形式构建了一个由宇宙而人生,从"天之道"到"人之道"的相当完整的哲学理论体系,具有朴素唯物论与朴素辩证法相结合的性质。庄子继承并丰富和发展了老子关于

"道"的本体论以及自然主义哲学的思想,但别开一宗地提出了"齐物论"和"逍遥游"的人生哲学。老、庄思想最大的区别就在于:老子"无为而治"的政治思想是积极用世的政治哲学;而庄子的"虚静无为"则是要求超脱的心灵哲学。因此,老学能发展成为汉代统治者用以治国安邦的黄老之学,而庄学则发展成为魏晋士大夫用以修心养性的玄学。

2. 汉代黄老学

黄老之学源于老子,始于齐国稷下,当时的田骈、慎到、环渊等人开创了"黄老道德之术";流行于战国末年,到吕不韦集门客著《吕氏春秋》时,"黄老道德之术"已被大量吸收进去,并形成了一个以道家为中心,兼采各家学说的粗糙的体系。秦王朝时因重法学而黄老之学不显。秦帝国"二世而亡",群雄逐鹿,长期战乱造成的巨大破坏使"接秦之敝"的汉王朝亟须采取一种新的政策恢复经济,安定民生,于是这种以黄帝之名与老子之学相结合而得名的黄老之学应时代的需要而在汉初兴盛起来。传说中黄帝是上古圣王的楷模和统一四海的君主。托名黄帝,一方面便于立宗述祖,与"祖述尧舜"的儒家学派相对抗;另一方面按秦汉之际流传的五行说和五德终始的历史循环论,黄帝代表土德,而汉朝也恰为土德,于是这种巧合就被统治者巧妙地利用为顺天承命的谶语,所谓"汉兴复当黄帝之时"(《史记·封禅书》)。而老子"法自然"的思想与"无为而治"的政治观又利于汉初恢复社会经济与社会生产,休养生息,安定民心,于是这一清静无为、与民休息的为政方针便与"黄帝"之名结合成为汉代的黄老学。汉初统治者以黄老学为理论指导,不仅恢复了经济生产,安定了人民生活,而且出现了家给人足、欣欣向荣的"文景之治"。

3. 魏晋玄学

儒学发展到汉末流于极端繁琐、迂腐、荒唐而走入绝境。武帝时虽独尊儒术,但黄老学仍作为潜流而存在。魏晋南北朝的长期战乱分裂,导致人们退避内敛而希求精神的安宁,于是兴起"不慕仲尼而慕庄周"的时代风尚;儒家也意欲借助先秦道家思想来拯救朽败僵化的儒学,于是弃"名教"经典而尚"三玄"(《老子》、《庄子》、《周易》)。魏晋的谈玄之风酝酿了一种具有较强思辨性和哲理性的理论形态,它直接继承先秦道家的传统,儒道兼综而以道家为主,以理性的精神观察自然、社会和人生。然而在道家的玄机与思辨中,儒学渐被道学所遮掩,玄学重心渐趋道家,由正始时王弼提出的"名教本于自然"发展到后来嵇康提出的"越名教而任自然",玄学终于弃儒崇道,构建了一个合乎"自然"的理论思维系统。

二、代表人物

1. 老子(约公元前571—约前471)

老子姓李,名耳,字聃。楚苦县(今河南周口市鹿邑县)厉乡曲仁里人。曾任东周掌管图书的官吏,后见周王朝日渐式微,于昭王执政时引退,离周西出函谷关。据《史记》载,函谷关关令尹喜知道老子即将隐去,请他著书,于是老子写下了五千字,这也是他留给后人唯一的著作——《老子》。后来老子流落秦国,"莫知其所终"。老子与孔子同时,孔子曾多次问礼于老子,可见老子是从守礼转而反礼,这是由于当时政治经济的变革引发了老子思想的变化。老子学说对中国哲学发展具有深刻影响,和孔子儒家既对立又互补,共同奠定了中华传统文化的基础。

2. 庄子(约公元前369—约前286)

庄子名周,宋国蒙(今河南商丘市东北)人,是道家学派的代表人物之一。与孟子同时而稍晚。做过蒙地管理漆园的小官,但不久辞去。庄子生活穷困潦倒,安居陋巷著书。他本来是宋国人,因齐灭宋后(楚顷襄王十三年,公元前286年),与魏、楚三分其地,蒙地属楚,所以庄子应属楚人。他往来于赵、魏各国间,与楚国关系较深。据《史记·老庄申韩列传》载,楚威王闻其贤,派人请他任楚相(令尹),庄子以"宁游戏污渎之中自快,无为有国者所羁"为辞,坚决拒绝。庄子的著作是道家的主要代表作,书名即称"庄子"。其中的自然哲学所带有的浓厚的泛神论色彩和恣肆奇诡的风格,都留下了荆楚文化影响的形迹。庄子继承和发展了老子思想,故历史上老庄并称,道家思想又称为老庄思想。

三、主要典籍

1.《老子》

相传是春秋末年老子出函谷关时所著,亦称《道德经》,是一本道家的哲理书。分上篇《道经》和下篇《德经》两部分,共八十二章,全书约五千言。历代关于《道经》、《德经》的次序、真伪多有争论。1973年长沙马王堆汉墓出土的帛书《老子》,《德经》在《道经》前,为现今最早的《老子》抄本。《老子》中提出"道"是世界万物的本原,认为事物都在对立矛盾中互相依存,互相转化,具有朴素的辩证论思想;提倡"尚柔"、"主静",主张绝圣弃智、忘情寡欲、"无为而治"。《老子》一书在形式上是语录体韵文,多排比对偶句式,语言精练,富有哲理。历代注解达百部,主要有西汉河上公注,魏王弼注,宋林希逸《道德真经口义》,明焦竑《老子翼》,清毕沅《老子道德经考异》等。近人马叙伦有《老子校注》、高亨有《老子注释》。

2.《庄子》

是一部辑录以庄子为中心,包括其后学在内的整个庄子学派思想的文集。内容丰富多彩,文字汪洋恣肆,多采用寓言故事形式阐发哲理,无论在哲学上或文学上,均具有很高的研究价值。据《汉书·艺文志》说,《庄子》一书有五十二篇,现存内篇七篇,外篇十五篇,杂篇十一篇,计三十三篇。一般认为内篇为庄子著,外篇、杂篇为庄子后学著。因唐玄宗尊庄子为南华真人,故《庄子》又称《南华经》。后人注解极多,以明焦竑《庄子翼》,清郭庆藩《庄子集释》、王先谦《庄子集解》较佳。今人陈鼓应有《庄子今注今译》。

3.《淮南子》

是西汉初年淮南王刘安与门客集体编著的一部规模宏大、内容丰富的哲学和政治学巨著。全书共二十一篇。在哲学思想上继承了老子的"道"论,以"道"为宇宙的本体,并对"道"之为"气"、"气"分阴阳而生化万物作了精彩的论述,明确提出"道有物"的思想。在政治思想上,对老子"道常无为,而无不为"的思想作了进一步的发挥,认为最理想的政治是"漠然无为而无不为","澹然无治也而无不治也",从理论上对汉初"文景之治"的政治实践作了论证和总结。《淮南子》本名《鸿烈》,经西汉刘向校定后称《淮南》,《隋书·经籍志》始称《淮南子》。近人刘文典《淮南鸿烈集解》,辑集旧注,并吸收清代学者的研究成果作了补正。

4.《论六家要旨》

司马谈崇尚道家,以黄老学说为主,写成《论六家要旨》,以广阔的学术视野和较高的理论概括力,将秦汉之际流行的各派思想总结并分为儒、道、法、墨、名、阴阳六家,进而对各家学说进行了剖析比较,分析了各家短长,指出:儒家"劳而少功",但"列君臣父子之礼,序夫妇长幼之别",还是必要的;法家"严而少恩";墨家"俭而难尊";名家"使人俭而善失真",拘于名而终失其实;阴阳家"使人拘而多畏";只有道家之学最优长,能够兼收并蓄,"因阴阳之大顺,采儒墨之善,撮名法之要",吸收各家优点,而且做到"与时迁移,应物变化"。这是站在道家立场上的学术综述,在学术史上占有重要地位。

四、主要理论主张

1. 道

老子提出宇宙的本原是"道",它是"无状之状,无物之象",是无声无形的一种实存,是有与无的统一;它先天地而生,孕育万物,包罗万有而永久存在。它是支配物质世界运动变化的普遍规律,并无休止地运动变化:"反者,道之动"。以"相反"和"返回"的规律进行运动:一方面事物在变化中逐渐走向它的反面,具有对立转化的性质;另一方面无相互转化的运动周而复始,表现出循环论的性质。两种运动规律构成了宇宙的基本统一性。

2. 自然

老子认为"道"的本性是自然的,"自然"就是天然自成,不含有意识性,也不带有意识性,不受任何超自然的神秘力量的支配。而"人法地,地法天,天法道,道法自然",所以天地的运行也应是自然而然的,不加外力的。老子的天道观否定了天的神性,破除了殷周以来神秘的天道观念,以理性主义的思想反对神学目的论,肯定了自然的天。这一思想对后来的荀子、王充、王弼、王夫之等无神论者产生了深远的影响。

3. 无为而治

老子从"天之道"到"人之道"都取法自然,依天而论人,故提倡无为、虚静、贵柔、不争、素朴的人性。在这种自然人性论的基础上,老子建立了"无为而治"的政治观。老子认为"天之道,损有余而补不足",体现出均衡性、和谐性;而"人之道则不然,损不足以奉有余",统治阶级的多欲有为导致了人民的赤贫苦困,从而致使社会动荡不安、分裂割据,破坏了社会的均衡性与自然性,所以老子主张统治者应效法"天之道",听任百姓自作自息,不加干涉,按天道自然的规律"处无为之事,行不言之教",从而达到"无为而无不为"。由此可见,老子的学说并非消极遁世,它是一种以屈求伸、以退为进的策略,是通过"无为"的方法从而达到"有为"的目的。

4. 负阴抱阳的辩证思想

老子是中国古代辩证法思想的奠基人,他运用对立统一的矛盾法则,揭示出客观事物的外部存在是相反相成、相互依存而不是孤立的,如福祸、巧拙、美丑、强弱等,而这种相互对立的外部存在又不是静止的。在老子看来,在一切事物的内部也同样存在着阴阳两种矛盾对立的势力,既排斥又依存,即"万物负阴而抱阳",这两种对立面会依循"道"的运动规律向其相反的方向发展和转化而周行不殆,从而构成世界的多样性和统一性。老子的辩证法思想是我国历史上第一个系统而丰富的辩证法思想,对中国古代辩证法思想的发展起了重要的作用。

5. 道气合一

在宇宙观方面,庄子继承和发展了老子的"道"论,使"道"同时具有客观和主观两重性。一方面,他认为"天地者,形之大者也,阴阳者,气之大者也",提出了具有物质性的"气"的概念,补充、丰富和发展了老子的"道"论,使"道"带上了较为鲜明的唯物主义色彩;另一方面,庄子认为人也由气发展变化而来,人之生死即是气之聚散,这样"道"与人的主体"我"重叠合一,"天地与我并生,而万物与我为一","我"即"道","道"即"我","道"又成为一种纯粹的主观精神。"乘天地之正而御六气之辩,以游无穷"的"逍遥游"精神,正是"道气合一"的另一种表现,那种对精神解放、人格独立的追求正是对"道"的至高境界的追求。

6. 齐物论

庄子继承了老子的朴素辩证法思想,又进一步指出对立的双方是可以转化的,"臭腐复化为神奇,神奇复化为臭腐",同时又指出一切事物都是相对而存在的,"彼出于是,是亦因彼"。但庄子离开了事物特定的范围和关系,从对事物任意的比较中将事物的相对性绝对化,从而把朴素的辩证法进而引向了相对主义。他认为"天下莫大于秋毫之末,而泰山为小;莫寿于殇子,而彭祖为夭",一切都是相对的,世界上没有是非、善恶、美丑之分,从而引出"物无非彼,物无非此"、齐一万物、混同是非的相对主义理论——"齐物论"。庄子提出齐物论,旨在说明万物的差别性无非是拘泥于人为的"我见",是以"人为"有限的见识评断无限的宇宙,欲打破这种狭隘的认识最终还是要归于"道通为一"。此论在认识上否定了认识主体的作用,最终走向了不可知论和怀疑论,但他觉察到了认识的相对性,指出了物质的不确定性,对后来唯物辩证法的进一步发展是有启迪作用的。

7. 天人新义

魏晋玄学家在阐述天人关系的问题时,直接继承了先秦道家"尊道贵德"和天地万物"法自然"的思想,不仅把"道"看作"大之极也"(王弼《老子注》),把"天"置于"道"之下,而且还明确指出"天"与"人"都本于自然,继汉代神学化了的天人关系之后,重新肯定了"天"与"人"的自然本质,否定了"天"的神性,提高了人的地位,表现出人的"觉醒"与"自觉",以充满理性色彩的"天人新义"取代了荒诞迷信的"天人感应"。

8. 魏晋风度

魏晋玄学尊崇"自然"和重"人"的特点,通过文人潇洒飘逸、放浪形骸的言谈举止和愤世嫉俗、高蹈浪漫的处世态度表现出来,形成了一种视名教如缰锁、六经如糟粕,追求思想解放和个性自由的士风,这就是千古称道的"魏晋风度"。它所表现的"不是人的外在的行为节操,而是人的内在的精神性","不是一般的、世俗的、表面的、外在的,而是要表达出某种内在的、本质的、特殊的、超脱的风貌姿容"(李泽厚《美的历程》)。魏晋风度虽然强调的是自然主义和个人主义,但它针对的是名教和经学,所以具有冲决礼教束缚和要求个性解放的积极意义。

9. 越名教任自然

玄学初始,王弼提出"名教本于自然",旨在援道入儒,来激活儒学。但名教与自然天生就格格不入,名教注重有序人为,自然旨在无序无为。因此,正始以后的玄学发生了变化,嵇康直接公开地提倡"越名教而任自然"。认为儒家经典所宣扬的礼法名教是统治者用以压抑人性、束缚思想、钳制人们行为的工具;而讲经劝学、践行礼义,也只不过是为了沽名钓誉、追求利禄。嵇康把名教与自然尖锐地对立起来,从而提出了"越名教而任自然"的口号,并身体力行地视纲常名教为附赘悬疣,不为名教所拘束,任情而动,不求名利,不慕荣华,只图逍遥自得,求得精神上的自由。"越名教而任自然"这一激进的思想,在嵇康著名的《与山巨源绝交书》中表现得淋漓尽致,嵇康最终因冒犯了司马氏集团而惨死于名教的屠刀下。

第三节 法家

一、法家思想简史

春秋时期,诸侯势力渐盛,建立在氏族血缘基础上的贵族宗法制度开始瓦解,维护宗法社会等级秩序的礼乐也逐渐失去其统摄力量。周王室虽是名义上的天下君王,但诸侯各自为政,欲成为当代霸主,于是富国强兵就成为春秋战国时期学术的主旋律。法家是先秦诸子中颇具影响的一个学派,如果说儒、墨在春秋战国时期是思想学术的"显学",那么,法家当时则是在政治上独步天下。法家重视法律,主张"以法治国",提出了一整套的理论和方法。商鞅、慎到、申不害三人分别提倡重法、重势、重术,各有特点。法家思想的集大成者韩非则提出了将三者紧密结合的思想。西汉后期,法家思想被"罢黜百家,独尊儒术"的儒家所吸收,并开始以儒法并用、"儒表法里"的理论治理国家,独立的法家学派逐渐被排斥掉。

1. 先秦法家

西周末年以来,新兴的社会势力欲推翻统治已久的旧势力,建立封建制以替代奴隶制。在建立和巩固封建制的斗争中,产生和发展了一个思想政治派别,这就是前期法家。代表人物有管仲、子产、李悝、商鞅、申不害、慎到等,他们根据社会现实,既反对儒家提出的复古,又不赞成像道家那样海阔天空、不顾事实地空论。他们主张先认识现实,然后再依据现实对旧的体制进行改革。他们认为时势常变,社会制度也须因之常变,因此他们坚决主张以法治国。到了战国后期,韩非子继承并大大发展了前期法家的思想,以荀子的性恶论为基础,以社会现实为根据,兼言商鞅之法、申不害之术、慎到之势,并网罗了当时各派学说而树立一家之言,其思想深受秦始皇欣赏,为后来建立中央集权的秦朝提供了有效的理论依据。

2. 秦代法家

秦王朝以法家思想统一天下,因而禁除法家以外各学派的存在,以树立法家思想的独尊地位。商鞅变法是秦政治思想法家化的标志。从秦孝公开始,秦历经五代至秦始皇统一全国,法家思想一直作为秦的统治思想而存在。秦始皇在浓厚的法治社会环境中成长,法家思想对其影响极其深刻,尤其是集法家思想之大成的韩非的法家政治思想体系,深得秦始皇的赏识而成为秦国的主导政治思想,使秦国的国力持续发展,引导秦国实现了全国的统一大业。秦始皇统一全国后,所采取的一系列措施都深深印有韩非的法治思想和法治理论的烙印,如厚今薄古、重刑尚罚,尤其是在教育方面,则完全采用了韩非的"以法为教"、"以吏为师"的教育改革主张。而李斯作为韩非的同窗,更是在此教育主张的影响下,发动了一场"焚书坑儒"的文化浩劫,法家政策的实施达到了顶峰。秦王朝对法家思想的独重到了甚为极端的境地,为此也付出了沉重的代价,最终归于灭亡。

3. 汉代法家

汉初有识之士普遍认为,法家学说导致了秦王朝的速亡,于是吸取秦朝灭亡的教训,省刑少事,轻徭薄赋,休养生息,制定了以恢复社会生产为主要目标的比较宽松的政策。但在实际政治中,"汉承秦制",仍继承着秦朝的法家政治思想和在法家思想指导下所建立的一整套典章制度。所以,惠、文、景时期虽然标榜道家,推行的却是"外道内法"的政治。汉武帝时虽然"罢黜百家,独尊儒术",但实际上采取的是"外儒内法"的政治,如重用酷吏,严明吏治,加强监察,所有这些都带有法家特点。而当时的主要人物,如公孙弘、主父偃、张汤等的思想同样都具有法家色彩。武帝以后,汉宣帝及东汉光武帝、明帝也都重用酷吏,长于以刑名绳治臣下。由此可见,历代统治者都看到了法家思想治国的实效性,只是披上儒、道的外衣,使法家思想作为潜流,在历史的长河中涌动并发挥着重要的作用。

二、代表人物

1. 商鞅(约公元前390—前338)

商鞅姓公孙,名鞅。因为是卫国人,也称卫鞅。后来受封于商(今陕西商县东南),号为商君,所以又称为商鞅。商鞅自幼喜好刑名之学,长大后先到魏国,但魏惠王没有任用他。因此,他到秦国另谋发展。他先以"帝道"和"王道"游说孝公,孝公不感兴趣,后来以"霸道"和"强国之术"说服了孝公。秦孝公任命他为左庶长,让他主持变法,不久提升为大良造。商鞅在秦国全面推行新法,明确地提出了"不法古,不循今"的主张,重法尚刑。变法后,不仅沉重地打击了旧贵族的势力,而且也促进了封建经济的发展,巩固了封建统治。经过多年的努力,秦国日益富强,逐步发展成为一个强国。秦孝公死后,商鞅受贵族陷害,被车裂而死。

2. 韩非(约公元前280—前233)

韩非和李斯一同受学于荀子,又喜老子之说,所以《史记》评韩非"喜刑名法术之学,而其归本于黄老"。战国末年,韩国屡遭强秦侵凌,丧师失地,韩非多次向韩王提出变法富强的计策,但未被韩王采纳。韩非写了《孤愤》、《五蠹》等一系列文章,这些作品后来集为《韩非子》一书。秦王嬴政读了韩非的文章,极为赞赏。公元前234年,韩非作为韩国的使臣来到秦国,李斯妒忌韩非的才能,与姚贾一道向秦王进谗陷害韩非,韩非被迫服毒自杀,死于狱中。韩非的思想渊源不一而自成体系,他的政治学说基本上是前期法家"法"、"术"、"势"思想的结合;其君主专制理论实受墨家"尚同"思想的启示;他的"循名实"、"因参验"的认识方法也与墨家"以名举实"有关;他的哲学世界观主要是对老子自然哲学的发挥和改造。韩非深受儒、道、墨等各主要学派的思想的影响,是战国时期法家的集大成者。

3. 李斯(?—前208)

战国末期秦代政治家,后期法家代表人物。与韩非一同师从荀子。战国末期入秦,初为吕不韦舍人,后被秦始皇重用,历任郎、长史、客卿、廷尉直至丞相。他曾协助秦始皇制定和实施对六国各个击破的战略。同时,他也帮助秦朝统治者推行暴政,用严刑峻法镇压人民。秦始皇死后,又辅佐秦二世。秦二世二年因赵高诬陷,被"具五刑"处死。他接受商鞅、慎到、申不害等人的法家学说,并深受韩非思想的影响。其法律思想主要有:(1)统一天下,实行郡县制。(2)人主独尊,法自君出。(3)以法为教,以吏为师,厉行思想文化专制。(4)贯彻重刑主义,强调深督轻罪。他认为君主只有使用烦苛的刑罚来监督臣民,才能行使自己的绝对权威。李斯的法律思想和实践对秦产生了巨大的影响。

4. 晁错(公元前200—前154)

西汉政治家、政论家。颍川(今河南南禹县)人。学申商刑名之学,文帝时深得太子(即后来的景帝)宠信,号为"智囊"。景帝即位,任内史,迁御史大夫。晁错力主改革政治,法令多所更定,并倡议削减诸侯封地,遭到诸侯王和贵族官僚的强烈反对和嫉恨。吴楚七国叛乱时,他为政敌袁盎等所谗害,终于被杀。晁错文三十一篇,今存者不到十篇,以《论贵粟疏》、《守边劝农疏》、《言兵事疏》最为有名,论述了关于经济、兵事、边防等问题,主张守边备塞,劝农力本,广积粮食。其文论事说理,切中要害,分析利弊,具体透彻。

三、主要典籍

1.《法经》

春秋末年,晋、郑诸国作刑鼎或刑书,以公布新的法律条文。到战国时,随着历史条件的改变,出现了更多的新的成文法典。李悝"撰次诸国法",修订出《法经》六篇,包括盗、贼、囚、捕、杂、具。盗律内容是惩处侵犯财产的犯罪活动;贼律是对有关杀人、伤人罪的处治条文;囚、捕两篇是有关劾捕盗贼的律文;杂律内容包罗尤广,包括淫禁、狡禁、城禁、嬉禁、徒禁、金禁;具律是《法经》的总则和序例。《法经》出现后,魏国一直沿用,后由商鞅带往秦国,秦律即从《法经》脱胎而成,汉律又承袭秦律,故《法经》在中国古代法律史上占有非常重要的地位。《法经》的编订,是李悝在法律制度方面作出的重大贡献。《法经》早已不存,仅桓谭《新论》中有关于《法经》内容的简述,《晋书·刑法志》中也有类似的记载。

2.《商君书》

也称《商子》、《商君》、《农战书》,现存二十四篇,是关于战国时法家代表人物商鞅及其后学思想言论的资料汇编,是法家学派的代表作之一。大多数篇章都涉及军事,其主要的军事思想可以概括为以下四个方面:一是积极主张战争。认为要立足天下,称王称霸,就必须从事战争,反对所谓"非兵"、"羞战"的论调,明确肯定战争的合理性和必要性。二是农战结合。认为农业生产不仅为战争提供物质基础,而且人民致力于农耕,才会安土重居,从而为保卫国土而战。农、战结合才能使国富兵强。三是重刑厚赏,以法治军。四是提出了一些具体的战略、战术。总之,《商君书》是研究商鞅政治法律思想和战国社会历史状况的重要文献。注本主要有朱师辙的《商君书解诂》与高亨的《商君书注译》。

3.《韩非子》

战国时法家代表著作,由五十五篇独立成文的论文集辑而成,大都出自韩非之手。主要阐述了韩非以君主专制为基础的法、术、势结合的法治理论,以及他进化论的历史观和讲求实际的哲学观,反映了战国时期经济、政治、思想、文化各方面的重要情况。其中《解老》、《喻老》是中国最早注释和用法家的观点解说《老子》的著作。《五蠹》把历史发展分为上古、中古、近古三个阶段,认为时代不断发展进步,社会生活和政治制度都要发生变化,复古的主张是行不通的。《显学》则记述了先秦儒、墨显学分化斗争的情况,认为"杂反之学不两立而治",主张禁止一切互相矛盾的学说,定法家的学说于一尊。注本中,较好的有清王先慎的《韩非子集解》以及今人陈奇猷的《韩非子集释》。

四、主要理论主张

法、术、势

中国战国时期法家学派的术语。"法"指公开颁布的成文法律以及实施封建法治的刑罚制度。"术"是君主驾驭臣民、使之服从于统治的政治权术。"势"即君主的权势,主要指君主的统治权力。法家学派中对于三者各有侧重:商鞅重法;申不害重术;慎到重势;韩非则主张抱法处势而用术,三者是互相联系的整体。"法、术、势"相结合的理论是韩非政治思想的主旨。同时指出,"势"在"法、术、势"三者中处于核心地位。韩非把维护君主权势的理论提到了哲学的高度,论证了君权至高无上的性质。"道无双,故曰一。是故明君贵独道之容。"在君主不能信任任何人(特别是群臣)的情况下,"术"的内容包括暗中窥伺、互相牵制以至投毒暗杀等手段。在"法、术、势"三者中,韩非对"法"的理论作出了重要贡献,提出了许多精辟见解。韩非把"法、术、势"三个因素称为"帝王之具",而要使三种工具发挥作用,还必须把握住二柄,即赏和罚。韩非认为人主所执以制臣的两种大柄是不可以旁落的,否则贤者不能近君,人君的地位与生命也会陷入危机。历代统治者都凭借"法、术、势"的种种手段加强君主的权势和个人独裁,加强对民众的统治和对群臣的控制。"法、术、势"理论对于结束封建割据、实现专制统一有一定的积极作用,但同时也产生了消极影响。

第四节 其他学说

一、墨家

墨翟(约公元前476—前390) 鲁国人,工匠出身,其思想代表战国时期小生产者、小私有者阶层的利益。墨子早年受过孔子的儒学教育,后来反儒自创墨家学派,其思想与儒家针锋相对,二者在当时并称"显学"。墨子死后,其学派分裂成三派,称为后期墨家。墨家流传的著作有《墨子》一书,现存五十三篇,大部分篇章都是墨子的弟子或再传弟子记述墨子言行的集录,是研究墨子思想的可靠材料。

墨子的主要思想:

1. 重"耳目之实"

墨子是第一个运用经验论来反对先验论的。他认为认识事物必须以人的闻见感觉为依据,也就是把对外物的直接感觉看作认识的来源和根据,强调"耳目之实"的感性认识。并提出"三表"作为检验认识是否正确的标准:第一是历史记载中前人的间接经验;第二是广大人民的直接感觉经验;第三是实际应用的效果,看它是否给国家和人民带来好处。这三点都是以感觉、经验作为立论根据,没有将认识更加深入,因而没有形成理性的认识。

2. 非命、尚力与天志、明鬼

在墨子的思想中存在着互相矛盾的思想因素,如一方面"非命"、"尚力",另一方面又"天志"、"明鬼"。前者是针对孔子宣扬的"命定论"提出人为的努力可以改变命运,用"尚力"来"非命",反映了当时从事生产的劳动者的思想;后者把"天"说成是人类社会的最高主宰,承认"鬼神"的存在,是为了借助"天"与"鬼神"的威信,警诫人们行善除恶。一方面限制天子的行为,劝其匡正天下;一方面使人自觉兼爱,消除战争,实现"非攻",最终达到"尚同"的目的。这两组互相矛盾的思想因素,体现了小生产者、小私有者阶层的局限性与特殊性。

3. 兼相爱,交相利

墨子针对当时君臣之间的弑杀、诸侯之间的征伐等社会混乱情况,提出了一条解决的途径,就是"以兼相爱、交相利之法易之"。通过"兼爱"来抹平现实阶级、等级差别,使"天下之人皆相爱",从而泯灭一切社会矛盾,产生实际功利。这实际是当时小生产者的一种不可实现的幻想。但墨子却将其作为神圣的理想,执拗地为"兼爱"理论提出一系列具体的带有操作性的主张:第一,在用人制度上,废除"亲亲"政策,主张任人唯贤,即"尚贤";第二,由贤者制定统一的是非标准,上行下效,"一同天下之义",全社会都服从最高统治者的意志,即"尚同";第三,反对侵略战争,认为不义之战会对人民和社会造成极大破坏,即"非攻";第四,反对厚葬、久丧、音乐欣赏,认为其妨耕碍织,影响生产且浪费人力、财力和精力,所以主张"节葬"、"节用"、"非乐"。这些主张概括为"尚贤"、"尚同"、"非攻"、"节葬"、"节用"、"非乐"、"兼爱",再加上"非命"、"天志"、"明鬼",共十事,成为墨家政治学说的纲领。

后期墨家 墨子死后,他的学生和再传弟子将墨家学派分裂为三派,称为后期墨家。其成员多数属于个体生产的手工业者及知识分子,所以在自然科学知识等方面作出了突出的贡献。后期墨家在思想上继承和发挥了墨子的思想。首先,坚持了墨子的认识论,但并未拘于墨子狭隘的经验论,而是在承认人可以通过感官去接触事物,获得感性认识的同时还看到了感性认识的局限,认为在五官作用的基础上,还需"心"(头脑)来察辨、分析和判断,这就由墨子狭隘的感觉认识上升到了理性认识。其次,避免和抛弃了墨子思想中的宗教迷信成分,扬弃了"天志"、"明鬼"的思想,否认"天"赏善罚恶的人格性和神秘性,更加强调人的主观能动性。第三,在逻辑学方面成就突出,构建了关于正确判断和逻辑推理的基本形式和方法,其逻辑理论具有丰富的内容和比较完整的体系,在中国古代逻辑思想发展史上占有重要地位。

在战国中后期,墨家的发展甚至更为蓬勃,徒众满天下,以至于孟子说"天下之言,不归杨则归墨"。不过,墨家的衰弱和消失也非常迅速,汉朝建立以后,系统的墨家学术与墨家团体已衰微至极,汉武帝以后,更是寂然无闻了。

二、名家

春秋战国时期,社会变革引发了一时的混乱,名实问题就是一个很突出的现象。旧事物灭亡,新事物出现,使得名存实亡或名存实变。面对这种现实,名家专门讨论了名与实的问题,认为名实应该相符,名必须是对实的真实反映。名家以思考逻辑方法和探寻思维方式见长,代表人物有惠施、公孙龙。

惠施(约公元前370—前310) 战国时期的宋国人,与庄子同时,两人既是好友又是论敌。庄周在《庄子》一书中说:"惠施多方,其书五车。"由此我们可以知道,惠子是学问渊博的学者。

公孙龙(约公元前325—前250) 赵国人,生平事迹不详。《史记·仲尼弟子列传》中,太史公认为,公孙龙是孔子的弟子,字子石,楚人或卫人。据说公孙龙游说各国,与人论辩,经常获胜,而庄子评论说:"能胜人之口,不能服人之心。"

惠子和公孙龙分别代表名家的两个基本派别,前者倾向于合万物之异(合同异),后者倾向于离万物之同(离坚白)。

在《庄子·天下篇》中,惠子提出了十个命题,被称为"历物十事"。可惜的是,这十个命题只流传下十句话,并没有具体内容和详细论证。历代学者都曾根据惠子的逻辑思维,提出自己的看法来加以论证。在

《庄子·天下篇》中,名家还提出了"鸡三足"、"火不热"、"矩不方,规不可以为圆"、"白狗黑"等二十一个命题。名家最著名的命题,是公孙龙的"白马非马"论和"坚白"论。

白马非马 相传公孙龙骑马过关,关吏说马不准过,公孙龙乃以白马非马之辩令关吏折服,而得以骑马过关。《公孙龙子考·序》认为公孙龙遂因此得大名,蜚声天下。公孙龙认为白马与马两个概念的含义不同,白马的内涵除了包含马的内涵之外,还含有白色这一点,既指形体又指颜色,而马仅指形体,所以白马与马不同一;另外马的外延除了白马之外,还包含黄马、黑马,所以白马与马还是不可等同的。这就是"白马非马"论。

坚白论 在公孙龙看来,同一个事物中存在各种性质,它们虽然共处一体,却独立存在。他著《坚白论》说明,一块白色的石头,其中具有白色和坚性两种属性,用手触摸时只感到坚硬而无法感到白色,用眼观看时,只看到白色而不见坚硬,由此推出白色与坚硬是分离为二、不相关联的。坚白相离之说以不同感官的不同感觉代替客观事物中各种属性之间的相互联系,没有看到一个事物中存在着的各种性质是相互联系融通、共成一体的。

名家在论证中,揭露了事物的矛盾统一现象,具有深刻的辩证法思想,对古代逻辑思想的发展有很大贡献。但又过分地夸大了"一般"与"个别"的差异,所以在战国时名家被视为"诡辩",汉以后便成为绝学。

思考题:
1. 试论儒学思想嬗变的四个阶段。
2. 试论王夫之对知行关系的看法。
3. 试述道家思想发展简史。
4. 试述法家思想发展简史。

第二章 神话传说与宗教

神话是在人民的幻想中，通过不自觉的艺术方式加工过的自然界和社会形态。中国远古时代曾有过非常丰富的神话传说。

宗教在世界各国各民族的历史和现实中，是一种普遍存在的文化现象。世界上存在许多宗教，其中影响最大的有三大宗教，即基督教、伊斯兰教和佛教。基督教由耶稣于公元1世纪在西亚的巴勒斯坦地区创立。基督教现在大约有十七亿信徒，它的大本营在欧美地区，因此被称为西方的宗教。伊斯兰教在公元7世纪由穆罕默德创立于麦加。佛教在公元前6～前5世纪由乔达摩·悉达多创立，它产生于印度，弘扬于中国，并由中国传至韩国、日本、越南等国。佛教已经成为中国文化的一部分。而中国本土的宗教则是道教，另外还有很多旋生旋灭的民间宗教。

第一节 先秦神话传说

神话传说以神为主人公，情节是神的变化、法力和法术。神话表达的是人民对于自然和社会现象的认识和领悟。但是由于年代久远，儒家又对神话采取排斥的态度，中国先秦神话传说大多经过改造，被纳入古史系列，所以我国的神话传说情节简单，记载分散，不像希腊的神话传说那样形成了一个完整的体系。我国先秦的神话传说集中保存在《山海经》一书中，其他则散见于经、史、子、集等书中。先秦神话传说对中国哲学、宗教、民俗、文学、艺术等都产生了深刻的影响。

盘古开天辟地 相传，天地本来是黑暗混沌的一团，如鸡卵一样。盘古就孕育在中间。经过一万八千年，天地开辟，其中一些重而浊的东西渐渐下降，变成大地，轻而清的东西冉冉上升，变为天空。混沌不分的天地被盘古分开了，他手托天，脚踏地。天每天升高一丈，地每天增厚一丈，盘古的身体每天也增长一丈。这样又经过一万八千年，天极高，地极深,盘古极高,有九万里高,立于天地当中,天地被开辟出来。但盘古也因劳累过度,倒地而亡。盘古垂死之际,用他的整个身体化育了天地万物。他口里呼出的气变成风云,发出的声音变成雷霆,左眼化为太阳,右眼化为月亮,四肢和躯干化成大地的四极和五岳,血液变成江河,筋脉变成道路,肌肉变成田土,头发变为天上的星辰,皮肤体毛变为地上的草木,牙齿和骨头变成金属和岩石,精髓变成珠玉,汗水变成雨露,他身上的寄生虫经历风雨,变成大地上的黎民百姓。

女娲抟土造人 女娲,亦称娲皇、女皇、阴帝、神媒,人头蛇身,姓风,与伏羲同母。据说女娲有化育万物的本领,人类就是其创造的。天地开辟后,大地上还没有人类。女娲用黄土和泥捏成一些人,后来她感到劳累,于是引绳蘸泥为人。女娲创造了人类之后,又创立了婚姻制度,使人类能够世代繁衍。还有传说说在一次吞没世人的洪水灾难中,只有女娲和伏羲侥幸逃脱,于是他们俩结为夫妻,人类才能够世代繁衍,免于灭绝。

人文初祖黄帝 黄帝是传说中中华民族的始祖,号轩辕氏,又称有熊氏。黄帝是西北游牧民族的首领。当时正处在氏族社会后期,部落之间经常发生战争。蚩尤进攻黄帝,黄帝部落与炎帝部落结成联盟,与蚩尤大战于涿鹿之野(相传在今河北涿鹿县东南)。黄帝擅长蓄水行雨,向蚩尤发动攻击,不料蚩尤请来风伯雨师助战;黄帝请来旱神女魃,大风大雨被旱神制服了。蚩尤战败,被黄帝杀死。涿鹿之战后,炎帝与黄帝争做盟主,又发生了战争。黄帝训练了熊罴、貔貅、虎参战,双方大战于阪泉之野(相传在今河北境内)。战斗进行了三次,黄帝取得了胜利。黄帝进行了多次战争,被天下奉为盟主。黄帝创立了文明制度,建立了以君臣、父子、夫妇"三纲"为核心的礼仪制度,被奉为人文初祖。

大禹治水 禹是鲧的儿子。禹继承了他父亲的事业,继续治理洪水。他采用疏导的方法,开山筑堤,疏导川河,把洪水引入大海,治水获得了成功。大禹治水十分敬业,在外十几年,三次经过家门口都没有回家。由于过度劳累,他小腿上连毛也长不起来,而且未老先衰,走起路来一跛一颠,看起来像是在跳着走。后世道士做法事时走的步子就是模仿大禹的这种步法,称为"禹步"。大禹在治水的同时,把全国划分为九州,勘定了州界,从此全国有了行政区划。禹做了帝王之后,用铜冶炼铸造了九个巨大的鼎,将他在治水游历过程中见到的各种水妖山怪、危害人类的邪神恶鬼的图像都刻绘在鼎上,任人参观,使人们熟知各种邪恶之物,为人们提供了一个旅行指南。后来九鼎成为国之重器,象征着天子的权力和尊严。

后羿射日 传说尧时十日并出,草木焦枯。尧于是命令羿拉弓射掉九个太阳,太阳里乌鸦的羽毛纷纷扬扬地落了下来。还有一种说法:黄帝的日官羲和被分封到扶桑国,他有十个儿子,号称十日,其中九人很凶恶,他们分裂了扶桑国,互相攻战,后来羿平定了战乱。

西王母 西王母是古神话传说中的一位住在旷野洞穴里的怪神。据《山海经》记载,西王母住在昆仑山附近的玉山,其形状像人,长着豹尾虎牙,乱发之上戴着一只玉胜,善于啸叫,是专门掌管灾疫和刑罚的凶神。他有三只大鸟,专门为他寻找食物;还有一只三足鸟,专门为他做杂事。此时的西王母性别不明,后来逐渐演变成了一位三十多岁的美丽仙人。

第二节 佛教

一、佛教简史

佛教的起源与早期演化 佛教产生于公元前6～前5世纪的古代印度。佛教的创始人姓乔达摩,名悉达多,因是古印度释迦族人,又被称为释迦牟尼,意思是释迦族的圣人。释迦牟尼是古印度迦毗罗卫国净饭王的太子,他的生卒年月已不可考,一般认为是公元前565—前486,与我国春秋时代的孔子是同时代人。传说释迦牟尼因为感受到人生的痛苦和生命的无常,决心出家修行,以求解脱生老病死的道理。释迦牟尼在二十九岁那年出家,学过禅定,又经历六年的苦行,均无结果。最后在菩提树下静坐沉思七天七夜,终于悟出了"四谛"的真理。释迦牟尼悟道后,被称为"佛陀",或简称"佛",意思是"觉悟者"。传说佛陀在成道后,首先赶往婆罗奈城郊的鹿野苑,寻找曾随他一道出家的憍陈如等五个侍从,向他们讲说"四谛"之理。由于从不同的角度讲了三遍,佛史称作"三转法轮"。憍陈如等五人信仰了佛陀教义,成为他的首批信徒,号"五比丘"。至此,佛、法、僧三宝具备,佛教正式创立。此后,佛陀就一心开始传教活动,历时四十五年,直到逝世。他逝世后的一百年间,佛教主要在古印度恒河中游一带流传,佛教教团比较统一,都奉行释迦的教法。历史上一般把这一时期的佛教和释迦牟尼的创教时期合称为"原始佛教",也称"早期佛教"、"初期佛教"。

约公元前4世纪到前1世纪,印度佛教进入了部派佛教时期。部派佛教是从原始佛教中分化出来的各个教团派别的总称。起初,佛教分化为上座部和大众部两大派。上座部是一些长老的主张,属于正统派,思想比较保守。大众部是多数僧侣的主张,是比较强调发展的流派。这两大派后来又继续分化,共分为十八或二十个部派。

大约在公元1世纪,大乘佛教兴起。乘是梵文的意译,音译为"衍那",意思是"承载(如车、船)",也有"道路"的意思。大乘佛教兴起以后,为了争夺佛教的正统地位,把原始佛教和部派佛教贬低为小乘。在大乘佛教看来,小乘是"小道",是释迦牟尼为一般人所说的法,而自己是更透彻的道理,可以救济众生成就佛果。大乘在形成和演化过程中,主要有中观学派和瑜伽行派两大派别。中观学派由龙树和提婆创立,奉《大品般若经》为主要经典,《中论》、《百论》、《十二门论》和《大智度论》为基本理论著作。此派主要的观点是空观,认为一切事物并无实体,因此这一派又被称为"空宗"。约在公元4世纪至5世纪,瑜伽行派继中观学派成为印度大乘佛教的主流。瑜伽行派尊弥勒为始祖,实际创始人是无著、世亲两兄弟,以《解深密经》和《瑜伽师地论》等为主要经典。瑜伽行派继承了中观学派的空观思想,但又主张识有,所以又名"大乘有宗"。

中观学派和瑜伽行派衰落后,密宗兴起了。佛教的密宗也称密教、喇嘛教,开始于7世纪,到8世纪以后逐渐取得了主导的地位。密教以极为繁杂的咒术礼仪和神秘教义为主要特征,以法身佛大日如来取代释迦牟尼的教主地位,主张身密(手结契印)、语密(口诵真言咒语)、意密(心作观想佛尊)三密相应行,以求得出世的果报。

释迦牟尼创立的佛教,在印度经历了原始佛教、部派佛教、大乘佛教和密教阶段,到公元13世纪初便在印度本土衰落了。

佛教从佛灭一百六十年的阿育王时代开始,就向印度以外地区传播开来。传播路线大约分为两路:陆路由北方经中亚、西域而传入中国,以后再发展到韩国、日本、越南等地,称为"北传佛教",以大乘佛教为主流;水路由南印度传入斯里兰卡,以后陆续发展到中南半岛和南洋群岛,至今斯里兰卡、缅甸、泰国与柬埔寨,犹以佛教为国教,而以小乘的上座部佛教为主流,是为"南传佛教"。此外,越过北印崇山,传入我国西藏地区以后,与当地的土著宗教本教相结合,形成了政教合一的"藏传佛教"。以上为现今世界佛教的三大系统。

佛教传入中国及其"中国化"的情况　佛教是在汉代传入中国的。一说是东汉明帝夜梦金人飞行于殿庭,明晨问于群臣。有大臣说:西方有神,其名曰佛;陛下所梦恐怕就是他。明帝于是就派使者去西域,访求佛道,在大月氏国遇到沙门迦叶摩腾、竺法兰两人,并得佛像经卷,用白马驮着回到洛阳。明帝特地建立精舍给他们两人住,称作白马寺。于是两人在寺里译出《四十二章经》。这是流传最广的佛教初传的史话。同时也有西汉哀帝元寿年间传入说。综合这两种说法,佛教传入中国当在两汉之际,约公元1世纪时。

三国两晋时期,佛教开始流传开来。这一时期,译经是佛教的主要活动。著名的译师有三国时期的支谦、西晋时期的竺法护。戒律也被翻译出来,这是中国有戒律授戒的开始。

东晋与十六国对峙时期,十六国的少数民族统治者大都扶植佛教,特别是前后二秦的佛教,在中国佛教史上占有极其重要的地位,代表人物是道安和鸠摩罗什。道安(312—385)是北方的佛教领袖,影响很大。他在长安主持译经,并对汉译佛经作了初步整理,编写了佛经目录。他还为僧侣团体制定了法规、仪式,决定了沙门以释为姓,并制定了僧尼赴请、礼忏等行仪规范,为后来汉地寺院制度奠定了初步基础。佛教在后秦尤盛,后秦王姚兴笃好佛教,又得鸠摩罗什之助,译经讲习都超越前代。鸠摩罗什(344—413)是天竺人,生于龟兹,5世纪初后秦王姚兴出兵凉州,迎罗什至长安,译出佛经约有三十五部二百九十四卷之多,其中有大乘空宗的主要经典与《大智度论》、《中论》、《百论》、《十二门论》等。

南北朝时期,佛教进一步流传发展,其主要特点是出现了许多以研究某一部分佛典为中心的佛教学派,主要有涅槃、成实、三论、毗昙、地论、摄论、楞伽等学派。南朝历代君主大都提倡重视佛教,其中最突出的是梁武帝,他曾四次舍身寺院,由朝廷和群臣以巨额金钱赎回,以此自立功德,又充实了寺院经济。北朝虽然发生了北魏太武帝(公元446年)和北周武帝(公元574年)发动的两次灭佛事件,但总的来说也是扶植佛教的。同时,由于南北政权的对立及地域阻碍,两地形成了不同的佛教学风。这种不同的显著表现是:南朝偏重理论,多玄谈义理;北朝崇尚实行,禅风特盛。因此,在南朝涅槃、成实和三论等学说都十分流行,北方禅学、律学和净土信仰较为发达。

佛教的繁荣与中国佛教宗派的创立　　隋唐时代是中国佛教的大成时期。一方面,国家对儒、释、道都予以扶植,此时佛教也进入了鼎盛时期;另一方面,政治上的统一促进了南北文化的融合,佛教也综合南北体系,而有新的宗派创立,形成这一时期的显著特色。

隋唐两代的统治者多提倡、利用佛教。隋文帝一生致力于佛教的传播。他曾多次下诏在各地兴建寺院、佛塔,剃度僧侣,组织翻译佛经,设置僧官管理僧民事务。隋炀帝也笃好佛教,他自称菩萨戒弟子,度僧、建寺、造像、组织译经,竭力宣传佛教。唐太宗下诏在旧战场各地建造寺院,一共七所,悼念阵亡战士,以安抚民心,促进了当时佛教的发展。贞观十九年(公元645年),玄奘从印度求法回来,唐太宗为他组织了大规模的译场。玄奘的译经给当时的佛教界以极大的影响。稍后,武后利用佛教徒怀义等伪造《大云经》,将夺取政权说成符合弥勒的授记。这使佛教与政治的关系日益密切。玄宗时,由善无畏、金刚智等传入密教,得到帝王的信任,促使密宗形成。此时佛教的发展达到极盛。不久安史之乱起,北方佛教大受摧残。禅宗南宗的神会帮助政府征收度僧税钱,以补充军费,南宗传播有了更多便利,慧能创立的禅宗南宗遂在北方取得稳定地位。但是当时人民多借寺院逃避徭役,寺院又乘均田制破坏之机扩充庄园,这样在经济上和国家利益的冲突日益加深,终于导致了唐武宗会昌二年到五年(公元842~845年)的灭佛运动,庙宇被拆毁,僧尼被勒令还俗。会昌灭佛运动对以后佛教的发展影响很大,绝大多数佛教宗派从此一蹶不振,佛教鼎盛阶段基本结束。

隋唐时期,佛教在发展过程中成立了许多宗派,主要有天台宗、三论宗、法相宗、华严宗、律宗、禅宗、净土宗和密宗。这些宗派一方面有各种教理和修持体系,另一方面有独立的寺院经济,师父在传授佛法的同时,也把寺产传给嗣法弟子。这样,隋唐时期就形成了在佛教理论和寺院经济方面都相对独立的佛教宗派。

佛教在与理学的融合中继续发展 宋代佛教日益与儒道融合。宋代佛教特别是禅宗与儒家思想界接触频繁,士人多习禅,儒家学者和佛教徒相互之间出现了调和的观点,认为儒与佛在教化上不可偏废。另一方面,禅宗的一些中心概念如理事、心性等,为儒家所吸收,形成了一套有系统的理论,这便是宋代勃兴的理学。同时,佛教内部各宗派也互相融合。宋代佛教流行禅净双修,所以禅宗与净土宗的融合非常显著。同时,天台、华严两宗推崇禅宗经典,出现了"天台禅"、"华严禅"等。

元代帝王崇奉喇嘛教,实行政教合一的统治政策。元世祖忽必烈即位后奉西藏地区的名僧八思巴为帝师,命他掌理全国佛教,兼统领藏族地区的政教。其后,元朝皇帝必先就帝师受戒,然后登位。除喇嘛教外,其他佛教宗派也有相当的发展。禅宗盛行江南,白云宗、白莲宗也很活跃。

由于元朝对佛教的大力支持,寺院经济形成了畸形的发展。寺院在拥有大量土地的同时还大力从事工商业。当时各地当铺、酒店、碾硙、渔场、货仓、旅馆及商店等,有相当一部分是由寺庙经营的。开采煤矿和铁矿也有寺僧参加。

佛教在衰微中延续 明清两代佛教在教理教义上没有新的发展,佛教总体上是走向衰落了。明太祖朱元璋早年出身僧侣,对佛教内部的情况比较了解。他即位后,着手对佛教进行整顿,限制了佛教的发展。明代出现了在家居士研究佛教的风气,宋濂、李贽、袁宏道、瞿汝稷、焦竑、屠隆等都撰有佛学著作,对佛教界产生了一定的影响。清代继承了明代的佛教政策,只是统治者更重视喇嘛教。清初,明末遗民出家为僧的颇多,知名的有八大山人等。清代居士弘传佛教,对佛教文化的复兴起了很大的作用。如清末杨文会(1837—1911)一生致力于佛经的流通,创办金陵刻经处,对清末佛教文化的复兴起了重要作用。

二、佛教人物

鸠摩罗什(344—413),龟兹人。他的先代在印度世袭高位,其父鸠摩罗炎弃相位出家,东渡葱岭,远投龟兹,被龟兹王迎为国师。后被迫与王妹耆婆结婚,生鸠摩罗什和弗沙提婆兄弟二人。罗什七岁时随母亲出家,九岁时随母前往罽宾,师从盘头达多学习《杂藏》和《中》、《长》两部阿含经。十二岁时返回龟兹,中途在沙勒停留一年,改学大乘,研习龙树所著《中论》、《百论》、《十二门论》等大乘经典。二十岁时罗什在龟兹王宫受戒为僧。他母亲返回印度后,罗什继续留住龟兹,前后达二十六年,精研大乘经论,声名日隆。

前秦建元十五年(公元379年),中土僧人僧纯、昙充游学龟兹归来,称述龟兹佛教盛况,盛赞鸠摩罗什才高过人。于是,高僧道安力劝苻坚迎鸠摩罗什来华。建元十八年(公元382年),苻坚派吕光等出兵西域,攻打龟兹,嘱咐吕光攻下龟兹后速送罗什入关。建元二十年(公元384年),吕光攻陷龟兹,次年(公元385年),苻坚被杀,吕光借机割据凉州,自立为王,不放罗什东行。罗什被迫留居凉州十七年。直到弘始三年(公元401年),后秦王姚兴攻破凉州,罗什才被迎至长安。

在姚兴的亲自主持和参加下,在众多助手的协助下,鸠摩罗什在长安开始了我国历史上规模空前的译经活动。从弘始四年(公元402年)到弘始十五年(公元413年)的十余年间,罗什共译出佛经三十五部二百九十四卷,其中重要的有《摩诃般若波罗密经》、《金刚经》、《妙法莲华经》、《维摩诘经》、《中论》、《百论》、《大智度论》等。从这些译籍来看,罗什所弘扬的主要是龙树一系的大乘学说。

罗什的译经事业取得了空前的成就。他在翻译文体上一改过去朴拙的文风,重视文质结合,务求达意,在忠于原文和文字表达上都达到了前所未有的水平。罗什精通梵文和汉文,对于文学也有极高的修养,他翻译的经论兼具外来语与华语的调和之美,易于为中土人士理解,为此后义学的发展打下了基础。罗什翻译的佛典至今为人们所采用,如

《法华经》、《金刚经》、《维摩诘经》等虽然都有几种译本,但罗什的译本最为人所习用。罗什翻译的经典确立了中国佛经翻译的体例。

罗什的弟子号称门人三千。盖当时长安佛教兴盛,义学沙门云集,多趋于罗什门下。又罗什译经,常随处敷讲,参加译场的诸助手便成了他的弟子。其中著名的有僧肇、僧睿、道融、道生、昙影等,后世有"八俊"、"十哲"之称。

玄奘(600—664),俗姓陈,本名祎,河南洛阳缑氏县(今河南省偃师县)人。玄奘少时家境困难,跟随其兄长捷法师,住洛阳净土寺,学习佛经。十一岁就熟习《法华经》、《维摩诘经》,十三岁时洛阳度僧,破格入选。隋末,随兄入长安,后又同往成都,唐高祖武德七年(公元624年)离开成都,沿江东下,历荆州、扬州等地,遍访名师,刻苦钻研佛理。贞观元年(公元627年)玄奘再至长安。他很快穷尽各家学说,誉满京师。但是玄奘觉得当时流行的许多学说之间异说不一,就很想到印度去求取佛学原典。恰在此时,印度学者波颇蜜罗多来华,介绍印度那烂陀寺戒贤所讲授的《瑜伽师地论》,并认为这部论著可以总赅佛家学说。这就更加激起了玄奘西行求法的决心。唐太宗贞观三年(公元629年),长安一带遭遇饥荒,朝廷准许僧俗外出就食,玄奘利用这一机会,私自离开长安,开始西行求法。他过玉门关,经中亚,逾葱岭,途经十六国,历时四年,克服种种困难险阻,终于到达印度那烂陀寺,投到高僧戒贤门下学习,历时五年。其后,玄奘游学印度各地,向十多位佛学大师求学问道,遍学佛学中各种学说,达到了十分精熟的境地。他还参加了当时印度佛教界的多次辩论大会,得到大小乘佛教徒的一致推崇,名扬印度。

玄奘学成之后,准备回国弘扬佛说。贞观十九年,他带着几百部在印度搜集到的佛典和各种佛像回到长安。此后,玄奘的主要事业就是翻译佛经。他回国后,在唐太宗、唐高宗父子的支持下,先后在长安、洛阳两地组织庞大的译场,有系统、有计划地进行佛经翻译,共译出佛经七十五部一千三百三十五卷。其中主要有《大般若经》、《大菩萨藏经》、《解深密经》、《称赞净土经》、《瑜伽师地论》、《大毗婆沙论》、《成唯识论》、《俱舍论》等。除译经外,他还把《老子》、《大乘起信论》译为梵文,传入印度。把入印路途见闻写成《大唐西域记》十二卷。玄奘及他的高徒窥基创建了中国的法相唯识宗,影响远及朝鲜、日本。

玄奘在译经史上取得了前无古人的辉煌成就。其所译佛典不仅系统地反映了5世纪时印度佛学的全貌,而且精确得当,矫正了旧译的论谬,开辟了中国译经史上的一个新纪元,后人通称其译籍为新译。

慧能(638—713),又作惠能,是中国佛教史上的禅宗六祖,禅宗的实际创始人。俗姓卢,广东新会人。慧能青少年时代,家境贫寒,靠卖柴为生。有一天,慧能在集市卖柴,听到客店里有人诵读《金刚经》,慧能听后,颇有所悟,便问此经从何处得来。诵经人告之,从黄梅弘忍禅师处得来。慧能于是有寻师之志。他把母亲安顿好之后,前往湖北黄梅参礼五祖,在五祖门下做了一名行者,从事寺院里的担水、舂米等杂务。如此过了八个月后,弘忍欲物色继承人,让门下弟子各写一偈呈验,以证禅悟高下。当时弘忍门下有上座神秀,学业最好,声望最高。他先作一偈曰:"身是菩提树,心如明镜台。时时勤拂拭,莫使惹尘埃。"并乘夜偷偷写于寺壁,一时全寺传诵。慧能闻之,亦说一偈,请人写在壁上。偈云:"菩提本无树,明镜亦非台。本来无一物,何处惹尘埃。"弘忍见了,即于夜间将衣钵传于慧能,并送他过江,嘱其速速南归,等待时机成熟再弘传佛法。慧能回到南方,隐居多年。大约十六年后,至广州法性寺,正值印宗法师讲《涅槃经》。清风吹动旗幡,引起二僧辩论,一说风动,一说幡动。慧能则说,不是风动,不是幡动,是你们的心在动。大家听了很诧异。印宗法师便请慧能坐上席,与之谈论佛法。慧能乘机出示弘忍所传法衣,公开了自己的嫡传身份。于是,慧能在法性寺正式剃度出家。两个月后,慧能在法性寺菩提树下升座讲法。

不久,慧能移住曹溪宝林寺。在那里,他开坛讲法,教授徒弟,宣扬"直指人心,见性成佛"的顿悟主张,一时信徒云集。从此以后,慧能在宝林寺说法三十余年,影响很大,武则天、唐中宗曾先后召其入京,均被他婉言谢绝。

宪宗时(806~820),慧能被赠以大鉴禅师谥号,柳宗元为其撰《曹溪第六祖大鉴禅师碑并序》。禅宗从达摩祖师六传而至慧能,故一般称他为六祖大师。慧能肉身法像现存广东曹溪南华寺(即古代的宝林寺)。慧能本人并无著作,《坛经》是其弟子法海将其在大梵寺的讲法内容整理而成的。

慧能的弟子很多,最著名的有青原行思、南岳怀让、菏泽神会、南阳慧忠、永嘉玄觉等人。他们得法后,都各自弘法一方。其中以青原、南岳二家弘传最盛。南岳一派又分出临济、沩仰二宗;青原一派也分为曹洞、云门、法眼三宗。

三、中国佛教寺院殿堂结构及其典型配置

每一座佛教寺院,都是由众多高大森严的殿堂组成的。这些殿堂是供奉佛和菩萨的地方,也是僧徒居住、生活和修持的地方。明代以来,寺院制度已有定式,殿堂佛教摆设也大体一致了。佛寺殿堂的配置大致是,以南北为中轴线,由南往北看,主要建筑大致是山门、天王殿、大雄宝殿、法堂、藏经阁。这些都是坐北朝南的正殿。东西配殿则有伽蓝殿、祖师殿、观音殿、药师殿等。有的大寺还有五百罗汉堂,堂为田字形布置,内有四个小天井,十分精巧。寺院的东侧为僧人生活区,建有僧房、香积厨(厨房)、斋堂(食堂)、职事堂(库房)、茶堂(接待室)等。西侧主要是云会堂(禅堂),以容纳四海之来者而得名,类似招待所的性质。以下就寺院殿堂的配置逐一说明。

山门 佛寺大门称为"山门",一般都是三门并立,中间一大门,两旁各一小门,象征"三解脱门"(即空门、无相门、无作门),因此又称为"三门殿"或"山门殿"。佛寺三门殿内左右两侧塑有两大金刚像,此即手持金刚杵(印度古代最坚固的兵器)给佛担任警戒任务的夜叉神,又名"执金刚"。传说佛有五百名执金刚随从侍卫,其主要者名"密迹金刚"。两大金刚力士共同把守山门,显示了佛门的威武森严。世俗根据《封神演义》中的戏言,称此像是哼哈二将,这是不符合佛典的。

天王殿 天王殿是山门内第一重殿。殿中间供奉弥勒菩萨。弥勒菩萨像后供韦驮天,面向北。东西两旁供四大天王像。

四大天王 四大天王住在欲界六欲天的第一重,称为"四天王天"。四天王天位于须弥山的山腰,山腰还有一座较小的山叫犍罗陀山,四大天王及其眷属就分别住在四座山峰上。四大天王的职责是掌管四大部洲(东胜身洲、南瞻部洲、西牛货洲、北俱卢洲)的山河大地,所以也称

"护世四天王"。

东方持国天王，因能护持国土，故名。因是帝释天的主乐神，故手持琵琶作为标志，护东方胜身洲。

南方增长天王，因为能令他人增长善根，故名。手执宝剑，护南方瞻部洲人民。

西方广目天王，因能以静眼观察、护持人民，故名。手中缠绕一龙，护西方牛货洲。

北方多闻天王，有大福德，护持人民财富。右手持伞表福德之义，护北方俱卢洲人民。

四大天王逐渐演化成镇守佛门的四大金刚，这也是《封神演义》中的戏言，其实金刚与天王是不可混淆的。

弥勒菩萨 南印度人，释迦牟尼弟子。后来由人间往生兜率天内院。佛经上说，释迦牟尼的教法流传一万年，其后世界道德逐步提高，不再需要佛教，佛教便自行消亡了。此后再过八百万年，弥勒菩萨由兜率天下生此世界成佛。唐代弥勒像都是典型的菩萨像，今北京广济寺奉天冠弥勒菩萨坐像，犹存中古遗风。也有把布袋和尚塑像称作弥勒菩萨的。我国五代时期，在浙江奉化有位和尚名"契此"，常携布袋，教化群众，很得群众信仰，人称"布袋和尚"。临终时说了一首偈语："弥勒真弥勒，分身百千亿；时时示时人，时人自不识。"因此，人们认为布袋和尚是弥勒菩萨的化身，就在寺院的天王殿正中塑了他的像。这可谓是中国化了的弥勒佛。

韦驮天 传说姓韦，名琨，为四大天王南方增长天王的八大神将之一。传说道宣律师曾和天人会谈，说南方增长天王手下有一位韦琨将军经常周行东南西三洲（北洲无出家人），护助诸出家人。宋代以后，便在寺院里塑了韦天像，又和佛经中所说的韦驮天相混，一般称为韦驮菩萨。近世寺院奉他为守护神，很受中国僧人的推崇。

大雄宝殿 天王殿再往北，就是正殿，俗称"大殿"，正名"大雄宝殿"。"大雄"是对佛教教主释迦牟尼道德、法力的尊称。大殿供奉的主要佛像称为"本尊"（又称"主尊"）。随着各时代尊崇的不同和佛教内部各宗派之不同，出现了多种情况，单就数量上来讲就有一、三、五、七尊之别。

大雄宝殿的配置,有释迦牟尼佛(或毗卢佛、接引佛)的一尊像、三尊像、五方佛像等多种情况。有的在大殿两侧和殿后还分别置十八罗汉和三大士及海岛观音像。

释迦牟尼佛 释迦牟尼佛是佛教的教主,两千五百年前印度释迦族的一位王子出家成佛,建立了佛教,所以称为释迦牟尼佛。释迦牟尼佛像有各种不同的姿势,主要的有两种。一种是结跏趺坐,左手横置左足上,名为"定印",表示禅定的意思;右手直伸下垂,名为"触地印",表示释迦在成道以前的过去生中,为了众生牺牲自己的头目脑髓,这一切唯有大地能够证明,因为这些都是在大地上做的事。这种姿势的造像名为成道相。一种是结跏趺坐,左手横置左足上,右手向上屈指作环形,名为"说法印",这是说法相,表示说法的姿势。另外有一种立像,左手下垂,右手屈臂向上伸,这名为旃檀佛像,传说是佛在世时印度优填王用旃檀木按照佛的形容所作。左手下垂名"与愿印",表能满众生愿;右手上伸名"施无畏印",表能除众生苦。后来仿照此形象制做的也叫作旃檀佛像。

一般多在释迦牟尼佛像旁塑有两位比丘立像,一年老,一中年,这是佛的两位弟子。年老的名"迦叶尊者",中年的名"阿难尊者"。佛涅槃以后迦叶尊者继领徒众,后世称为初祖。迦叶涅槃以后,阿难尊者继领徒众,后世称为二祖。

有的大雄宝殿内只供一尊卢舍那佛或接引佛。大雄宝殿内也有供三尊佛像的,有三身佛(中尊是法身佛毗卢遮那佛,左尊为报身佛卢舍那佛,右尊为应身佛释迦牟尼佛)、三世佛两种。三世佛又有横三世佛(左为东方净琉璃世界的药师佛、中为娑婆世界的释迦牟尼佛、右为西方极乐世界的阿弥陀佛即无量寿佛)、竖三世佛(左为过去世燃灯佛、中为现在世释迦牟尼佛、右为未来世阿弥陀佛)两种。也有供五尊佛像的,称五方佛(东方不动身佛、南方宝生佛、中央毗卢遮那佛、西方阿弥陀佛、北方不空成就佛)。

十八罗汉 一般寺院大殿的两侧多供有十六罗汉或十八罗汉像。罗汉全称"阿罗汉",是小乘佛教修行的最高果位,灭尽一切烦恼,应受天人供应,不再生死轮回,永远进入涅槃。大乘佛教认为,如果都进入涅槃,就无人弘扬佛法,因此佛在涅槃前,嘱咐了十六位大阿罗汉,让他们不要涅槃,常住世间为众生培福德。五代以后又发展成为十八罗汉。自元朝以后,寺院大殿中多雕塑和供奉十八罗汉。

三大士 在正殿的佛像背后,往往有坐南向北的菩萨像。一般是观音像或者是文殊、普贤、观音三大士的像,文殊骑狮子,普贤骑六牙白象,观音骑犼。

海岛观音 一般是在大殿背后修海岛,面北而设观音像,立海岛上。四周塑观音救八难的塑像。在观音像两旁有善财童子和龙女。

观音殿(大悲殿) 观音殿有观音像。观音亦称"观世音",因其能普遍观察世界上的一切声音而得名,也译作"光世音"、"观自在"、"观世自在"。佛典上说,观音是西方极乐世界的上首菩萨,能现三十三化身,救七十二种大难。遇难众生只要一心念诵他的名号"观世音",观音菩萨就会闻其声即时前往拯救,使其得到解脱。观音还主张不分贤愚贵贱,对一切人的苦难都加以拯救,所以其尊号为"大慈大悲救苦救难观世音菩萨",简称"大悲"。观音菩萨可以随机应变出种种化身去拯救众生的苦难,所以他的化身很多,有"六观音"、"七观音"、"三十三身"、"千手观音"和"四十八臂观音"等称谓,大都是密宗所传。

观世音菩萨 通常一般所说的观音,是指作为观音总体代表的"圣观音",亦即"正观音"。一是圣观音像,就是一首二臂,结跏趺坐,手中或持莲花或结定印的尊严像,天冠中有阿弥陀佛像。又有"自在观音像",就是一足盘膝,一足下垂,很自在的形象。像旁或有一净瓶,盛满甘露,瓶中插了柳枝,象征观音以大悲甘露遍洒人间。观音像两旁有童男童女像。童女为龙女,因为《法华经·提婆达多品》中有龙女成佛的故事,而观音又是住在南海普陀洛伽山,因此有"龙女拜观音"的传说。童子即善财童子,因《华严经》中说善财童子为求佛法,参谒五十三位善知识,其中曾谒观世音菩萨而得到教益。

观音像还有十一面观音、千手千眼观音、四十八臂观音等等。这些都是观音菩萨慈悲救世的心愿的具体化,不必拘泥于事相。

地藏殿 地藏菩萨是意译。据说,他"安忍不动如大地,静虑深密如地藏",故名。他受释迦牟尼佛的嘱托,在释迦入灭而弥勒尚未降生世间的这一段时期普渡众生。他为此发了大誓愿:一定要尽渡在六道轮回中的众生,拯救他们的各种苦难之后,自己才升级成佛。所以他的美称是"大愿地藏"。

地藏菩萨的形象一般是结跏趺坐,右手持锡杖,表爱护众生,也表戒修精严,左手持如意宝珠,表满众生的愿。也有的是立像的。又有在像两旁侍立一比丘、一长者像的。这是因为相传在唐代有一位新罗(现在朝鲜)王子出家名金地藏,来到我国安徽九华山,受到当地闵长者的供养。闵长者的儿子从他出家,法名道明。后人便称金地藏是地藏菩萨的化身,闵长者父子成为地藏的胁侍,而九华山就成为地藏菩萨的应化之地。

伽蓝殿 大殿的东边配殿一般是伽蓝殿。伽蓝是僧伽蓝摩的省称,意思是众园。当释迦牟尼佛在世时,舍卫国有位长者名须达多,他能将财物布施贫困,人们称他为给孤独长者。传说他要请佛到舍卫国来说法教化,就同佛的弟子舍利弗选择地方供佛和弟子们居住。经过再三考虑,选定了舍卫国太子祇多的花园。但是太子没有出卖园林的意图,便对给孤独长者说:"你若能在我的园地上布满黄金,我便把花园卖给你。"给孤独长者当真这样做了。太子很受感动,便少要了他一部分黄金,二人共同请佛来住,这便是印度有名的祇树给孤独园。后来舍卫国国王波斯匿王也归信佛教,为佛陀建立佛教的事业作出过很多贡献。所以后代寺院的伽蓝殿正中供的是波斯匿王,左方是祇多太子,右方是给孤独长者,以纪念他们护持佛教的功德。

祖师殿 大殿西侧为祖师殿,此种布局以禅宗寺院最为常见。但是其他宗派的寺院也往往仿效其制。殿正中是梁时来华的禅宗初祖达摩禅师,左方是达摩六传弟子、唐时的六祖慧能禅师,右方是慧能的三传弟子、建立丛林制度的百丈怀海禅师。其他宗派的寺院,也有在祖师殿内加祀本宗祖师像的。

罗汉堂 在佛经中常常提到五百罗汉随侍佛陀,佛灭度后,又有五百罗汉结集三藏的故事。但是五百罗汉的名称并无详细的记载,后人便从各经中录出名号,有佛在世时的,有佛灭度以后的,也有杜撰的,既无次序,且极杂乱,共凑成五百罗汉之数,也有加上十八罗汉成为五百十八尊的,这都是宋代以后形成的风气。

四、佛教基本教义

因缘生法 因缘生法是指一切事物均处于因果联系中,依一定条件发生变化,以此解释世界、社会、人生以及各种精神现象产生的根源。因、缘指得以形成事物、引起认识等现象所依赖的原因和条件。简单地说,就是一切事物或一切现象的生起,都是相待(相对)的互存关系和条件,离开关系和条件,就不能生起任何一个事物或现象。诸法由于因缘的和合而生,因缘的消散而灭,所以其本性为空。佛教各种经论和各个宗派,均把"因缘生法"作为自己全部世界观和宗教实践的基础理论。

四大皆空 四大皆空是佛教的基本思想。四大,是梵文的意译,也叫"四界",具体指的是地、水、火、风四种元素。古印度人认为这四种事物是构成世界万物的元素,故名之为四大。四大还指这四种元素所分别具有的坚、湿、暖、动的四种性能。佛教认为,宇宙万物都是四大暂时聚合产生的,并不是真实不变的实体,都是暂时的和相对的。四大合则生,四大散则灭,一切都是虚幻不实的,所以说"四大皆空"。四大皆空也就成了一句成语,形容一切都是空虚的。

不二法门 不二,亦称"无二"、"离两边",指对一切现象应"无分别",或超越各种区别。不二法门指显示超越相对、差别的一切绝对、平等真理的教法。《维摩诘经》列举三十一对矛盾,认为只有用大乘思想把两个对立面统一起来,并超出这些对立,才能达到佛教的真理,这种方法被称为"不二法门"。中国禅宗把"不二法门"作为一种处世态度和发挥"禅机"的方法,对问题的两个方面皆不执着,以示公正全面。

三昧 "三昧"是梵文的音译,又译"三摩地"或"三摩提",意为排除一切杂念,使心神平静,杂念息止,是佛教重要的修行方法之一。《大智度论》卷七:"善心一处不动,是为三昧。"后称解脱束缚为"三昧"。佛教认为修行能证得三昧,则能引发种种神通妙用。以后遂引申为妙处、极致、蕴奥、诀窍等。

五、佛教典籍

《大藏经》 《大藏经》是一切佛教经典著述的总集,又称"一切经"、"契经"、"藏经"或"三藏"。其内容主要包括经、律、论三部分,分别称为经藏、律藏和论藏。经是佛为指导弟子修行所说的理论;律是佛为他的信徒制定的日常生活所应遵守的规则;论是佛家弟子们为阐明经的理论所作的著述。

相传佛陀灭度后不久,他的弟子为了保存佛的教法,统一僧徒的见解和认识,通过编纂会议的方式,形成了一致公认的经、律、论内容。佛教的经藏是经过几次编纂会议才形成的。我国现存汉译《大藏经》,是由东汉(公元1世纪)以来,直接和间接从印度和西域各国输入的各种佛经原典翻译过来的。《大藏经》的目录编排,是仿照唐代智升《开元释教录》,以《千字文》编为帙号,大大方便了《大藏经》的排架和索取。

《大藏经》的内容丰富,它是有关佛教及其文化的一部大丛书。在《大藏经》里面,保存着现在印度久已失传的许多佛教经典,也包括了中国学者对于佛教原理所作的创造性的阐释。《大藏经》不仅是佛教徒研究佛学的重要典籍,也是一般学者研究古代东方文化非常重要的资料。

除汉文《大藏经》,我国还刊刻过藏文、蒙文和满文《大藏经》。藏文《大藏经》的内容中约十分之八是汉文《大藏经》中没有的,特别是密教部分。此外,还有巴利语、西夏文和日文等文字的《大藏经》。

《五灯会元》 南宋僧人普济编撰,共二十卷。通行本为元至正二十四年(公元1364年)刻本。《五灯会元》是一部灯录体禅宗史书,通过问答形式记载了禅宗历代传法世系,首次采取按照五家七宗分编卷次的方法,按照世系先后编排全书。禅宗传法世系的记载最早可追溯到唐慧矩《宝林传》。真正的"灯录"则始于北宋道原《景德传灯录》,该书记禅宗世系源流五十二世、一千七百零一人,其中附有语录者九百五十一人。道原意谓灯能照暗,祖祖相授,以法传人,譬如灯火相传,辗转不绝,故名"传灯"。宋代仿照《景德传灯录》的作品有李遵勖的《天圣广灯录》、惟白的《建中靖国续灯录》、悟明的《联灯会要》和正受的《嘉泰普灯录》。以上五部灯录各三十卷,其中多有重复,普济将以上五书删繁就简,编为

《五灯会元》二十卷,汇辑了从七佛(释迦牟尼佛以及在他之前六代佛之合称)到唐宋时期禅宗各派名僧关于教义的论证和故事,各卷宗派分明,体例更加进步,是禅宗最重要的典籍之一。元明以来,此书流行甚广。士大夫之好谈禅者,因喜其方便,几乎每家都有此书。《五灯会元》流传于世,不仅为禅宗史研究提供了丰富资料,而且也扩大了学者的视野。

《法华经》 全称《妙法莲华经》,后秦弘始八年(公元406年)鸠摩罗什译,七卷,二十八品。此经还有另外两个译本传世:一是西晋竺法护译的《正法华经》十卷,二十七品;一是隋代阇那崛多译的《添品妙法莲华经》七卷,二十七品。其中以鸠摩罗什的译本最为流行,影响也最大。

《法华经》是站在大乘佛教的立场,调和佛教内部各派最具代表性的经典。其突出重点在于弘扬会三乘方便,入一乘真实,即"会三归一"。该经把释迦牟尼的全部说法划分为三乘:声闻乘、缘觉乘、菩萨乘。它认为小乘的声闻乘和缘觉乘同大乘的菩萨乘一样,同是释迦牟尼所说的法,其差别仅在于众生的"根性"有"利钝",佛说法有先后、权实的差别而已。这三乘佛法都是为了说明最终成佛的一乘,即佛乘。这就叫做"会三归一"。《法华经》力图调和大小乘教义之间的矛盾,以大乘佛教的思想来融会小乘的学说。《法华经》还宣扬了真如佛性的理论,主张一切众生皆有佛性,均能成佛。这对中国佛教的发展有至关重要的影响。此外,《法华经》中也包含了往生净土的思想和密教密咒护持的内容,可谓大乘思想的集大成者。隋初智𫖮大师即依此经创立了天台宗。

《法华经》同时也是一部优美的文学作品,文中以大量生动的比喻对经中所主张的思想进行说明,文辞畅达,深入浅出。该经在佛教思想史和文学史上都具有不朽的价值。

《法华经》从结构上可分为序分、正宗分和流通分三部分。此经的一大特点就是流通分占的比重很大,宣称读诵、奉持、抄写此经皆具极大功德。因此,《法华经》在中国佛教史上受到了普遍重视,流传很广。

尤其需要指出的一点是,《法华经》的第二十五品《观世音菩萨普门品》,日后被单独抄写出来,独立流通。此品宣称,无论什么人,只要信奉观世音菩萨,念诵观世音的名号,便可以在危难时刻得到观世音菩萨的救助。《法华经》的出现,使得观音信仰在中国社会广泛流传。

《坛经》 是由慧能的弟子或再传弟子等所记载的慧能的行迹、语录。慧能是禅宗南宗的创始人,被称为禅宗六祖。根据现有的材料来看,《坛经》出现在中唐(8世纪中叶)。《坛经》的版本众多,主要有四种:法海本、惠昕本、契嵩改编本和宗宝本。法海本是现存最古老的本子,宗宝本的内容最完备。

《坛经》的重要思想之一是它的佛性说。"佛性"是佛教的专有名词,亦可称作"如来性"、"觉性",有成佛之原因、种子的意思。大乘佛教把佛性当成人能成佛的原因,在他们看来,佛性就是宇宙的本体。《坛经》认为"众生皆有佛性",佛性是人人都平等具有的,人人皆有成佛的可能性。但是由于人心中所生的妄念覆盖了佛性,使其不能认识自己的本性(佛性)。因此,《坛经》提出了识心见性成佛说,认为佛在自性中,求佛不能到外边去求,只有向自心中去求。在成佛的问题上,《坛经》充分肯定了人的能动性,开发了人的自信。

《坛经》的另外一个重要思想是顿悟成佛说。顿悟还是渐悟,是以慧能为代表的禅宗南宗与以神秀为代表的北宗的根本分歧。顿悟说主张无须长期修习,只要一旦领悟就可以觉悟佛性而成佛;渐悟说则认为必须通过长期的修习才能逐步把握佛理而成佛。《坛经》宣扬佛法以心传心,不立文字,顿悟成佛,对繁琐的佛教实行了简易化,一扫传统佛教的繁琐哲学,使之更易于被人们所接受,也为以慧能为代表的禅宗南宗替代佛教各宗的地位而得以兴旺与发达奠定了基础。

第三节 道教

道教是中国土生土长的宗教,它的渊源非常复杂,起源于方术、巫术,在其发展过程中逐渐吸收了老庄等道家的思想,形成了独特的教理教义。

一、道教简史

道教是中国土生土长的宗教,它形成于东汉顺帝(公元126~144

年)时代,至今已有一千八百多年的历史了。早期道教形成了两大派别:五斗米道和太平道。五斗米道又称天师道,由张陵于东汉顺帝时创立于四川鹤鸣山(在今四川大邑县),入道者须交纳五斗米,故名。五斗米道奉行的经典为老子《道德经》和《正一盟威经箓》。后来张陵之孙张鲁为《道德经》作注,称《老子想尔注》。五斗米道以张陵为天师,其子张衡为嗣师,孙张鲁为系师,合称"三师"。张鲁利用五斗米道,在汉中建立了政教合一的政权,统治汉中长达三十年。后张鲁归顺曹操,天师道随之向北方传播,遂流行于全国。太平道由张角于东汉灵帝(公元167~189年)时创立于河北一带。太平道奉行的经典是《太平经》。张角利用太平道发动黄巾起义,遭残酷镇压,从此,太平道走向衰微,其残余势力融入五斗米道。

东汉末年还流行一支道教派别——金丹道。其代表人物为魏伯阳,主要经典是魏伯阳所著《周易参同契》。金丹道的中心内容是讲炼丹术,《周易参同契》被称为"丹经之王",使道教炼养方术向义理化方向迈进了一大步,奠定了后世道教丹鼎派的理论基础。东晋葛洪系统总结了战国以来的神仙方术理论,在《抱朴子内篇》中为道教构造了种种修炼成仙的方法,并建立了一套成仙的理论体系,对道教的发展产生了较大影响。

南北朝时期是道教教团发展的重要时期。这一时期最突出的人物是北方的寇谦之和江南的陶弘景。北魏时期,寇谦之在崇信道教的太武皇帝的支持下,对道教进行了改革,清整道教,提倡乐章颂诫新法,密切了道教和皇权的关系。这是道教的一大改变,史称北天师道。南朝刘宋时期,陆修静搜罗汇集了上清、灵宝、三皇等派经典,总括三洞(洞真、洞玄、洞神),汇归一流,又依据封建宗法制度,仿效佛教修持仪式,力倡斋戒仪范,宣扬内持斋戒,外持威仪,以改革五斗米道,史称南天师道。道教的教规、仪范经寇谦之和陆修静修定后,便逐步定型。南朝梁时的陶弘景继续吸收儒佛两家的思想,充实道教的内容,构造了道教的神仙谱系,叙述道教的传授历史,主张三教合流,对以后道教的发展影响巨大。

隋唐到南宋时期,是道教兴盛和发展的时期,也是道教教理不断深化和向前发展的重要阶段。

唐宋时代的许多封建统治者,都奉行崇信道教的政策,利用道教为巩固其统治服务;同时还采取措施,大力提倡和推动对道书的研究。这一系列的措施,极大地促进了道教的发展。唐宋时期,对道书的研究蔚然成风,道书的造作日益增多,道教的理论大为发展,相继出现了许多著名的道教学者,如:唐时有孙思邈、成玄英、王玄览、司马承祯、吴筠等;五代十国时有杜光庭、谭峭等;北宋时有陈抟、张伯端、陈景元等。这些学者或者通过著述以阐发自己的学说,或者通过整理注释道经以发挥自己的思想,对当时道教思想的发展起了重大的作用。

南宋一直到明中叶,是道教持续兴盛和发展的时期。这一时期,道教内部宗派兴起,互争教会的领导权,呈现出与前一阶段显著不同的特点。

南宋偏安,与金、元对峙,民族矛盾异常尖锐。在这种形势下,南宋地区除原有的三山符箓派外,先后别立的宗派也有很多,如静明道等;在北方,则有金大定七年(公元1167年)由王重阳创立的全真道。此外,金初还有刘德仁创立的大道教,后称真大道教,萧抱真创立的太一道,皆一度在北方流传,但不久即衰落了。唯有全真道因为受到元代统治者的支持而盛极一时。12世纪后,道教逐渐分为全真道与正一道两大系统。明代统治者对道教特别是正一道十分重视,明太祖洪武初期即命正一天师掌管天下道教事,使政教关系密切。

明中叶以后,道教逐渐走向衰微。但在官方道教日趋衰微的时候,民间通俗形式的道教仍很活跃。各种民间秘密宗教,如清初出现的八卦教,后来的义和拳等,都和道教有一定的关系。

二、道教人物

葛洪(283—363),东晋道教学者、著名炼丹家、医药学家。字稚川,自号抱朴子,世称小仙翁。丹阳句容(今属江苏)人。三国方士葛玄侄孙。葛洪出身江南士族,十三岁丧父,家道中落,但他仍然勤学不辍,通读儒家经典,尤其喜好神仙方术。后来师从郑隐学习炼丹术,颇受器重。西晋惠帝时,因军功被封为伏波将军。不久值八王之乱,葛洪备受颠沛流离之苦,更加倾心于神仙方术之说。东晋初,赐爵关内侯。后来朝廷屡次征召他出来做官,皆固辞不就。后听说交趾产丹砂(炼丹的一种原料),于是求为句漏(今广西北流)令。南行至广州,被刺史邓岳挽留,遂入罗浮山炼丹,终其一生,著述不辍。

葛洪继承并改造了早期道教的神仙理论。在《抱朴子内篇》中,他系统总结了晋以前的神仙理论和神仙方术;同时又将神仙方术与儒家的纲常名教相结合,强调修道应以儒家的忠孝和顺为本。葛洪还主张以神仙养生为内,儒术应世为外。他在《抱朴子外篇》中,专论治世经国之术,兼收并蓄儒、墨、名、法诸家学说。

葛洪坚信炼制和服食金丹可得长生成仙。在这种思想的指导下,他长期从事炼丹试验,积累了丰富的实践经验,集中反映在《抱朴子内篇》中的《金丹》、《黄白》篇中。他记载了许多冶炼金丹的药物、方法及方剂组合等内容,集魏晋时期炼丹成就之大成,对隋唐炼丹术的发展有重大影响,也为我们提供了中国古代化学冶炼史的重要资料。

葛洪精通医学和药物学,主张修道者应兼修医术。他撰有《肘后备急方》,记载了许多民间治病的常用方剂,是古代随身常备的急救手册。葛洪对中国古代医药学的发展作出了贡献。

陶弘景(456—536),南朝齐梁时道教学者、医药学家。字通明,自号华阳隐居,谥贞白先生。丹阳秣陵(今江苏南京)人。南朝士族出身。好读书,勤奋好学。刘宋末,萧道成引为诸子侍读。入齐,官至奉朝请。南齐永明十年(公元492年),辞官隐居句容句曲山(今江苏茅山),勤于著述,传《上清大洞经箓》,开创道教茅山宗。后来,陶弘景得知萧衍有禅代之议,便派弟子献图谶,奉表劝进。因而梁武帝萧衍即位后,对他十分敬重,朝廷每有吉凶征讨大事,都要派使臣前往咨询,平时也书信不绝。当时人称"山中宰相"。

陶弘景开创道教茅山宗,是上清派的代表人物。他主张儒、释、道三教合流,注意吸收儒、佛两家的思想,改造道教。所著《真诰》、《真灵位业图》,为道教的重要经典。陶弘景在医学、药学方面也有很深的造诣。他还擅长琴棋书画,是著名的书法家、画家。

王重阳(1112—1170),金代道士。道教全真道的创始人。原名中孚,字允卿。后改名世雄,字德威。入道后,改名嚞,字知明,号重阳子。自呼王三(排行第三),乡人呼之为王害疯。祖籍陕西咸阳,家富好读书,擅长骑射。刘豫伪齐阜昌(公元1130~1137年)年间应礼部试,未中,又应武举,考中甲科,慨然有经略天下之志。此后做了十多年吏员,颇感怀才不遇。金正隆三年(公元1158年)四十七岁时,愤然辞职,开始了道士生涯。他首先宣称在甘河"遇仙",得到秘诀。接着在南时村筑墓,住在墓穴中两年多,自称为"活死人墓"。又迁居刘蒋村北,寓居水中央。他善于随机应化,擅长以诗词歌曲度化世人,行事神奇诡异,惊世骇俗。金大定七年(公元1167年),离家前往山东传道度人。在山东,他的传道计划得到了成功实施。经过两三年的努力,他先后收了马钰、谭处端、丘处机、刘处玄、王处一、郝大通、孙不二七个弟子,后世尊称为"北七真";先后在文登、宁海、福山、登州(今蓬莱)、莱州等地建立了五个以"三教"命名的教会据点。当王重阳在山东宁海时自题其庵名为"全真堂",因此自名其教为"全真道"。这两点标志着全真道的创立。金大定九年(公元1169年),王重阳携其弟子马、谭、刘、丘四人返回关中,次年1月在大梁(今河南开封)去世。他的弟子丘处机见重于成吉思汗,全真道在元代发展到全盛,王重阳也屡次受到加封,元世祖至元六年(公元1209年)被封为"重阳全真开化真君",元武宗至大三年(公元1310年)被加封为"重阳全真开化辅极帝君"。全真道奉其为"北五祖"之一。

王重阳提倡儒、释、道三教融合,主张三教平等,三教合一,把《道德经》、《般若波罗密多心经》、《孝经》作为全真道徒必修的经典。他以修心去欲为修道之本,主张先性后命,认为修道者如果能够除情去欲,心地清静,如此虽然身在凡间而心已入圣境。王重阳在组织上、理论上为全真道的兴盛发展奠定了基础。

丘处机(1148—1227),字通密,号长春子,山东登州栖霞人。大定七年(公元1167年),丘处机入宁海州昆嵛山修道,拜王重阳为师,为"北七真"之一。大定十年(公元1170年),王重阳去世,丘处机先后隐居磻溪(今陕西宝鸡虢镇附近)及龙门山,潜心修道十三年,创立全真道龙门派。明昌二年(公元1191年),丘处机东归栖霞。在那里他与不少达官贵人交往,影响渐及于社会上层。1219年冬,成吉思汗诏请丘处机,丘处机慨然应诏。第二年(公元1220年),丘处机以七十二岁的高龄,率领尹志平等十八名弟子启程北上。一路翻山越岭,穿沙漠过草地,行经数十国,行程万余里,于元太祖十七年(公元1222年)抵达大雪山(今阿富汗境内),成吉思汗在此隆重地接见了他。当时成吉思汗日事攻战,丘处机乘机进言"天道好生恶杀,治尚清静无为",劝成吉思汗停止杀戮,清静无为才是治国之道。成吉思汗大悦,录其言以教诸位王子,赠金虎符、玺书,令其掌管天下道教。第二年丘处机东归,于元太祖十九年(公元1224年)回到燕京。丘处机的大雪山之行,是全真道走向兴盛的转折点。丘处机和他的弟子们开始大规模地发展全真道,四处建立宫观,招揽门徒,全真道发展到极盛。终元一代,全真道一直处于向上发展的时期,其间丘处机功不可没。丘处机去世后,元世祖加封他为"长春演道主教真人"。

三、道教基本教义

尊道贵德 道教尊道贵德。道是道教的最高信仰。道教认为,道生成宇宙和天地万物,是宇宙的本体。道有最伟大的德行,其最高的体现就是德。道生成万物,德蓄养万物。道教认为人们修道必须要以立德为基础,立德是修道的前提。人们要不断提高自我修养,具有良好的品德,才能得道。

仙道贵生 仙道贵生的教义思想是道教信仰的核心宗旨。所谓"仙道",即道教追求的得道成仙。道教教导人们要贵生、重生、乐生,认为生道合一,生存质量达到神仙一样的境界,就是得道。道教教导人们要清静寡欲,生命不被外物所累,使生命得到保养;以德行的修养为根基,保养精气神,同时通过服食导引、存想坐忘等方法,促进生命的健康和长久。修道的最终目的就是为了能够长生。

三洞宗元 道教宗元于三元。三元分别是:第一混洞太无元;第二赤混太无元;第三冥寂玄通元。从混洞太无元化生天宝君;从赤混太无元化生灵宝君;从冥寂玄通元化生神宝君。三元即三宝。三宝君分别治于三清境,故三宝又称三清。三清境即玉清境、上清境、太清境,又名三天,即清微天、禹余天、大赤天。天宝君治在玉清境,即清微天,其气始青;灵宝君治在上清境,即禹余天,其气元黄;神宝君治在太清境,即大赤天,其气玄白。三宝君、三清,道教全称玉清元始天尊、上清灵宝天尊、太清道德天尊(太上老君),为道教最高尊神,乃神明之宗、造化之祖。同时还是经教之祖师,为道教传下了三洞三十六部真经。三洞即洞真、洞玄、洞神。《道教三洞宗元》说:"天宝君说十二部经,为洞真教主;灵宝君说十二部经,为洞玄教主;神宝君说十二部经,为洞神教主。三洞合成三十六部尊经。"三洞经又各有垂教的对象,以合乎学道修道的品级。"第一洞真为大乘,第二洞玄为中乘,第三洞神为小乘。"后世《道藏》的编纂,就是以"三洞四辅"来分例的。道教以"三洞宗元"构建了其信仰体系。

天道承负 道教相信天道循环,善恶承负。道教认为,前人之过均由后人承负,一切听天道循环,受其承负。人们要想免除承负,就要行善积德为后世子孙造福。在承负说当中,道教特别相信现世因果报应,认为吉凶祸福是个人行为善恶的必然报应。道教善恶承负和现世报应的教义,对后世产生了非常重要的影响。

四、道教典籍

《道藏》是汇集道教典籍的一部大丛书。《道藏》中的典籍,历来都按"三洞四辅十二类"的分类方法编排。所谓三洞,是指洞真、洞玄、洞神。洞是通的意思。洞真部以《太清经》为主,指通向真仙之道;洞玄部以《灵宝经》为主,指通向玄妙之道;洞神部以《三皇经》为主,指通于神灵,能够招致鬼神之道。三洞之下,各列十二类,即本文、神符、玉诀、灵图、谱录、戒律、威仪、方法、众术、记传、赞颂、表奏,合称三十六部经。所谓四辅,就是把三洞以外的经论分为太玄、太平、太清、正一四部类。四辅是对三洞经典的解说与补充,不再分类。

"三洞四辅十二类"的分类方法是《道藏》传统的分类方法,源于道教的神学体系。相传三洞经书是元始天尊、太上道君、太上老君三位尊神传下来的,故首列三洞,以显道之纲纪,为修道之准绳。今天看来,这种分类方法未免轻重混杂,体系紊乱,原委难辨,以致检索文献极感困惑,有重新分类的必要。

现存之《道藏》刊刻于明正统十年,称为《正统道藏》。明万历年间,又编成《续道藏》。正、续《道藏》共收入各类道书一千四百七十六种,五千四百八十五卷,分装成五百一十二函,每函依《千字文》顺序编号。

《道藏》内容庞杂,包罗万象。它蕴含了中国本土宗教——道教的全部文化内容,包含了大量道教的经、论、戒律、符诀、法术和斋戒、斋醮等书。《道藏》还保存了诸子百家的哲学著作,丰富的医药养生文献,以及不少传统科技的资料。总之,《道藏》这部大丛书在中国学术文化史上具有重要的价值。

《周易参同契》,简称《参同契》,三卷,或称上中下三篇。东汉魏伯阳撰。全书约六千余字。书名即为将周易象理、黄老之学、外丹炉火三者互相参照会同契合之意。该书的中心内容是烧制金丹。该书依附于《周易》、图纬、黄老之术来讲炼丹的原理与方法,使道教炼丹、炼形术向义理化方向发展迈出了重要的一步,为道教丹鼎派奠定了理论基础。

《参同契》的另一特点是独尊丹道而反对其他宗教方术。此书认为,只有服食金丹、内养精气和配以服食,才能达到"变形而仙"、长生不老的目的;同时贬斥当时流行的存思、食气、房中术以及祭祀鬼神祈福寿等皆为邪门歪道。因此,《参同契》为道教丹鼎派的重要著作,被尊为"万古丹经之祖",在中国道教史和科技史上都有重要的地位。

《抱朴子内篇》是魏晋神仙道教的代表作,集道教神仙思想及方术之大成,构建完成了神仙道教的理论体系。晋葛洪(283—363)著。葛洪号抱朴子,因以名书。

《抱朴子内篇》二十卷,每篇为一卷,主要内容是神仙理论。《内篇》构建了宇宙观,把"玄"作为宇宙的本体,认为由它产生天地万物。这是葛洪神仙理论的理论基础。他反复论证了神仙之存在、可信、可学。神仙可以"久视不死,旧身不改",即神仙的特点是肉身不死,而不是灵魂不死。至于世间不见仙人,是因为仙人居高处远,非得道者,不能见到。葛洪把神仙分成三类:"上士举形升虚,谓之天仙;中士游于名山,谓之地仙;下士先死后蜕,谓之尸解仙。"葛洪论证了神仙之存在后,又认为人人都可以修道成仙。他为人们指示了成仙的途径:一要志诚信仙;二要择师勤求,学仙者须善择名师,日夜勤修;三要清心寡欲,排除各种欲望才有望成仙;四是要积善以立功德,把行善立德和求仙紧密联系起来。

《内篇》还论述了修道求仙的方法。葛洪以行气、房中、服仙药为求长生的三种主要方法,其中又特别推崇服食金丹,称服食金丹,炼人身体,能令人不老不死。他有《仙药》一篇专讲药物问题,把仙药分为三类:

丹砂黄金等矿物药为上药,玉芝为中药,草木为下药。称上药能令人身安命延,升为天神;中药养性;下药除病。葛洪认为金丹、黄白之物本性坚固,和人体结合后就能达到令人长生不死的效果。所以《内篇》特别重视炼丹书,记载了许多冶炼金丹、黄白之物的丹方,以及所需要的药物、分量及做法。

《内篇》还记载了魏晋道教中流行的诸种法术,如辟谷术、隐身变形术,等等。

《真诰》,梁陶弘景编。因其大部分内容系东晋杨羲、许谧等人的"通灵"记录,谓是仙真告授,故名《真诰》。东晋哀帝兴宁年间(公元363~365年)杨羲、许谧等托言"众真降授"留下手书遗迹。这批记录在杨、许死后,流播江东,历经数代,多有散失、增改。陶弘景广泛搜寻杨、许遗留的手迹,并据此前南齐顾欢曾加以搜集整理编成的《真迹》一书,编纂而成《真诰》。全书二十卷。该书是道教上清派的重要经典,集中体现了上清派的教义和修行方法。此书还吸取佛教《四十二章经》中地狱托生之说,援佛入道,反映了东晋南朝时期佛道二教交流的倾向。

《云笈七签》是一部大型道教类书。全书共一百二十二卷,一百七十万字左右,编于北宋真宗时期。编者张君房,宋真宗景德(公元1004~1007年)进士,安陆(今属湖北)人。

张君房在编《云笈七签》之前,曾编辑名为"大宋天宫宝藏"的《道藏》。《云笈七签》正是在这样一部空前宏富的新编《道藏》的基础上,荟萃其精华编辑而成的。"云笈"指道教书箱,"七签"即《道藏》七部(三洞四辅)。"云笈七签"的意思就是"道藏"。《云笈七签》的全部内容均是摘自《大宋天宫宝藏》,是这部《道藏》的缩编,人称"小道藏"。

《云笈七签》是以类书的形式完成缩编任务的。《云笈七签》放弃了《道藏》传统的三洞四辅的七部分类法,而是将摘录的原文按照内容重新进行了分类编排。其每卷卷首均有标题,指明该卷为何种内容。全书约有五十类,每类辖一卷或数卷不等。《云笈七签》的分类比起七部分类法来更具科学性,是一个不小的进步。

《云笈七签》的内容,始终围绕着修炼成仙这个主题,将《道藏》中诸子百家及道教仪轨等内容基本剔除在外。修炼成仙是张君房取材和编辑的指导思想。《云笈七签》实际上是《道藏》中有关修炼成仙的主要道经的缩影。

第四节 其他宗教

宗教作为一种社会群体和意识形态,有其产生和发展的过程。有些宗教已经衰亡,有些宗教虽然继续存在,但是教徒甚少,影响甚微。目前,世界上还存在六大宗教:犹太教、基督教、伊斯兰教、印度教、佛教和道教。这六大宗教拥有为数众多的信徒,在当今宗教界具有举足轻重的地位,对当今的社会和文化发展产生了重大的影响。在中国,除佛教和道教外,主要宗教是基督教和伊斯兰教。

一、基督教

基督教是与佛教、伊斯兰教并列的世界三大宗教之一。基督教奉耶稣为救世主,其教义的核心是圣父、圣子、圣灵三位一体。《圣经》被基督教徒奉为经典。基督教分为很多派系,近世最主要的有三大派系:天主教(罗马公教)、东正教(正教)、新教。基督教传播范围很广,遍及世界各地,目前大约有信徒十五亿。1世纪,基督教产生于巴勒斯坦地区,最初是犹太教的一个支派,后来从犹太教分裂出来,成为一种独立的宗教。392年,基督教成为罗马帝国国教。到中世纪,基督教传遍整个欧洲,成为欧洲封建社会的精神支柱。1054年,基督教东西教会发生分裂,形成了天主教(罗马公教)和东正教(正教)。整个天主教会的最高首脑是教皇,领导中心设在梵蒂冈,称罗马教廷。东正教不接受罗马教皇的领导。16世纪中叶,天主教内部又发生了反对罗马教皇封建统治的宗教改革运动,陆续产生出一些脱离天主教的新教派,这些新教派统称"新教"。

基督教最早传入中国的时间是635年,正值唐太宗贞观年间。当时传入中国的是基督教的一支——聂斯托利派,汉译名称为景教。景教传入中国二百多年后,在唐武宗会昌五年(公元845年)的灭佛运动中遭到了毁灭性的打击,景教在中原地区衰亡了,只是在西北边远地区仍有流传。

元代,基督教重新在中国内地流传。流传的教派除景教外,还有天主教。1368年元朝灭亡,基督教又一次在中国消失。

明末清初,基督教开始了对中国的第三次传教活动。这段时期传教活动的代表人物有意大利人利玛窦、比利时人汤若望和南怀仁。1582年,天主教耶稣会的传教士利玛窦(1552—1610)来到中国澳门,开始了他的传教活动。他刚到中国的时候,身着僧服,自称"西僧",后来他感到僧人的社会地位不及儒生,身着僧服反倒不利于与中国上层官员和士大夫交往,因此改穿儒服,自号"西儒"。利玛窦在中国南方传教二十年,在广东肇庆、韶州、江西南昌等地建立了传教会所,取得了初步成就。1601年初,利玛窦来到北京,拜见了神宗皇帝,从此居留北京十年。在此期间,传教事业有了很大发展。利玛窦积极发展与文人士大夫的关系,因此当时朝廷的许多高官,如徐光启、李之藻、冯应京、杨廷筠、叶向高等都皈依了基督教。利玛窦的传教活动十分有特色:他采用学术传教的方法,即先向中国人介绍西方先进的科学知识,然后再进行传教活动,如他同徐光启合译了欧几里德的《几何原本》;他对中国的礼俗和文化也采取了妥协的态度,如赞同中国传统的祭祖和祀孔活动,利用儒家思想阐发天主教教义等等。汤若望(1591—1666)于1622年被派来中国传教,他长期参与朝廷的修历工作,1644年清廷任命他掌管钦天监印信,使之成为朝廷中任钦天监监正的第一个外国人。汤若望深受顺治帝的敬重,他参与编订的新历法《时宪历》被清廷采用,颇受好评。康熙朝,传教士南怀仁(1623—1688)在平定三藩之乱中屡立奇功,康熙帝对他十分敬重,任命他为工部右侍郎。由于南怀仁的缘故,康熙帝对传教士很有好感,这使得天主教能够在汤若望后的十几年继续发展。1704年,教皇制定了七条禁令,宣布在中国的传教士和教徒只许用"天主",不许用"天"或"上帝"称呼造物主,同时禁止中国教徒进行祭祖和祀孔活动。这些禁令引起了康熙帝的不满,他于1717年宣布禁止天主教在中国传播。雍正帝时大规模驱逐传教士。此后清政府一直严禁传教,直到1840年鸦片战争后才被迫开禁。

1840年后,随着帝国主义对中国侵略的加剧,大批传教士涌入中国进行传教活动。19世纪初新教开始传入中国。基督教会在中国创办了许多中小学校,还创办了许多著名的大学,设立出版机构,这些都扩大了基督教在中国的影响。

二、伊斯兰教

伊斯兰教于公元7世纪产生于阿拉伯半岛。它的创始人穆罕默德(约570—632),二十五岁与麦加富孀赫底彻结婚,四十岁时创教,六十三岁辞世。伊斯兰教信奉的经典是《古兰经》。伊斯兰教的基本信仰是信安拉、信使者、信经典、信天使、信末日、信前定,称为"六大信仰"。其中信奉安拉是独一的神,是六大信仰的核心内容。"伊斯兰"是阿拉伯语的音译,原意为"顺从",指对伊斯兰教信仰的唯一主宰安拉(真主、胡大)无条件地顺从。伊斯兰教的信徒被称作"穆斯林",意为"顺从者"。伊斯兰教在穆罕默德创教五十年后,就由一种地域性宗教发展成为世界性宗教。现在全世界大约有九亿多穆斯林。

伊斯兰教于唐朝初年传入中国。唐宋时期是伊斯兰教在中国的初传时期,这一时期伊斯兰教完成了在中国生根的过程。

元至明中叶是伊斯兰教在中国的普传时期,这一时期穆斯林在中国形成了"遍天下"和"大分散,小集中,西北相对集中"的格局。

明中叶至清末是伊斯兰教在中国的完善成型期。中国伊斯兰教完善成型的一个重要标志是十大民族形式和两大系统的成型。我国有十个民族信奉伊斯兰教,其中维吾尔族、哈萨克族、柯尔克孜族、乌兹别克族、塔吉克族、塔塔尔族六个民族主要生活在新疆地区;回族、撒拉族、东乡族、保安族四个民族主要生活在中国内地,特别是甘肃、青海一带。这十个民族民族化的过程也就是伊斯兰教完成中国化的过程,伊斯兰教的中国形式正是通过回、维吾尔族等十个民族具体体现的。中国伊斯兰教形成了回族伊斯兰教和维吾尔族伊斯兰教两大系统。回族伊斯兰教更多地体现了伊斯兰教与以儒家文化为中心的汉文化的结合;维吾尔族伊斯兰教则具有维吾尔族传统文化的特点。

思考题：
1. 试述佛教寺院大雄宝殿中的主尊释迦牟尼佛的配置情况。
2. 试论慧能生平经历及其主要成就。
3. 试述中国汉地佛教寺院的典型配置。
4. 试论王重阳创立全真道的过程及其理论。

第三章 史学

梁启超在《中国历史研究法》中说:"中国于各种学问中,惟史学为最发达;史学在世界各国中,惟中国为最发达。"中国是世界上著名的文明古国之一,中华民族自古以来就是一个具有深刻历史意识的民族,史学的高度发达成为中国传统文化的特征之一。中国古代史学是中国传统文化的重要组成部分,中国传统目录学的发展是中国传统文化发展状况的反映,《隋志》著录文化成果,四部分书,确定经、史、子、集的顺序,由此直至清代编《四库全书总目》,史书一直位居第二位,足见史学在中国传统文化中的地位。中国古代史学起源之早,史学成就之巨大,历史典籍之丰富,可谓举世闻名。

第一节 史学沿革

中华民族从蒙昧走向文明的那一刻起,甚至可以说自从有了文字,史学的雏形便呈现了。在中华民族漫长的文明史中,中国古代史学经历了一个由萌芽、确立到发展完善这样一个历史进程。我们学习和把握中国古代史学,首先应当了解和把握这一历史进程。

一、中国古代史学的萌芽

先秦时期是中国古代史学的萌芽时期。在文字出现之前,先民对历史的记忆、认识和传播,是靠口耳相传、结绳刻木的方法来完成的。这种远古的传说是史学的源头。

直到有了文字,历史记载方成为可能。甲骨文和金文,是目前所知中国历史上最早用以记载历史的文字。甲骨文是殷、周奴隶主贵族贞卜的记录(即卜辞),因刻于龟甲、兽骨之上,故称甲骨文。金文因是铸在铜器上的铭辞,故亦有铭文、钟鼎文之称。这些记载已包含时间、地点、人物、事件等完整历史记载所必须具备的基本因素,因而可以被看作历史记载的萌芽。负责记载的史官,则担当起草公文、记录时事、保管文书之责,也担任一些宗教活动的组织者,他们可以说是最早的史家。

继甲骨文、金文之后,《尚书》是我国古代最早的史书,由古代史官们集体编写。《尚书》一书保存了虞、夏、商、周四朝政治活动的直接文献与史事追述。西周末年,周王室和各诸侯国都编撰史书,有了国史。但现在我们所能见到的,还只是孔子以鲁国国史为基础编撰成的《春秋》。从史学角度说,《春秋》的出现具有划时代的意义。首先,它创立了一种史学体例——编年体,对后世史书的编撰影响深远;其次,它形成了一种写史法则——事、文、义结合,使《春秋》成为我国历史记载走向新阶段的标志;第三,它有明确的写作目的——"寓褒贬,别善恶",这种《春秋》"笔法"也为后世史家所继承。《春秋》成为我国史学的开山之作,标志着中国古代史学已经萌芽。

孔子开创私人讲学和私人撰史之风,从此开拓了中国史学的发展道路。从这个意义上,我们可以称孔子是中国古代第一个史学家。继孔子之后,战国时代,私人历史撰述有了大的发展,最有代表性的是《左传》、《国语》、《战国策》。

二、中国古代史学的确立

中国古代史学发展至汉代,以纪传体通史《史记》的出现为标志,开始进入确立时期。《史记》创造了中国史学上的纪传体表述形式,设"本纪"、"表"、"书"、"世家"、"列传"等体例,奠定了中国古代史学发展的基础。从《史记》的体裁来看,有编年史,有世代史,有专门史,有史表,有个人传记,除去"纪事本末"没有明显列为一类外,古今历史体裁,可以说是皆具其中了。所以,此后中国古代的官修史书,均以《史记》为范本,并集历朝历代之努力终于编成了全世界无与伦比的一套大史书——"二十四史"。特别值得一提的是,《史记》的"成一家之言",标志着古代史学在各种学科中独立而出,已卓然成为一家。

继《史记》之后的《汉书》是中国古代史学的又一基石之作。《汉书》体例删去"世家"一类,并改《史记》之"书"为"志",开创了纪传体断代史的新体例;内容上包容整个西汉一代,资料丰富,叙事得当,首尾完整,自成一体,为后世史家所仿效。后世官修的纪传体断代史,几乎都以《汉书》为依据,由此开创了皇朝史撰述的先河。因此,世以《史记》为通史的开山,《汉书》为断代的初祖。

作为中国古代史学的确立时期,这一时期还出现了《东观汉记》与《汉纪》两书。《东观汉记》是东汉一代自光武帝至灵帝时的史书,是太史令官修的史书,虽然不太完整,但在当时仍能与《史记》、《汉书》共称"三史"。《汉纪》则是荀悦所作。《汉纪》发展了《春秋》、《左传》的体例,开创了编年体断代史体例。此外,这时期尚有七种散佚的"汉书",再加上东汉人赵晔著《吴越春秋》又开创了编写地方志的先例,还有刘向、刘歆父子的《别录》、《七略》是中国目录学的开端,所以,我们将汉代作为中国古代史学的确立时期,应当是非常恰当的。此后,以《史记》为代表的纪传体和以《汉纪》为代表的编年体,便成为中国史学的主要表述形式。

三、中国古代史学的发展与完善

魏晋南北朝时期,史学得到初步发展,私家修史之风盛行,史籍数量急增,门类广泛,除纪传、编年外,又有民族史、地方史、家史、谱牒、别传以及史论、史注等,显示出史学多途发展的盎然生机。"二十四史"中的《后汉书》、《三国志》、《宋书》、《南齐书》、《魏书》等都是在这一时期成书的。

《后汉书》一百二十卷,其中纪、传九十卷由南朝宋人范晔撰写,志三十卷则由晋人司马彪撰,记载了东汉一代的史事,其体例基本上同于《汉书》,但没有表,志缺《食货》、《艺文》、《河渠》;人物传记中既有论,又有赞;列传人物以类相从,不以时代为序,其志则集中保存了东汉一代典章制度的史料。

《三国志》,晋朝陈寿所撰,分《魏书》三十卷,《蜀书》十五卷,《吴书》二十卷,比较详细地记载了魏、蜀、吴三国鼎立时期的历史,其体例仅设纪、传,而无志、表。后人将其与《史记》、《汉书》、《后汉书》合称为"前四史"。

《魏书》在记载南北朝北魏一代的历史时,其编撰体例有其独到之处,新创了《官氏志》和《释老志》,记录了鲜卑统治集团诸部姓氏名称由来和所改汉姓名称以及有关官制,评述了佛教的起源及北方佛教的流传情况,并保留了北魏王朝对待佛教政策的许多有关材料,对研究我国佛教史有重要的参考价值。

除上述五部正史外,比较突出的史学著作还有西晋常璩的《华阳国志》,它记载了巴、蜀开国以来的历史,提供了研究四川地方古史不可缺少的史料。另外,西晋谯周的《古史考》、东晋袁宏的《后汉纪》等也都是重要的历史文献。

隋唐时期,中国史学出现了重要转折。在此以前,一些史书如《史记》、《汉书》等多出自私人撰述;《三国志》以来虽颇有奉帝王之命而修撰者,如陈寿、魏收等,但并未沿袭为一种制度。隋文帝时下令禁止私人修史,到颇重史鉴的唐太宗时正式建立修史制度,于是"始移馆于禁中,在门下省北,宰相监修国史,自是著作郎始罢史职"(《旧唐书》卷四三《职官志》)。有了这种完备的组织结构,再加上政府的重视,唐代的史书编撰取得了空前的成就。"二十四史"中有《晋书》、《梁书》、《陈书》、《北齐书》、《隋书》等八部是这一时期修成的,在唐初官修史书中《晋书》和《隋书》是最主要的两种。《隋书》中的《五行志》、《律历志》,甚至出自当时的大数学家李淳风之手,因而写得严谨明快。

从唐以后,前代史书由后代设馆纂修便成为一种惯例。这一时期除了几种官修史书外,还有李延寿私人所著的《南史》、《北史》。李延寿认为南朝和北朝的政治基础是建立在门阀之上的,断代作史很难看清其发展脉络,于是他以南朝、北朝各为通史,以几大门阀士族的派系为脉络,写得层次清晰。这不但是《南史》、《北史》的特色,同时也可见到唐代史学家中确有眼光如炬的人物。

唐朝除了修撰前代史外,记载唐朝本朝史实的则有温大雅著的《大唐创业起居注》、吴兢编著的《贞观政要》等。唐朝后来还开设史馆修国史实录。由此可见,置官设馆以修史,是唐代在历史学发展上的一件大事,它对发展和充实中国古代史学有着不可替代的意义。

唐代史学的另一重大发展是出现了一些总结性的史学著作。唐代著名史学家刘知几的《史通》,是我国历史上第一部系统的史评类专著,不仅对此前的历史著作几乎全部作了批语与总结,而且还提出自己的一套编纂史书的原则与方法,并在此基础上提出了自己独特的修史主张。杜佑的《通典》是我国历史上第一部关于典章制度的通史著作,开典志体史书之先河,为中国史学开辟了新路。

五代、宋、辽、金、元的史学在隋唐史学繁荣的基础上,继续有所发展。特别是两宋,史家辈出,可谓群星灿烂,史籍之多,为前代所无,同时,史籍的体裁更是日趋多样化。

正史方面,进入北宋,修有《旧唐书》、《新唐书》和《旧五代史》、《新五代史》。《宋史》、《辽史》、《金史》三部史书则是到了元朝,由脱脱等人奉敕所撰,其中《宋史》四百九十六卷,是"二十四史"中篇幅最长的一部史书。

宋代的史学巨著是司马光的《资治通鉴》。《资治通鉴》是我国古代历史编纂学发展史上的一个标志和总结。它以编年纪事为体裁,年经事纬,成为一部贯穿一千三百六十二年史事的编年体通史,打破了荀悦、袁宏断代编年史的格局,与《史记》的纪传体通史前后辉映。该书在当时和后世都受到高度重视,在史书修撰方面也产生了重大影响。

此后,有仿效《资治通鉴》编年纪事的形式以续纂史书者,如南宋李焘的《续资治通鉴长编》,清毕沅的《续资治通鉴》;有仅取编年的原则而别创为纲目体形式者,如南宋朱熹的《资治通鉴纲目》;有打破编年叙事的原则而创立纪事本末体形式者,如南宋袁枢的《通鉴纪事本末》;有为之作注者,如宋元之际胡三省的《资治通鉴音注》;有依其事而发议论者,如明清之际王夫之的《读通鉴论》。由此形成了名副其实的"通鉴学"。其中,袁枢的《通鉴纪事本末》标志着历史编纂学发展过程中一个重要的史书体裁——纪事本末体的出现,从此它不仅与编年、纪传二体鼎足三分,而且比编年、纪传的记事方法更进一步。在袁枢的《通鉴纪事本末》影响下,明、清两代此类作品不断出现,这其中主要有明代冯琦、陈邦瞻的《宋史纪事本末》,陈邦瞻的《元史纪事本末》,清代高士奇的《左传纪事本末》,清代谷应泰的《明史纪事本末》等数种历朝纪事本末史书。从此,纪事本末体在古代史学发展中蔚然成风。

宋元史学发展的另一个重要成就是郑樵的《通志》与马端临的《文

献通考》。《通志》的"二十略"包罗了"百代之宪章,学者之能事"(《通志自序》),的确有许多填补古代史学乃至学术文化的空白之功。《文献通考》是将唐代杜佑《通典》的体例加以扩大编纂而成的,它是一部记载历代典章制度的通史。后人将唐杜佑的《通典》、宋郑樵的《通志》和元马端临的《文献通考》合称为"三通"。"三通"已成为研究我国古代社会经济政治、文化史的最翔实的资料来源。

方志在两宋特别在南宋大量涌现。元朝建国之后,出现了空前的大一统局面,经过多年的努力,编成了一部全国性的地理志——《元一统志》。金石学是宋代学者开辟的新园地。官修实录、国史、会要等书,皆较前代为详。

明清史学进入了一个独特的发展阶段。明、清以前的史学,主要目的只是为了记叙历史,最高的史学理论无非所谓"寓褒贬,别善恶"的"春秋笔法",唐代刘知几的《史通》也只是对收集史料、鉴别史料与写史等问题提出一些看法。到明、清两代,情况开始发生了变化。特别是以黄宗羲为首的浙东学派的出现,这一学派,以黄宗羲的思想为主,以新的观点对历史进行了总结:"盖天下之治乱,不在一姓之兴亡,而在万民之忧乐"。这种平等的观点已经具有启蒙思想的性质和意义,成为后来资产阶级新史学的先声。他编著的《明儒学案》是我国最早最完备的一部学术史专著,为史学开辟了新领域。这一学派发展至章学诚时,逐渐形成较为完善的学术主张,最能代表章氏学术思想的是《文史通义》和《校雠通义》二书。在《文史通义》中,章学诚的史学理论核心是"六经皆史"说。可见,在章学诚的思想中,已经将史学提高成为与经学同等地位的历史哲学,显示出史学进一步走向社会深层的趋势和特点。

明代最大的一部史书,是"二十四史"中的《元史》。这一时期由谷应泰所撰的《明史纪事本末》与谈迁所撰的《国榷》,也是研究明代历史的主要参考文献。清代官修的正史,就是《明史》。明代稗史兴起,凡野史、杂记、小录、郡书、家史千余家,形成一大特色。清代学风以考据为盛,乾嘉时期是其黄金时代,表现在史学上就是史籍的校勘考证兴旺发达。王鸣盛的《十七史商榷》、钱大昕的《廿二史考异》、赵翼的《廿二史劄记》,历来被看作乾嘉时代的三大考史名著。

四、中国古代史学的转型

进入近代,受西方社会政治学说广泛传播和各种政治变革思想的影响,中国古代史学进入转型期,中国近代新史学开始诞生。新史学的内涵包括:"一是以新的历史哲学认识传统的史学,重新解释历史的过程和现象,扩大历史的反映面,同时对史学展开批判;二是采用新的史书编纂形式写出各种通史、文化史及各种专史、断代史,出版各种近代的学术期刊等,以传播学术研究的成果,促进学术流派的形成和发展;三是借鉴西方的学术研究方法,结合中国传统的史法,推动历史研究的发展,这里包括引进自然科学方面的成果。"(吴怀祺《中国史学思想史》)

梁启超是新史学的杰出代表,他最先打出"史界革命"和"新史学"的旗帜,是第一个比较系统地揭露和批判封建史学,要求建立资产阶级新史学的近代学者,是中国资产阶级史学理论的开路先锋。他在1901年和1902年写出《中国史叙论》和《新史学》两部史学论著,抨击了中国传统史学"知有朝廷而不知有国家"、"知有个人而不知有群体"、"知有陈迹而不知有今务"、"知有事实而不知有理想"、"能铺叙而不能别裁"、"能因袭而不能创造"等重大弊病,把封建的旧史书称为"君史"、"帝王将相家谱",认为它们不能说明社会进化的趋势和历史事件的因果关系,初步提出了资产阶级新史学的观点。他希望通过"史界革命"建立资产阶级"新史学"。他的新史学,就是以进化论为指导,探讨人群进化和历史事件的内在关系,揭示人类社会的发展规律,"叙述人群进化之现象,而求得其公理公例"。梁启超在1922年和1926年又先后出版了《中国历史研究法》和《中国历史研究法补编》。这两部书被视为梁启超史学理论的代表作,也是中国资产阶级的史学理论宝典。这两部书重在建立资产阶级新史学的理论体系和探讨史学方法,所以比其前期的史学理论显得更加成熟、深刻和系统。

夏曾佑是实践梁启超"新史学"理论、编写中国通史的资产阶级史学家。他从1902年开始着手,到1906年写成并出版了《中国古代史》三册,认为私有制和专制制度取代古代的公有制和公选制是历史的巨大进步。

章炳麟强调史学在政治斗争中的作用。他以进化论为指导,认为史学"一方以发明社会政治进化衰微之原理为主","一方以鼓舞民气、启导方来为主"。后来,他又把史学的内容概括为"第一是制度的变迁,第二是形势的变迁,第三是生计的变迁,第四是礼俗的变迁,第五是学术的变迁,第六是文化的变迁"(章炳麟《教育今语杂志》第二册)。

第二节 史学成就

中国古代史学成就辉煌,在其发展的光辉历程中,涌现出众多的历史学家,为我们留下了史体众多的历史典籍和优良的史学传统。

一、中国古代史学的多样表述形式

中国古代史学是一座瑰丽的宝库,诸种体裁的史学著作可谓应有尽有。在我国浩如烟海的历史文献中,号称"四大史体"的编年体、纪传体、纪事本末体、典志体著作是最具代表性的文献,而且这些不同体裁的史学著作既各有渊源,自成系统,又互相补充,彼此印证,共同汇成了波澜壮阔的历史文化长河。中国古代史籍分类的体制在《隋书·经籍志》里大致确定下来,史书分为十三类。清乾隆时期编《四库全书总目》,把史部分为十五类,即正史、编年、纪事本末、别史、诏令、奏议、传记、史抄、载记、时令、地理、职官、政书、目录、史评。丰富的历史内容和多样的表述形式的有机结合,全面地、连贯地反映了中国历史的进程。

编年体是中国史书的主要体裁之一。它是以时间为中心,依照年月顺序记述史事的一种史书,也是几乎所有古代文明国家出现最早的一种史书形式,《隋书·经籍志》史部曾以"古史"之名称之。《新唐书·艺文志》把"古史"类改称"编年"类,几乎与纪传体并驾齐驱。这种体裁的优点是史事和时间紧密结合,给人以明确的时间观念,容易明了史事发生、发展的时代背景及因果关系,而且不会重复记载。

周代各诸侯国都有按年记事的编年史,这些编年史,大抵皆名为"春秋",春秋即编年之意,当时曾有"宋之《春秋》","齐之《春秋》",乃至

"百国春秋"之说(《墨子·明鬼》)。出于鲁国史官之手,后来经过孔子整理的《春秋》是我国现存最早的编年史。东汉末年荀悦的《汉纪》是关于西汉一朝的编年体断代史,在编年体的写法上有所创新,在叙事时能突破时间界限,根据需要补叙前因或备述后果,且兼及同类人和事,扩大了编年史记叙范围,为编年史写人找到了一条道路。东晋袁宏的《后汉纪》也是一部编年体断代史名著,它博取众家之长,在《汉纪》"通比其事,例系年月"的基础上,采取"言行趋舍,各以类书"的叙事方法,扩大了编年史的容量。《汉纪》和《后汉纪》的出现,完备了编年体的规模,从而促进了汉唐之际编年史的发展。

至北宋司马光,打破断代格局,撰写编年通史《资治通鉴》,上起战国,下终五代,按年记载,上下贯通,是中国史学史上一部划时代的巨著。鉴于司马光的巨大成就,后人把他同司马迁相提并论,视为中国古代史学的两大伟人,并称为"两司马"。《资治通鉴》行世后,影响很大,补撰、续作、改编、仿制、注释、评论之书络绎不绝,很快在史坛掀起"编年热"。南宋李焘竭四十年之精力撰《续资治通鉴长编》,记载了北宋九朝一百六十八年的历史。南宋李心传接续《长编》,撰关于宋高宗一朝的编年史《建炎以来系年要录》。到了清代,毕沅在李焘、李心传的著作以及清初徐乾学所撰《资治通鉴后编》的基础上,参用宋、辽、金、元四史,撰成《续资治通鉴》。这部宋、元编年史一经出现,史家便认为可取代诸家续作,把它同《资治通鉴》合刊,称《正续资治通鉴》。到了清末,陈鹤编《明纪》。从《春秋》到《正续资治通鉴》、《明纪》,形成了自春秋至明末近两千四百年前后衔接的编年史,这是世界史学史上的奇迹。

纪传体是继编年体之后出现的一种新的史体,以人物为纲反映历史,中国古代所谓"廿四史",都是纪传体史书。《隋志》以"正史"一名概括纪传体史书,记录南北朝末年各史籍。后世各朝陆续增加,到了宋代,定为十七史,即《史记》、《汉书》、《后汉书》、《三国志》、《晋书》、《宋书》、《南齐书》、《梁书》、《陈书》、《魏书》、《北齐书》、《周书》、《隋书》、《南史》、《北史》、《新唐书》、《新五代史》。及至明代,又把元、明修的《宋史》、《辽史》、《金史》、《元史》加上,合为二十一部,因有"廿一史"之称。清乾隆初年,《明史》修成,又有"廿二史"之称。后诏《旧唐书》列为正史,又从《永乐大典》中辑出《旧五代史》,合为"廿四史"。再加上《新元史》、《清史稿》,又有"廿六史"之称。

纪传体实质上是一种综合体,主要包括本纪、史表、史志、列传、论赞等形式。本纪,基本上是编年体,表面是专记帝王的一种体例,实则通过记帝王,以编年的形式反映一朝国政大事。史表是用谱牒的形式,条理历史大事,史表的重要功用,一是条理清晰,二是提要纪传,三是网罗遗漏。史志,以事为类,主要记载各类典章制度的发展过程和有关自然、社会各方面的历史。列传主要是记载各类历史人物的活动,这些人物传记有专传、合传、类传和寄传等类型,也有民族史传和外国传。另外,自司马迁创"太史公曰"的史评形式,历代纪传史皆加仿效,刘知几归结为"论赞",实际上它是史家对历史人物和历史事件的评论,是纪传史的有机组成部分,以篇前论、篇末论或夹叙夹议等形式表明观点,有助于后人了解史事及著者立场。纪传史诸体交相补充,互相配合,构成一个完整的体系。较之编年体,它具有显著的优点:以人物为中心,便于考见各类人物活动情况;有范围更宽广的历史容量,便于通观历史发展的复杂局面;另外,也便于读者阅读。因此,纪传体成为我国封建社会最流行的史书体裁。"二十四史"囊括从《史记》到《明史》,共四千万字左右,记载了从传说中的黄帝到明朝末年(公元1644年)共四千余年的历史,成为一部衔接不断、包罗万象的巨著。它篇幅宏伟,史料丰富,完整而系统地记录了中国古代历史的发展历程,展现了广阔的历史画卷。

纪事本末体是纪传、编年二体以外的第三种史书体裁。这是以历史事件为中心的一种史书新体裁。自先秦以来直到北宋,史书的编纂一是采用编年体,二是采用纪传体。这两种体例都有过不朽的名著,前者有贯通古今的编年史杰作《资治通鉴》,后者有"史家之绝唱"的《史记》。但是,从历史编纂学的角度看,编年体以年为经,突出以时间为中心的历史发展顺序,可是记事却前后割裂,破坏了史事的完整性,一桩完全的史事,被年、月、日分割成为许多碎片,往往造成"一事而隔越数卷,首尾难稽";纪传体以人为主,它虽是综合性的体例,有传、志、表等手段可以运用,对于时间、事类和人物等各方面都能够兼顾到,但也有各部分之间相互重复和脱节的缺点,结果也是"一事而复见数篇,宾主莫辨"。总之,编年体和纪传体都有其各自的优缺点,而检索不便则是它们共有的缺点,对于初学的人更是如此。直到南宋史学家袁枢撰《通鉴纪事本末》,于编年、纪传体之外另创纪事本末一体,比较好地解决了纪传体与编年体之不足。

袁枢喜读《资治通鉴》,却"苦其浩博",于是自出新意,以事件为中心,标立题目,按时间顺序,分编为二百三十九个题目,"每事各详起迄,自为标题,每篇各编年月,自为首尾"(《四库全书总目提要》),撰成《通鉴纪事本末》。《通鉴纪事本末》及其体例,曾赢得史家好评。章学诚认为这种体裁的好处是"因事命篇,不为常格",而"文省于纪传,事豁于编年"。明清两代,有颇多仿效之作。因而,纪事本末体史籍也自古及今,上下贯通,《通鉴纪事本末》之上有《绎史》(从远古至秦末)、《左传纪事本末》(春秋时期),下有《续通鉴纪事本末》(北宋至元末)、《宋史纪事本末》、《明史纪事本末》、《清史纪事本末》,成为一类系统的史籍。

典志体亦称政书体,是专记社会典章制度的史书。典志体史书大体分为两类:一是附见于纪传体史书中的"书志",一是典志体专著。附见纪传体中的"书志",首创于司马迁。《史记》有八书记载礼乐、天文、历法、社会经济等专门知识。其后,许多断代史皆沿八书体制,设志以记历代典章制度。《后汉书》以下纪传史书虽有"缺志"现象,但因后人、特别是清代学者持续的"补志"劳动,诸史所缺之志基本补齐。这样,上自《史记》下至《清史稿》,"廿六史"中的"书志"自成一完整系列,也可以比较系统地反映历代典制。但制度的演变有很大的继承性,断代为书或原委不明,或繁复取厌。

到了唐代,杜佑冲破束缚典制史发展的局面,著成我国第一部专记历代经济、政治、文化等典章制度沿革的通史体的典志体专著《通典》,上起远古,下终唐代。后有宋南史学家郑樵的《通志》"二十略",又有宋末元初史学家马端临的《文献通考》。《通典》、《通志》、《文献通考》各具特色,素有"三通"之称。其后,又有"续三通"(《续通典》、《续通志》、《续文献通考》)、"清三通"(《清朝通典》、《清朝通志》、《清朝文献通考》)和《清朝续文献通考》,系统反映古代典制,合称"十通"。

此外历朝还有专详一朝典章制度的典志体专著,这种著作私人所修则称"会要",出于官修则名"会典"。这些断代制度史与贯通古今的制度通史相互配合,系统反映了我国古代以来的典章制度。

史学评论是"四大史体"外中国史学理论方面的成就。所谓"史评",是指评论史事或史书的著作。史评大体上可分为两类,一类重在评论史事,一类重在评论史书。评论史事是指对于历史事件和历史人物加以评论。这种评论,《左传》、《史记》开其端,后来纪传体正史以及编年史均承其绪。西汉初贾谊的《过秦论》则是较早的史论专篇。唐宋以来,评史之风颇盛,许多文人学者都有史论之作。评论史书主要是指人们对史家、史书或某一种史学现象、史学思想的评论,它在中国古代史学史上也占有重要地位。这种史学评论,司马迁的《太史公自序》是开端,《汉书·司马迁传》是其发展,《文心雕龙·史传篇》更为系统。我国古代第一部史学理论专著——唐代刘知几的《史通》,是史评的杰出代表作。其内容广泛,论及史书编撰、史学准则、史学史、史学流派、史学家修养等问题,特别评论了史书编撰中的体例、书法、史料、行文和史家修养等史学理论中的重要问题,是对唐以前史学理论之系统而全面的总结,标志着中国古代史学理论的确立。清代著名史学理论家章学诚的《文史通义》,是史学理论的又一代表作。它不仅谈史,而且论文;与刘知几强调"史法"不同,章学诚强调"史意",对于治史的宗旨、任务、态度等都有独到的认识,因而对古代史学理论有杰出贡献。

二、中国古代史学的优良传统

在中国古代史学漫长的发展过程中,逐渐形成了许多优良史学文化传统。中国古代史学的辉煌成就不仅体现在古代史家所积累的史学研究成果上,还体现在从中概括和总结出来的史学文化传统上。在我们看来,中国古代史学所体现的优良史学传统主要包括如下几方面的内容:

其一是会通古今的治史方式。中国古代史学家所追求的治史理想目标可以用"学兼天人,会通古今"这样八个字来描述。因此,中国古代有代表性的史家及其著述,一般都具有宏廓的历史视野。他们往往用包容一切的气势来阐述历史的发展过程,探究历史的前因后果。司马迁撰

《史记》就明确提出"究天人之际,通古今之变,成一家之言"的著史宗旨。汉以后不论是通史家,抑或是断代史家,在他们的著作里,都力图展示其学兼天人和会通古今的恢弘气象。《汉书》断代为史,不如通史那样辽远,但内容博通,视野广阔。《汉书》以下的断代史也不乏宏篇巨制。由于"会通古今"的治史模式具有气势恢弘的历史视野和揭示历史特点的独特作用,因而博得史家的青睐。刘知几以"总括万殊,包吞千有"之势纵论古今史书,品评其得失利弊,写出了《史通》这样一部古代史评通史;杜佑撰典章制度体通史《通典》;司马光撰编年体通史《资治通鉴》;郑樵以纪传体撰成《通志》。这些著作,都发展了"会通"之旨,展示了恢弘的历史视野。

当然,通史著作的流行,有其深层原因,史家章学诚曾在《文史通义·释通》中,以专门篇幅集中论述了通史的优点:"通史之修,其便有六:一曰免重复,二曰均类例,三曰便铨配,四曰平是非,五曰去抵牾,六曰详邻事。其长有二:一曰具剪裁,二曰立家法。"章氏引古论今,逐一讨论通史著作的所谓"六便"、"二长",议论之详,评价之高,可谓空前。中国古代史家的这一传统,促进了中国古代史学的繁荣。

其二是经世致用的治史精神。史学家们"学兼天人,会通古今"的目的在于鉴古知今,即"以古为镜","古为今用"。以古为镜,以史为鉴,注意借鉴和垂训的作用,是中国古代史学经世致用的一个具体体现。《尚书·召诰》说:"我不可不监于有夏,亦不可不监于有殷。"《诗经》上也有"殷鉴不远,在夏后之世"的诗句。《后汉书》的作者范晔在《狱中与诸甥侄书》里更是直接表示,他撰修史书的目的是"欲因事就卷内发论,以正一代得失"。范晔是历史上第一位明确揭示修史旨在经世致用的史学家。随着史学的发展,以史为鉴成了一个重要的史学传统。唐初君臣以史为鉴,当时史馆修《隋书》就贯彻了这一宗旨。贞观十年(公元636年),房玄龄、魏征等修五代史成,唐太宗大为高兴。他说:"朕睹前代史书,彰善瘅恶,足为将来之戒。""欲览前王之得失,为在身之龟镜。公辈以数年之间,勒成五代之史,深副朕怀,极可嘉尚。"(《册府元龟》卷五五四《国史部·恩奖》)唐太宗说他有三面镜子:"以铜为镜,可以正衣冠;以古为镜,可以知兴替;以人为镜,可以明得失。"(《旧唐书·魏征传》)

"以古为镜"就是"古为今用",就是发挥史学的经世作用。司马光写《资治通鉴》的目的就是给帝王"周览",从中鉴戒得失,神宗皇帝特赐名为"资治通鉴",也是强调以史为鉴的作用。

也因此,在中国古代史学发展史上,史学家向来都对国家治乱兴衰给以极大关注,表现出强烈的政治情怀。这种政治情怀,大多以经世致用为其出发点和归宿。孟子论及孔子作《春秋》说:"世道衰微,邪说暴行有作,臣弑其君者有之,子弑其父者有之。孔子惧,作《春秋》。"(《孟子·滕文公下》)这说明孔子作《春秋》有着明确的社会目的和强烈的经世致用精神。另一方面,史学满足现实政治的需要,因而又得到国家政权的提倡和支持,这就是政治关注史学。上面提及的唐太宗就是典型的例子。政治关注史学,对史学的发展有促进作用,同时也出现了政权对史学事业的控制,在一定程度上扼杀了史家的创造精神。像《资治通鉴》,司马光"专取关国家盛衰,系生民休戚,善可为法、恶可为戒者,为编年一书",尽管其篇幅宏伟,内容丰富,却总离不开政治这个中心。这是中国史学的民族特色之一。

详今略古,注重近世、当代,可以说是我国古代史学经世致用的又一具体体现。在那些世代留传的名作中,大都具有详今略古、重在近世和当代的优良传统。"史界两司马"的巨著《史记》和《资治通鉴》,具有极大的典型性。司马迁撰《史记》一百三十篇,写了三千年的历史,其中有关汉代史的内容就超过半数。在司马光《资治通鉴》所反映的一千三百六十二年的巨大时间跨度中,战国及秦汉部分六百二十二年历史,仅用了六十八卷,而隋唐及五代部三百七十一年历史,却用了一百一十八卷,由此可见,愈是接近于近现代,内容便愈是详尽。另外,《汉书》是写前朝的历史,此后历代纪传体正史大都如此。"实录"、"国史"更直接,就是当代史。清代屡兴文字狱,致使一些学者不敢谈论现实问题,只能把精力集中在古典文献的整理和考订上。但即便是如此,清代还是有不少著名史家重视对近现代史的研究和相关撰著。浙东史学的几位大家如黄宗羲、万斯同、章学诚等,在近现代史的研究中都有丰硕的成果。

中国古代史学之所以能够长盛不衰,原因固然很多,但最主要的原因是以"经世致用"为根本目的,以解决现代社会重大问题为宗旨,因而能够保持其勃勃生机。

其三是求实直书的治史态度。秉笔直书是我国古代史学的又一优良传统。秉笔直书就是据实书写，一是史家修史要保持独立性，摆脱权贵的干扰，以独立的人格作保证去修史；二是史家修史应具有客观性，摆脱自身好恶爱憎的干扰，根据历史的真实情况进行书写。

我国古代史家历来主张秉笔直书，直书为荣，曲笔为耻。早在中国史学开始兴起之时，秉笔直书就成为史家推崇的美德而受到称赞。《左传·襄公二十五年》记述了齐国太史、南史氏不惜以死直书的故事："太史书曰'崔杼弑其君'，崔子杀之。其弟嗣书而死者二人。其弟又书，乃舍之。南史氏闻太史尽死，执简以往，闻既书矣，乃还。"这种秉笔直书的精神就一直成为后世史家遵循的一个传统。刘知几在《史通》中，专门写了《直书》、《曲笔》的专篇，总结唐以前史家直书的优良传统。刘知几极为推崇三国时吴国史家韦昭和北魏史家崔浩。韦昭在主撰《吴书》时，吴末帝孙皓要求为父作纪，韦昭不从，认为其父未登帝位，宜名为传，"皓积嫌愤，遂诛昭"（《三国志·韦曜传》）。北魏崔浩主修魏史，无所阿容，因遭杀害。他们不惜以自己的生命来捍卫史实，保持了史家的独立意识和自主精神，"虽周身之防有所不足，而遗芳余烈，人到于今称之"（《史通·直书》）。这种直书精神一直被正直的史官与史家所自觉效法，付诸实践。譬如贞观年间，褚遂良负责记录太宗言行。太宗欲索取过目，褚遂良以"不闻帝王躬自观史"为由加以拒绝。太宗问他："朕有不善，卿必记之耶？"褚遂良答道："臣职当载笔，君举必记。"（《旧唐书·褚遂良传》）《贞观政要》的作者吴兢曾参与《则天皇后实录》的撰写，他曾如实记载了魏元忠事件的原委。宰相张说感到此事于己不利，想让史官"删削数字"，吴兢义正辞严斥之道："若取人情，何名为直笔！"南宋袁枢曾兼国史院编修官，负责修宋朝国史的传，原宰相章惇的后人以同乡之谊，婉转请袁枢"文饰"章惇的传记。袁枢当即拒绝："吾为史官，书法不隐，宁负乡人，不可负天下后世公议！"（《宋史·袁枢传》）

直书集中地反映了中国古代史学的求实精神，治史中的曲笔也是中国古代史学发展中的一个客观存在。刘知几曾剖析曲笔的种种表现，或者以实为虚，以是为非，或者虚美讳饰，任意褒贬。造成曲笔的原因，主要是史家为当权者的威势所慑,也因史家品德修养所致。刘知几感慨道:"古来唯闻以直笔见诛,不闻以曲词获罪,世事如此,而责史臣不能申其强项之风,励其匪躬之节,盖亦难矣。"(《史通·直书》)但是,在整个封建社会,曲笔在任何时期都不可能成为公开提倡的行为,任何得计于一时的曲笔作史,终究要被后人所揭露。唯有直书精神,千百年来,始终成为史家效法的传统,从而成为中国史学的主流精神。

其四是德、识、才、学并举的史学人格。中国古代史学的发达与历代史学家们自觉追求德、识、才、学并举的理想人格是分不开的。史家重视德、识、才、学之修养,是中国古代史学的又一优良传统。

关于史学人格修养问题,历来史家都十分关注,他们在总结、评论前人的史学成果时,也同时就史家修养作了评论。譬如,班固评论司马迁《史记》说:"自刘向、扬雄,博极群书,皆称迁有良史之才,服其善序事理,辨而不华,质而不俚。其文直,其事核,不虚美,不隐恶,故谓之实录。"(《汉书·司马迁传》)这里既肯定《史记》是部"实录",又高度评价了司马迁的历史责任感,肯定他有"良史之才"。再如,《隋书·经籍志》史部后序说:"夫史官者,必求博闻强识、疏通知远之士,使居其位,百家众职,咸所贰焉。是故前言往行,无不识也;天文地理,无不察也;人事之纪,无不达也。"由此可见,作为一名史家,学识上要"博闻强识",见识上要"疏通知远"。

从理论上明确而全面地提出史家修养问题的是唐代的刘知几,提出史家必须具有史才、史学、史识"三长"。所谓"史才",是指历史编撰和文字表达方面的才华和能力,即修史的才能;所谓"史学",是指占有史料和掌握历史知识的能力,要能搜集、鉴别和运用史料,要有广博丰富的知识,还要深思明辨,择善而从;所谓"史识",是指史家的历史见识、见解、眼光、胆识,即观点和笔法,其中特别重要的是"善恶必书"的直笔传统。后来清代章学诚则在其基础上,再加"史德",使史家的素质要求变成为史才、史学、史识、史德"四长"。章学诚认为,刘知几的"三长"理论确有一定道理,"非识无以断其义,非才无以善其文,非学无以练其事",然而"犹未足以尽其理","三长"之外,须加史德。"德者何?谓著书者之心术也。"(《文史通义·史德》)

无论是刘知几提出的"三长",还是章学诚强调"著书者之心术"的史德,都是关于卓越史家基本素质的重要理论。当然,也有必要指出,在前人所说的史家必备条件中,几乎任何一条都有特定的文化背景和封建时代的局限性。尤其是刘知几"三长"中的史识和章学诚提出的史德,更是以儒家伦理道德作为判断是非的主要标准。如荀悦的《汉纪》明确宣布:"夫立典有五志焉:一曰达道义,二曰彰法式,三曰通古今,四曰著功勋,五曰表贤能。"(《后汉书·荀悦传》)意在宣扬儒家伦理道德,表彰统治阶级的代表人物,表现了中国古代史学的历史局限性。近代梁启超在《中国历史研究法补编》里也提出史家修养问题,并列专章论"史家的四长",要求史家具备史德、史学、史识、史才,并突出史德的重要性,体现了中国史学传统的继承与发展。

第三节　重要典籍

中国古代史学历史典籍之丰富,使我们无法对每一部典籍都介绍得很详尽,只能选择比较重要的、常用的典籍来作扼要的介绍。对每部典籍大体上从版本卷目、内容梗概、作者生平、成书过程、体例特点、史料价值等方面进行评介。

一、编年类

《**春秋**》　我国现存最早的编年史。东周时期,各诸侯国都设置史官撰写本国的编年史。其中,燕、齐、宋、鲁等国均称《春秋》,也有别定他名,如晋称《乘》。墨子说他见过"百国春秋",可见,"春秋"既是春秋时代各国国史的通名,又是鲁国国史的专名。现存的《春秋》一书,原出于鲁国史官之手,后来经过孔子整理,记载了上自公元前722年(鲁隐公元年),下至公元前481年(鲁哀公十四年)间的历史,包括十二个鲁君,共计二百四十二年。但它还只是鲁国国史的一部分,因为从时间上讲,隐公以前和哀公十四年以后的历史,都没有记载。从内容上讲,它又把记载的范围扩大到了鲁国以外的其他国家,对当时天下大势的演变情形,也作了广泛的记载。

《春秋》是春秋时期各国史书中幸存的一部,其余的所谓"百国春秋"都亡佚了。而且,春秋以前的夏、商、周都没有史书流传下来,《尚书》中的某些篇只称得上是古史的片断,后来,西晋初年在汲冢出土的《竹书纪年》也只是一个拼凑起来的残本。因此,《春秋》是我国最早的编年体史书。

《春秋》中记载最多的是政治活动,其中又以各国之间的征战比重最大,占了全书的百分之四十;会盟和朝聘各占百分之二十;婚丧、祭祀等占百分之十;还有百分之十,专记日月食、病虫害等。《春秋》是比较有系统的史籍,保存着大量的古代史料,使后人有所取材,而且"寓褒贬,别善恶"的"春秋笔法"给后世史学家以很大的影响。

在写法上,《春秋》过于简洁。这部记载了二百四十二年历史的史书,总共只用了一万七千个字,叙述史事又省略史事过程,仅记结果或结论,要读懂它,弄清每件事的原委,实在不容易。如隐公八年,在一条里只记下了一个"螟"字,它仅告诉人们,这年发现了螟虫,具体在什么地方,是否成了灾,是看不出来的。所以,后世的学者对《春秋》作了许多的引申和解释。《春秋》又被儒家各派尊为"经",对它的解释称为"传"。到了汉代,这种"传"已有五种之多,包括《左氏传》三十卷,《公羊传》、《谷梁传》、《夹氏传》和《邹氏传》各十一卷。后两传早亡佚,现存的前三传,合称为"春秋三传",是我们读《春秋》时应着重对照和参证的。其中的《左氏传》,有很多学者认为它不是解经的,它本是独立的历史著作,应名为《左氏春秋》,简称《左传》。《左传》的作者相传为左丘明,全书六十卷,共十八万字,用编年体的形式,比较翔实地记载了上自鲁隐公元年(前722年),下迄鲁悼公四年(前454年)间的春秋史,是一部相当完备的编年史,具有珍贵的史料价值。

孔子以前的"百国春秋",皆属记注性质。孔子整理《春秋》有剪裁、有史义,并且是私人写史,开创了私家修史之风。《春秋》不仅在笔法方面影响后世,其精神,司马迁给它的评价是:"究天人之际,通古今之变,成一家之言。"司马迁也自谦地说不敢比于《春秋》,但他的愿望是:"亦欲究天人之际,通古今之变,成一家之言。"(《史记·报任少卿书》)他立志继承《春秋》,可见《春秋》一书有其崇高的史学地位。

《汉纪》 又名《前汉纪》,以区别于袁宏所著的《后汉纪》。《汉纪》所记时间和《汉书》一样,也是从公元前209年(秦二世元年)起,到公元23年王莽灭亡为止,共二百三十二年。全书三十卷,是在《汉书》的基础上编撰的一部编年体史书。

《汉纪》的编撰者荀悦(148—209),字仲豫,东汉末年颍阴(今河南许昌)人。早年丧父,家境贫寒,却刻苦为学,博闻强记,过目成诵,十二岁就能讲述《春秋》。初应曹操征招在镇东将军府做事,旋任黄门侍郎,同孔融侍讲宫中,很受汉献帝赏识。

汉献帝喜欢读历史书,却感到《汉书》"文繁难省",不便阅读,就命荀悦仿照《左传》的体例,将《汉书》加以改编。荀悦从公元198年(建安三年)开始,用了三年时间,编写成了这部三十卷的《汉纪》。荀悦的改编工作,是把班固《汉书》里传、志、表的资料,按时间先后加以适当剪裁,编排到十二帝纪之内。取材范围主要不出《汉书》,但也有所增益。《汉纪》全书仅十八万字,只有《汉书》四分之一的篇幅,而西汉一朝的重要人物、重大事件以及典章制度等,都被有条不紊地记载了下来。所以,《汉纪》向来有"词约事详"之誉,甚至是"历代褒之,有逾本传"。

梁启超很称赞《汉纪》,说它是"善抄书者"。荀悦确实是用编年的方法去"抄"《汉书》,把纪传体中一些成功的记叙方法运用了进去,这正是《汉纪》不同于它以前的编年史的特点之一。它在记叙人物活动或重要事件时,能突破时间界限,根据需要有时补叙前因,有时备述后果,或兼及同类的人和事。从此,编年史也可以跟纪传史一样自由广泛地记载历史事件、人物和制度。如记人物事迹时,就采用纪传史的"人经事纬"的记叙方法,以人物为本位去编排史事,从而克服了过去编年史记人不完整的缺点,而且为编年史写人物找到了一条新路。正因为《汉纪》在我国古代编年史(特别是断代编年史)的发展过程中,起过发凡起例的作用,产生过巨大而深远的影响,所以它同《汉书》被视为我国古代断代编年史和纪传史最早的代表作。因此,我国古代最主要的两大史书体例纪传体和编年体,也就被称之为"班、荀二体"。

《汉纪》的另一个特点,是精心撰写史论。其史论是作者政治思想和史学思想的集中反映。《汉纪》中的史论主要是帝(后)纪的"赞"和"荀悦曰"。十二帝(后)纪的"赞",除了《高祖皇帝纪·赞》之外,几乎都是《汉书》旧文;而"荀悦曰",则是出自荀悦自己的手笔,多半因事发论,总结为政的得失,给人以深刻的启示。例如,两汉田赋由什五税一,三十税一,甚至百一而税,灾荒之年,更"诏除田之租税"。对这种减免田赋的措施,班固以后的史学家多当作惠政加以歌颂。董仲舒和王莽等人虽然从不同的角度作过批评,但都没有触及问题的实质。荀悦在《汉纪·孝文皇帝纪下》评论说:"官收百一之税,民收太半之赋,官家之惠优于三代,豪强之暴酷于亡秦,是上惠不通,威福分于豪强也。今不正其本,而务除租税,适足以资豪强。"千百年来,凡是论到两汉田赋,都引用这段至理名言。

编年体本是我国最古老的史书体例,但是,从《春秋》到《左传》都没能把编年体的规模完备地建立起来。自司马迁创作的体例完备、内容丰富的纪传体史书《史记》出现以后,编年体就绝而不传。直到荀悦,才把编年体重新恢复,并加以完备,使之成为同纪传体并驾齐驱的一种史书体例。在《汉纪》的影响下,两晋、南北朝时期,编年史的编撰,形成了空前的高潮。如晋人袁宏的《后汉纪》、南朝沈约的《齐纪》,裴子野的《宋略》等。到北宋司马光更是集《汉纪》以来编年史发展之大成,撰成史学巨著《资治通鉴》。他在该书中通过"臣光曰"的形式议论政事得失,也可以说是受到《汉纪》的启发。

《资治通鉴》《资治通鉴》二百九十四卷,北宋司马光等撰,从周威烈王二十三年(公元前403年)至后周世宗显德六年(公元959年)止,共记一千三百六十二年的史事,是我国编年史中包含时间最长的一部巨著。该书专评治乱兴衰,着重叙述历代重大的政治事件和战争,也记载一些重要人物的事迹、言行,兼及有关国计民生的制度和文化状况,是一部以政治为中心,比较全面反映历史内容的通史。

司马光(1019—1086),字君实,陕州夏县(今山西夏县)人,仁宗宝元元年(公元1038年)进士,历仕仁宗、英宗、神宗三朝。公元1066年(治平三年),司马光将自己编写的从战国到秦二世的八卷编年史《通志》进呈英宗,得到赞誉和鼓励,并命设置书局把这一工作继续做下去。司马光的主要助手有刘攽、刘恕和范祖禹。刘攽负责两汉部分,刘恕起草魏晋南北朝及五代十国史事,唐代的历史由范祖禹执笔。这三人皆精通史事,是当时著名的史学家。刘攽的《东汉刊误》,颇受好评;刘恕对魏晋以后事,考证差谬,最为精详,著有《五代十国纪年》及《通鉴外纪》;范祖禹著《唐鉴》十二卷,被尊为"唐鉴公"。他们在编写过程中,广泛搜集的大量史料据说有十几间屋之多。他们分工合作,配合默契,先由司马光写出提纲,不仅有总提纲,而且还有每年的提纲,尤其对重要年代的提纲抓得很紧。司马光的助手根据提纲排比材料,以年月日为"丛目",再将编入的材料逐条进行修订整理而写成"长编",原则是"宁失于繁,无失于略"。最后由司马光加以删削、剪裁和润色定稿。经过十九年的苦心孤诣,编年史终于完成。难能可贵的是,《资治通鉴》虽是一部集体著作,但体例谨严,内容一贯,行文如出一人之手。神宗看后极为欣赏,以其书"博而得其要,简而周于事",认为此书能"鉴于往事,有资于治道",特命名为《资治通鉴》。

《资治通鉴》按年编次,根据史事的发生、发展、了结的过程,分先后层次叙述,时间概念非常清晰。特别是汉以后的三国两晋南北朝的史事,头绪纷繁,以时间先后为序,年经国纬,就显得井井有条了。《资治通鉴》取材范围极广,往往一件事用三四处材料综合写成,内容充实,天文地理、礼乐历数,无不详备。《资治通鉴》是一部有用的史料书,又是一部富有文学价值的历史名著,文笔生动。例如写决定三国鼎立局面的赤壁之战,以几千字勾划出了三国重要人物形象,写得有声有色。宋神宗赞扬它是"典型之总会,册牍之渊林"。清代王鸣盛说:"此天地间必不可无之书,亦学者必不可不读之书也。"

《资治通鉴》作为中国古代史学的一大巨著,改变了汉唐以来以纪传体独居史学垄断地位的局面。由于纪传体如刘知几所说"既举大略,又备细事",所以自《史记》以后,汉唐年间纪传体一直是史书的正统叙事方式。但纪传体也有如刘知几所说的,"同为一事,分在数篇,断续相离,事后屡出"(《史通》卷二《二体》)的弊端。这种叙事不集中、不连贯,前后重复以及时间概念不明确的缺点,也是比较突出的。正因为如此,《春秋》之后,《史记》至《五代史》一千五百卷,卷帙浩繁而传习的人却很少。在这种情况下,司马光发愤要编写一部新的史书。他对这部史书的编写要求一是求简,二是求通,用以取代繁杂的汉唐以来的正史。《资治通鉴》正是因此而成为中国古代编年史的杰作。关于《资治通鉴》在这方面的贡献,清代学者浦起龙曾这样说过:"弃编年而行纪传,史体偏缺者五百余年,至宋司马氏光始有《通鉴》之作,而后史家二体到今两行。"(《史通通释·古今正史·按语》)可见,一度中衰的编年体史书,正是因《资治通鉴》的出现才又蓬蓬勃勃地发展起来。

其次,《资治通鉴》发展了叙事的方式。叙事对编年史来说,有一个由简到繁、由低到高的发展过程,草创于《春秋》,形成于《汉纪》,完善于《资治通鉴》。因为《资治通鉴》虽然编年纪事,但决不是简单地按年月编排,形成流水账式的记载;它往往采用灵活叙事的各种方法,把一些事件的前因后果和背景材料较为集中地加以叙述,从而使编年史的写作达到了一个新的高度。概括地说,在《资治通鉴》叙事时,它主要采取了下列几种方法:一是提纲法。编年史记事不像纪传体史书都有篇题,因而非读完事件全文不易掌握,这是编年体史书的一个欠缺。司马光对此采取了"先提其纲而后原其详"的方法,这样就使得叙事眉目清楚,为学者提供了很大的便利。后来朱熹更在这一基础上创造了纲目体新体裁。二是追叙法。编年史记事,只记当年之事,因此对事件的起因,往往难以明其原委。司马光对此往往于叙述本事前,用"初"、"先是"等笔法以追溯它的由来,使事件的始末一览而知。后来袁枢更在这一基础上编写《通鉴纪事本末》,创造了纪事本末的新体裁。三是连类法。凡叙述到历史事件的有关当事人时,《资治通鉴》对于有关的或同类的事和人,往往连同予以记载,这是一种既便于集中描述,又可避免遗漏的叙述方法。四是带叙法。编年史中所载人物多不详其邑里世系,使读史者颇费稽考。司马光于行文中,凡遇最初出现的人物都载明其邑里或世系。如记载汉"文帝前四年,以御史大夫阳武张苍为丞相",这就明确指明张苍是阳武人。这种叙事法在编年史中也是颇为独特的。编年史由于体例的限制,很难达到如纪传史那样"大端"与"细事"并举无遗。但司马光运用各种叙事方法采纪传之长,补编年之短,使《资治通鉴》的编写达到了更加完善的地步。

再次,《资治通鉴》建立了比较完备的史料考异制度。司马迁作《史记》,曾提出"考信于六艺"的原则,所以他对于那些荒诞不经的史料不予采用,开始表现出史家处理史料的慎重态度。杜佑《通典》中有不少专门考订史料真伪的注释。这些都可以视为是司马光《资治通鉴》考异法的前导。但《资治通鉴》的考异法却远远超过了前人的成就。在主持编撰《资治通鉴》的过程中,对原来各种记载中分歧较大的史事,则只选择证据分明、情理近实者修入正文,对问题的处理非常审慎。司马光为了弄清事实,决定取舍,提出了独特的考异方法:"先注所舍者云某书云云,今按某书证验云云,或无证验,则以事推理之云云,今从某书为定;若无以考其虚实是非者,则云今两从之。"(《司马文正公传家集》卷六三《贻范梦得》)现存《资治通鉴考异》中的条文,大体上都是按照这个公式写的。而且,《资治通鉴考异》的条文,繁简不一,根据情况而定,有的条文不过寥寥数字。司马光完成《资治通鉴》的编写工作后,对剩下的一些材料,另行编录,辨其谬误,说明其舍此取彼的理由,写成《资治通鉴考异》三十卷,说明编修《资治通鉴》的史料来源,以解读者之疑,并为后人作进一步的研究提供线索。

最后,《资治通鉴》还有一个值得一提的地方,就是它首创编年史的目录法。史书目录始于西汉,但仅限于纪传体的史书,至于编年史从来就没有目录。因为编年史按年纪事,头绪繁多,详略不一,不如纪传史事有专篇,篇有定名,易为篇目。但目录的用处在于,有利于读者寻检相关内容。编年史既无目录,寻检自然就极为不便。大部头的编年史其寻检就更为困难。司马光显然意识到这一点,因此在修编此书的同时,又编写了《资治通鉴目录》三十卷。这个目录和纪传史的目录不同:它在目录的上方,首载岁阳、岁名以纪年;在目录的中间,仿司马迁年表,略举事目;又撮书中精要之语,散于其间,具有《资治通鉴》节本的作用;在目录的下方,标注卷数,使寻检者知某事在某年,某年在某卷,以便于查阅。从《资治通鉴目录》中可知某年发生了哪些重大事件,又可从目录中检阅原书。司马光创编年史目录之体,无疑是其历史编纂学方面的一个创举。

二、纪传类

《史记》 我国第一部纪传体通史,一百三十卷,西汉司马迁撰。以规模宏大的通史形式概括了上起传说中的黄帝,下至汉武帝太初年间三千间年社会经济、政治、军事、民族、思想、文化、社会风貌及各阶层人物活动的情况。

司马迁,字子长,左冯翊夏阳(今陕西韩城)人。关于他的生年有异说,据近人王国维所撰《太史公行年考》,认为他当生于公元前 145 年(汉景帝中元五年),卒于公元前 86 年(汉昭帝始元元年),享年六十岁。司马迁早年从董仲舒学《春秋》,从孔安国学《尚书》,又曾周游南北,到处考察风俗,采集传说。他初任郎中,元封三年(前 108 年)继任其父司马谈生前曾任之职为太史令,得读史官所藏图书。太初元年(前 104 年)开始实践其父遗命,编著《史记》。后因替李陵辩解,得罪汉武帝,下狱受宫刑。出狱后发愤完成了《史记》。其事迹详见《史记》卷一百三十《太史公自序》,《汉书》卷六十二《司马迁传》。

《史记》的体例共分五种,全书包括十二本纪、十表、八书、三十世家、七十列传。

本纪有五帝本纪、夏本纪、殷本纪、周本纪、秦本纪、秦始皇本纪、项羽本纪、高祖本纪、吕太后本纪、孝文本纪、孝景本纪、今上(孝武)本纪,以朝代或帝王为主,按年月记其大事,为全书的总纲,是用编年体的方法记事的。项羽虽未当皇帝,也列入本纪,是因为在秦汉之际有四五年时间,"政由羽出",实际上项羽的地位相当于皇帝。

表有三代世表、十二诸侯年表、六国年表、秦楚之际月表、汉兴以来诸侯王年表、高祖功臣侯者年表、惠景间侯者年表、建元以来侯者年表、建元已来王子侯者年表、汉兴以来将相名臣年表。一类是大事年表,一类是人物年表,把重要的历史大事或历史人物,按年代或时期用表格的方式表示出来,以简驭繁,一目了然,便于查检。

书有礼、乐、律、历、天官、封禅、河渠、平准八书,是关于天文历法、典章制度、经济管理、水利兴修等各方面专门性问题的系统记述。书是专记典章制度方面的兴废沿革的,《汉书》改称为"志",以后的史书多用"志"这个名称。《史记》中的八书,记载典章制度的各个方面虽还不是十分完备,以后班固撰《汉书》时,即有所增益,但《史记》的首创之功是难能可贵的。

世家有吴太伯、齐太公、鲁周公等周代较大诸侯十七国的历史,汉初诸侯楚元王等三个诸侯国的历史,以及汉初萧何、曹参等五个丞相的历史,还有外戚、五宗、三王等专史也列入世家。此外,把孔子、陈胜也列入世家内。因为到汉武帝时,儒家学说已发展到独尊的地位,孔子是儒学的创始人,所以把他列入世家,反映了当时思想领域的现实情况。陈胜是第一个起来反秦的农民领袖,在推翻秦王朝的过程中,是有功劳的,同时他又代表着一支独立的政治力量,形同诸侯,只是时间不长而已。司马迁把陈胜列入世家,如同把项羽列入本纪一样,是从历史实际出发,是有他独到的见解的。秦以后,历代多为封建中央集权制国家,诸侯林立的历史状况已不复存在,所以世家这种体裁也就用不着了。《史记》以后的纪传体史书,便无世家这一名目了。

列传从《伯夷列传》至《太史公自序》,在记载帝王以外的各种历史人物的同时,也记载了一些我国边疆各少数民族和一些邻近国家的历史,有单传、合传、类传等。单传是一人一传,如商君列传、李斯列传等。合传是记二人以上的,如管晏列传、樊郦滕灌列传等。类传是以类相从,把同一类人物的活动,归到一个传内,如儒林列传、循吏列传、刺客列传等。但是司马迁把当时我国四周的少数民族的历史情况,也用类传的形式记载下来,如匈奴列传、南越列传、东越列传、朝鲜列传、西南夷列传、大宛列传等,这就为研究我国古代少数民族的历史,提供了重要的史料来源。七十篇列传的最后一篇,是《太史公自序》,把自序摆在全书的最后,这是古代学者著书的惯例。

《史记》是中国古代史学首推的经典之作,因为它的出现标志着中国古代史学的正式形成,也因此其作者司马迁被尊称为中国古代的"史学之父"。

《史记》是我国第一部规模宏伟的通史。在司马迁以前,我国虽然已经有了《春秋》、《左传》、《国语》、《战国策》等极为重要的历史文献,但是,这些著作都只记载着某个时期,或是某些地方的历史。直到司马迁《史记》的出现,我们才有了一部真正的通史。《史记》虽从黄帝写起,但是严谨的司马迁对于难以凭信的远古记载,实事求是地采取阙疑的态度。譬如他就曾说:"唐虞以上,不可记已"(《史记》卷一二八《龟策列传》),"神农以前吾不知已"(《史记》卷一二九《货殖列传》)。司马迁根据史料的繁简情况,采取详近略远的办法,时代愈远愈略,愈近愈详。如夏以前的传说时代的几个帝王,总括在一起写一篇《五帝本纪》;夏、商、周每个朝代写一个本纪;而到秦,则分为两个本纪,一写秦始皇以前的诸侯时代,一写秦始皇统一到秦二世的灭亡;到汉代,一个皇帝写一个本纪。同样,他在十表中,三代称世表,十二诸侯称年表,秦楚之际便称月表。这都体现出他时代越远的记载越简略,时代越近的记载越翔实的写作原则。由此可见司马迁对待历史科学严谨和实事求是的精神。

《史记》为我国史书开创了纪传体的新体裁。本纪、表、书、世家和列传就是南宋史学家郑樵所说的"五体"。虽然司马迁所用的五种体例,也有它的渊源,而非司马迁所创立,但把这五种体例综合成为一种新的史书形式,这确为司马迁所首创。所以清代著名的史学家赵翼在论及司马迁《史记》的这一功绩时曾这样说过:"发凡起例,创为全史,本纪以序帝王,世家以记侯国,十表以系时事,八书以详制度,列传以志人物。然后一代君政事,贤否得失,总汇于一编之中。自此例一定,历代作史者,遂不能出其范围,信史家之极则也。"(《廿二史劄记》卷一《各史例目异同》)可见,纪传体的创立,是司马迁对中国古代史学的巨大贡献。《史记》之后,纪传体的史学体裁便成为中国古代史学的主要体裁。

特别值得一提的是,《史记》虽然主要记载的是属于帝王将相等统治阶级的事迹,但是司马迁在列传中,还记述了不少游侠、刺客、货殖等下层社会的人物。尤其难能可贵的是,他敢于歌颂封建统治阶级的"叛逆",譬如把农民起义的领袖陈胜也列入世家,并且把陈胜起义比之于汤武之革命。这显然是以极大的热情歌颂了下层人民对封建统治的反抗精神。另一方面,他也敢于揭发和抨击那些强暴的统治者及其大小爪牙的各种罪行。譬如他在《平准书》中说汉武帝穷兵黩武,卖官鬻爵;在《封禅书》中说汉武帝迷信神仙,劳民伤财;在《酷吏列传》中揭露专制统治的严刑峻法等。这种褒贬和爱憎在一定程度上是与当时广大被压迫人民的思想感情联结在一起的。这显然是《史记》富有人民性的表现。即此一点,就如鲁迅所说,它已成"史家之绝唱"。

《史记》不仅是一部历史名著,同时也是一部文学名著。鲁迅先生在提及《史记》时曾称其为"无韵之《离骚》"。司马迁根据自己对于人物的理解和认识,善于选择素材,加以剪裁和组织,通过生动的故事情节和简洁的语言,深刻地刻画出人物的性格,反映出社会的真实生活面貌。《项羽本纪》里写的项羽鸿门宴和垓下之围等,都是著名的有细节有场面的故事,为后世所熟知。这也许就是司马迁的许多人物传记,所以区别于后来一些历史著作的人物传记而富有文学性的一个最大的特色之所在。

《汉书》 我国第一部纪传体断代史,一百卷,东汉班固撰。《汉书》所记,从汉高祖元年(公元前206年)起,到王莽地皇四年(公元22年)止,共二百二十八年,包括了整个西汉一代的历史。

班固(32—92),字孟坚,扶风安陵(今陕西咸阳市东)人。其父班彪,东汉初年,继《史记》作《后传》六十五篇,补写了武帝到王莽的一段历史。班彪死后,班固着手整理他父亲的《后传》,觉得"所续前史未详",于是决心要完成班彪的未竟事业。不久有人上书明帝告发他私改国史,被捕下狱,书稿也被抄走。其弟班超赶到京城洛阳,替他申辩,"具言固所著述意"。明帝又审阅了书稿,颇赏识班固的才华,任命他为兰台令史。后受诏继续著书,前后用了二十多年时间,基本上完成了这部史学名著。从《汉书·叙传》和《后汉书·班固传》的记载看,班固生前是把《汉书》全部写成了的。然而在《后汉书·列女传》班昭条下,却说《汉书》的八表和天文志未及完成班固便死去了,八表是班昭续成的,天文志则是马续和班昭共同补作的。

全书有十二本纪、八表、十志、七十列传,共一百卷。后人将其中篇幅过长的篇卷,分成上下卷,或上中下卷,如《高祖纪》分上下卷,《王莽传》分上中下卷,《五行志》甚至分成五个分卷,这样就成为现在一百二十卷的《汉书》了。

从体例上来看,《汉书》是沿袭了《史记》本纪、列传的记事方式,不过改《史记》之"书"为"志",去掉了"世家"一类而已。以后的纪传体史书,多沿"志"这个名称,只有郑樵的《通志》,因其书既称"志",所以把属"志"的那部分内容改称为"略"。《通志》有二十略,也就是二十志。

《汉书》的八表与《史记》的十表比较,有它的特点。如《百官公卿表》,详细介绍了秦汉的官制,实际上是属"志"的内容。从《后汉书》开始,这方面的材料均编成《百官志》或《职官志》。《古今人表》把历代著名人物,以儒家思想为标准,分为九等,表列出来。虽称《古今人表》,表中却只有古人,而没有西汉时人。前人对此非难颇多,认为《汉书》作为断代史,应只载汉事,而此表却只有汉以前的事,偏偏没有汉事,以为不合体例。《古今人表》没有载今人,可能是作者怕将西汉时的人分等,会招惹是非。

《汉书》的十志虽系沿袭《史记》的八书,但有合并,有新增,而且记事比《史记》更详尽,更有系统。如将《律书》和《历书》合成为《律历志》,将《礼书》和《乐书》合成为《礼乐志》。又将《平准书》扩写为《食货志》,增加了不少新内容,成为记载经济制度的重要篇章。新增的刑法、五行、地理、艺文四志中,除《五行志》是讲五行灾祥等事,没有多大价值以外,《刑法志》是记载军制和刑法的,为政治史的重要内容,《地理志》为沿革地理最重要的材料,《艺文志》是目录学最早的专著。后世史志,多沿用《汉书》诸志的名目,说明班固在这方面是善于继承发展的,作出了较大的贡献。

《汉书》在中国史学发展史上有着重要的价值。它首创了断代史的体例,从内容上包容整个西汉一代,资料丰富,叙事得当,首尾完整,自成一体,为后世史家所仿效。后世官修的纪传体断代史,几乎都以《汉书》为依据。此外,由于《汉书》行文精炼,言简意赅,在文学史上也有相当的地位。

三、纪事本末类

《通鉴纪事本末》 我国第一部纪事本末体史书,四十二卷,南宋袁枢撰,是纪事本末体之经典。

袁枢(1131—1205),字机仲,建安(今福建建瓯)人。孝宗初试礼部词赋第一,曾任太学学录。乾道九年(公元1173年),出为严州教授,事迹详见《宋史》卷三百八十九本传。《通鉴纪事本末》的编纂工作,是他到严州以后完成的。淳熙三年(公元1176年),初刊于严州郡学。书成之后,得到了从皇帝到一般读书人的赞许。宋孝宗看过之后,就命人摹印十部,分赐太子和江上诸帅,并嘱咐他们要认真阅读,说:"治道尽在是矣。"

《资治通鉴》相对于各种繁杂的史书来说,已是简化很多了,但是它仍然是一部拥有三百五十四卷(包括目录三十卷、考异三十卷)的大部头著作。据说《资治通鉴》修成以后只有王胜之借去看过一遍。由此可见,《资治通鉴》还是篇幅太大。司马光晚年曾想要另写《资治通鉴举要历》一书,试图把《资治通鉴》再简化一番,但是没有完成。正是在这样的历史背景下,袁枢摘取《资治通鉴》中的重要史实,分类编辑而成了《通鉴纪事本末》四十二卷,这相对于《资治通鉴》来说,无疑是进一步的简化,为学者和一般读者读史提供了很大的便利。由于《通鉴纪事本末》的篇幅比《资治通鉴》短,而且以事为纲,眉目清楚,旨趣明白,因此可以说它是中国古代一部十分精粹的历史教科书,它在传播历史知识方面,曾经起过积极的作用。

《通鉴纪事本末》对史书的编纂,另辟蹊径,是一部具有创造性的著作。其创造性集中体现在于纪传、编年以外,创造了第三种史书体裁,即纪事本末体。这是以历史事件为中心的一种史书新体裁。关于这一点,《四库全书总目提要》曾这样分析过:"古之史策,编年而已,周以前无异轨也。司马迁作《史记》,遂有纪传一体,唐以前亦无异轨也。至宋袁枢以《通鉴》旧文,每事为篇,各排比其次第,而详叙其始终,命曰纪事本末,遂又有此一体。"其实,袁枢原先本无意于著书,也没有想到要创立一种什么新体例,仅仅是为了帮助记忆和检索方便,以解决阅读《资治通鉴》的困难。其具体办法,就是抄书,把《资治通鉴》里属于同一事件的原文按时间顺序摘抄在一起,再安上一个标题。所以《通鉴纪事本末》一书,除标题外,袁枢没有添加一个字,他就是这样用抄书的办法,不但编纂了二百三十九条目的《通鉴纪事本末》,还创立了一种新的编纂体例。当然,在整个摘编工作中仍体现出了袁枢的识见。

《通鉴纪事本末》对于《资治通鉴》的校勘也有益处。《资治通鉴》一书由于流传既久,在传写刻印中难免发生错误。而《通鉴纪事本末》全据《资治通鉴》原文,因此两书可以互校。清代的张敦仁就曾经取《通鉴纪事本末》大字本和明万历间杭州所刻《资治通鉴》无注本参校,校出异文三千多条,写成《资治通鉴刊本识误》三卷。

《通鉴纪事本末》虽然克服了编年体和纪传体的缺点,但从总的保存史料的作用上看,却是不如它们的。因为它只能从全部历史中选择某些方面作系统的叙述,而不能对全部历史作全面的系统的叙述。《资治通鉴》本来就是一部政治史,关于经济、文化方面的记载很少,但也不是完全没有。袁枢在编《通鉴纪事本末》中所取的二百三十九个条目,不过是有关诸侯、外戚、宦官、权贵、夷狄、藩镇一类的资料,其余史事,多略而不书,至于田帛、漕运和府兵,乃至礼乐历数、天文地理等,虽《资治通鉴》都有记载,袁枢却一概弃而不取。所以,纪事本末体在历史编纂学上的地位,只是增添了一种便于记忆和检索,对初学历史的人更为合适的体例,而不能取代原有的利于广泛保存史料的各种体例。此外,《通鉴纪事本末》以事为题,提示一事之本末,自始至终,足以观其会通;但事与事之间没有联系,对于整个历史不能描绘出一个发展的线索。这也是一个很大的缺点。当然这一缺点是此书的体例所必然衍生的。

《宋史纪事本末》 《宋史纪事本末》一百零九卷,明陈邦瞻撰。它是继《通鉴纪事本末》之后,用纪事本末体记载宋代三百多年历史的史学名著。

陈邦瞻(?—1623),字德远,明高安(今江西高安)人。万历年间进士,历任南京吏部郎中,浙江参政,福建按察使,河南右布政使,广西、广东巡抚,总督两广军务,户、工二部侍郎,事迹详见《明史》卷二百四十二。《四库全书总目提要》言:"初,礼部侍郎临朐冯琦欲仿《通鉴纪事本末》例,论次宋事,分类相比,以续袁枢之书,未就而没。侍御史南昌刘曰梧得其遗稿,因嘱邦瞻增订成编,大抵本于琦者十之三,出于邦瞻者十之七。"

《宋史纪事本末》记载了从宋太祖建国到文天祥被害的整个宋代历史,包括宋、辽、金和元初的史实。其所据名为《宋史》,实不止《宋史》,包括宋辽金元四史,间收正史之外的书。《通鉴纪事本末》仅就《资治通鉴》抄录成书,首尾次序一依原书,加之《资治通鉴》出于名家之手,编次精湛,本有脉络可寻。而《宋史纪事本末》则不然,《宋史》有四百多卷,内容又极其芜杂,又分列事实于纪志表传,欲求一事之始末,必尽阅有关纪志表传，审订年月，排比成书，其难度显而易见。陈邦瞻以其高度的综合、分析能力，把大量错杂的史料加以剪裁、整理和集中，用较少的篇幅，流畅的文字，条理清楚地记述了宋朝历史的大概轮廓，对于读者了解这一时期的历史，很是便利。但是，由于引用的史料多根据《宋史》，原书错误、疏漏的地方，没有订正的，也在所难免，这又是本书的不足之处。

本书的另一个特点，就是涉及的问题较为广泛，除记述宋朝重要的政治事件外，对于诸如少数民族的活动、典章制度、营田治河、漕渠海运、茶盐、天文、历法、学术思想，以及宋朝王小波李顺起义、方腊起义等较大的农民起义都有专章记述，从而保存了主要的史料，为了解宋朝政治、经济、文化状况提供了线索。在编纂体例上，则是弥补了《通鉴纪事本末》详于理乱兴衰，忽略典章制度等其他方面的缺陷。

四、典志类

《通典》 《通典》是我国第一部论述历代典章制度的专史，上起远古，下至唐玄宗天宝末年。二百卷，唐杜佑撰。

杜佑(735—812)，字君卿，京兆万年(今陕西西安)人。杜佑是唐代著名的政治家和史学家，早年以荫入仕，后一生为官，历代宗、德宗、顺宗、宪宗四朝，由地方官吏直至宰相，元和初封为岐国公。杜佑之前，刘知几的儿子刘秩曾仿《周礼》体制，撰《政典》三十五卷，杜佑认为其书不够完备，参以《大唐开元礼》等，成二百卷，名《通典》。自代宗大历年间任淮南节度使从事时开始动笔，一直到801年(德宗贞元十七年)才告完成，前后用了三十多年时间。其间，他参考征引了二百多种书籍，花费了巨大的精力。全书取舍谨严，脉络清楚。《四库全书总目提要》说它"详而不烦，简而有要，原原本本，皆为有用之实学"，并不是过誉之辞。

《通典》以事类为中心，按朝代先后编次。全书分为八典：《食货》十二卷，叙述土地、财政制度及其状况；《选举》六卷，叙述选举士官、爵位制度及考核官吏政绩的政令；《职官》二十二卷，叙述官制源流沿革；《礼》一百卷，叙述各种礼仪制度；《乐》七卷，叙述乐制概略；《兵刑》二十三卷(兵十五卷，刑八卷)，叙述兵略、兵法和刑法制度；《州郡》十四卷，叙述历代舆地沿革;《边防》十六卷,叙述历代四境外族邦国的情况。每一典下,又分若干子目,把历代政治、经济的沿革变化详加记载,其中以唐代叙述最详。全书不仅汇集了各代的典章制度,而且录引了很多前人对这些典章制度的评论,杜佑本人也对这些典章制度发表了不少看法。由于他久居高位,长期主持理财工作,有丰富的统治经验,因此这些看法是有一定价值的。《通典》有系统,有门类,内容丰富,保存了大量珍贵的史料,是我们研究唐中期以前各代政治、经济制度不可缺少的参考书。

《通典》的编纂次序,和以前纪传体史书中的"志"有很大不同。司马迁撰《史记》,列《平准书》为"八书"之末。《汉书》十"志",律历居首,礼乐次之,食货第四。《晋书》十"志",天文第一、地理第二,食货第八。《隋书》十"志",礼仪第一,音乐第二,食货第六。《通典》不载天文、五行等与政治经济没有直接关系的事情,这是杜佑的高明处。特别值得注意的是,《通典》把食货列在第一,表明了杜佑重视社会经济的史学思想,也反映了当时时代的要求,充分反映了其进步的史观和卓越的史识。杜佑认为"教化之本,在乎足衣食"(《通典·总叙》),在《食货》里,他又把"田制"排在第一,把"赋税"、"钱币"作为重点,反映了他对土地问题的特别重视和对国家经济来源的格外关心。当然,杜佑的著作不能不受到时代和阶级的局限。他作为封建统治集团中的头面人物,必然牢固地站在封建地主阶级的立场上,著述旨在维护封建统治秩序的礼仪制度,因此《礼》有一百卷,占了全书的一半。杜佑对农民很蔑视,对起义的农民尤其仇恨,斥之为盗贼。他重视经济、政治,对文化比较忽视,因此《通典》洋洋二百卷,竟没有"艺文"、"经籍"的一席之地。另外要指出的是,《通典》各典均叙述其历代制度的变化沿革,独《兵》是例外,《兵》以《孙子》十三篇为纲,罗列军事成败的实例,而不涉及历代军事制度,致使我们看不出历朝兵制的发展变化,这是一个很大的缺陷。

《通典》建立了史书编纂的新体裁,这是它的一大特色,也是它的主要成就所在。《通典》为史书编纂开辟了新的途径,从此确立了我国史籍中的"政书"一体,对后世有深远的影响。专记历代典章制度沿革变化的"政书"体的出现,为研究我国历代政治、经济、军事、文化等制度提供了很大的方便。

《文献通考》 我国继《通典》、《通志》二十略之后又一部专门论述历代典章制度的著作,三百四十八卷,元马端临撰,记载上古至宋宁宗嘉定末年的典章制度。

马端临(1254—?),字贵与,江西乐平人。其父马廷鸾南宋末年为右丞相兼枢密使,后因与贾似道不和,遂辞官还家。马廷鸾是一个学问很渊博的人,晚年专心从事著述,著有《读史旬编》、《六经集传》、《语孟会编》、《楚辞补记》等书。马端临从小在他父亲的督促下用功读书,受到很大的影响,这为他后来撰写《文献通考》打下了坚实的基础。马端临十九岁便以荫授承仕郎,二十岁时漕试得第一。南宋亡国之后,马端临不忘宋室,隐居不仕。所以,在他的著作中仍称"皇宋",马端临因此成为我国古代历史上一个颇具民族气节的史学家。马端临的著作主要有《文献通考》、《义根守墨》、《大学集传》、《多识录》等几种,其中影响最大、价值最高的即是他前后用了二十多年时间完成的《文献通考》。

全书以杜佑《通典》为蓝本,唐玄宗天宝以前的内容,在《通典》原有的基础上加以增补,天宝至南宋宁宗嘉定末年的内容,则是通过广泛搜集材料编纂而成,其中以宋代制度最为详细。此书所以名为《文献通考》,是指马端临搜集材料,一是靠书本的记载,就是"文",二是靠学士名流的议论,就是"献",作者详加考证,去伪存真,区分类目,排比编纂,就是"通考"。这种方法实开后世历史考证学的先声。

《文献通考》分类详细,条理清晰,全书共分为二十四考:田赋、钱币、户口、职役、征榷、市籴、土贡、国用、选举、学校、职官、郊社、宗庙、王礼、乐、兵、刑、经籍、帝系、封建、象纬、物异、舆地、四裔。田赋等十九考,依《通典》旧例,详加增补;经籍、帝系、封建、象纬、物异五考,属马氏独创。《经籍考》采录历代各种书目;《帝系考》叙历代帝王姓氏出处及其统治时期;《封建考》叙历代封爵建国事略;《象纬考》叙历代天象情况;《物异考》叙历代各项事物灾异变化。每一考都按时代排比,前有小序,说明著述的成规,考订的新意;后附按语,阐发自己的见解。马端临是很看重按语写作的,由于他能够贯穿古今,进行归纳,结论往往比较精当。《文献通考》材料比《通典》详备,史料价值高于《通典》,可以说,《通典》一书的精华,全包括在《文献通考》中了。《文献通考》的内容比《通典》丰富,它包括了宋宁宗以前历代政治、经济、军事、外交、文化等各方面的情况,给后代学者带来了很大的便利,所以明清以来的史学家对《文献通考》都比较重视。

马端临的史学思想是进步的,他继承了杜佑、郑樵的史学传统,并有所发展。马端临继承了杜佑的重农思想,进一步把《食货典》分为八考,占全书类目的三分之一,他以田赋为首,钱币、户口、职役等次之,共计二十七卷,内容上更为详细,篇幅上有所增加。马端临还发展了郑樵的"会通"观点,他不只把"会通"运用于历史编纂学,仅仅强调历史记载的时代相续,历史资料的融会贯通,而且把它运用到对历史问题的研究上。他注意历代典章制度发展变化的相互关系;重视文献资料的甄别选择,要求从可靠的文献资料中得出恰当的结论。如果说郑樵的"会通"仅仅是一种处理史书的方法,那么马端临的"会通"则发展成了一种研究历史的方法,这是一个进步,也是马端临对史学发展的一个贡献。

《文献通考》努力探索宋代社会制度的得失,试图找出南宋灭亡的原因,所以详细地记载了宋代的各种典章制度,并认真作了评价,这些材料有不少是《宋史》和当时其他著作所没有的,这使得《文献通考》对于我们研究宋代政治经济制度有着特别重要的作用。当然,马端临毕竟是一个封建时代的学者,他的著作要受到他立场、观点的制约。马端临以一人之力,完成了《文献通考》这部巨著,这是很不容易的。但由于全书规模宏大,门类繁多,失误和遗漏之处也在所难免。

五、史评类

《史通》 我国古代第一部史学理论专著,二十卷,唐代著名的史学理论家刘知几撰,是史评的杰出代表作。

刘知几(661—721),字子玄,彭城(今江苏徐州)人,自幼喜爱文史。二十岁中进士后,任获嘉县(今属河南)主簿,潜心研读史籍。武则天时期,他曾两次上书朝廷,提出改革政治的建议,都不被采纳。后历任著作佐郎、左史等职,兼修国史。在长期的撰修国史的实践过程中,形成了自己的史学理论,却因意见不和,受到监修国史的中书侍郎萧至忠的责难和武三思的贬抑。于是刘知几乃辞职回家私撰《史通》以抒己见。《史通》是刘知几毕一生精力所著的名著，完成于景龙四年（公元710年），此时正值他五十岁。

《史通》全书二十卷，分内外篇两部分，各为十卷，都是以专题论文的形式写成的。内篇原有三十九篇，其中《体统》、《纰缪》和《弛张》三篇早已亡佚，仅存篇名，所以，现存的只有三十六篇，外篇共十三篇，合为四十九篇。内篇有《六家》、《二体》、《本纪》、《世家》、《列传》、《表历》、《书志》、《论赞》、《直书》、《曲笔》、《杂述》等，专门讲述历史编撰学；外篇有《史官建置》、《古今正史》、《杂说上》、《杂说中》、《杂说下》等，叙述史籍源流，杂评古人得失，议论广泛。

《史通》对于中国古代史学文化的影响，首先体现在它进步的历史观上。《史通》明确反对命定论的错误历史观。刘知几认为天道和人事是截然不同的两种现象，不能混为一谈。历史上许多兴亡成败的事情，主要是由于人事的原因，跟天命没有什么关系。他说："夫论成败者，固当以人事为主，必推命而言，则其理悖矣。"（《史通》卷十六《杂说上》，刘知几还认为历史是变化的，不断进步的，指出历史变化的产生是由于"古今不同，势使之然"。《史通》中的这种历史形势决定论虽不能完全说明历史发展的真正原因，但刘知几已经认识到历史的演变决定于客观的形势，而不取决于人们的主观意志，尤其不取决于天之命或君主之意志。在当时盛行以"天命论"、"君主决定论"等观念解释历史的时候，刘知几的这种见识，无疑有着显著的进步意义。

其次，《史通》在史料学和史学编纂学方面有其独特的贡献。刘知几的《史通》在史料学上的贡献首先表现在对于史料的分类上。《史通》在《杂述》篇中，把史书分为"正史"和"外传"两大类，又分"外传"为偏记、小录、逸事、琐言、郡书、家史、别传、杂记、地理书、都邑簿十个门类。值得注意的是，他所说的"正史"，并不限于纪传体的史书，同时也包括编年体的史书，不仅指《史记》以下的诸史，而且包括《春秋》以上的诸经。在《杂述》篇中，他还提到《吕氏春秋》、《淮南子》、《抱朴子》等诸子著作，把子书也归入了史类，这样就扩大了史学的范围，为治史者开辟了更广阔的研究途径。《史通》对史料学的贡献还体现在提出了史料的"博采"

和"善择"相统一的原则,不但对于"偏记小说"不敢轻信,对于"正史"的史料价值,也要采取分析与批判的态度。

在历史编纂学的贡献方面,刘知几总结了旧史的体例,提出史学中的"六家二体"之说。"六家"是指《尚书》、《春秋》、《左传》、《国语》、《史记》、《汉书》;"二体"则是指编年体和纪传体。在刘知几看来,《尚书》的内容,是古代统治者的号令训诰,是记言的史体;《春秋》的内容,是依年月编次的统治者的行事和诸侯国间的交涉,是记事的史体;《国语》分国纪事,是国别史体;《史记》是通史体例;《汉书》是断代史体例。这六种史体,又可归为最基本的两种体裁:《春秋》、《左传》属于编年体,《史记》、《汉书》属于纪传体。刘知几认为"备载其事"是编年史之优点,而"包举大端"则是纪传体的长处。所以《史通》认为编年、纪传各有优劣,不可偏废。在刘知几看来,"后来作者,不出二途"。

第三,在《史通》中刘知几提出了"史才三长"的著名理论。他认为真正的史学家,应具备史才、史学和史识三个条件。这三方面中刘知几认为,史识最难得,其次是史才,再次是史学。刘知几的史学论点,尽管未能摆脱封建正统思想的束缚,但却继承了我国优秀的史学传统,在我国史学思想的发展中,有很大贡献,对后世也有很大影响,十分难能可贵。

第四,《史通》阐述了编写历史的文风问题。刘知几在《直书》篇中提出修史者应直言不讳,忌浮词曲笔的原则;在《言语》篇中则提出文字应该简练朴实,用当代语言叙事的观点,明确反对以文代史、追求词藻华丽的修史方法,主张史文应朴实无华。《史通》中的这一主张显然对后来的史学发展也产生了积极而深远的影响。

总之,刘知几是我国古代杰出的史学家,《史通》是一部很有价值的史学名著,它总结了唐以前的史学成就,建立起了史学批评、史学史和史书编纂学的原则基础。然而,刘知几毕竟是封建时代的史学家,时代和阶级的局限在《史通》一书中,还是十分明显的。如把农民起义,说成是"起自群盗";又如说"史氏有事涉君亲,必言多隐讳,虽直道不足,而名教存焉",就同他提倡的"直书"、"实录"自相矛盾了。

《文史通义》 我国古代史学理论的又一代表作,内篇六卷,外篇三卷,补遗、补遗续各一卷,共一百五十余篇,清章学诚著。

章学诚(1738—1801),字实斋,号少岩,浙江会稽人。他是清代杰出的史学评论家。在考据学盛行的乾嘉时代,他不埋头于故纸堆,敢于独树一帜,大力提倡文史校雠之学,发表了许多很有价值的看法,《文史通义》是他的代表作。章学诚的一生并不得志,他直到乾隆四十三年(公元1778年)四十一岁时才中了进士,但并没有做官,一直靠替人修书做幕客过活。乾隆三十六、三十七年(公元1771~1772年)开始写作《文史通义》,到他去世时还未全部完成,前后经历了三十年的时间,可以说是他一生精力的结晶。

章学诚对史学的贡献很大,主要表现在对当时脱离实际的学风的批判和关于史书修撰的看法上。在《文史通义》中,章学诚系统地阐述了自己对史学的见解。他竭力主张史学要经世致用,既反对空谈义理,又反对专务考索。史学是记人、记事、记载人类社会向前发展的一门学问,不能离开当时的社会实际。《文史通义》开头两卷中的《易教》、《书教》、《诗教》、《经解》、《原道》、《原学》、《浙东学术》等篇,从不同角度来论述史学的意义,很有价值。他强调"史学所以经世,固非空言著述也"(《浙东学术》),力图扭转当时的不良学风,这种精神是很可贵的。他提出"六经皆史"的看法(《易教》),认为六经是对古代典章制度的记载,扩大了史学的范围。他还进一步主张"道器合一"(《原道》),做到理论、史料相结合,更是体现了经世致用的主张。

在史书修撰上,章学诚也有他自己的看法。他把史籍区分为"撰述"和"记注"两大类(《书教》):"撰述"是著作,应有"别识心裁",自成一家之言,如班固的《汉书》,司马光的《资治通鉴》;"记注"则是纂辑,是编辑史料,如刘歆、贾护的《汉记》,刘恕、刘攽、范祖禹的《长编》。长期以来,我国史籍大都按史体进行分类,如纪传体、编年体、纪事本末体等;章学诚按其功用来分类,既指出"撰述"、"记注"两者缺一不可,各有用处,又同时说明"撰述"的价值远高于"记注",这是很正确的。

章学诚在唐代著名史学评论家刘知几的"史才三长"基础上,又进一步指出"三长"还不够全面,治史者必须要有"史德"。所谓"史德",就是"著书者之心术"(《史德》),是指史家作史能否忠实于客观事实,做到善恶褒贬务求公正的一种品德。章学诚要求史家培养"史德",端正心术,能客观地去观察事物,如实地反映历史发展真相,不能根据私人的好恶任意加以褒贬,这是值得肯定的。他的"四长"说至今仍有重要的参考价值。

《文史通义》是一部未完成之作。由于它没有一个严密的著述义例,大多为应时借题而作,外篇更是以平时读书随感、序言题跋等形式来阐述自己的学术主张,所以内容比较庞杂,组织比较松弛,这也是一个缺点。但作为品评古今学术的一部代表作,全书汇集了作者研究文史之学的心得,有破也有立,对后人的启发很大,在中国史学史上占有极其重要的地位。

思考题:
  1. 试论编年体和纪传体的优点和缺点。
  2. 试论《资治通鉴》对编年体叙事方式的发展。
  3. 试论《史记》在中国古代文化史中的地位。
  4. 试论章学诚对中国古代史学的贡献。

第四章 文学

中国文学有数千年的悠久历史,杰出作家灿若繁星,优秀作品浩如江海,不同体裁的文学作品各具特点。诗歌是中国文学的大宗,成熟最早,贯穿于整个文学史;散文体式最为多样,杂文学散文和纯文学散文复杂交织;戏曲、小说成熟最晚,但发展最快。兹按类分别论述中国诗歌、中国散文和中国小说,每类之中则以时代为序。中国戏曲见第五章"戏曲艺术"部分。

第一节 诗歌

在中国诗歌的产生发展过程中,一个显著的特点是不同诗体在特定的时代形成高峰,原始时代的上古歌谣、先秦的诗骚、汉代乐府及古诗、六朝新体诗、唐诗、宋词、元曲、明代民歌均是如此,王国维所谓"一代有一代之文学",大致不差。另一特点是大多诗体都是在民间产生,带着朴拙的生气闯入文学殿堂,然后由文人把它们精致化,当它精致到脱离大众的时候,另一种新的诗体又从民间悄悄萌生了。

一、原始歌谣与《诗经》、《楚辞》

先秦诗歌可以分为两大部分,一是原始歌谣,二是《诗经》与《楚辞》。

原始歌谣产生在文字产生之前的原始社会,它们以口耳相传的形式流播,是中国文学最早的形式。原始歌谣是中国文学的萌芽和源头,它以节奏鲜明的韵律,表达了原始先民对自然、社会的朴素思考和对生活的热烈期望。从流传后世并被记录下来的断简残篇中,仍可以窥测出原始歌谣风貌的端倪。如渔猎时代的《弹歌》:"断竹,续竹,飞土,逐肉。"(《吴越春秋·勾践阴谋外传》)从内容方面,它反映了削竹为弓弹石猎兽的原始劳动生活,并充溢着对狩猎成功的祈求渴望和对猎获成果的喜悦。从形式方面,它以二拍子的整齐节奏,表现出强烈的韵律感。这种二拍子节奏,是紧紧配合原始劳动过程中简单的"往—复"动作而产生的,这种歌谣既能调整劳动者的呼吸,协调动作使之一致,又能宣泄感情,是功利性很强的文艺作品。随着时代的发展和文学的演变,由二拍子节奏叠加产生了四言诗,《诗经》是最好的代表。四言诗又演变出五言诗和杂言诗,五言又演变出七言诗。可见,原始歌谣的二拍子节奏是中国诗歌节奏韵律的基础。原始歌谣的另一特点是诗歌、音乐、舞蹈融合为一的综合性,且大多是由集体创作和表演的。

由于当时没有文字,原始歌谣大多数都散失了。仅有少数被后人记载下来,至今流传,如《伊耆氏蜡辞》和《击壤歌》等。

《诗经》是中国文学史上第一部诗歌总集,其中产生最早的是西周初年的《周颂》,最晚的《陈风·株林》作于公元前599年。《诗经》的全部作品产生于公元前11世纪中叶至春秋中期共五百多年间。《诗经》一共三百零五篇,另外有笙诗六篇有目无辞,不计在内。全部作品分为风、雅、颂三大类。风,又称国风,即地方乐调。风又分为十五国风,即周南、召南、邶、鄘、卫、王、郑、齐、魏、唐、秦、陈、桧、曹、豳。地域包括黄河流域及江汉中游地区。风共计一百六十篇。雅共一百零五篇,从音乐角度上看,又分为《大雅》三十一篇,《小雅》七十四篇。雅是西周首都镐京一带的正乐,即宫廷和贵族朝会宴飨所用的音乐。颂共四十篇,又分为《周颂》三十一篇,《鲁颂》四篇,《商颂》五篇。颂是在祭祀场合娱乐神祇祖先的舞乐,配合有舞蹈动作。

《诗经》在先秦时代叫作《诗》或《诗三百》,它是经过朝廷的采集记录后,又由孔子整理而成的。由于在汉代以后它被奉为"经书",即经典著作,所以才被称为《诗经》。

《诗经》里的作品,比较全面地反映了自西周初年至春秋中期中国社会的面貌,作品的内容大致可分为五类。第一类是史诗性作品(共五篇,都收在《大雅》中),以记事为主,主要产生在西周前期,记述了自周始祖后稷直至周武王伐纣的周部族历史。第二类是战争题材的诗歌,或歌颂正义战争的胜利,或控诉和抗议战争徭役带来的苦难。第三类是怨刺诗,或谓之政治讽刺诗。这类诗大多产生于周夷王、厉王、幽王时代。这时社会政治黑暗腐朽,危机四伏,民不聊生,这些诗就揭露了当时统治者的昏暗荒淫,反映了人民与统治者的激烈矛盾,以及统治阶级内部的冲突。第四类是爱情婚姻题材的诗歌,在《国风》中占有很大比重。描写爱情的诗感情诚挚热烈,纯朴健康,表现真率大胆。还有一部分诗歌反映了婚姻的不幸,揭示了当时妇女因社会地位低下而被奴役摧残甚至被抛弃的残酷现实,被称之为"弃妇诗"。第五类是颂赞诗,多是用于祭祀和宴飨时的诗歌,这类诗歌反映了较为进步的"明德保民"的观点,通过赞颂开明的统治政策,暗含对统治者的劝诫。

《诗经》是中国文学史上的第一部诗歌总集,在艺术上具有很高的成就,并且深深地影响着后代诗坛。究其大端,有如下几个方面。第一,《诗经》的现实主义创作方法奠定了中国诗歌现实主义传统的基石。《诗经》里的作品,都是按照生活的本来样式来精确细腻地描绘现实,表达了各个阶层的人对社会现实的真实感受,无论写景抒情,都体现着这个原则。状物写景不用浪漫主义的变形和极度的夸张,言志抒情不过分地激烈诡异超乎常情。另一个现实主义的特点就是注重诗歌的社会作用,注重反映现实,针砭时弊,用诗歌作武器来干预现实社会。第二,《诗经》运用大量的比兴手法,开后世诗歌的比兴传统。《诗经》运用的主要艺术手法有三种:赋、比、兴。赋是铺叙;比是比喻;兴是一种带有联想或象征的发端,兴句或与正意只有韵律上的联系而在意义上并无关联,或与全诗主旨有意义上的联系。第三,重章叠句、回旋复沓的民歌形式。《诗经》中很多民歌采取了重叠部分章句的方法,产生一种反复回旋的韵律美,增加了诗歌的节奏感和音乐性。《诗经》是四言体的诗歌集,它不但开创了四言体诗,而且在语言艺术上也达到了很高的水平。《诗经》中大量运用双声、叠韵、叠字形式的形容词,状物抒情效果极佳。

楚辞,是战国时代楚国诗人屈原在学习楚国民歌的基础上创造的一种新的诗体。由于楚辞的代表作品是屈原的《离骚》,故又称"骚"或"骚体"。楚辞保留着南方文学的特性和风格,其想象之丰富,文采之华美,形式之富于变化,宗教情调之浓厚,神话传说之大量采用,情感之热烈奔放,都是北方诗歌《诗经》所不具备的。《诗经》和《楚辞》分别代表了先秦具有现实性的诗歌和富有浪漫精神诗歌的最高成就,在中国文学史上历来诗、骚并称。今传《楚辞》,是汉代刘向编定的。它是以屈原作品为主体,又收集宋玉等其他诗人的部分作品而成的。

屈原的代表作《离骚》中国古典文学中最长的抒情诗。全诗计三百七十余句,近二千五百字。它气魄雄伟,抒情深切,构思奇幻,辞彩绚烂,在中国古典诗歌中首屈一指,是民族文学的骄傲。《离骚》内容丰富,思想深刻,揭露了当时楚国的政治黑暗和道德沦丧,抒写了诗人的美政理想和高洁情操,反映了诗人心中激烈复杂的矛盾痛苦,表现出诗人独立不回的崇高人格以及对恶势力毫不妥协和抗争的精神。在艺术方面《离骚》也取得了极高的成就。首先在结构上,贯穿《离骚》全诗有一条清晰的主线,即诗人心灵世界的悲剧性冲突,其中既包含诗人主观美好理想与客观现实环境的对立,又包含远游自疏思想与眷恋祖国深情的矛盾。全诗可以分为三大部分。在第一部分中,诗人对往事进行了回顾,叙述了自己的身世怀抱,致君尧舜的政治理想及政治斗争的失败。初步展现了理想与现实、进取与退隐两种对立矛盾,为下一步掀起更大的灵魂波澜作好铺垫。第二部分诗人转向对理想的追求。在艺术表现上由写实转为虚拟,通过向重华陈辞,上叩天阍,下求佚女,来隐喻诗人自己访求贤人争取理解支持的失败,并表现出执著不懈的求索精神。第三部分着重揭示诗人内心的彷徨。诗人通过去留的卜决,决定去国远游,并在幻想世界里展开了远游的灵魂历程,但是在行进中忽然看到生于斯、长于斯,与自己血肉相连的故国,深厚炽热的爱国情感泯却了富于浪漫气息的远征,他终于决心留下来以身殉国。诗人的理想彻底破灭,但人格得到升华,这种感情上的转折,把诗人内心世界的剧烈冲突推向高潮,辉煌壮丽的诗篇也在高潮中完成。其次,《离骚》是中国古代抒情诗中表现悲剧精神的最早典范。先进分子与腐朽势力冲突而酿成的悲剧,在生活中具有普遍意义。《离骚》不仅反映了这个主题,而且以磅礴的气势和深刻的抒情,生动地表现出黑暗环境压迫下人对理想的追求,对祖国的热爱,对节操的坚持,把悲剧冲突下的人性美发扬到震撼人心的高度,形成文学史上的一面旗帜——离骚精神。另外,《离骚》大量运用比兴手法,形成象征体系,辞彩丰富华美。《离骚》的句式突破了《天问》、《橘颂》的四言形式,发展了《九歌》中插"兮"字的句式,将其演变为将"兮"字置于单句末尾,两句一韵,四句一章,容量较大的诗句,错落中有规整的节奏,更加自由灵活。

《九歌》是屈原根据楚国民间祭神曲加工创作的一组优美的抒情诗,它韵味隽永,语言精美,想象丰富,充满浪漫气息。《天问》更是屈原作品中的一篇奇文,全诗以三百七十多句计一千五百余字,一连串提出一百七十多个问题,涉及大量自然现象、神话传说和历史故事,体现了诗人对传统思想和历史人物的批判态度,表现了作者大胆怀疑和勇于探索的精神。《九章》的九篇作品,并非一时一地而作,但都深切地表现了诗人对祖国的热爱和对黑暗政治的痛恨,与其他篇不同之处是较少幻想夸张。

《楚辞》的其他作者还有宋玉、唐勒、景差等人,宋玉的《九辩》也是名篇。但他们的作品,在思想深度和艺术成就上,都远逊于屈原之作。

二、汉乐府民歌和"古诗十九首"

汉乐府民歌 "乐府"是汉代的音乐机关,主要职责是采集民歌,训练乐工,为民歌和文人诗作制作曲谱,配乐演奏。乐府诗歌中文人创作的作品,价值不大。乐府中的民歌,价值则很高。汉代统治者采集民歌,一方面是为了娱乐,另一方面也是通过民歌来观察民情。《汉书·艺文志》:"自孝武立乐府而采歌谣,于是有赵、代之讴,秦、楚之风,皆感于哀乐,缘事而发,亦可以观风俗、知厚薄云。"今传汉乐府民歌,大多被收集在宋人郭茂倩编集的《乐府诗集》中的相和歌、清商曲、鼓吹曲和杂曲四类中。

在思想内容方面,汉乐府民歌继承发扬了《诗经》的传统,以广泛的题材和丰富的内容,多方面反映了当时人民的生活情况和思想感情,揭示了汉代社会面貌。首先,在汉乐府民歌中,揭露了封建社会中尖锐的阶级对立,反映了人民的愤怒控诉和抗争,如《东门行》。其次,乐府民歌抨击了统治阶级腐朽淫奢的丑行,如《陌上桑》。再次,乐府民歌生动地描绘了人民的悲惨境遇和战争给百姓带来的灾难,如《妇病行》和《十五从军征》。另外,汉乐府民歌中还有很大一部分内容是反映婚姻爱情题材的,其中有的歌颂了坚贞纯洁的爱情,如《艳歌何尝行》和《上邪》,有的则反映了妇女在封建社会中的悲惨命运和婚姻悲剧,如《白头吟》、《塘上行》。

汉乐府民歌在艺术上也有贡献。首先,它发展了中国诗歌中的叙事因素。此前的诗歌多为抒情诗,而汉乐府民歌则大多为叙事诗。它们叙事性强,结构紧凑,形象鲜明。如《孤儿行》《陌上桑》等,都是故事性很强的叙事诗,有比较完整的情节。其次,汉乐府民歌打破了《诗经》或楚辞以来的四、六言格式,句式灵活多样,以杂言为主,逐渐趋向五言。它的杂言也不同于楚辞以四六字句加"兮"字形式的杂言,而是更为自由奔放。汉乐府民歌的句子可长可短,短至一字,长至八九字。如《上邪》交替使用二言至六言句,极好地表达了复杂的感情。值得注意的是,汉乐府民歌中已出现了很多完整的五言诗。它虽然只比四言增加了一个音节,但是由于把单音节和双音节形成不同的组合,于对称中有错综,能容纳更加丰富的内容,具有更好的艺术效果。汉乐府民歌的五言诗体,对中国文人五言诗的产生起到了启发和孕育的作用。另外,汉乐府民歌还善于运用对话来表现人物,善于运用比兴手法等。尤其是汉乐府民歌所体现出来的"感于哀乐,缘事而发"的写实性和现实精神,在我国文学史上有着深远的影响。曹操用乐府古题叙汉末时事的拟乐府,杜甫的新题乐府,白居易的新乐府诗,其中一脉相传的都是直面社会人生的现实精神。

"古诗十九首" 汉代文人诗在四言诗方面作品不少,但鲜有成就高者。文人五言诗最早的作者是东汉班固,诗名《咏史》,质木无文。直到东汉末无名氏的作者们创作的"古诗十九首"出现,才标志着文人五言诗的正式形成。东汉末年许多五言诗因作者姓名不能考,晋代以来就称其为"古诗",其中的十九首因被萧统收入《文选》,所以被称为"古诗十九首"。

"古诗十九首"不是一人一时之作,思想感情比较复杂,但却有共性,都是反映处在汉末动乱年代中的下层知识分子,对黑暗现实的不满和愤慨,对理想不能实现的苦闷和哀伤,对人生的思考和对幸福的憧憬。主要内容是抒发失意沉沦的感慨悲哀,描写游子思妇的别怨离愁。

产生这种思想情绪的具体原因,一是源于汉末的中下层文人背井离乡去游学游宦,内有怨女外有旷夫的境况;二是因为汉末政治黑暗,下层文人没有出路,所以彷徨苦闷,失意伤时,感到人生无常,又常有及时行乐的思想。

"古诗十九首"艺术成就极高,被誉为"惊心动魄,一字千金"。首先,它能够创造出深远的意境,达到以景托情,情景交融。如《驱车上东门》一首,开篇即用洛阳北邙山墓地松柏夹路、白杨萧萧的萧森景物,烘托出一种悲凉死寂的气氛,从而深切地表现出诗人失望于现实的悲凉和人生无常的感慨。其次,"古诗十九首"还善于用平淡自然的语言表达委婉深挚的感情,耐人寻味,具有言浅意深,语短情长,含蓄蕴藉的艺术魅力。正由于"古诗十九首"抒情深切,风格清新,语言自然凝炼,所以在文学史上有重要影响。建安及以后的抒情诗人,在风格、意境、结构、语言等各方面都受到它的熏陶。

三、焕然多彩的魏晋南北朝诗歌

随着魏晋南北朝时期文学的自觉,诗歌风貌焕然多彩。

建安诗歌,即指上起汉献帝初平元年(公元190年),下迄魏明帝太和七年(公元233年),即汉末魏初时期的诗歌。这一时期是中国文学史上五言诗开始兴盛、七言诗奠定基础的阶段。这一时期作家众多,作品丰富,在中国诗歌史上第一次掀起了文人诗歌创作的高潮,并形成了被称为"建安风骨"的风格。

汉末的动乱现实一方面给建功立业提供了可能,激发起士人们积极进取的强烈愿望,一方面又是人命危浅、朝不虑夕,给士人带来岁月不居、人生无常的深沉叹息。因此形成慷慨任气,以悲凉为美的风尚。这时,由于儒学的正统地位发生动摇,士人从经学桎梏中解脱出来,发现了自我,重感情欲望,注重表现个性,所以在文学方面一改汉代诗学是经学附庸的传统,转向非功利的抒情。诗歌创作完全是抒一己之情怀,有强烈的主观色彩,叙事为强烈抒情所掩盖,写景的目的也是为了抒情,感情浓烈,反映社会的动乱残破,表达对人民苦难的同情。形式上已达到五言诗的成熟境地,追求辞彩华美但又不假雕饰,情之所至色彩缤纷。

这一时期的代表作家是曹氏父子(曹操、曹丕、曹植)、建安七子(孔融、陈琳、王粲、徐干、阮瑀、应玚、刘桢)和女诗人蔡琰。而尤以曹操、曹植成就为最高。

正始诗歌,上承建安,下接太康,是一个重要的文学转折时期。此期创作可大略分为两种方向。一种以何晏、王弼为代表,他们崇尚老庄,校练名理,喜好谈玄。诗作多以抒发道家志趣为主旨,娱心老庄,游志玄虚。他们与建安文学传统脱节,开两晋诗歌玄虚之风的先河。另一种以阮籍、嵇康为代表,包括竹林七贤中的一些人。他们虽也崇好老庄,喜为清谈,但对现实矛盾比较关心。诗歌以抒发自己的现实生活感受为主,有比较深刻的内容,艺术技巧圆熟,成就超过王弼、何晏一流。不过他们大多处在司马氏集团的政治高压之下,处境微妙而危殆,也影响到作品的现实性锋芒。但大体来看,他们能继承建安文学遗风,反映出现实时代特色。

太康诗歌抛弃了建安诗歌的梗概多气与正始诗歌的深邃哲思,转而向结藻清英、流韵绮靡的形式技巧方面发展。其内容特点之一是"儿女情多,风云气少"(《诗品》卷中)。没有胸怀天下的宏大抱负,没有面对历史的深沉思索,转而在儿女之情中表现绮丽情思。晋初傅玄的乐府诗《明月》、《秋兰》、《历九秋》诸篇,设想女子怀人之心态,已真切细腻;张华则绮情更加浓重,直接表现男女之情,缠绵婉转,情思脉脉。太康诗歌内容特点之二是拟古模仿,缺乏现实内容。由于太康诗人缺乏直面人生的激情,所以在诗歌内容上只得求助于古人。《诗经》、乐府、"古诗十九首",都是他们拟古的对象。在以旧翻新的模拟中,驰骋文采,逞示文华。太康诗歌在艺术形式上的特点,则是"缛旨星稠,繁文绮合"。一是追求文字华美与辞藻华丽;二是追求新的技巧,注意俳偶。典型代表诗人是陆机。他的五言诗除少数几首对句较少外,大多诗中对句都占主要篇幅。三是描写更加细腻。往往古人一句写总体,而太康诗人则进行具体细微之描绘。太康诗歌的代表诗人为陆机与潘岳。

左思的《咏史》 西晋诗坛的主潮是太康诗风,但也有少数诗人舍弃对华美与技巧的追求,注重内心真实感情的抒发,形成一种不事雕饰慷慨悲歌的刚健诗风,是对建安诗歌精神的继承与发展。其代表诗人即左思与刘琨。左思诗今存十四首,但艺术成就很高,诗风独树一帜,可谓西晋诗坛第一人。正如沈德潜所说:"太冲胸次高旷,而笔力又复雄迈,陶冶汉魏,自制伟词,故是一代作手。岂潘、陆辈所能比坿!"(《古诗源》卷七)其《咏史》八首为代表作。左思的诗歌体现出一种建功立业、功成身退的阔大胸怀,充满着一种悲愤不平之气。其诗歌引用历史典故以抒时愤,刚健有力。

郭璞的《游仙诗》 东晋渡江之初,东晋诗坛的重要诗人和诗歌现象是郭璞和他的《游仙诗》。游仙诗的渊源可以上溯到先秦。在《离骚》中,当屈原对现实感到不满时就幻想神游天界。《远游》中更有直接的语言表述,如:"悲时俗之迫厄兮,将轻举而远游","闻赤松之清尘兮,愿承风乎遗则"。而以"游仙"为诗名,则始于曹植《游仙诗》。游仙诗内容向有两种不同倾向:一种纯写求仙长生之意;另一种则是愤世嫉俗之言,并非以游仙为主旨,而是有所寄托。郭璞的游仙诗感情真实,坎壈咏怀,情采斐然,描写形象生动,色泽丰富,与东晋辞意夷泰的诗风殊非同道。

东晋玄言诗 东晋由于注意农业生产,经济逐渐发展。加之偏安的心态,中朝玄谈的流风遗韵,新形成的高雅脱俗的情调和流连山水的审美情趣,以及佛教般若空观的影响,使玄言诗在东晋诗坛占据了主流地位。玄言诗的特点在内容上是以谈论老庄玄理为主,少数兼及佛理的表述。在表达上则是抽象玄虚,淡乎寡味,与汉魏西晋以来抒情绘景的写实倾向背道而驰,纯以韵语敷述玄理,背离了艺术表现的形象性、情感性等原则。

陶渊明 为玄言诗划上句号的是晋宋之交的大诗人陶渊明。陶渊明(365—427),字元亮。一说名潜,字渊明。世称"靖节先生"。浔阳柴桑(今江西九江)人。陶渊明现存诗一百二十多首,大部分诗歌是田园诗,也有少数"金刚怒目"式的作品。在陶诗中,对田园风光的喜爱和对宦海生涯的憎恶紧密联系在一起,既讴歌了田园生活的静谧美好,表现了诗人怡然自得的心情,也鞭挞了当时社会和官场的黑暗腐败。《归园田居·其一》即属此类。陶渊明还在一些诗中赞美了自己的躬耕生活,表达了对劳动的深厚感情,如《归园田居·其三》。陶诗还以幻想的乐土来表达自己的美好政治理想,如《桃花源诗》。另外,陶诗也通过描写自己的贫苦,曲折地反映了农民的部分苦况,如《庚戌岁九月中于西田获早稻》。

在艺术成就方面,陶诗最大的特点是创造了平淡自然而韵味淳厚的独特风格。他的平淡不是玄言诗的平庸和淡而无味,更与太康繁缛诗风的雕绘满眼大异其趣。陶诗的平淡之中有无限风采,简练之中有深厚情味,被苏轼评为"质而实绮,癯而实腴"。其次,陶诗能够创造出情景交融的艺术境界。他的田园诗,并非单纯客观地描写田园生活,而是强调和表现其中的情趣。因此他不是随意摄取田园生活的景象,而是把那些最能引起自己思想共鸣的东西摄取到诗中,使这种景象中含有不平凡的思想意境,使读者在接触到他所描写的田园画面的同时,被引入到一种浑然一体的艺术境界之中。"暧暧远人村,依依墟里烟。狗吠深巷中,鸡鸣桑树巅。"这茅屋炊烟鸡鸣狗吠不仅是客观的画面,还深深浸透着诗人归真返朴的恬适心情,形成了一派淳朴自然、安宁静谧的境界。而且,陶诗朴素无华的语言是经过高度艺术提炼的,是所谓"豪华落尽见真淳"。像"采菊东篱下,悠然见南山"这样的名句,以平易近人的语言,娓娓地叙事写景抒情,具有无穷的艺术魅力。

陶诗在中国诗歌史上有巨大的影响和重要的地位。一是冲击了东晋"淡乎寡味"的玄言诗坛,给晋宋之际的诗歌园地注入了清新的空气。二是与贵族诗人"富艳难踪"的诗歌分庭抗礼,开创了中国诗史上田园诗的创作道路。陶诗由东晋士人对山水的欣赏,变为与自然融为一体,达到了一种物我泯一的境界,对后代文人诗影响甚深。此外,陶诗所表现出的高洁人格和不与世俗同流合污的精神,对后世诗人蔑视富贵、高洁自守的情操持守有榜样的作用。

南朝刘宋诗坛主要成就是谢灵运的山水诗与鲍照的拟乐府。

谢灵运的山水诗　山水诗的产生决定于人与山水之间的审美联系。晋宋之际江南经济发展,士大夫隐逸山林游乐水涯,明媚的江南山水景色影响到诗歌创作,以描写自然山水为内容的山水诗正式形成了。代表者是谢灵运。谢灵运(385—433)出身豪门贵族,有政治野心,但一生不得志,因此寄情山水排遣不满。优越的物质条件、高度的艺术素养和漫游山水的经验相互辅成,使他成为诗歌史上第一个有成就的山水诗人。谢灵运山水诗的第一个特点,是精确而细致地描绘大自然。精雕细刻、图貌穷形的山水描摹,表现了诗人超人的观察能力和得心应手的遣辞用字功夫。谢灵运山水诗的另一个特点是华丽丰赡,"富艳难踪"。

鲍照的拟乐府 鲍照(412—466),字明远,东海(今江苏涟水)人。出身寒微,受门阀制度压抑,不得施展抱负,不幸的遭遇使他对社会认识深刻,感情愤激,能够在诗作中广阔地反映现实生活。鲍诗今存二百余首,成就最高的八十多篇乐府诗,文风遒丽。有的诗歌表现了对士族门阀制度的不满与抨击,揭露了钻营富贵的官宦为私利日夜奔走的丑态。有的诗表现了广大人民在徭役战乱之下的不幸与痛苦,有的则描写了边塞风光,表达了卫国将士的壮志。另外还有表现妇女生活的诗篇,感情细腻。鲍照的诗歌在艺术上具有积极浪漫主义的特色,感情豪迈奔放,辞采丰美,音调激昂,风格陡峭奇劲,与南朝靡靡诗风形成强烈对比,被誉为"发唱惊挺,操调险急"。受乐府民歌影响,他的诗歌不但有强烈的现实主义精神,语言上也有民歌特色,不避使用口头俗语,增强了表现力。另外,他注重辞语锤炼,有震撼人心的效果,被称为"雕藻淫艳,倾炫心魂"。鲍照对于七言诗的发展有着巨大的贡献。他乐府诗中最优秀的是七言、杂言体的《拟行路难》。鲍照大胆变革,改逐句用韵为隔句用韵,而且创造性地自由换韵,使七言歌行音节铿锵顿挫,更便于表现奔放恣肆的感情。七言至此别创一新境界,由板滞迟重变而为流转奔放。自鲍照后,七言体开始在南朝文人中流行繁荣。至唐代,李白的七言歌行体纵横恣肆变化莫测,是直接对鲍照七言乐府的继承和发展。高适、岑参的七言边塞诗,无论从内容到形式都可以看出鲍照的影响。

"新体诗"是从诗歌韵律高度提出的一个概念。指五言诗从声律比较自由的古体诗走向格律严整的近体诗之间的过渡阶段,因为产生于南朝萧齐永明年间,所以又称"永明体"。

新体诗突出的特点是讲求声律,即讲究平上去入四声的对称与错综。到齐永明年间,人们发现了四声的规律,应用到文学上,创为"四声八病"之说,诗文韵律日益严格,声韵将求日益精密,作品出现了新面目。简略言之,平头、上尾、蜂腰、鹤膝是对五言诗声调的要求。平头指两句之中第一二字不得与第六七字同声,上尾指第五字不得与第十字同声,蜂腰指五字一句之中,第二字不得与第五字同声,鹤膝指第五字不得与第十五字同声。大韵、小韵、旁纽、正纽是对五言诗用字的声母、韵母的要求,即除联绵词外,尽量不用双声叠韵,更不能与韵脚同韵,以免形成"绕口令"式的后果。永明体为齐梁诗歌的艺术形式作出了新的贡献。因为调理诗歌语言的音节,使之具有谐美的音乐性,使诗人能有意识地掌握运用声律,增强新的艺术效果,具有非常积极的进步意义。而且为唐代近体诗的形成,奠定了理论和创作上的基础。

齐梁时代,沈约、谢朓、江淹、阴铿、吴均、何逊及萧衍、萧纲等人都创作了大量新体诗,成就最高者为谢朓。谢诗清新秀美,流丽高华,"余霞散成绮,澄江静如练"是千古名句。但有很多诗人为声律所拘限,为形式而伤害了内容,有形式主义的倾向。

宫体诗,是从内容风格着眼的一个诗歌概念。宫体诗在内容上,多是表现宫廷和贵族的奢华享乐生活,描摹色情,如简文帝萧纲的《咏美人昼眠》、《美人晨妆》,梁元帝萧绎的《夕出通波阁下观妓诗》、《戏作艳诗》,从题目就可知其内容。当时一些文学侍臣,如徐摛父子、庾肩吾父子也都纷纷唱和。总的来说,宫体诗内容狭隘,格调柔靡,风格绮艳,都不可取。但有的宫体诗善于学习南朝乐府民歌,有民歌情调;有的宫体诗描摹细腻入微,格律精严,对诗歌形式的发展有一定意义。

集南北诗风之大成的庾信 真正融合南方清绮诗风与北方贞刚诗风的,是由南入北的诗人庾信。他原本生活在山清水秀的南方,感情细腻而纤弱,诗歌艺术技巧精致而辞藻美丽,诗风绮靡,一旦北来,北方山河的苍茫浑朴,北人性格的粗犷刚直,以及北方诗歌的壮大情思必然影响到他,加之乡关之思,故国之恋,羁旅之愁与身世之感,使他的诗歌少了些绮丽,变为清新与浑厚的统一,情思慷慨,风格苍劲,结合了南北诗歌的优点。

南朝乐府民歌 以《乐府诗集·清商曲辞》中的"吴声歌"和"西曲歌"为主体,共约四百余首。多数产生于东晋、宋、齐三代。吴声歌以当时首都建业(今江苏南京)为中心,此地是南朝历代统治中心,人民生活少流动,民歌内容多写家庭儿女之情。约有十几个曲调,而以《子夜歌》、《子夜四时歌》、《读曲歌》和《华山畿》等曲最为重要。西曲歌采自长江中游及汉水两岸的商业重镇,这些地方交通便利,商业发达,商人贾客过往极多,民歌内容多写船上水边生活,贾人思妇情趣,少数作品内容与妓女有关。南朝乐府民歌几乎全是情歌,反映了人民要冲破礼教藩篱,追求婚姻自由的强烈愿望。但与汉乐府民歌相比则内容显得偏狭,部分作品有低级趣味与庸俗色情描写。总的来说,南朝民歌的艺术风格清新婉转,本色自然。在艺术表现上的主要特点是体制短小,多为五言四句,对唐代绝句的形成很有影响。另一特点是广泛运用谐音、双关、隐语,使诗歌显得俏丽活泼,缠绵委婉。如,以蚕丝之"丝"代相思之"思",以莲叶之"莲"代怜爱之"怜"等。

北朝乐府民歌 大多保存在《乐府诗集·横吹曲辞》中的"梁鼓角横吹曲"中,少数存于《杂曲歌辞》和《杂歌谣辞》中,约七十首。北朝民歌内容丰富广阔,多数表现尚武精神,也有牧歌和情歌,还有的反映了民间疾苦、贫富不均的社会内容,较全面地反映了北朝二百年间的社会生活和时代特色。北朝乐府民歌风格刚健豪放,表意达情坦率爽直,语言质朴无华。《木兰诗》是北朝乐府民歌中的压卷之作。

四、唐代诗歌与唐五代词

隋代诗歌属于过渡性质,文帝时南北诗风并存,炀帝时则沿袭南朝绮靡诗风。

唐代是中国古代诗歌发展的颠峰时期,根据其不同发展阶段的不同艺术风貌,一般将唐诗划分为初、盛、中、晚四个时期。词产生于唐,在五代进一步发展。

初唐诗歌 继南朝、隋代诗歌发展而来的初唐诗坛,一方面仍然承前代诗歌的绮靡诗风,另一方面又在不断清除改造这种风气,逐渐显露出气势雄壮、清新刚健、感情浓烈的特征。后者的代表是高宗时期的"初唐四杰"——王勃、杨炯、卢照邻、骆宾王。"初唐四杰"的诗,虽未完全摆脱南朝藻绘华艳的诗风,但是他们对南朝诗风进行了改造,显示出诗歌的新气象。一方面,诗歌的题材和内容扩展了。卢、骆的歌行突破了宫体诗的狭小范围,从宫廷走向市井;王、杨把五律从台阁移至江山与塞漠。另一方面,初唐"四杰"的诗具有明朗昂扬的感情基调,他们的诗表现出对生活的热爱、对功业的向往，乐观开朗，积极向上，感情或慷慨激昂，或浓烈深挚。这些都给诗歌注入了新的活力。

陈子昂是武后时期的诗人，他彻底抛弃南朝诗风，重建风雅传统。他批评彩丽竞繁、兴寄都绝的齐梁诗风，崇尚汉魏风骨，提倡兴寄。其代表作《感遇》三十八首实践了他的诗歌主张。其《登幽州台歌》是一首千古绝唱，把怀才不遇的孤愤和宇宙无穷、人生有限的悲哀表现得既深沉凝重又苍凉激越。初盛唐之际的张若虚则以一曲《春江花月夜》创造出情景交融、玲珑剔透而无际可寻的诗境。

盛唐诗歌 盛唐是唐诗发展的第一个繁荣时期。盛唐诗歌具有广阔壮大的襟怀、昂扬奋发的精神和明朗浓烈的感情，在艺术形式上创造出完美的诗歌境界，追求清新流丽的自然之美，被称为"盛唐之音"。

盛唐早期的著名诗人贺知章生性放旷，自号"四明狂客"。其诗构思巧妙，联想丰富，语言清新朴素，富有情韵。代表作为《咏柳》《回乡偶书》。张九龄是开元名相，其诗大多清淡平和，代表作是《感遇》十二首。

盛唐山水田园诗派是指开元、天宝年间诗坛上以山水田园为题材，诗境静逸清淡的诗人群体，有孟浩然、王维、储光羲、常建等人，而以王、孟成就最高。孟浩然诗多写山水田园，表现自然的宁静优美与内心的闲逸清爽。其山水诗并不着意表现远离尘嚣的空静幽僻，山水风光中时常点染以人的活动，具有浓厚的生活气息。王维的山水田园诗着力表现大自然的宁静，表现人与自然的融合，创造出具有高度艺术魅力的静美境界。

盛唐边塞诗派以世事为念，以功名为怀，在诗中表现建功立业的理想抱负，因此，他们的诗大多雄健豪迈。但不同诗人又呈现出不同的风格，如王昌龄的清刚峻洁，高适的慷慨豪壮，岑参的奇逸壮丽。高适怀有强烈的用世之心，对功业有着执著追求且自信自负，其诗慷慨激昂，开阔雄壮，笔力雄健，粗犷质实。《燕歌行》为其代表作。岑参的边塞诗充满雄奇壮丽的色彩和昂扬奋发的精神，把边塞的奇异风光表现得神奇瑰丽，代表作是《白雪歌送武判官归京》。王昌龄号称"七言长城"，除边塞诗外，送别诗和闺情宫怨诗亦甚擅长，如《长信秋词》和《闺怨》。

李白是盛唐诗歌最杰出的代表。他首先是盛唐精神的代表，这表现在他非凡的理想主义、强烈的进取精神、高度的自信和自由解放的思想上。他的诗歌表达了诗人非凡的抱负、强烈的建功立业的愿望，对社会、人生积极进取的态度，揭露和批判了黑暗现实。其诗豪放飘逸，表现为奔放的气势和丰富的想象，多为歌行古风，其名作《蜀道难》可为代表。他的绝句明丽清新，表现为清新流丽的语言和明净澄澈的境界，《独坐敬亭山》堪为代表。李白的诗歌是盛唐诗歌艺术风貌的最高典范。

伟大的诗人杜甫与李白齐名，而诗风迥异。杜甫诗歌拓展了诗歌题材，广泛深刻地反映了安史之乱前后唐代的社会生活，素有"诗史"之称。杜甫诗写民生疾苦，特别是安史之乱给人民带来的苦难，《三吏》、《三别》是其代表作。杜甫诗还表现了诗人忠君、爱国、爱民的思想情怀。杜甫诗歌的杰出艺术成就是其现实主义精神。其诗以小见大，具有高度概括性、典型性。杜甫诗观察和描写极为细致，能在细微之处见出博大深厚。杜甫诗还讲究锤炼字句，有一种"语不惊人死不休"的艺术追求。杜甫的诗歌风格历来被概括为"沉郁顿挫"。他的诗写自己的困顿生活，写民生疾苦，写对国家安危的关心，对亲朋好友的思念，总是带有深沉浓厚的忧思。在他的诗中，一己之悲欢与忧国忧民的情怀常常纠结在一起，这使他的忧思显得更为深厚阔大。这是其沉郁顿挫诗风的主要方面。另一方面，他的诗经常采用回环往复的抒情方式。《秋兴八首》是杜甫晚年在夔州所作，在这组诗中，眼前的秋声秋色不断触动诗人的故园故国之思，引起他对往日生活的追怀、对国家兴亡的回忆，又不断把诗人从深沉的忧思和追忆中带回现实，诗人感慨身世，思念故国，抚今追昔，心绪万端。这八首诗一次又一次抒写这种深沉执著的情思，回环往复，顿挫起伏。《秋兴八首》是杜甫诗歌艺术的极致，也是沉郁顿挫诗风的代表作。

元结与杜甫同时，以表现民生疾苦作为诗歌创作的自觉追求，其诗大多质朴无华，反映战乱之后的农村凋蔽和民生贫苦，以规讽、感化作为诗歌创作的目的。这种诗歌理论和创作倾向对后来白居易的新乐府创作有直接启发意义。

中唐诗歌　　中唐诗歌主要包括大历诗歌、元白诗派、韩孟诗派及柳宗元、刘禹锡的诗歌。

大历诗歌有少量作品尚有盛唐遗韵,反映民生疾苦,但大量作品表现出一种孤独寂寞的冷落心境,追求清雅高逸的情调,表现宁静淡泊的生活情趣,虽有风味而气调衰飒,渐露中唐面目。代表诗人是刘长卿、韦应物、李益和大历十才子。

贞元、元和年间,唐代诗坛再次出现繁荣局面,风格迥异的诗歌流派出现,主要有以白居易、元稹为代表的写实尚俗一派和以韩愈、孟郊、李贺为代表的尚怪奇一派。

写实尚俗一派追求写实,力图通俗易懂。较早以此作为整个诗歌创作追求的是王建和张籍,二人乐府诗成就较高。白居易是此派代表,他曾把自己的诗歌分为讽喻诗、闲适诗、感伤诗和杂律诗。讽喻诗以作于贞元、元和之际的《新乐府》五十首、《秦中吟》十首为代表。这些诗关心国家命运,同情民生疾苦,敢于揭露抨击社会黑暗,但多议论,缺乏形象和感情,艺术上并不成功。白居易感伤诗的艺术成就最高,特别是代表作《长恨歌》和《琵琶行》。元稹与白居易齐名,其新乐府诗与乐府古题重在反映社会政治情况,主旨晦涩,结构松散,好议论而缺乏形象。其诗歌成就表现在悼亡诗和艳诗中,感情真挚,朴实自然。

尚怪奇一派重主观,诗人代表有孟郊、韩愈、李贺等。孟郊诗多写自己穷困潦倒的生活和对这种生活的深刻体验,形成阴郁、冷峭、枯槁的诗风。李贺诗的意象虚幻荒诞,有很强的主观色彩。在李贺诗中,怪异的事物被赋予斑斓的色彩,丑恶的事物被赋予美的形态,鲜艳的色感和凄冷的情思融为一体,给人一种异样的美感,从而形成凄艳奇诡的诗风。韩愈的独特诗风反映在其追求险怪的诗中。他的诗常把事物表现得光怪陆离,使人惊心动魄,在诗歌语言上务求去陈言,作硬语,用僻字,显得奇崛险怪,甚至艰涩难读。

在以上两个诗派之外,还有刘禹锡、柳宗元等诗人。刘禹锡最著名的是其怀古咏史诗和模仿民歌之作。其怀古咏史诗凭吊古迹、思索历史、感悟人生;模仿民歌之作则比喻生动,格调清新,含义深刻,语言浅显清丽。柳宗元诗歌抒写被贬谪的抑郁悲伤和思乡之情,忧愤深广,风格清冷峭拔。柳宗元在被贬谪期间写的山水田园诗,试图以清静幽寂的自然境界净化心灵,消除现实的困扰,但诗中仍有一种僻居的清冷寂寞,其山水诗常呈现地老天荒的空旷孤寂境界,异常冷峭清远。

晚唐诗歌 晚唐诗坛成就最高的诗人是李商隐,他的作品,尤其是无题诗,于感叹身世、忧时悯乱中,流露出浓厚的感伤气氛,善于表现细微的感受和个人心绪,诗篇精工典丽,富于联想和暗示情味。杜牧的主要成就在其七绝咏史诗,用鲜明的史论笔法,通过追忆昔日辉煌以抒发末世的感伤,寻找前人的覆辙以警诫当今,从时代的变迁中参悟人生的哲理,在峭健之中有风华流美之致,创造出明快优美的意境,风格俊爽。贾岛、姚合是苦吟诗派颇具影响的代表,其诗意境狭小,但于技巧上颇为用心。

唐五代词 词本来是合乐演唱的歌词,唐时称"曲子词",后简称"词"。词大约产生在初、盛唐。现在所能见到的最早的词是敦煌曲子词,大多是民间作品,风格朴素清新。中唐前后,文人开始了词的创作。张志和的《渔歌子》五首,描写水乡风光,清新自然。白居易、刘禹锡的词具有民间词的情调,但也表现出文人词的一些特点。传为李白所作的《菩萨蛮·平林漠漠烟如织》和《忆秦娥·箫声咽》境界阔大,感情深沉,艺术成就很高。

词的创作主要在晚唐五代。温庭筠是晚唐重要的词人。他的词多写妇女的容貌、服饰、体态,以香艳温软为其特色。温庭筠词对后来词人影响很大。五代时后蜀赵崇祚录温庭筠、韦庄等十八家词为《花间集》,其中词人绝大部分是西蜀文人,其词多继承温庭筠的香艳词风,写妇女服饰、体态、男女风情,堆砌华丽词藻。花间词人中,韦庄的词较为清新、疏朗。

除西蜀外,南唐也是当时词的创作中心。冯延巳、李煜的词代表了南唐词的成就。冯延巳曾为南唐中主李璟的宰相。他的词如《鹊踏枝》十余首多写相思离别,有时流露出浓厚的感伤情调。词风深婉含蓄,风格清丽,对宋代晏殊、欧阳修词有很大影响。李煜是南唐后主,在位十五年,纵情声色,偏安一隅。宋灭南唐,李煜被俘至汴京,后为宋太宗赐酒毒死。李煜词以其被俘为界线可分为前后两期。前期词表现宫廷的享乐生活,词风香艳,与花间词无异;后期词抒写对往昔帝王生活的追恋之情和沦为亡国之君的无限悲恨,是典型的既哀且思的亡国之音,境界阔大,感情浓厚,语言清新洗炼,形象鲜明,代表了唐五代词的最高成就。

五、宋诗与宋词

宋诗作者目前可考知的不下九千人,约为唐诗作者的四倍;宋诗卷帙繁富,其总量也超过了唐诗。在艺术上,唐诗重兴象,宋诗重理念;唐诗重自然感发,宋诗重人工技巧。此即宋诗区别于唐诗而独具一格之特色。词在宋代发展到了颠峰状态。

宋初诗坛 沿袭晚唐五代诗风,主要诗派先后有"白体"、"晚唐体"和"昆体"。"白体"学白居易,以李昉、王禹偁为代表,热衷于应酬唱和之作,在士大夫中最为流行。"晚唐体"以林逋为代表,学晚唐贾岛、姚合,工五律,善于炼字炼句,喜欢写眼前景物和身边琐事。"昆体"即西昆体,因《西昆酬唱集》而得名,以杨亿、刘筠为代表,作者皆馆阁文臣,学晚唐李商隐华丽精美的词藻。其后欧阳修和他的朋友苏舜钦、梅尧臣拓宽题材,转变诗风,在表现方法上趋向议论化和散文化。议论化的倾向杜甫诗已开其端,散文化的倾向主要来自中唐韩愈。由于这两种倾向适应了宋代士风的变化和宋诗创新的要求,所以产生了广泛影响。

宋诗高潮 宋诗高潮的代表诗人是王安石、苏轼、黄庭坚。王安石自百家诸子之书至于难经、素问、本草、诸小说无所不读,经常以诗论政、论史,诗作题材广泛,风格多样。苏轼更是才华横溢,笔端无不可入诗之事,无不能尽意之言。苏诗中那些生动的比喻、联想、妙论、雅谑滔滔滚滚,令读者应接不暇。然而,真正形成宋诗典型风格的代表作家却是苏轼门下的黄庭坚。黄庭坚的诗除了具有宋诗议论化和散文化的一般特点之外,更注重锤炼功夫和写作技巧。他的诗句构思造语往往很奇特,常常用虚字,押险韵,故意改变诗的习惯节奏或颠倒习惯句法,以使诗句显得新颖、不俗气。在律诗中,他大量使用拗句,不和谐的声调给人一种挺拔和有力度的感觉。他还创造出"夺胎换骨,点铁成金"的艺术技巧,对古书中的典故和古人的诗句加以翻新,产生"化腐朽为神奇"的效果。通过以上种种手段,其诗就形成一种"生新瘦硬"的风格,一种新的时代审美观念。因此,他吸引了许多诗歌爱好者,渐渐形成了宋代最大的诗歌流派——江西诗派。与黄庭坚并称江西诗派"三宗"的是陈师道和陈与义。陈师道诗号称"后山体",标举"宁拙勿巧,宁朴勿华",力求简省字句以摒却华词丽藻,往往以拙为工,简妙雅淡,瘦而有骨。陈与义诗号称"简斋体",比较重意境,重白描,摆脱了对仗的束缚,长于用宽对和活对,并且善炼虚字,善于在闲淡处取神。

南宋诗坛 江西诗派的作风到南宋有一定程度的变化,如陈与义在"靖康之变"以后所写的诗更多地学习杜诗的现实精神与雄浑沉郁的风格,突破了黄庭坚学杜只重艺术技巧的局限。南宋前期诗坛上著名的诗人几乎都与江西诗派有过比较密切的关系。如杨万里开始学江西诗派,后来又改学晚唐诗,最后悟出师法自然的道理,从而自成一家;陆游学诗亦从江西诗派入手,后来成了有名的爱国诗人。在南宋后期,诗坛上又出现了所谓"永嘉四灵"和"江湖诗派",因看到江西末流的弊病,遂掉过头来学习晚唐。这两个诗派虽然各有成就,但一个诗境过狭,一个人员太杂,都没有出什么大诗人。宋诗至此已走向衰落。倒是在南宋灭亡之际,诗坛上又出现了文天祥等一批身经亡国之痛的诗人,其作品如《正气歌》等,充满了由爱国精神产生的感发力量,千百年来一直被人们喜爱和传诵。

词是宋代文学成就最高的文学形式。北宋词可分为三期,即初期、创造时期和总结期。

北宋词 自宋初到仁宗天圣、庆历年间,是北宋词的初期。晏殊、欧阳修等词人,承续花间词派与南唐词风而有所变化。在继承唐、五代词艺术经验的基础上,晏殊词以明净雅致的语言、深刻而纤细的内心体验、曲折精巧的构思,表现了对多彩人生的眷恋之情和与之相伴的伤感。晏殊的词,写富贵而不鄙俗,写艳情而不纤佻,直接地影响着同代稍后的欧阳修、晏几道等人,对婉约派乃至整个宋代词坛发挥着重要而持久的影响力。欧阳修的词大体呈现两种风格:一种是深婉含蓄,一种是清新疏隽。与晏殊不同,他除了写适于歌者唱的艳词外,还把坎坷仕途的人生感受寄寓于词中,在题材和格调方面较晏殊有所拓展,在艺术手法上也有更多的创造性。在欧词中,数量最多、写得也比较好的,是描写豆蔻相思、离情别恨的恋情词,这类词不以含蓄不露为特色,而是感情不加掩饰地流露于字里行间,直接以情感人,词风清新,自然真率。

自仁宗天圣、景祐以后,直至英宗、神宗、哲宗三朝,是北宋词的创造时期。此间的大词人柳永、苏轼以及秦观等,是推动宋词发展的关键人物。专力作词并大量创制慢词的是柳永。他大量填写慢词,奠定了长调的形式和体制。在风格上,他的俚词浅近俚俗、词语尘下,题材内容多写城市繁华生活和歌妓生涯;雅词则以赋为词,善于融合曲词和辞赋的长处,其羁旅行役词不减唐人高处。豪放派词人苏轼,一洗绮罗香泽之态,他的词不再是替歌女所写的游戏娱乐之作,而成了作者自身抒情言志的工具。这种被后人称作"以诗为词"的做法,是继柳永之后对词的又一次重大开拓。这一开拓大大扩展了词的功能和表现范围,因而也相应提高了词的地位。苏词以雄放之笔遣辞驰骋,意境超脱,豪放旷爽。但亦有缠绵清婉之作。秦观的婉约词讲究含蓄蕴藉、饶有情致,力求维护词体婉媚的本色,这种风格对后来的周邦彦、李清照都有很大影响。晏几道的词一洗其父珠玉词雍容典雅的气度,形成极度凄楚哀怨的伤感情调,善于运用不同的构思方式表现相似的题材,多用情景互衬的手法,造语曲折深婉、浅处皆深,且不露雕琢的痕迹。善于吸取慢词的艺术经验运用于令词创作,言情委婉细腻而清新俊逸,有丰富的层次感和清刚顿挫之美。

　　自哲宗末年直至汴京都陷以前为北宋词的总结期,出现了"集大成"的词人周邦彦。周邦彦词的"集大成",可从三方面来看:一是从词调的搜求、审定和考正方面说,他有集成和创制的功劳;二是就其写作功力方面之成就而言,他善于体物言情,描绘工巧周至,又善于融化前人诗句,炼字妥帖工稳;三是从创作风格方面说,清真词能集北宋词自柳永到秦观、贺铸等人之成而独具特色。周邦彦发展了柳永以赋为词的铺叙手法,兼取秦词的柔婉、贺词的艳丽,综合形成自己善于勾勒、妙于剪裁、精巧工丽的典雅作风。

　　两宋之际的词人有李清照和朱敦儒。李清照词号称"易安体",坚持"词别是一家"的婉约本色,既有女性的温柔和明慧,又有一般女子所缺乏的俊爽和开朗,能把委婉的情思与超脱的襟怀融合在一起,婉约而不绮靡,柔中有刚,含有激昂豪迈之气。朱敦儒词号称"樵歌体",情怀旷达疏放,于淡而静的空旷境界中透出洒脱的情调,语言浅白如话,形象单纯、明净,风格自然而飘逸。

南渡词 南宋初期词风转变,多数词人慷慨悲歌,爱国词人占据词坛主导地位,继承了苏轼"以诗为词"的方法,词境开阔,风格豪放。南宋初的岳飞、张元干、张孝祥等,就已开始以豪放的风格倾吐对国事的感慨。而这种豪放的词风,到辛弃疾则达到了前所未有的高水平。辛弃疾作词多以豪放格调出之,又不失温婉的本色,合此二者方为辛词特色;但作为稼轩词基调的,是其一生难以抑制的悲放。辛弃疾以其英雄豪杰的性情和胆气,突破了词的传统体制和写作方法而另辟新境;可是就其稼轩词言情的深微而言,却又同时保持了词体曲折含蓄的美妙。既以豪放气质开拓了词的意境风格,又不失词的含蓄蕴藉之长,这种相反又相成现象,是稼轩词最值得注意的特色,也是他在宋词发展过程中完成的难以企及的过人成就。同时或稍后受其影响者极多,著名的有陆游、陈亮、刘过、刘克庄等。他们不但以诗为词,而且以散文为词,以议论入词,完全打破诗和词的界限。其末流往往因一味豪放而失去韵味,甚至流于粗豪和叫嚣。

南宋中后期清雅词派 词至南宋中期,豪气衰落,讲求技巧音律,其开山大师即以"白石词"著名的姜夔,其羽翼为史达祖、吴文英,波及王沂孙、周密和张炎。白石词风及艺术的主要特征是"清空"、"骚雅",即以清雅之辞抒清雅之情,表现幽趣和冷美;或咏清雅之物,写清雅之意,遗貌取神而寄托遥深。吴文英的梦窗词长于修辞和隶事,以纤丽为工,以奇彩为妙,多运用借喻、暗示等修辞手法,再加上省略主语,将现实感觉和心理活动的意象巧妙地重叠在一起,且把不同的时空场景浓缩杂糅在同一时空中,意境扑朔迷离,情思脉络隐约闪现而无迹可求,强化了艺术创造的巧妙性,但失之于晦涩。史达祖的咏物词奇秀清逸,能融情景于一家,会句意于两得,咏物以描写见长,白描工丽,诗情婉妙,笔调轻盈绰约,加之造语轻俊妩媚,词境婉约飘逸。

六、辽金元诗坛与元散曲

辽金元之诗坛 辽金元三代诗坛由于是北方民族在学习汉文化过程中的创作,故文学成就不甚突出。金代成就最高者为元好问。元好问诗今存一千四百余首,以七律和七绝成就为最突出。他在金亡后写的丧乱诗,苍凉沉郁而悲愤高亢,具有情调悲凉而骨力苍劲的独特风格。元好问的词风以豪放为主,疏快豪放中自饶深婉,形成清雄顿挫而深婉明丽的成熟风格。元代诗歌则以号称"元诗四家"的虞集、杨载、范梈和揭傒斯成就为最高,且此时期曲盛词衰,词作罕有可述者。

元散曲 元散曲是由汉族原有的大曲、词、诸宫调等诸种传统音乐形式,与宋、金以来的民间俚曲,以及少数民族的胡曲番乐交互影响而产生的。分为小令和套数两种基本形式。小令是单支的曲子,按不同的宫调曲牌创作,曲调不同,字数和句式也不一样。套数又称套曲,由两支以上同宫调曲牌的曲子联缀而成,曲牌间的联系有一定的顺序,曲词须一韵到底,结尾时有"煞调"或"尾声"。作为一种新的诗体,散曲生动活泼、通俗易懂,在当时雅俗共赏,极为流行。

元前期散曲以"本色"为主,曲中口语成分较多,但亦有婉致雅丽、意境接近诗词者。有的作者是杂剧作家、书会才人,其代表有关汉卿、王和卿、白朴、马致远。他们社会地位较低,其作品既保留了民间文艺浅俗活泼的自然本色,又不乏文采情韵,风格多样,或清丽端庄,或俳谐滑稽,或豪放雄健,均挥洒自如、曲尽其妙。关汉卿的作品豪爽老辣,富有热情,机智诙谐,语言质朴。成就最高的是马致远,其曲感叹历史兴亡,歌颂隐逸生活,吟咏山水田园,将超旷情怀、人生感悟与苍凉意境融为一体。语言自然清丽,雅俗俱兼,不重韵,无衬字,风格放逸豪爽,借鉴诗词的优美意境,提高了散曲的艺术境界,最为知识分子所称道。另一类作者以刘秉忠、卢挚和姚燧为代表,多是官位显赫的文人学士。他们变通写诗填词的方法作曲,尽管也有清新自然之作,但曲体特征并不是很明显。

元代后期,散曲创作中心转移到南方,在创作中哀婉蕴藉的情调占据主流。主要作家有张养浩、贯云石、乔吉、张可久、睢景臣和刘时中等。张养浩创作出不少意象清新的山水佳作和咏史怀古之作。贯云石的作品主要表现流连山水的隐逸雅趣或抒写恋情,风格豪放、俊逸,较为质朴自然。乔吉散曲主要抒写淡泊富贵功名、不愿与俗世浮沉的高蹈情怀,清新自然、飘逸脱俗,风格清丽。

七、明代诗、词、曲和民歌

明代正统诗词相对衰微,成就难以企及唐宋。但明代诗歌流派众多,诗歌创作理论纷出。词的创作除明初高启、明末陈子龙较为出色外,鲜有大家。散曲和民歌在明中后期则较为繁荣。

前期诗坛 明代前期诗歌可以大致分为三部分:明初诗歌、台阁体、茶陵派。

明初诗歌的作者主要是指由元入明的诗人,以高启和刘基为代表。明诗已表现出模拟唐人的趋势。成就较大的诗人如刘基、高启等,都经历过元末社会大动乱,因此能够"各抒心得",扭转了元末纤细萎靡的诗风。但面对文网渐密、文士动辄罹祸的政治形势,他们已经不能再创作出高水平的作品。台阁体是指以三杨(杨士奇、杨荣、杨溥)作品为代表的雍容典雅、气格萎弱的诗风。此类作品内容上回避甚至粉饰现实,艺术上平庸而无生气。但由于三杨位当鼎轴,因此有不少追随者。台阁体从永乐至天顺年间占据诗坛数十年。成化弘治年间,以内阁大臣李东阳为首的茶陵派不满于台阁体的平庸呆板,提出诗学盛唐的主张,强调宗法杜甫,注重诗歌的语言艺术。虽然茶陵派未能完全摆脱台阁习气,但其诗学主张对明代中期的诗歌复古不无启迪。

中期文学复古思潮 明代中期诗歌以复古思潮为主,其时诗歌流派也可以大致分为三部分:"前七子"、"吴中四才子"和"后七子"。弘治正德年间,以李梦阳、何景明为代表的"前七子"(另有康海、王九思、边贡、王廷相、徐祯卿)高扬复古旗帜,古体推崇汉魏,近体规模盛唐,且重视民歌,给诗坛带来一份生气。其诗歌在内容上能够重视现实政治和顾及民间生活,在艺术上注重诗歌的音律格调,风格苍凉沉郁,但难免模拟倾向。与此同时,江南的"吴中四才子"(祝允明、唐寅、文徵明、徐祯卿)作诗不事雕饰,自由挥洒,于浅近中洋溢着烂漫情趣。嘉靖中期,继前七子复古运动而起的"后七子"(李攀龙、王世贞为首,包括谢榛、宗臣、梁有誉、徐中行、吴国伦)针对唐宋派的文学倒退,重振复古大旗,高唱"诗自天宝而下俱无足观"。尤其王世贞后来主诗坛二十年,其诗风靡一代。

后期诗歌新变 明代后期诗歌表现出新的时代特点,亦可以大致分为三部分:公安派,竟陵派,复社和几社。万历天启年间,以公安三袁(袁宗道、袁宏道、袁中道)为代表的公安派,受李贽"童心说"的启迪,被徐渭充满激情的"出于己之所得"的诗歌所激发,提出了"任性而发"、"独抒性灵"的"性灵说"。其诗内容上一抒个人真实情感,艺术上表现为信口而出,活泼浅显。诗风清新,使人耳目一新。其弊在于尖新浅薄,轻率浅露。以钟惺、谭元春为代表的竟陵派欲以"幽深孤峭"来矫正"性灵派"俚俗肤浅之弊,其诗在内容上抒发诗人狷介孤高的情怀,在艺术上注重创造幽寂寒峻的意境,诗风孤峭奇崛,明末清初一时流行。其弊在于语言生涩拗折,境界狭隘寒酸。明末的复社、几社兼政治结社与文学团体二任,以挽救国家危亡、复兴传统精神为己任,不满于公安、竟陵无视社会危机的状况,强调诗歌反映现实的战斗作用,代表诗人为陈子龙、夏完淳。其诗直面惨痛现实,忧世伤世,饱含着诗人浓郁的感情,无论悲凉苍劲之作还是高华雄浑之篇,均能激发人心。

明散曲 散曲自元代便取代了词的抒情功能,明承元绪,曲盛词衰。《全明散曲》收可考作家四百余人,存小令一万余,散套二千多。作家作品数量都超过了元代,并具有发掘新的生活内容、深入表现人情世态方面的时代特征。在声腔方面,嘉、隆以前以北曲为主,其后南曲大兴,以梁辰鱼为代表的南派领引了时代风气。

明前期散曲处于衰微状态,影响最大的散曲作者是宗室贵族朱有燉,有《诚斋乐府》。他的曲作以音律谐美著称,语言风格追踪马致远、贯云石的豪放一派。内容以游赏应酬为多,情调富贵闲适。

明代中后期弘、正、嘉、隆年间,散曲逐渐发展,至嘉靖前后达于兴盛。弘、正年间,北方散曲作家康海、王九思等偏重抒发士大夫情怀,或感慨世道,或啸傲烟霞,襟抱旷达,风格豪放。南方散曲作家王磐、陈铎之作多市井生活描写,或爽丽或诙谐。吴中名士祝允明、唐寅则多写男女风情闺怨,清丽委婉。嘉、隆年间,曲道大盛,亦分南北两造。北曲以冯惟敏最为大家,其曲作内容宽广丰富,格调豪逸俊爽,可以代表北派作家风格。南派以梁辰鱼为代表,以词格入曲作,工丽典雅,辞藻华美。

晚明国事多艰,一些散曲作家一洗雅丽浓艳之风,声调激越,但已不能挽回散曲衰退之势了。

明代民歌 由于明中期以来城市工商经济发展和市民阶层崛起,直接反映民众生活而又具有鲜活艺术生命力的民歌受到市民阶层的普遍欢迎,使民歌的创作和流传繁荣起来。民歌曲调有《锁南枝》、《傍妆台》、《山坡羊》、《耍孩儿》、《驻云飞》、《醉太平》、《闹五更》、《寄生草》、《罗江怨》、《哭皇天》、《干荷叶》、《粉红莲》、《桐城歌》、《银绞丝》、《打枣竿》、《挂枝儿》等。内容多市井生活的世情俗态、男女私情,甚至用露骨的色情来表现市民的色欲;艺术表现上泼辣大胆真率,语言通俗形象生动。现存最早的明代民歌集是成化年间金台鲁氏刊行的《新编四季五更驻云飞》、《新编题西厢记咏十二月赛驻云飞》、《新编太平时赛赛驻云飞》、《新编寡妇烈女诗曲》四种。冯梦龙编辑的明代民歌专集《童痴一弄·挂枝儿》和《童痴二弄·山歌》反映了明代社会,尤其是晚明时期下层民众的生活风貌。

八、清代诗词的复兴

清代诗人鉴于明诗之弊,追求创新,兼宗唐宋,取得了很大成就,流派纷起,风格多样,在数量和质量上均超过明代。清代词坛作者众多,立论高卓,创作用力甚勤,亦远超前代。唯散曲一途日渐式微,罕有成就。

清诗 清诗的发展可以大致分为清初、康熙、乾嘉三个阶段。道咸以后进入近代,兹不复赘。

清初诗坛距明清易代不久,民族矛盾和国家兴亡影响着诗人,故可将此时诗人分为"遗民诗人"和"入仕诗人"两部分。"遗民诗人"以顾炎武、黄宗羲、王夫之为代表,他们或奔走抗清,或隐居不仕。其诗歌内容饱含爱国热情与坚贞情操,诗风悲慨孤愤,遒劲苍凉。"入仕诗人"以钱谦益和吴伟业为代表,他们虽然身仕贰朝,但深怀愧悔,其入清以后的诗歌内容多感慨兴亡和痛吟失节,诗风主要表现为哀伤怆恻,沉痛低回。

康熙诗坛处于社会民族矛盾趋于平淡的时期,此时诗坛魁杰首推"神韵派"领袖王士禛。他所持的"神韵说",就是追求诗歌含蓄蕴藉、余味悠远,因此追踪王维、韦应物一派的清幽淡远和诗情画意。其诗内容多为模山范水怀古抒情,语言清新,词句圆润,风神绵邈。与王士禛齐名并称"南朱北王"的朱彝尊,此期诗歌平和醇雅,实不能与王士禛比肩。同时还有号称"南施北宋"的施闰章和宋琬,施诗委婉敦厚,宋诗雄健磊落,各臻其妙。

乾嘉诗坛流派蜂起,各领风骚。如沈德潜的"格调派",厉鹗的"浙派",翁方纲的"肌理说",袁枚、赵翼的"性灵派"及诸家之外的郑燮、黄景仁。沈德潜以儒家温柔敦厚的诗教要求诗歌创作,主张模拟复古,不但崇尚唐诗汉魏,且仰溯《风》《雅》,其诗雍容典雅,其弊在于平庸。厉鹗为浙派盟主,作诗主张宗宋,作品以山水诗为主,诗风幽新妍秀。翁方纲主张以学问为诗,故宗法宋诗的理路细腻,甚至以考据入诗,殆同书抄。以上三派均有追随者,但乾嘉诗坛影响最大的却是以袁枚为首的性灵派。袁枚标举的性灵说,即主张作诗应性情至上,肯定情欲,还要有灵机灵趣的诗才,其诗多表现不受束缚的个人情趣,诗风清灵隽妙,给当时诗坛带来一股清新之气。郑燮兼善书画,主张作诗要有真气、真意、真趣,诗歌有关心民生疾苦和纪游题画两方面内容,语言自然浅切,不事模仿,诗风质朴。黄景仁才华横溢,但遭际坎坷。其诗内容丰富,既抨击世道黑暗,也抒发一己激愤。他的诗歌风格多样,七古或似李白豪放,或似韩愈盘戛,七律或似李商隐清丽,或似黄庭坚瘦硬,被誉为"乾隆六十年间论诗者评为第一"。

清词 清代词坛一改元、明曲盛词衰的颓势,号称中兴。据叶恭绰《全清词钞》统计,词人计三千一百九十六人,词作八千二百余首,数量空前。清词成就最大的有以下数家:清初以陈维崧为首的阳羡词派、以朱彝尊为首的浙西词派、独树一帜的词人纳兰性德,清中叶乾嘉词坛浙西词派中期领袖厉鹗、以张惠言和周济为首的常州词派。

陈维崧词作多至一千六百余首,才华横溢,倜傥豪迈,几合苏辛周姜为一手。而真正以词人本色著名的,当属纳兰性德。其词直写性情,善用白描,多作小令,哀婉缠绵,近南唐李后主。朱彝尊作词提倡南宋姜夔、张炎清空幽雅一路,其词清空醇雅,蕴藉空灵。乾嘉时期厉鹗主盟浙西词派,其词多描绘山水,意境幽隽清冷。嘉庆初年,张惠言、周济为代表的常州词派,取代浙派在词坛的主盟地位,影响及于近代。常州派在创作上倡导比兴寄托,深美闳约。张惠言词作多抒发个人心绪,文字简净,词旨幽微、若隐若现。周济词多咏物之作,温婉秀丽,但由于强调寄托而时感晦涩。

九、近代诗词

近代诗词是中国传统的古典诗词向现代意义的新诗过渡的阶段,纵向大体可以中日甲午战争(1894)为界,分为前后两期,横向可分为传统诗词和进步诗词两部分。在诗歌的新旧交替之际,进步诗词虽然还是采用古典诗词旧体,但其内容却包含了新思想,政治性、斗争性很强,取得了可观的成就。与此同时,传统诗词也还有比较广泛的影响。

进步诗歌 前期进步诗歌成就最大者是启蒙思想家龚自珍,其次是反帝爱国诗潮诗人群体的核心魏源和林则徐。龚自珍诗歌内容紧贴现实政治,批判清廷的腐朽政治,充溢着爱国爱民的饱满激情,想象丰富奇诡,语言璀璨瑰丽,而又具狂霸之气,形成一种剽悍凌厉、郁勃飞动的风格。魏源诗歌内容多揭露批判政事弊端,反映鸦片战争的战事,敷陈和议论较多,虽失之于缺乏韵味,但也能自成一格。林则徐诗歌内容多忧时悯民情怀,气象雄伟,风格高华。

后期进步诗歌成就最大者是"诗界革命"的旗手黄遵宪,他将自己的诗命名为"新派诗",其诗内容多写海外新事物,多纪从第二次鸦片战争至庚子之变间时事,五古议论纵横,歌行铺比翻腾,独立中流,拓新了诗的疆界。其次则有改良派诗人康有为、以柳亚子为代表的革命文学团体南社诸诗人。康有为之诗言为心声,多为政治抒情之作,元气淋漓,卓然称大家。柳亚子长期主持南社,其诗中所表现的政治情绪也最为激进,又多悼念烈士之作,感情深悲。柳亚子诗多近体,尤以七绝七律为主,格律严整,善用事典而淋漓豪宕。

传统诗歌 前期传统诗歌主要有"宋诗派"和"汉魏六朝诗派"。宋诗派主张学习以苏轼、黄庭坚为主的宋人诗风,同时上溯开启宋代诗风的韩愈及杜甫,实质上是提倡以学问补充性情之不足,以文法入诗,同时以宋诗开疆拓土的精神去扩大表现范围。咸、同之际曾国藩成为宋诗派的首领,他特别推崇黄庭坚,提倡一种以文入诗,倔强兀傲而又缩敛委曲的诗风。湘人王闿运别树一帜,推尊汉魏六朝,史称汉魏六朝诗派,亦称湖湘诗派。其论诗首尊"八代",明言复古;其所作,亦刻意模仿,各种"拟"作层出不穷,人评为"墨守古法","古色斑斓"。

后期传统诗歌主要有"同光体"和"中晚唐诗派"。同光体是晚清宋诗运动的第三期,主张以学宋为主而不以此自限。同光体诗人多为倾向戊戌维新,而后又身经列强辱国、革命兴起、变故相寻的士大夫,他们目睹清廷败亡,无所作为,又预感古典诗命运衰微,则思学宋人"力破余地"精神,去开拓最后一寸领土,以在丧乱之时代延长古典诗歌的生命于万一。同光体诗人中以陈三立成就最高,其民元之前诗确存有风云之气,如写庚子国难、日俄战争诸作。而后来面对世运日衰,心境与诗境均益趋悲凉。其诗力避俗熟,追求奥衍蕴藉而又天机自然。写自然景色,也确有独到处,以一种主观移情方法造成陌生化的效果。以樊增祥、易顺鼎两位才子为代表的中晚唐诗派,其诗风格近于晚唐温李一派。易顺鼎早期诗多咏山水之作,甲午战后,参与政事,屡遇挫,以诗写见闻,抒愤懑,刺权臣,激烈沉恸,嗣后则流于玩世而逢迎,主写牢骚、谀词、艳诗,近体尤唯以裁对鲜新工整为主,其他无可称道之处。

近代词　前期传统词坛以蒋春霖成就最高,其词宗尚姜张,表现时局动荡下士子的撩乱情怀,含蓄深沉。后期传统词坛以"清季四大词人"(王鹏运、朱祖谋、况周颐、郑文焯)和文廷式最为突出。进步爱国词人以龚自珍、林则徐、邓廷桢为最著,其词均抒发了他们反帝爱国的澎湃激情。

第二节　散文

一、先秦散文

散文的历史是从文字的出现开始的。殷商以来,既有甲骨文,又有竹简木牍用以记载。西周以后,金属铭文增多。西周后期到秦统一,产生了不少散文作品,一般分为历史散文和诸子散文两类。

我国第一部散文集是历史散文《尚书》,它是西周(包括西周)以前史料的汇编,以记言为主,大约在西周末年编集而成。先秦时本称"《书》",汉代始用现名,又称《书经》。《尚书》分为虞书、夏书、商书、周书四个部分。前两个部分是后人追记历史,不很可靠;后两个部分则是比较可信的史料。《尚书》行文古拙,语言艰涩(这或与语言演变有关),显示了初期散文的风貌。

《尚书》之后,从春秋末到战国初、中期,散文创作迅速发展。这一时期,大抵是先后结集的散文集有《春秋》、《左传》、《国语》等历史散文,以及《论语》、《老子》、《墨子》等诸子散文。

《春秋》是鲁国的编年史,经过了孔子的修订。它极其简括地记录了春秋时期鲁国、周王朝以及其他诸侯国的历史事件,以暗寓褒贬的"《春秋》笔法",表达了孔子的政治思想,语言平实简洁。《左传》是配合《春秋》的编年史,大约成书于战国初年或稍后。较之《春秋》,它不惟记事确实详赡,叙事和表现手法也非常出色。无论就其史学价值还是文学价值而言,《左传》都是当之无愧的杰作。《国语》是我国第一部国别史,依照国别有选择地记载了自周穆王到鲁悼公(约前1000~前440年)共五百多年的史事,成书时间约与《左传》相同,即战国初期。《国语》各篇风格不同,"周、鲁多平衍,晋、楚多尖颖,吴、越多恣放"(清崔述《洙泗考信录·余录》),总的看来,文学价值不如《左传》,但也有精彩的叙述和描写。

《论语》是记录孔子及其弟子言行的语录体散文集,大约成书于春秋战国之际。书中意味隽永的格言,对人物言谈举止的传神描写,都具有一定的文学色彩。《老子》是道家始祖老子的语录集。一般认为,老子生活的年代与孔子同时而略早,但《老子》成书却晚于《论语》,大约是战国初、中期由道家后学编辑而成。《老子》文学价值不大,其中形象化的说理以及韵散相间的语言特色值得注意。《墨子》是记录墨家学派创始人墨翟及墨家各派思想的著作,也是墨子弟子所记,成书时间也当在战国初、中期。《墨子》行文不讲文采,而是以朴实的语言、清晰的逻辑取胜。当然它也常常使用比喻,具有一定的形象性,但质木无文,缺乏想象力,并且都纳入它的逻辑推理之中。所以,《墨子》的文学价值也不大。从文体看,《墨子》虽然还有语录体散文的痕迹,但已经向专题说理文迈进,并且有了涵盖文意的标题,这是应当注意的。

战国中后期是先秦散文创作的高峰期。历史散文有《战国策》,诸子散文有《孟子》、《庄子》、《荀子》、《韩非子》等。

《战国策》也是一部国别史,主要记载战国时期纵横家的言谈、事迹,兼记其他。它不是一时一人之作,大约是战国末年及秦汉时人纂集各国史料编辑成书的,西汉时经过刘向的整理,流传至今。《战国策》史学价值似逊于《左传》,但有鲜明独特的文学特色,尤其铺张辩丽、夸饰恣肆的行文风格,对汉赋文体的产生、对后世某些作家的创作等,产生了重大影响。

《孟子》七篇产生于战国中期,它既是先秦儒家思想的代表著作,在文学表现上也有不少可称道处。它行文的纵横之气、善于运用比喻和寓言说理的特色,令人印象深刻。《庄子》产生的时代与《孟子》同时而稍后,是先秦道家思想的代表作,也是一部十分优秀的文学散文集。它基本是由一个个寓言构成的,它把极其深刻的思想融入一个个想象奇幻、形象可感的寓言故事之中,这就使它具有了卓越的文学性质,成为先秦诸子散文中最优秀的文学散文集。从文体构成看,《孟子》、《庄子》虽然仍有许多对话,但已经基本摆脱了以前诸子散文的语录体,或长篇大论说理畅达,或描写叙述一气呵成,结构也比较完整了。

《荀子》和《韩非子》都产生于战国后期,分别是儒家和法家思想的代表作。先秦说理文发展到战国后期已经成熟,《荀子》和《韩非子》就是杰出代表。论题集中,逻辑严密,议论透辟,是它们的共同特点。但是,议论说理并不是文学上的成就,它们的主要文学成就乃在于:荀子创作的《赋篇》,是最早以"赋"为名的作品,它的铺叙的表现方式、问答的结构形式,为汉代赋家普遍采用。韩非子创作了大量的寓言,其数量是先秦诸子中最多的。其内外《储说》、《说林》上下基本由独立成篇的寓言组成。尽管他的寓言在想象和文采上均不及《庄子》,但他在使寓言演变为一种独立文体的进程中,功不可没。

先秦散文从产生到发达,经过了漫长的时日,出现了不少在各方面都具有开拓意义的优秀作品。清人章学诚说:"盖至战国而文章之变尽,至战国而著述之事专,至战国而后世之文体备","后世之文,其体皆备于战国"(《文史通义·诗教上》)。就文学的角度看,历史散文中的《左传》、《战国策》,诸子散文中的《庄子》及《孟子》、《韩非子》,是最值得注意的。

二、秦汉散文

秦统一中国后,实行自商鞅以来的严厉的刑法统治。在文化方面,更实行了"焚书坑儒"的残酷政策,以箝制士人的"以古非今"和自由思想。秦代短暂,又施行高压政治和禁锢文化的措施,文学几乎没有取得什么成就。可以提及者,是完成于秦统一之前的《吕氏春秋》一书,和散文作家李斯一人。《吕氏春秋》是秦相吕不韦组织其门客集体编纂而成的,大约成书于公元前239年前后。它的文章短小,以事实说理,质实平畅。它的文学价值主要在于创作了大量生动有趣的寓言故事。秦代散文,多出于李斯。李斯的奏议文承继先秦纵横家散文的风调,大肆铺陈排比。他的刻石文,称颂秦王朝的功勋,也具有纵横铺排的特色。刻石文的形制,以四言为句,三句一韵,这样的组构是很少见的。

汉代散文主要可以分为政论散文、历史散文和汉赋三部分。

西汉王朝建立之初,汲取秦鉴,在政治经济方面采取轻刑减赋、休养生息政策的同时,在思想文化方面取消言禁,鼓励士人追思秦亡的教训,为新生王朝的政权建设出谋划策。由此促成了汉初政论散文的兴盛。根据今存的史料,陆贾是最早论说兴亡成败的士人,他的《新语》十二篇,批评秦王朝"举措太众,刑罚太极",标举仁政王道,主张"无为"政治,得到刘邦的称赞。其后则有贾山、贾谊、晁错、邹阳等,围绕着秦何以失天下、汉何以治天下这两个问题,展开论证。其中贾谊和晁错文章最具代表性。贾谊《新书》五十八篇,指出了当时急需解决的藩国之忧、匈奴之患、政治无序、经济失本等重大问题,并提出具体建议。他的散文名篇,如《过秦论》、《论积贮疏》、《治安策》等,切实中肯,情感激扬,同时也受到先秦纵横家文风的影响。晁错的散文,如《守边劝农疏》、《言兵事疏》、《论贵粟疏》等,同样切实中肯,纵横铺排,并以其擅长分析而独具特色。

西汉儒学大盛,对西汉后期散文的创作产生了重要影响。还是在武帝时期,《春秋》公羊学大师董仲舒就开拓了主张"天人感应"的新的儒学体系。他写给汉武帝的《天人三策》,在天与人之间建立了一种对应的逻辑关系,提出法天顺天的思想。这个思想,贯穿于西汉后期的政论文的写作之中。以刘向为代表的许多朝臣,他们的奏疏文的显著特色,就是频繁地引经据典,以灾异论政。另外,桓宽的《盐铁论》虽不频引经典,也不滥说灾异,但全书都是"贤良"与"大夫"的诘难辩驳,质木平实。这批政论文的文学价值很小。

东汉后期,宦官、外戚专权,政治腐败,社会贫困混乱。这一时期的政论散文,主要是社会、政治批判的文章,代表作家作品有王符《潜夫论》、崔寔《政论》、仲长统《昌言》等。切实深刻,情感激愤,是它们的一般特点。

西汉历史散文的巨大成就是《史记》的诞生。司马迁以历史人物为中心,创造了本纪、表、书、世家、列传五种体例,全面记载了自传闻时代到汉武帝时期的重要史事,从而开创了纪传体通史的范例。《史记》具有重大的文学价值,它的很多人物传记,剪裁布局精妙,用多种出色的艺术表现手段展示鲜明的人物性格,成为文学史上史传散文的典范,对后代文学尤其是叙事文学的发展产生了巨大而深远的影响。

东汉历史散文的主要成就是班固的《汉书》。由于班固在史著的写作思想以及具体的写作环境上与司马迁差别较大,因此《汉书》的叙事平实稳健,组织严谨,没有《史记》那样深浓的情感,行文也不像《史记》那样挥洒自如。总的看来,《汉书》的史学价值大于文学价值。但是,《汉书》也有不少人物传记能够摹声绘形,传达人物的形貌和性格,有的传记描摹人物的神情和心理还非常细腻。

东汉后期还产生了《汉纪》、《吴越春秋》和《越绝书》等历史散文集。其中《吴越春秋》文学意味比较浓厚,它在记录基本史实之外,还虚构了一些荒诞离奇的故事,采用了不少神话和民间传说,对后代的传奇小说有一定影响。

今存的西汉中前期赋,包括赋体和骚体两类。赋体如司马相如《子虚赋》、《上林赋》,东方朔《答客难》、《非有先生论》,司马迁《悲士不遇赋》,孔臧《杨柳赋》、《鸮赋》、《蓼虫赋》等;骚体如董仲舒《士不遇赋》、汉武帝刘彻《李夫人赋》等。司马相如是这一时期最大的赋家,他的《子虚赋》、《上林赋》(《史记》、《汉书》总称为《天子游猎赋》),形式和内容与其他赋家的作品均不相同。就形式而言,《天子游猎赋》是铺张扬厉、逞竞文才的典型的大赋;从内容说,它不以表现作者对社会人生的真情实感为目的,而只是以繁辞丽句对诸侯、天子的苑囿进行层层的夸叙摹绘,津津乐道。其他的辞赋作品则与《天子游猎赋》不同,它们或抒情,或咏物,或言理,情感真挚,思理明切,这些作品同样应当受到重视。

西汉后期的辞赋,仍然有赋体和骚体两类。扬雄《蜀都赋》、《甘泉赋》、《校猎赋》、《长杨赋》、《河东赋》,都是铺张扬厉的大赋。它们基本是模仿司马相如《天子游猎赋》,但在题材的开拓和集中、表现方式的含蓄委婉等方面有所发展。体制比较短小的赋体作品,有王褒的《洞箫赋》,扬雄的《解嘲》、《解难》、《太玄赋》、《逐贫赋》等,其中《洞箫赋》尤其值得注意。作者以箫自况,抒发情思,把人与箫融合到了一起,在艺术表现上有长足进展。骚体作品有刘歆《遂初赋》、班婕妤《自悼赋》等。《遂初赋》是汉代"纪行赋"的开山之作,抒情手法多样,情景交融。《自悼赋》刻画了作者在不同境遇下心态的变化和细腻的感受,同时把景物描写与抒情结合起来。这两篇骚体作品,艺术水平是比较高的。

东汉前期的辞赋,也有骚体和赋体两类。骚体如班彪《北征赋》、冯衍《显志赋》、班固《幽通赋》、张衡《思玄赋》等,或纪行以发感慨,或述志以见情怀,抒情意味浓厚。赋体的名作有班固《两都赋》、张衡《二京赋》,鸿篇巨制,铺张扬厉,是当时"京都赋"的杰出代表。

东汉后期的赋,发生了从大赋到抒情小赋的重要转变。在这一转变中,张衡是承前启后的关键人物。他的《二京赋》,是汉代大赋的绝响;他的《归田赋》,又是东汉抒情小赋的开山之作。张衡之后,重要的抒情小赋作家作品有赵壹《刺世疾邪赋》、《穷鸟赋》,祢衡《鹦鹉赋》等,这些作品,或激烈地抨击时政,或描摹生存环境的险恶艰难,情感极其浓烈。

汉代还有一些或饶有兴味、或情真意切的散文作品。如刘向的《新序》、《说苑》,采集群书中的逸闻琐事,撰写有意味的小故事,往往能够传达人物的行止风貌,对后代的志人小说有不小影响。司马迁的《报任安书》,抒写他无辜遭受宫刑的不幸和内心的痛苦愤怨,述说他忍受耻辱以实现著作《史记》的夙愿,情感特别真挚浓重,非常能够感动人激励人。再如杨恽的《报孙会宗书》,那深沉的愤郁不平,那婉转的表达以及那言虽浅却意味隽永的描写,足称千古佳构。

三、魏晋南北朝散文

魏晋南北朝时代是文学自觉的时代。与两汉时期相比,此时期不论是在传统的诗、文、赋方面,还是在新兴的小说、文学理论方面,都有突破性发展,取得了巨大成就,呈现出繁荣的景象,为唐代文学高潮的出现奠定了良好的基础。

散文方面,建安时期的思想解放,使散文创作打破了汉代中后期以来重复敷衍经义的僵化局面,在内容上真情流露,在形式上注重文采,甚至开始了骈偶化倾向。正始时期,玄风大畅,善谈名理成为散文的重要内容。但文学价值更高的却是嵇阮讥刺和抨击黑暗政治和虚伪名教的文章。两晋散文,更加注重讲究形式技巧,而且文章诸体皆备,不乏情文兼善之作,潘岳的哀诔之文、陆机辞藻用事对偶兼工的准骈文,均属上乘。南朝骈文是中国散文史上一道靓丽的风景,对偶工整精巧,用典绵密妥帖,辞藻华丽绮焕,声律和谐精严,为中国散文开辟了一个新的领域。北朝散文以散体单行为主,但亦融合骈偶成分入文,出现了《水经注》、《洛阳伽蓝记》等优秀作品。

赋作方面,建安赋作承汉末抒情小赋的遗风,抒情性进一步加强,尤其在对偶工整和辞藻富丽方面,达到了新的高度,成为汉赋向南北朝骈赋转化的开端。曹植的《洛神赋》是最杰出的篇章。正始赋作,由于政治的压力,情绪低沉抑郁,表现委婉曲折,又由于哲理思辨兴趣较浓,部分赋作具有清新绵邈的特点。两晋时期,不但西晋有左思《三都赋》这样的大赋复兴,东晋还有山水赋的出现。在形式上则注意"其会意也尚巧,其遣言也贵妍,暨音声之迭代,若五色之相宣",为南朝骈赋的出现奠定了基础。南朝骈赋美轮美奂,鲍照的《芜城赋》,江淹的《恨赋》、《别赋》堪称精绝。北朝庾信的《哀江南赋》感情悲凉凄怆,形式精整典重,是南北赋风完美结合的典范。

四、唐宋散文

唐代在安史之乱之后,就进入了中唐时期。这个时期大唐表面依旧繁盛,实际已经走向下坡路。社会上佛老盛行,儒道衰替。韩愈从拯救人心,恢复"古道"的角度提出了摒弃骈文的主张,提倡文以载道的古文——先秦两汉之散体文。他抗颜为师,广收门徒,追随者日众,逐渐掀起了古文运动。后来柳宗元也大力支持,加入了古文运动,提出了"文以明道"的主张。韩柳二人身体力行,写了大量的散文。韩愈的《师说》、《原道》、《原毁》、《送孟东野序》、《柳子厚墓志铭》等都是名篇,韩愈的散文雄奇奔放,如长江大河,浑浩流转,流畅明快而又富于曲折变化。他的散文语言戛戛独造,有简练、准确、鲜明、生动的特点。柳宗元的散文形式多样,有寓言、游记、传记等,其中山水游记清新秀美,富有诗情画意,是其散文中成就最高者,《永州八记》是他的代表作品。其他散文如《捕蛇者说》、《种树郭橐驼传》、《段太尉逸事状》记事详切、简约生动;寓言《三戒》(《临江之麋》、《黔之驴》、《永某氏之鼠》,笔锋辛辣诙谐,体现了他不拘一格,依体而论的写作才能。

古文在韩柳及其追随者的大力倡导下,终于战胜了骈文,恢复了在文坛和文学传统中的主流地位。之后,宋、明、清三代的散文虽然有很大发展,但都是在承认古文的正统地位的前提下的发展。

宋代的散文继续秉承唐代古文运动的传统,出现了欧阳修、苏洵、苏轼、苏辙、王安石、曾巩等散文大家,他们的作品也大都晓畅明白,平易近人,与唐代的韩柳二人并称为唐宋散文八大家。散文在宋代继续健康发展,欧阳修的《醉翁亭记》、苏轼的《前赤壁赋》、《后赤壁赋》等都是传诵至今的佳作。

五、明清散文

明中叶以后,文坛上出现了以李东阳、何景明为首的"前七子",他们提出了"文必秦汉,诗必盛唐"的文学复古主张。明末以李攀龙、王世贞为代表的"后七子",再一次发起复古运动,他们尊崇汉唐甚至到了摹拟、剽窃的地步。针对前后七子的错误做法,文坛上首先出现了以归有光为首反对拟古的唐宋派,接着公安派提出了作文要"独抒性灵,不拘格套",不能贵古贱今,给前后七子以沉重的打击。与公安派同时,竟陵派的钟惺、谭元春等人也反对拟古主义,主张"性灵",但他们更多地是想通过"引古人之精神以接后人之心目",形式主义倾向很明显。清初袁枚提出"性灵说",虽然是主要论诗的,但实际上也在指导着他的散文创作。他的名作《祭妹文》就是一篇直抒胸臆,感情真挚的抒情佳作。

清中叶出现了以方苞为首、影响深远的桐城派。这些人在继承唐宋派古文传统的基础上,提出了"义理"、"考据"、"文章"三者合一的理论。桐城派古文的特点是简约明白,所论重在说明事理,而不是堆砌材料。代表作有方苞的《狱中杂记》、《左忠毅公逸事》,姚鼐的《登泰山记》等。

第三节 小说

小说在中国古代文学史上有自己独特的发展历程,简单地说,可以分为小说的雏形期(魏晋南北朝)、有意为小说的时代(唐代)、小说史上的变迁期(宋元)、小说的成熟期(明清),下面按照时间顺序逐一介绍。

一、雏形期(魏晋南北朝)——志怪小说和志人小说

先秦两汉时期是各种文体要素萌芽的时期。这个时期的文学作品如《山海经》、庄子寓言、《史记》、《战国策》、《左传》等历史散文,都为后世小说提供了很好的素材。魏晋南北朝时期的文学以志怪、志人小说为主,此一时期是小说的雏形期。魏晋南北朝时期是志怪小说的黄金时期,作品主要有张华的《博物志》、干宝的《搜神记》、王嘉的《拾遗记》、祖冲之的《述异记》等,其中以《搜神记》最具代表性。《搜神记》大多采自民间,有闻必录,内容驳杂,但其中也不乏可观,甚至被后世取为素材之作,如《韩凭妻》、《李寄》、《三王墓》、《东海孝妇》、《宋定伯》等。魏晋时期,社会上还形成了品评人物的风气,当时有人把社会上这类事记录下来,编辑成书,即成为我们现在所看到的志人小说。主要作品有裴启的《语林》、郭澄之的《郭子》、刘义庆的《世说新语》。其中以《世说新语》最为典型。《世说新语》的语言简洁含蓄,生动传神。鲁迅先生评价:"记言

则玄远冷峻,记行则高简瑰奇。"笔墨所及,常是生活中的一小段或者只言片语,略加点染,即能反映一个人物的性格。

二、有意为小说的时代(唐代)——唐传奇

小说在唐代被称为传奇,主要是文言短篇小说。由于作品多是为科举"温卷"所作,故能竭力绘事,惨淡经营。所以这是个"有意为小说"的时代。鲁迅曾经说过:"小说亦如诗,至唐代而已变,虽尚不离于搜奇记逸,然叙述宛转,文辞华艳,与六朝之粗陈梗概者较,演进之迹甚明,而尤显者乃在是时则始有意为小说。"(《中国小说史略·唐之传奇》)唐传奇名篇颇多,如沈既济《枕中记》、《任氏传》,陈鸿为白居易《长恨歌》作的《长恨歌传》,白行简的《李娃传》,元稹的《莺莺传》,蒋防的《霍小玉传》,李朝威的《柳毅传》,陈玄祐的《离魂记》,杜光庭的《虬髯客传》等。《莺莺传》亦名《会真记》,小说颇有自传色彩。写张生在朋友的帮助下,解救了被贼兵围困的崔氏母女,由此认识了莺莺。在红娘的帮助下,莺莺与张生私定终身。张生赴京应试,并高中,遂抛弃了莺莺,莺莺也另嫁。后来张生路过,要求再见莺莺,被严词拒绝。时人以"善补过者"为张生的负心行为开脱,同时诬蔑莺莺为"不妖其身,必妖于人"的天生尤物,有严重的性别歧视色彩。张生与崔莺莺的故事长期流传民间,至金代,有诸宫调艺人董解元将之改编为说唱《诸宫调西厢记》,文学史上称之为"董西厢"。元代杂剧作家王实甫在"董西厢"的基础上撰写为《西厢记》。

三、小说史上的变迁期(宋元)——宋元话本

宋代由于说话艺术的兴起,"小说"科目迅速在市井中兴盛起来,是"小说史上的一大变迁"时期,这个时期出现了大量的白话短篇小说,文学史称之为宋元话本。元代说话艺术继续发展,在艺人的说唱底本基础上发展形成的讲史小说也就逐渐流行开来。现存宋元讲史话本主要有:《三国志平话》、《大宋宣和遗事》、《大唐三藏取经诗话》、《武王伐纣平话》、《秦并六国平话》、《乐毅图七国春秋后集》、《前汉书续集》等。其中前四者分别直接发展成为后来的《三国演义》、《水浒传》、《西游记》、《封

神演义》。

宋元时代的话本很多,但流传下来的很少,大部分都散失了。现在流传下来的宋元话本多散见于明代拟话本《清平山堂话本》(明嘉靖年间洪楩所编刻)、《京本通俗小说》、《喻世明言》、《警世通言》、《醒世恒言》等拟话本小说集子中。比较有名的有《简帖和尚》,最早见于《清平山堂话本》,又名《错下书》,冯梦龙将之收入《喻世明言》,改名为《简帖僧巧骗皇甫妻》;《错斩崔宁》,见于《京本通俗小说》卷十五,冯梦龙据此改编成《十五贯戏言成巧祸》,收入《醒世恒言》,清人朱素臣据此改编成传奇《十五贯》;《碾玉观音》,见于《京本通俗小说》卷十,冯梦龙把它收入《警世通言》,改题《崔待诏生死冤家》;还有纯粹是快板说唱形式的《快嘴李翠莲》。宋元话本一个很重要的特点,就是其中的女主角,不论是市井女子还是富商千金,都表现出前所未有的泼辣和热情,她们对爱情的追求远比小说中的男主角主动、勇敢。

四、小说的成熟期——明清小说

明代中后期由于商品经济的繁荣,市民阶层迅速扩大,因此反映他们的精神需要的通俗文艺相应地兴盛起来。因此,这个时期的长篇讲史小说和文人模拟的话本小说的产量和质量都是惊人的。不但出现了在讲史话本基础上改编整理的《三国演义》、《水浒传》、《西游记》等长篇累积型小说,而且出现了第一部文人独创的长篇人情小说《金瓶梅》;同时,白话短篇小说集如冯梦龙的《三言》、凌濛初的《二拍》也是这个时期的名著。可以说,明代是白话小说空前繁荣的时期。

《三国演义》的全称是《三国志通俗演义》,全书一百二十回,是一部以历史上魏蜀吴三国鼎立的过程为题材的历史小说,向有"七实三虚"之称。所谓的"实"就是历史事实,即《三国演义》的情节在很大程度上是有历史依据的。它的主要依据是陈寿的《三国志》以及裴松之的《三国志注》。所谓的"虚",是指文学虚构。这主要有两个来源:其一,就是关于三国故事的各种民间传说以及说唱文学,尤其是元代时,说唱三国的民间说话底本《全相三国志平话》,这是迄今所能见到的关于三国故事的第一部小说定本,也是《三国演义》的直接底本;其二,各种关于三国故事的戏曲也在舞台上上演,如关汉卿的《西蜀梦》、《单刀会》。罗贯中综合了如上所列各类相关素材,最终写成了《三国演义》。《三国演义》的版本较多,其中明代的嘉靖本,名为《三国志通俗演义》,是现在我们所能见到的最早的《三国演义》版本。清代,毛纶、毛宗岗父子又以嘉靖本为底本,对《三国演义》进行了批点、修订,从此毛批本就成为最通行的版本。

《三国演义》的思想内容十分复杂。其中最突出的有如下几点:第一,拥刘反曹倾向。在《三国演义》中,以刘关张及诸葛亮为代表的蜀汉方面,是正义的代表。而曹魏集团则代表了邪恶。同时,"拥刘"也表现了对仁政和明君的向往,反曹则是对暴君和暴政的痛恨。第二,尚"义"。"桃园三结义"成了"义"的经典。尤其是关羽,简直成了"义"的化身,江湖上将之奉为楷模,民间甚至将之作为除魔大帝祭拜。第三,崇尚智慧。小说塑造了曹、刘、吴三集团一系列的谋士群像,其中突出者如诸葛亮、曹操、周瑜、鲁肃、陆逊、杨修、司马懿等人。其中,诸葛亮简直成了智慧的代名词。至今民间还有"三个臭皮匠,顶一个诸葛亮"、"事后诸葛亮"等俗语。《三国演义》的叙事语言大部分是白话,而人物对话则因身份不同而有文白之分,文人雅士多用文言,而粗人下人则多说白话,形成独特的"文不甚深,言不甚俗"的语言特色。

《水浒传》与《三国演义》的成书过程相类似,《水浒传》也是在历史史实、民间传说、说唱、戏曲等的基础上,由施耐庵编撰整理而成的。历史上的宋江起义仅仅为三十六人,他们"横行齐魏","官军莫敢撄其锋"。《宋史》"徽宗本纪"、"侯蒙传"、"张叔夜传"等都有记载。宋末元初画家龚开曾作《宋江三十六人赞》,记载了宋江三十六人的事迹及其绰号。宋元时期的民间也流传着宋江等人的故事,在元代人罗烨的《醉翁谈录》里就著录了宋元话本如"石头孙立"、"花和尚"、"武行者"等说话名目。此外,在话本《大宋宣和遗事》中就已经有了"杨志卖刀"、"智取生辰纲"、"宋江杀惜"、"张叔夜招安"等情节,《水浒传》故事的大体框架基本具备了。因此,它是最接近《水浒传》面貌的。另外,在元代,还有大量的水浒戏流行,这也为《水浒传》的最后成书准备了素材。

关于《水浒传》的作者,现在还有争议。一般认为是施耐庵所撰,也有人主张是施耐庵与罗贯中二人合撰。关于施耐庵的生平,现在已经很难详考。《水浒传》的版本系统很复杂,其中比较主要的本子,有今存最早的百回本,署名天都外臣序的《忠义水浒传》,百二十回本《李卓吾先生批评忠义水浒全传》。明末金圣叹将后者"腰斩",删掉了后面的招安、征辽、征方腊等内容,止于梁山排座次,成七十回,命名《第五才子书施耐庵水浒传》。由于此书保留了水浒故事最精华的部分,故很快流传开来,成为清代以来《水浒传》最流行的版本。

《水浒传》讲述的是宋江等一百单八位梁山好汉反抗官府聚义梁山,接受招安,为朝廷南征北战最终为朝廷奸臣所害的故事。其叙事结构很特别,向有"武(松)十回"、"林十回"等说法。也即虽然整体讲的是各路英雄齐聚梁山的故事,但几乎每个梁山好汉的故事都是独立的,自成章节。《水浒传》塑造了很多传奇英雄形象,如打虎英雄武松、花和尚鲁智深、豹子头林冲、及时雨宋江、黑旋风李逵、青面兽杨志等。这些好汉性格同中有异,各有各的特点。与《三国演义》比起来,在内容上,更贴近生活,表现的是市井社会、平凡人物的不平凡经历。在语言上,更熟练地使用了白话,从而更容易为广大人民群众所喜闻乐见。在文学史上,《水浒传》的影响也是很深远的,清代出现了诸如《水浒后传》、《后水浒传》、《结水浒传》《荡寇志》)等续书。

《西游记》也是一部累积型小说。本事出自唐代玄奘去印度取经的史实。唐太宗时,玄奘只身偷渡出境,前往印度学习佛经。回国后,曾口述路上见闻,由弟子辨机记录,编辑成《大唐西域记》一书。书中介绍了途径西域各国的山川地貌、政治历史、宗教文化等状况。后来,玄奘门徒惠立、彦琮撰写了《大唐大慈恩寺三藏法师传》一书,其中演绎了许多佛经故事,穿插了不少神奇传说。南宋时期,出现了讲经话本《大唐三藏法师取经诗话》,第一次出现了"猴行者"、"深沙神"。这表明,取经故事的主角已由唐僧向猴行者转变,也标志着取经故事开始向神魔小说转变。

西游故事在金、元及明初,都有舞台戏剧演出。流传下来的有金院本《唐三藏》(存目)、元代吴昌龄的《唐三藏西天取经》杂剧(存目)、元代杨景贤的《西游记》杂剧。在杨剧中,猴行者已变为孙悟空,深沙神也改为沙和尚,并第一次出现了猪八戒形象。到明代中叶,则出现了神魔小说《西游记》。

《西游记》作者尚存争议。一般认为是明代人吴承恩。整部《西游记》实际上就是由各种与取经有直接和间接关系的短篇小故事连缀而成的。全书共一百回,主要由三大部分组成:其中第一至七回,是讲孙悟空出世,大闹天宫;第八至十三回,是讲唐僧身世及取经缘起;后八十八回,则是西天取经经过。这三部分各自独立,尤其是第三部分,其中还包括四十一个小故事,也大都可以独立成篇。

《西游记》在人物塑造上,运用了塑造"人性、神性、物性"三性合一的手法。如孙悟空,作为一个本领高强的齐天大圣,他有七十二变、十万八千里的筋斗云,他大闹天宫、搅乱蟠桃宴会……很明显,这是他超凡的"神性"。而作为一个猴子,他又不可避免地有着动物的特定习性,如有猴子的外貌、好动、暴躁的脾气等。作为一个猴精变化的人,他又有着常人的弱点,如特别喜欢戴高帽,厌恶别人揭短,最忌讳人家喊他"弼马温"。如果说孙悟空是一个理想型的英雄形象,那么猪八戒就是一个世俗型的小市民了。作为一个猪精,他有明显的"猪性":懒惰、贪吃、贪睡。作为一个妖精变化的人,八戒身上还有一些可爱的小缺点:好搬弄是非,贪财贪色,爱占小便宜,甚至积攒私房钱……这些都是猪八戒身上的"人性"。当然,作为天蓬元帅,他又有三十六变化等"神性"。

另外,《西游记》的语言幽默诙谐,总是在善意的讽刺和调侃中叙述故事,如对悟空、八戒等的人格缺点常常进行漫画式的描绘,甚至赋予人物自身以幽默风趣的性格,以塑造人物,如悟空就常常打趣如来、诅咒观音。

《西游记》以后,文学史上又出现了《续西游记》、《后西游记》等续书。

《金瓶梅》是中国小说史上第一部文人独立创作的长篇白话小说。作者署名兰陵笑笑生,真实姓名籍贯不可考,但据书中大量的山东方言看,作者有可能是山东人,或者是一位长期在山东居住的文人。《金瓶梅》的故事是从《水浒传》"武松杀嫂"一节引发开来的,故事以武松误杀他人,被判充军为由头,展开故事。小说围绕新兴商人西门庆短暂荒淫的一生,描写了他荒淫无度的家庭生活、发迹变泰的商业经营、黑暗的官场交易、糜烂的休闲生活,并旁及他所交往的世家、地痞、帮闲、妓女、普通的市井小民等众生百态。小说将主要笔墨放在西门庆妻妾的家庭纠葛上,在对琐屑的日常生活的描摹中,展示出了人性的丑恶,是一部暴露型小说。小说的女性观极其落后,对女性充满了仇视和歧视,小说中的女性非淫即奸,尤其是西门庆的第五个小妾潘金莲,简直是"淫妇"的代名词。同时又有着浓厚的佛教果报思想:西门庆一生的经历以及其死后家门的迅速衰败,充满着浓厚的佛教果报色彩。小说成功地塑造了西门庆、吴月娘、潘金莲、李瓶儿、庞春梅等人物,并从后三者的名字中各取一字为小说命名。《金瓶梅》开创了小说描写家庭题材的先河,扭转了元明以来长篇小说选择历史人物、英雄传奇、神魔故事等为题材的创作方向,启发作家将目光投向现实生活,描写普通百姓的喜怒哀乐。自《金瓶梅》以后,以家族兴衰、夫妻关系、子弟教育等为题材的长篇小说陆续出现,如《林兰香》、《醒世姻缘传》、《红楼梦》、《歧路灯》等。

在明代小说发展的基础上,清初百年迎来了小说史上前所未有的高峰。这个时期不但出现了大量创作二三流小说的才子佳人小说作家群,产生了像天花藏主人等书商、作者、批评者数种身份合一的文人,而且诞生了伟大的文言短篇小说家蒲松龄。他的《聊斋志异》"用传奇法而以志怪"(鲁迅语),不仅继承了《搜神记》以来的尚奇好怪的传统,而且继承发展了唐传奇的写作方法,是中国古代文言小说的集大成者。这个时期还诞生了小说史上最伟大的作品——曹雪芹的《红楼梦》。《红楼梦》是白话小说史上的集大成者,也是整个中国古代小说史上的最高峰。《红楼梦》之后,出现了大批续红、仿红之作。其中"仿红"一派由最初的《花月痕》、《青楼梦》及至后来"实写妓家"(鲁迅《中国小说的历史的变迁》)的《海上花列传》、《海上繁华梦》等,形成了清末民初文坛上的一大景观,小说史上称之为"狭邪小说",其中以陈森的《品花宝鉴》最为成功。

《聊斋志异》八卷四百九十一篇约四十余万字,用文言写成,实际上是蒲松龄的短篇小说集。此书是蒲松龄用毕生精力写成的,前后长达四十多年。我国文言小说自魏晋南北朝盛行以来,一直绵延不断,涌现出大量的作品,但少有精彩之作。《聊斋志异》"描写委曲,叙次井然,用传奇法而以志怪,变幻之状,如在目前"。书中故事素材多采前代小说或笔记(包括对其改编)、民间传说以及野史轶闻,还有很多是作者独立创作的。小说将花妖狐魅、幽冥世界等异域事物人格化、社会化,内容丰富多彩,充分表达了作者对生活的热爱和对美好理想的追求。《聊斋志异》继承和发展了我国古代志怪传奇文学的优秀传统和表现手法,文笔简练,情节幻异多变,是我国古代文言短篇小说的最高峰。郭沫若为蒲氏故居题联,赞《聊斋志异》"写鬼写妖高人一等,刺贪刺虐入骨三分"。

《红楼梦》全书一百二十回,前八十回为曹雪芹所著,后四十回为高鹗续写。小说以百年巨族贾家的兴盛、衰落以及贾府姻亲史,王、薛等大家巨族的衰落为叙事背景,以贾宝玉的婚恋悲剧为主要线索,对宝玉、黛玉两小无猜的恋爱过程给予了真实而充满理想色彩的描述,对他们最终在家族势力的压迫下而生离死别寄予了极大的同情。同时,小说还描述了大观园十二钗以及宝玉等人的侍女群像,歌颂了众女儿的超人才华和生机盎然的青春魅力。小说的最后黛玉香消玉殒、宝玉出家,贾府也因被朝廷抄家而一蹶不振。一度烈火烹油般的公侯之家最后树倒猢狲散,"食尽鸟投林,落了个白茫茫大地一片真干净"。

《红楼梦》面世后不久,就在社会上引起了极大的反响。在程高本未出之前,其前八十回就"不胫而走",被人们抄录传阅,甚至被"好事者"传抄,在庙市中高价出售;及至百二十回本问世,"争睹者甚夥","一时风行,几于家置一集"。当时社会上流行着各种各样的《红楼梦》艺术品,如窗户剪纸、彩灯、座凳、纸牌、酒令,以至于壁画上都时兴以红楼人物、故事为题。在文学领域,出现了"开谈不说红楼梦,读尽诗书亦枉然"的"读红"热潮。续作、仿作、评点、索隐,文人们以各种形式表达了对这部"海内争传"的"第一异书"的热爱。人们对《红楼梦》所写红楼故事的原型、背景的种种猜测(如明珠家事说、曹雪芹自传说、顺治帝与董鄂妃爱情故事说等)触动了皇家忌讳,更重要的是《红楼梦》的轰动效应以及它深刻的主题内涵,令统治者惶惶不安,因此,《红楼梦》面世不久即遭禁毁。

曹雪芹写的《红楼梦》流传至今的只有八十回,八十回之后的稿子已经散失。目前流行的百二十回《红楼梦》后四十回,一般认为是高鹗续作。乾隆五十六年书商程伟元将其付梓。程刻本《红楼梦》问世不久,就有续书出现,各种续书达三十余种之多。

最早的续书当然是程高续本,这是所有《红楼梦》续书中最成功的。其后的续书都是在此基础上完成的。续书作者不满原作中人物的命运与结局,为之一一翻案。其思路都是承接程高本"宝玉出家"、"黛玉魂归"、"宝钗出嫁"三个情节继续敷衍下去。无论使用什么样的手法,通过什么样的途径,结局无非是归家、还魂、大团圆。续书中比较有代表性的是《后红楼梦》、《续红楼梦》、《续红楼梦新编》。读这些书是"大可为黛玉、晴雯吐气"的。

继"续红"热潮之后,社会上又出现了摹红之作。其中产于道光年间的是陈森的《品花宝鉴》和邗上蒙人的《风月梦》,随后,出现了《花月痕》、《青楼梦》,这些作品都念念不忘《红楼梦》里的痴男怨女和那温柔乡——大观园,继而摹写之。笔法虽有高下,意图则一也。

《红楼梦》很快就被改编成平话、子弟书、弹词、大鼓书、戏曲等各种文艺样式,在社会上传播开来。其中具有代表性的作品有道光年间韩小窗创作的三十余种《红楼梦》子弟书,咸丰、同治年间弹词艺人马如飞的《红楼梦》开篇等。宝玉、黛玉、宝钗等成为家喻户晓的人物。

《红楼梦》在文学界也掀起了一股评红热潮,其中最具代表性的是伴随《红楼梦》写作过程的"脂批"。批评者不止一人,因用红笔批点,故名之。批评者似乎与作者同为个中人,对书中所写事件颇为熟悉,故能一语道的地提示作者的隐衷。"脂批"是现在研究《红楼梦》最主要的参考资料。

《红楼梦》是文学史上的奇迹,也是白话小说史上的集大成之作。小说从结构布局到语言意境都是卓尔不群的。作者注意到了人的复杂性,努力摆脱以往小说的主题单一、人物单薄、语言单调等弊端,在生活真实中塑造人物,在人物行为关系中展示性格,从而使小说人物有了"一人一声口"的独立形象,所以,"自《红楼梦》出来以后,传统的思想和写法都打破了"(鲁迅《中国小说的历史的变迁》),《红楼梦》成为中国古典小说的巅峰之作。

另外,这个时期还出现了专门以读书人的生活为题材、带有自传性质的吴敬梓的《儒林外史》，开创了清代讽刺小说的先河。庚子国变之后，文学史上出现了一批针砭时弊、讥弹风俗的谴责小说，其中较有影响、被称之为"晚清四大谴责小说"的是李宝嘉的《官场现形记》、吴沃尧的《二十年目睹之怪现状》、刘鹗的《老残游记》、曾朴的《孽海花》。这些小说通过夸张和揭露的手法，反映了清末的政治腐败、官场黑暗和知识分子对当局的失望。在艺术手法上，则"辞气浮露，笔无藏锋，甚且过甚其辞"（鲁迅《中国小说史略·清末之谴责小说》）。

思考题：

1. 试论《离骚》的艺术成就。
2. 试述陶渊明田园诗平淡自然的艺术风格。
3. 试述魏晋南北朝散文、骈文、赋的成就。
4. 试论李白诗歌的思想内容与艺术形式。
5. 试论杜甫诗歌的思想内容与艺术形式。

第五章　艺术

　　中国艺术源远流长,璀璨夺目,是世界艺术宝库的重要组成部分。同世界各民族一样,中华民族的祖先对美的追求也表现在听觉艺术、视觉艺术、表演艺术等诸多方面,并流溢着全人类共通的艺术精神——对创造的热情,对自由的向往,对完美的不懈追求。"味之于口,有同嗜焉。"然而,中国艺术又是华夏大地的产物,带有鲜明的民族特色,这是中华民族文化—心理结构的反映,与华夏的地理环境、社会结构、经济生活、风俗习惯等诸多因素皆有密切关联。中国艺术的特征主要表现为:

　　美与善的统一　　中国艺术思想历来强调艺术在伦理道德上的感染作用,表现在理论上,便是高度强调美与善的统一。通观整个中国艺术思想史,美善统一贯穿始终,只不过在不同的历史语境与不同的艺术思潮中,对善的理解有所差异。由于中国美学强调美与善在本质上的统一,并力求实现这种统一,因此中国美学通常把审美与人的精神品质、道德情操联系在一起,要求艺术作品必须具有纯洁高尚的道德感,追求艺术的社会价值。

　　情与理的统一　　中国艺术总是从情感的表现和感染作用方面去说明艺术的起源与本质,并十分强调"情"与"理"的统一。所言之"理"自然包括"物理",但更为重要和根本的却是"伦理"。从"思无邪"到"发乎情,止乎礼义",都要求艺术表现的情感是合乎伦理道德之善的情感,而不是无节制、非理性的情感。

　　人与自然的统一　　基于天人合一的观念,中国艺术总是强调在人与自然的和谐统一中追寻美。由于自然物的美同人的生命存在和发展密切相关,并与人的伦理道德情感要求存在着一定程度的吻合,因此中国艺术总是高度肯定大自然在时间、空间的维度上所体现的阔大、永恒、无限,同时又深刻认识到人具有不被大自然所束缚的力量。孟子所谓"上下与天地同流",《中庸》所谓"赞天地之化育"、"与天地参"等言辞,都高扬了人在大自然面前的伟大力量。中国艺术精神在肯定人的无穷力量时,仍强调人与自然的圆融统一,强调在人与自然的合一中获得审美的最高境界。

下面,依据物质媒介、创作方式、社会功能以及对人的审美观感的作用范围不同,分别介绍中华艺术的主要门类——建筑、园林、音乐、舞蹈、戏曲、绘画、雕塑、书法、篆刻与工艺美术等,叙述它们的历史流变、基本类型、艺术特色和美学原则等。

第一节 建筑园林

一、建筑

中国古代建筑内涵丰富,形制多样,技艺精湛,在建筑结构、组群布局、艺术形象、营造手法等方面独具一格,自成体系,显现出鲜明的东方艺术特色,是世界建筑艺术宝库中的奇葩。

建筑发展脉络 纵观古代建筑的发展,大致分为六个阶段:

1. 原始社会后期到春秋战国时期为成型期。其显著特点是城市初步成型,继而规模不断扩大,宫殿成为高台建筑,大型建筑各自封闭而独立,并且形成一定的建筑制度,用以规范各种建筑的规模、方位和等级。

2. 秦汉到三国时期为成熟期。其特点是宫殿建筑规模宏大,台榭楼阁建筑精巧,砖石结构的建筑发展迅速。代表性的建筑如秦始皇时修建的阿房宫,三国时曹操建造的铜雀台等。

3. 魏晋南北朝时期为吸收期。其特点是随着佛教的传播,佛教建筑大量涌现,中国原有建筑形式吸收了佛教建筑的艺术特点,形成丰富多彩的寺、塔、石窟等佛教建筑,《洛阳伽蓝记》所述正是当时盛景。

4. 隋唐两代为高峰期。其特点是城市和宫殿的规模空前宏大,布局和造型都有很高水平。唐代的长安城已是当时世界上最大的城市,建筑规划影响了周边国家。

5. 宋元两代为转变期。其特点是城市的建筑规模缩小,大型建筑也缺少隋唐时的恢弘气势。但随着商业经济的发展,大城市里封闭性街坊建筑格局被打破,城市商业建筑纷纷涌现,从《清明上河图》中所绘北宋都城即可见一斑。

6. 明清两代为渐进期。其特点是官式大型建筑逐渐定型化、程式化,体现在建筑形式中的封建意识已经积淀为一种心理定式。但不同地区的民用建筑却在追求多彩的艺术风格,南方的大型宅院和北方的四合院形成最鲜明的对比。

建筑的分类 中国古代建筑繁多,按其类型大致可分为八类:

宫廷府第建筑,如宫殿、衙署、宅邸等。

防御守卫建筑,如城墙、城楼、关隘、烽火台等。

陵墓建筑,如石阙、石坊、祭台以及帝王陵寝宫殿等。

祭祀性建筑,如文庙(孔庙)、武庙(关帝庙)、祠堂等。

宗教建筑,如佛教的寺、庵、堂、院,道教的祠、宫、观,伊斯兰教的清真寺,基督教的礼拜堂等。

桥梁及水利建筑,如石桥、木桥、堤坝等。

纪念性和装点性建筑,如市楼、钟楼、鼓楼、影壁等。

民居及娱乐性建筑,如草庵、庭堂、戏台、乐台、舞楼等。

建筑风格特色 在绵延数千年的历史进程中,中国建筑逐渐积淀形成了卓然独具的风格特色。

1. 灵活适用的木结构体系。木构建筑的最大优点,即"墙倒屋不塌",具有极好的整体性与柔韧性,能承受地震、强风的冲击。柱上架梁、梁上叠梁、梁端架檩的构架方式和特有的斗拱构造,营造了玲珑纤巧的建筑造型与活泼优美的格调。

2. 建筑与自然环境的和谐统一。中国传统建筑理念强调把建筑组织放置于山青水碧的自然环境中,做到"可望、可行、可游、可居",借山川空灵秀美俊伟的气势,增添建筑的艺术魅力,达成人工与自然的融合。

3. 舒展自如、平面铺开的整体外形。中国的建筑是以平面铺开、空间规模巨大的群体建筑为基本形式的。在建筑群中,大屋顶的曲线,微翘的飞檐,逶迤绵延,宏阔的空间感转化为使用者的安适感。

4.封闭内向、严整对称的群体布局。封建的宗法制度和伦理观念,深深地影响着中国的建筑。宫室、官署或民宅,均是封闭型的高墙院落,以面南为尊,中间为上,两厢为偏,主要房屋都处在一根中轴线上,左右基本对称。城市以官署或鼓楼为中心,形成整齐划一的方格系统。

5.绚丽多姿的色彩和装饰。中国建筑的色彩浓重而明丽,多为白色的石基,红色的立柱和门窗,天花板和檐下有青绿色调的彩画,屋顶是黄色或绿色的琉璃瓦,色调跳跃,但和谐而不凌乱。屋脊、屋檐以及椽头上,绘以各种图案,饰以形态各异的小兽,既有压火镇邪的象征意义,也增添了审美情趣。

代表性建筑 中国建筑史展现出了令人目不暇接的丰盛奇观,现仅择取存留的典型建筑,略加介绍。

1.万里长城

中国古代的一项极为浩大的军事工程,被誉为世界建筑史上的七大奇迹之一。

它东起河北的山海关,横跨山西、内蒙、陕西、宁夏,西迄甘肃嘉峪关,全长一万余里。早在战国时代就开始修造,当时主要是各诸侯国为保护自身安全,防御他国的侵扰与游牧民族的进犯而筑建的。现存长城是从秦汉以后,经北魏、北齐和隋、宋、元各代不断修筑直到明代而完成的强大军事防御体系。气魄雄伟,工程宏大,建造精巧,凝聚了中华民族的坚韧毅力与聪明才智。1987年被列为世界文化遗产,不仅具有极高的旅游观赏价值,而且成为中华民族精神与中国文化的表征。

2.佛光寺

佛光寺位于山西省五台山东北的佛光村。该寺雄踞山腰,寺内院落宽广,颇具规模。始建于北魏孝文帝时(公元471~499年),其寺名屡见于传记,香火极盛。寺庙曾一度被毁。现存寺院为唐后期所建,全寺有殿、堂、楼、阁等一百余间,构造简洁,造型比例雄浑优美,格调古朴,集中体现了唐代木构建筑的特点,在中国建筑史上居于重要位置。佛光寺的唐塑、壁画、墨迹也极负盛名,与建筑合称"四绝"。

3.大雁塔

大雁塔位于西安和平门外的慈恩寺内,唐高宗时(公元652年)由唐僧玄奘创建,以存放其由印度带回的经卷。现存塔高六十四米,底边各长二十五米,整体呈方形角锥状,造型简洁,比例适度,庄严古朴。塔身有砖仿木构的枋、斗拱,内有盘梯至顶层,各层四面均有拱门,可凭栏远眺。塔底正面两龛内有书法大家褚遂良书写的《大唐三藏圣教序》碑和《大唐三藏圣教序记》碑。四面门楣有唐刻佛像和天王像等重要文物,是研究唐代书法、绘画、雕刻和佛教建筑的珍贵资料。

　　4. 赵州桥

　　又名安济桥,是由隋代工匠李春设计监造的全世界最早的敞肩单孔石拱桥。它位于河北省赵县城南,造型优美,巧夺天工,体现了科学性与艺术性的完美结合,这在世界桥梁史上是一项伟大的成就。

　　5. 明十三陵

　　中国古代习用土葬,古代统治阶级厚葬成风,在坟墓上靡费了大量的人力和物力。自秦汉始,"山陵"便成了封建帝王坟墓的专用名词。明十三陵是保存比较完整并极具代表性的陵墓建筑,从公元1409年明成祖朱棣营建长陵起,这里共建有十三座帝陵。它位于北京市昌平县天寿山下,占地面积约四十平方公里,东、西、北三面山峦环抱,结合自然地形,各陵彼此呼应,成为气象宏阔而肃穆的整体。诸陵中以长陵规模最大、思陵规模最小。十三陵集中反映了中国陵墓建筑的最高成就,彰显了大建筑群的规划设计水平。

　　6. 北京故宫

　　北京故宫即明清两代皇宫——紫禁城,是目前国内规模最大、保存最完整的宫殿建筑群,集中体现了中国封建社会严格的等级制度和封建帝王至高无上的中央集权。故宫始建于公元1406年,公元1420年基本建成,以后陆续修葺和改建,但仍保留着原来的总体布局。整座建筑占地七十二万平方米,南北长九百六十一米,东西宽七百五十三米,周围环有高十多米的城墙和宽五十二米的护城河。城的四角各耸立一座结构复杂、造型优美的角楼。整个建筑布局严谨规则,主次有序,空间丰富多变,从天安门开始至景山结束,形成一条贯通故宫南北的中轴线,恰与北京古城的中轴线重合。从天安门入端门,便是故宫正门——午门。入午门,故宫就分成前后两组:前为外朝,后属内廷。外朝以太和殿、中和殿、保和殿为中心,文华殿、武英殿为两翼,是皇帝行使权力的场所;内廷以皇帝的寝宫乾清宫、皇后的寝宫坤宁宫和交泰殿为中心,两侧则是嫔妃们的住所。故宫建筑装修精细绚丽,黄瓦、红墙、朱楹、金扉与白玉雕栏,组成了富贵、雅静、雍容的空间。故宫的建筑成就,充分显示了古代匠师的高超技艺与创造才能。

二、园林

中国园林与西亚、欧洲的园林并称为世界三大园林系统。它以中国传统文学和绘画艺术构思立意,将山水、花木和玲珑典雅的木结构建筑有机融合,形成了充溢着诗情画意的园林景致,显现了丰富厚重的历史内涵和别具一格的艺术旨趣。中国园林在三千余年的历史进程中,不断地相承和演变,根据所体现出的审美倾向和风格特点的差异,主要分为北方的皇家园林和江南的私家园林。前者多为大型人工山水园和大型天然山水园,规模宏大,豪华富丽,以颐和园、圆明园为代表;后者则为庭院式或小型人工山水园,精巧素雅,玲珑多姿,以苏州、扬州的园林为典型。

中国园林的源起、发展与兴盛 中国历史上有记载的最早园林是商纣王所建的"沙丘苑台"和周文王建造的"灵囿"等。可见中国园林中最早出现的类型是皇家园林。春秋战国时期,各诸侯国在都邑附近营造了颇具规模的园林,如吴王夫差的姑苏台,楚灵王的章华台等,已具备了人工山水园的特点。

秦始皇即位,大修苑囿,并将其与宫殿建筑完美结合,为后世帝王的宫苑建筑开创了先例。如当时修建的上林苑,苑中以阿房宫为中心,作长池,引渭水,筑土为蓬莱山,把人工堆山引入园林。汉代更着力于苑囿的营建,汉武帝扩建了秦时的上林苑,同时在长安城西修建章宫,宫内挖太液池,池中筑有三岛,以象征"蓬莱"、"方丈"、"瀛洲"。这种一池三岛、模拟海上神仙境界的布局方式,后被历代皇家苑囿规划所沿用。秦汉的宫苑真正具有了园林性质。汉代,贵族、官僚、富豪营造的私家园林也逐渐得以发展,如梁孝王刘武建造的梁园,景致多变,精巧秀丽。

魏晋时期,玄学兴盛,佛教开始流行,文人雅士纵情于山水,以寻找寄托和乐趣。私家园林快速发展,形成了与皇家园林并行的趋势。此时,中国园林的造园活动已完全升华到艺术的境界,追求自然恬静,情景交融,园林体系已初具雏形。

隋唐园林不仅发扬了秦汉大气磅礴的宏放气度,更着力将诗情画意融贯于园林之中,追求园林的抒情趣味。这一阶段不仅皇家园林异常兴盛,私家园林也如雨后春笋。文人显贵纷纷置宅筑园,长安、洛阳两城郊外布满了私园,堪称典范的是王维的辋川别业等。中国园林进入了成熟时期。

宋代的造园活动,在园林中熔铸诗画意趣比起唐代更为自觉,注重园林意境的塑造。皇家园林规模缩小,皇家气派有所缩减,但规划设计更具私家园林的细密,风格渐呈清新、雅致。中国园林日趋繁荣。

明、清两代是中国园林的集大成时期。皇家园林的总体布局或在自然山水的基础上加工改造,或靠人工开凿兴建,建筑宏伟,豪华富丽;私家园林更加追求空间艺术的变化,常用粉墙、画窗、长廊和花木来分割园景空间,形成多元的艺术画面,以满足平中求趣、拙中取巧的审美趣味。明、清之际,造园理论不断深化。重要的著作有明代计成的《园治》与清代李渔的《闲情偶寄》等。

中国园林艺术的特点 中国园林在发展历程中,主要呈现出以下特点:

1. 在园林布局上往往因地制宜,巧于借势,结合环境布置房屋、花木,互为借景,构成富有自然风趣的园林。

2. 园林建筑的空间处理,注意避免轴线对称。通过大小不一的空间划分,以求虚实结合,疏密相间,增加园内风景层次,达到步移景异的艺术效果。

3. 在风格上,含蓄蕴藉,富有情趣,追求诗情画意,同时往往通过楹联、匾额来增加文化蕴涵。

中国园林的主要造园手法 造园手法纷繁圆熟,韵味无穷,只能驭繁以简,略加介绍。

1. 叠石。中国园林多以叠石或堆土等手法,艺术地再现自然界的峰峦洞壑。所用山石以透、瘦、皱、丑为上，以更好表现多变的意趣。

2. 理水。中国园林不离山水，引水入园，以成人工湖泊、池塘、溪流、泉水、瀑布等，为园林增添勃勃生机。

3. 植物造景。树、藤、花、草是表现园林景致的重要因素，也可表现出主人的情趣、爱好，故松、竹、梅、兰、菊、荷这些具有"比德"文化功能的植物多受青睐。

名园揽胜 异彩纷呈的历代名园，有的已湮灭在历史的烟雨中，有的仍活色生香，愉悦着我们的心境，成为重要的文化遗产。

1. 避暑山庄，也称热河行宫，位于河北承德。始建于清康熙时期，占地五百六十公顷，为清代最大的皇家园林。山庄置于崇山峻岭间，外有八座寺庙环绕，形成以山庄为中心的众星拱月之势，通称"外八庙"。宫殿区是皇帝理政的要地，分为东宫和正宫两部分，均为中轴对称，数进院落布局。山庄内湖光山色，美不胜收，湖洲区筑有七湖、洲、岛、榭、堤、桥形成了丰富的水景层次；山区山岭逶迤，沟谷纵横。普陀宗乘庙位于山庄以北，是外八庙中最大的一座，仿西藏布达拉宫所建，也称"小布达拉宫"。整个建筑群依山构室，气势雄伟壮丽。

2. 圆明园，是圆明、长春、万春三园之总称。圆明园原是明代故园，清朝雍正、乾隆等几代帝王历时一百多年，在明故园的基础上建成三园。圆明园汇萃了历代造园艺术的菁华，以"园中有园"为艺术旨趣，将诗情画意融汇于万千景象中，创造出既宏伟壮丽又幽雅细腻的景致，赢得了"万园之园"的美誉。无数能工巧匠因地制宜叠山理水，先后共构筑各类木石桥梁一百多座，园林景区一百四十多处，自然随宜又巧夺天工。圆明园还是清代帝王"避喧听政"的处所，建有外朝和内寝性质的宫廷区，兼具园苑和宫廷双重功能。园内不仅陈设、装饰精美，还收藏、陈列了奇珍异宝、文物和图书等，尤如一座综合性的博物馆。公元1860年和1900年曾被英法联军和八国联军毁为废墟，劫后遗迹又屡遭盗窃和破坏，至今仅存遗址和几处残垣断壁，令人痛心疾首。

3. 苏州留园。建于明代，分为东中西三部分。东部以建筑庭院为特色，其间放置名石供人欣赏；中部以假山围绕水池布置，构架是西北山、东南水，水中布一岛两桥加以分割，小岛取名蓬莱；西部则以山林野趣见长。

第二节 音乐舞蹈戏曲

一、音乐

音乐源流 在漫长的原始社会中,中华民族的祖先创造了诗歌、舞蹈、音乐三位一体的"乐舞",先民们用这一艺术样式,表达对自然力、神灵和祖先的崇拜。

周朝建立后,相传周公"制礼作乐","礼乐"并列为统治阶级维护秩序的两大支柱,当时的音乐主要用于为政治服务。由春秋下及战国,出现了音乐思想的论争,产生了《乐记》、《乐论》等音乐理论专著,并有师襄、师旷、高渐离等音乐家留名后世。"伯牙鼓琴"志在高山流水;"韩娥悲歌"余音绕梁,三日不绝;秦青"声振林木,响遏行云"等诸多美妙描述,都在一定层面上显现了当时的音乐水平。

秦代,随着封建中央集权统治的确立,制定了一整套严格的礼乐制度来维持新的统治秩序。汉代在继承先秦礼乐制度的基础上,重定祭祀天地的大礼以及祭祀时配用的乐舞,并设立专门负责乐舞的机构——"乐府",搜集、整理民间音乐,创作或配写歌词、曲调,安排、组织乐舞演出。乐府的建立,对于民间音乐的搜集、整理、加工、流传,起到了巨大的作用,对后世的音乐发展,产生了重大的影响,是中国音乐史上的一件大事。

魏晋南北朝时期是中国音乐发生嬗变的重要阶段。南北战乱带来的民族融合,为隋唐音乐的大力发展准备了前提条件。在魏晋玄学的影响下,音乐理论转向探求音乐的美感作用。由于佛教的广泛流行,佛教音乐得以传播,并且同民间音乐相结合,形成"改梵为秦"的佛教音乐。在民间音乐方面,也出现了南北融合的局面。由于晋室南迁,流行在北方的"相和歌"与南方的"吴歌"、"西曲"等结合,形成曲调清越、抒情的"清商曲"。著名的《春江花月夜》、《玉树后庭花》和《子夜四时歌》等,都属于清商曲。这一时期音乐理论的代表人物是同属"竹林七贤"的阮籍和嵇康。

强大繁荣的隋唐时代，文化呈现出海纳百川之势，音乐艺术也表现出巨大的兼容力。大都市的兴起，市民阶层的迅速形成，产生了新兴的物质和文化需求。唐代数百年间，文化生活十分活跃。燕乐、曲子和变文代表了这一时期音乐文化的成就。燕乐，就是宫廷宴饮之乐，《破阵乐》和《霓裳羽衣曲》都曾是燕乐中的乐舞；曲子，是配词演唱的歌曲，所配的歌词称为"曲子词"；变文，起于佛教的讲经宣传，是佛教为了扩大影响，取民间说唱形式宣扬佛教故事而形成的新的音乐样式，并由寺院走向民间，后发展为宋元时的"诸宫调"。唐代涌现了众多的音乐家和音乐著作，描写音乐活动的唐诗也不胜枚举。著名音乐家有何满子、康昆仑、段善本、雷海青、李龟年等；重要的著作有《乐书要录》（传武则天著）、《教坊记》（崔令钦著）、《羯鼓录》（南卓著）、《乐府杂录》（段安节著）等。

宋元时代，伴随着城市商业经济的进一步发展，市民阶层也逐步壮大，与之相适应的音乐艺术也随之产生。就音乐思想而言，由于理学的形成及其影响，在音乐理论方面出现了复古主义倾向。唐代的曲子词这时已成为词。凡词都有一定的曲牌。宋代词人大都通晓音律，其中以姜夔、张炎为代表。曲子发展到元代，被散曲所代替。散曲是市民文化的产物，元代关汉卿、马致远等都有著名的散曲作品。这一时期还出现了专门的卖艺场所——瓦舍和勾栏，为音乐的繁荣发展提供了表演空间。此阶段的代表性著作是北宋陈旸的《乐书》，全书包括历代音乐论述，各种乐器、歌舞、杂乐和诸多典礼的介绍，是一部百科全书式的音乐著作，反映了宋代以前的音乐盛况。

明、清时期音乐艺术的重要特点是民歌异常活跃，尤以情歌为多，表现出强烈追求自由和个性解放的倾向。此外，明代以后的鼓词和弹词相当流行。二者都属于说唱相间的曲艺艺术，都用乐器伴奏，前者流行于北方，后者流行于南方。戏曲中的音乐，经宋元杂剧，至明代发展为传奇，后又演变为昆曲、秦腔、京剧等独具异彩的艺术样式。朱载堉的《乐律全书》代表了这一时期音乐理论的最高成就，书中详细阐明了"十二平均律"理论，是乐律学上的重大成就。

乐律理论简介 中国古代的乐律理论相当发达,它们是中国音乐的重要组成部分。

1. 五声。五声亦称五音,是中国古代宫、商、角、徵、羽五个音阶的总称,即相当于现代音乐的1、2、3、5、6,是在阴阳五行学说影响下产生的音乐形态,也是中国古代音乐和音阶形式的基础。五音理论在春秋战国时就已经形成,以后一直是中国音乐的基本形态。

2. 十二律。古代的乐律制度,是将一个八度分为十二个半音,一个律也就是一个分割的半音,每一个律都有一个名称,由低至高依次为黄钟、大吕、太簇、夹钟、姑洗、仲侣、蕤宾、林钟、夷则、南吕、无射、应钟。奇数各律称"律",偶数各律称"吕",合称"律吕"。这一律制早在春秋战国时代已经形成,以后历代以此固定音高,形成各种不同的调式。

代表性乐器 中国古代的乐器,大致分为吹、拉、弹、打四大类。从乐器发展的过程来说,是先有打击乐、吹奏乐,后产生弹弦乐,最后产生拉弦乐。早期的乐器分别由金、石、土、木、匏、革、丝、竹八种材料制成,史称"八音"。在发展过程中,中国音乐还采用了大量外来乐器,经过一番改造和消化,使之成为中国的乐器,如琵琶、胡琴、羯鼓等,体现了异质文化之间的交流和融合。这里,仅介绍几种有代表性的乐器:

1. 编钟。商周时期的重要乐器,在八音系统中属金,打击乐器。其特点是具有组合性与系列性,同时规模比较大。迄今所知最大的编钟是湖北省随州市曾侯乙墓出土的战国编钟,连同一枚磬,共计六十五枚,分三层悬挂,音域可包括现代钢琴的所有黑白键音响。其规模之大,音质之好,制作之精,反映了当时制铜工艺和音乐文化的水平。

2. 琴瑟。在八音系统中属丝,弹弦乐器,因"琴"、"瑟"二者可以合奏,故经常并称。琴瑟在中国古代文化生活中影响甚大,被视为音乐艺术的代表,如,古人常以"琴棋书画"概括一个人的才艺。《诗经·关雎》也云:"窈窕淑女,琴瑟友之。"古琴在周代已经产生,大约到汉代基本定型。琴身为狭长的木质音箱,琴面张弦多为七根,故又名"七弦琴"。著名的演奏家有汉代的司马相如、蔡邕,魏晋的嵇康、阮籍等。瑟约产生于春秋时期,大小有不同规格,也是长方体,二十五根弦。

3. 琵琶。弹弦乐器,种类很多。一类是秦琵琶,是由中国古乐器演变而来,其形状为圆体直柄,后因魏晋"竹林七贤"之一阮咸善奏此器,俗称之为"阮";一类是曲项琵琶,南北朝时由西域传入,隋唐时代盛极一时,在敦煌壁画和雕塑中都有它的形象,因形制不同而称为龟兹琵琶、小忽雷等,其共同特点是半梨形曲颈,唐宋以后不断改进,成为今天的常见乐器。

重要音乐家 枝叶纷披的音乐历史画卷,是不计其数的音乐家用心血凝就的。囿于篇幅,仅择数位名家加以简略介绍。

1. 李延年(？—约前90),中山(今河北定县)人,汉武帝时造诣很高的音乐家。他幼受腐刑,"性知音,善歌舞",颇受武帝器重,曾被任命为乐府协律都尉。李延年演唱极具感染力,"每为新声变曲,闻者莫不感动"。"北方有佳人,绝世而独立,一顾倾人城,再顾倾人国"即是他的传世之作。他不但善歌习舞,且长于音乐创作,技法新颖高超。他把乐府所搜集的大量民间乐歌进行加工整理,并编配新曲,对汉代音乐风格的形成及后世音乐的发展,功勋卓著。

2. 嵇康(223—263),字叔夜,谯郡铚县(今安徽宿县)人。三国时魏末著名的思想家、诗人与音乐家,"竹林七贤"的领袖人物。为人耿介,意趣疏远,心性放达。嵇康"余少好音声,长而习之,以为物有盛衰而此无变"。善弹琴,尤以《广陵散》名噪一时。嵇康因与司马氏集团对抗,后被杀害,临刑前索琴弹奏此曲,并慨然长叹:"《广陵散》于今绝矣。"后世称之为"嵇康绝响"。所作琴曲有《长清》、《短清》、《长侧》、《短侧》四首,被后人合称为"嵇氏四弄",在中国音乐史上备受推崇。他的《声无哀乐论》是我国第一篇音乐理论著作,集中体现了他的音乐美学思想,具有很高的研究价值。

3. 李龟年(生卒年不详),盛唐时期"特承顾遇"的著名乐人。精于歌唱,工于作曲,善奏筚篥、羯鼓,谙熟民间音乐。安史之乱后,流落江南。据传,每遇良辰美景便表演几曲,听者莫不泫然而泣,其乐艺之精湛,可见一斑。杜甫曾有《江南逢李龟年》的诗篇。

4. 姜夔(1155—1221),字尧章,号白石道人,江西鄱阳人,南宋著名词人兼音乐家。姜夔词风清空峭拔,骚雅幽深,且娴通音律,善吹箫、弹琴和作曲,有乐论著述,能配合词作自创曲谱,成为南宋唯一有词调曲谱传世的杰出音乐家。其音乐创作集《白石道人歌曲》收词八十首,其中十七首带有曲谱。这些有谱的词调是他一生文艺创作的精髓,为后人留下了可资研考演唱的丰厚遗产,对南宋后期词坛的创新和词式上的格律变化有很大的影响。

二、舞蹈

历史回眸 中国原始舞蹈具有诗、歌、舞合为一体的特征。如《乐记·乐象篇》云:"诗,言其志也;歌,咏其声也;舞,动其容也。三者本乎心,然后乐气从之。"中国原始舞蹈集中体现了原始社会物质与精神生活的各个层面,多姿多彩,约可分为劳动舞、祭祀舞、求偶舞、古武舞、健身自娱舞等类型。中国五千年的舞蹈史,就是以此为源头活水的。原始舞蹈多保留在上古神话传说、原始岩画遗存、民族民间舞蹈、出土文物资料和诸多史籍记载中。

夏代,歌舞成为供贵族享乐的观赏性表演艺术,出现了专门的歌舞表演者,在一定程度上促进了舞蹈技艺与水平的发展。商代舞蹈主要以祭祀性巫舞和宫廷舞为代表,前者威武雄壮,后者则轻柔娇美,专业化和美感愉悦性都有所增强。西周已形成系统的礼仪制度,舞蹈作为礼仪的重要组成部分,用以宣扬文治武功,维护宗法等级制度。周代以雅乐体系为中心的礼乐制度,为后世历代封建王朝所承袭。周代的宫廷雅舞,名闻后世的有《六代舞》和《六小舞》等。

春秋战国时期思想领域"百家争鸣"的生动景象,体现在舞蹈上,则为各国乐舞的兴盛与旨趣各异的乐舞理论的涌现,以及汉代乐舞的繁荣打下了坚实的基础。

汉代,统治者设"乐府",大规模地收集整理了民间音乐舞蹈,舞蹈样式在广度和深度上都获得全方位的发展,形成了百戏、民间舞蹈、宫廷乐舞等千姿百态的舞蹈类型,并涌现和造就了一批乐舞大家。如乐府艺人李延年能歌善舞,且善创新声;汉高祖的宠姬戚夫人擅长表演翘袖折腰舞,轻盈舒展,袅娜多姿;汉成帝后赵飞燕的掌上舞,轻扬飘洒。

魏晋时期,舞蹈仍承汉绪。南北朝,由于政治地域的分裂,南北风习好尚不同,舞蹈也各呈风貌。南朝继承汉魏旧乐,并采民间乐舞而有所发展,出现了用于郊庙朝飨的"雅乐舞"与用于宴会的"杂乐舞"之分。此外,又有《西曲歌》和《子夜吴歌》,常在宴会上演出,成为一时风尚。据传《春江花月夜》、《玉树后庭花》等宫廷舞蹈,都优美动人,引人入胜。

  唐代的舞蹈艺术因统治者的倡导扶持、民间乐舞的蓬勃兴盛、中外文化的频繁交流而达到巅峰,与唐诗交相辉映。这一时期诞生了流传千古的经典之作,如《霓裳羽衣舞》、《剑器舞》、《兰陵王》、《破阵乐舞》等,涌现了大批如杨玉环、李龟年、公孙大娘等技艺精湛的艺术家。西域舞蹈流传到中原后,深受喜爱,从宫廷到民间,胡舞蔚然成风。中原乐舞兼收并蓄,形成了"燕乐"、"坐部伎"、"立部伎"等舞蹈类型。民间集体舞异常活跃,踏歌就是当时盛行的以足踏地为节拍的自娱性集体舞。"歌响舞分行,艳色动流光"即是生动写照。唐代的寺院常在盛大的迎佛仪式中,表演佛事舞,由于宗教艺术日趋世俗化,神秘气氛有所减弱,祭祀歌舞中洋溢着人间的欢情。如敦煌壁画中的飞天舞、反弹琵琶舞等,舞女袒胸露背,扭腰曲臂,妩媚动人,充满勃勃生机。

  宋代是中国舞蹈由盛而衰的转折期,戏曲的兴起对舞蹈形成较大的冲击。宋舞和歌舞大曲多承唐代遗制而来,其宫廷乐舞的主要形式是队舞,如《柘枝》、《剑舞》、《采莲》、《调笑》等,具有雍容华贵、绮丽纤巧之风。此时,民间舞蹈却异军突起,展示了舞蹈发展的另一景致,如民间盛行以大众娱乐性为特色的"社火"表演。自宋代后,中国的舞蹈不再是充分表现人体美的动态艺术,而渐渐融化到戏曲、杂技、武术和宗教礼仪中,成为戏曲表演的特有手段和程式。

  元明时代,舞蹈日趋为剧曲所代替,舞艺渐融入剧艺,舞者转化为剧人。上自宫廷士大夫,下迄市民阶层,都嗜好戏曲。统治者对传统的音乐舞蹈及民间歌舞,都不大提倡。有清一代,"无乐"状况较明代更甚,清王朝屡屡下令禁毁民众喜闻乐见的小戏和歌舞,汉民族民间舞蹈遭受摧毁。但深深融入生活的舞蹈之河,仍在民间涓涓流淌着。如秧歌、高跷、旱船、耍龙灯等,成为了节庆假日的重要表演形式。

  名家简介 摇曳多姿的舞蹈文化是不计其数的舞蹈家们辛勤造就的,但封建时代的歌舞伎人社会地位十分低下,他们大多湮灭在历史的尘埃中,见于史籍的,寥寥无几。

1. 赵飞燕，原名宜主，汉代的著名舞人。被汉成帝看中，召入宫中，封为"婕妤"，数年后立为皇后。由于她舞姿特别轻盈、柔美，故人称"赵飞燕"。其身轻若燕，能作掌上舞。相传汉成帝为她造了一个水晶盘，令宫人用手托盘，赵飞燕则在水晶盘上潇洒自如地舞蹈，若"人执花枝，颤颤然"。

2. 杨玉环，唐代著名的舞蹈家，她生得丰满艳丽，是盛唐典型的美人。她音乐素养极高，会演奏多种乐器，歌舞尤为出色。据传她除了擅长表演《霓裳羽衣舞》外，所跳的《胡旋舞》也显现出了精湛的舞蹈技艺。白居易的《霓裳羽衣歌》细腻传神地描绘了她舞蹈时的动态美和感人至深的艺术魅力："飘然转旋回雪轻，嫣然纵送游龙惊。小垂手后柳无力，斜曳裾时云欲生。"

3. 公孙大娘，唐代最杰出的舞蹈家之一，善舞剑器，舞艺超群，屡次被招入宫，表演剑舞技艺，是唐代见于记载中，既活跃于民间，又闻名于宫廷的少数舞蹈家之一。公孙大娘表演的剑器舞，气势磅礴，技冠群芳。传有张旭、怀素观其舞后，书艺大进的故事。杜甫有《公孙大娘舞剑器行》一诗，盛赞公孙大娘舞艺之精妙，足见其声名之盛。

经典舞蹈欣赏

1. 巴渝舞，汉代著名舞蹈。《后汉书·南蛮列传》中说，汉高祖刘邦伐三秦建大汉时，曾招募居住在巴渝地区的少数民族——"賨人"。他们天性劲勇，俗喜歌舞，被募为汉军前锋。"巴师勇锐，歌舞以凌"，赢得了汉高祖的喜爱，遂将賨人的战争武舞取名为"巴渝舞"，命乐工学习这一充满力量、粗犷矫健的舞蹈样式，以引进宫廷。自此，巴渝舞虽曾数易其名，仍盛演不衰。唐以后，巴渝舞渐在宫廷中销声匿迹，名不见经传了。

2. 巾舞，汉魏时用于宴飨的著名舞蹈。其特点是双手执长巾（绸）而舞，长绸在空中萦绕卷扬，变化莫测，如云如烟，似梦似幻。汉代画像砖石中有多幅生动逼真的巾舞图。如四川成都扬子山汉墓出土的百戏画像砖，一女舞者双手舞长巾，横飘空中；山东安邱汉墓出土的男子舞巾图，舞姿豪健洒脱，舞者脚踏一鼓，双臂飞舞菱纹长巾，甩展两侧，巾约有两丈长。某些宗教画里，如《伎乐天》中的飞天形象，就有许多飘拂长绸的舞姿，多是从巾舞中得到的启发。巾舞的形式，一直保存在中国的民间舞和戏曲舞中。

3.破阵乐舞,唐代著名宫廷舞蹈。《秦王破阵乐》是一首广为传唱的歌颂秦王李世民赫赫功勋的战歌。李世民登基后,把这首乐曲编成了舞蹈,再经宫廷艺术家的加工整理,创制成了一个富丽堂皇的大型乐舞。并在原有的曲调中糅进了龟兹的音调,婉转动听,高昂激越。表演时,大鼓震天,气势雄浑,感天动地。

4.霓裳羽衣舞,即《霓裳羽衣曲》,唐代宫廷乐舞。其由来传说不一:有说,唐玄宗登三乡驿,望见女儿山,归而作之;有说,此曲是《婆罗门曲》之别名;有说,唐玄宗凭想象写成前半曲,又将西凉都督杨敬述进《婆罗门曲》改编成后半曲,合而制之。常在宫廷和贵族士大夫的宴会中表演,可独舞或群舞,以杨玉环的表演最为著名。舞时,音乐和服饰都着力描绘虚无缥缈的仙境和仙女形象。舞者身穿孔雀翠衣,下着淡彩色或月白色裙子,肩披霞帔,头上垂珠串串,摇曳生风,美不胜收。

三、戏曲

中国戏曲千百年来一直深深植根于广大民众的生活之中,与中华民族相伴相依。

戏曲的历史沿革 中国戏曲起源甚早,一般认为在原始的乐舞中,已包孕着戏曲的因子。在古代各种歌舞表演中,蕴含较多戏曲因素的歌舞有傩舞与巫舞,它们分别在祭祀、驱鬼时演出。西周后期,还有一些专门以乐舞戏谑为职业的人,在天子、诸侯设宴时进行一些乐舞滑稽表演,这些人叫做"俳优"、"倡优"。先秦的歌舞、巫觋与俳优表演都可视作戏曲的源头。

秦汉时代,缤纷多姿的百戏使戏曲从胚胎走向萌芽。其中最具戏剧性的表演为角抵戏,它由格斗竞技发展而来,其中的矛盾对立适宜戏剧冲突的体现和展开,后成为这一时期初级戏剧的代表。

中国戏曲的雏形在唐代已形成,主要体现为参军戏与歌舞戏的出现。它们不仅具备了人物、情节、歌舞、对白等内容,而且还有服饰、道具、布景诸多因素,这些元素一直保留在今天的戏曲中。唐代开始设立"教坊"。唐玄宗时在宫廷禁苑里选择"梨园"作为教练宫廷歌舞艺人的场所,选数百人在此学习歌舞,通晓音律的唐玄宗亲加教正,这些艺人就被称为"皇帝梨园弟子"。因此,后世称戏班为"梨园",称演员为"梨园弟子"。

宋金时代是戏曲承上启下的时期。北宋戏剧演出活动特别活跃,城市中出现了规模巨大的剧场——瓦舍与勾栏,并有了专业性的表演团体——戏班。宋代戏曲不仅剧目增多,体制完备,而且表演技巧日臻完整和严密。宋室南渡,在民间小戏基础上发展起来的南戏,也得到长足发展;在宋杂剧基础上发展起来的北方金院本,进一步完善了杂剧的表演体制。北方的杂剧与南方的南戏,为戏曲艺术的确立铺平了道路,至此,中国戏曲的正式诞生已是水到渠成。

元杂剧是在宋金院本的基础上,融合了流行于北方的诸宫调、唱赚等说唱艺术和民间歌舞等多种艺术形式而形成的。元杂剧的崛起与繁荣,是中华戏曲成熟的标志,也是中国戏曲史上的丰碑。

有明一代,随着杂剧的衰落,南戏则愈加繁盛,形成了昆山、弋阳、余姚、海盐等"四大声腔"并流布全国,形成了新的戏曲样式——传奇。这是继元杂剧后,中国戏曲史上崛起的第二座高峰。

清中叶后,各种地方戏曲竞起,剧坛上出现了花部与雅部的分野。雅部特指昆曲,以示其剧坛正宗地位;花部又称乱弹,泛指具有浓厚乡土气息的各种地方戏。最终,花部地方戏以其旺盛的生命力和广泛的群众基础而独占鳌头。清道光年间(公元1821～1850年),在花部地方戏基础上发展起来的北京皮簧戏(即后来的京戏),逐渐取代了昆曲传奇的地位,中国戏曲进入了群芳争艳的时期,这是戏曲史上的又一重大进步,也是一次深刻的革命。

戏曲的主要特征

1.高度的综合性。中国戏曲全面运用了歌、舞、说、唱等艺术手段,并兼容了诗词、小说、武术、杂技、音乐、绘画、雕塑等诸多艺术或技术因素,充分融合、发挥了时间艺术与空间艺术的优势,从而使自己在世界剧坛上独树一帜,别具风采。

2.虚拟性。"虚拟",就是以虚代实,通过夸张、变形等艺术手法,在舞台表演的有限空间和时间里,创造出独特的意境,以对生活作广泛而形象的概括。一个圆场象征百里行程,四个龙套代表千军万马,几声更鼓敲过,则表示长夜将尽……正是通过一系列生动丰富的虚拟表演,给表演者极大的创造自由,并激发观众的想象与热情,把戏曲舞台的局限性巧妙地转化成艺术上的独创性。这种高度简练、泼墨写意式的虚拟手法,是中国戏曲的最大特点。

3. 程式性。戏曲的虚拟依据于一定的生活真实,而虚拟的表演又不能没有规范,这个规范,就是表演程式。戏曲以生活为原型,经过艺术加工,逐渐形成一种形式结构。如《三岔口》里两个英雄在黑夜中搏斗的环境是虚拟的,实际舞台上灯光如昼,但演员表现的紧张心情和蹑手蹑脚的探察动作是真实的,这些都是虚拟环境中的表演程式。

4. 强烈的夸张性。戏曲的夸张主要表现在形象的塑造上。比如脸谱就是一种极度的夸张:忠义宽厚的人用红脸,正直严肃的人用黑脸,稳重正义的人用紫脸,内有心计的人用黄脸,桀傲不驯的人用蓝脸,勇猛暴躁的人用绿脸,奸诈多疑的人用白脸,滑稽可笑的人用丑角脸,等等。但这种夸张又不能有随意性,它已经具有某种规定性,各个人物要按照一定的谱式勾画。

戏曲的代表性样式

1. 元杂剧,是一种成熟的高级戏剧形态,因其浓郁的时代风格,独创的艺术特色,被视为一代文学的主流。元代的剧坛,群星璀璨,名作如云,主要有:纪君祥的《赵氏孤儿》、马致远的《汉宫秋》、白朴的《梧桐雨》和《墙头马上》、尚仲贤的《柳毅传书》等。元杂剧具有一套严格的体制:剧本通常由"四折一楔"构成。四折,是四个情节的段落,楔子篇幅短小,放在第一折之前。每一折由同一宫调的若干支曲子联成一个套曲,全套押一个韵,由扮演男主角的正末或扮演女主角的正旦演唱,以歌唱为主并结合说白。"一人主唱"极大地发挥了歌唱艺术的特长,有利于酣畅淋漓地塑造主要人物形象。念白部分受参军戏传统的影响,常常插科打诨,富于幽默趣味。

2. 明传奇,是在宋代南方温州一带产生的南戏基础上发展起来的。传奇的体制比杂剧自由,每本戏不限出数,每出戏所用曲牌也较自由,可以换调换韵。台上角色皆可演唱,篇幅一般较长,一本戏往往有好几十出。第一出由"副末"开场,简要介绍本戏主旨和情节梗概,最后一般以生、旦当场大团圆结局。元末明初重要的传奇作品是高明的《琵琶记》和号称"四大传奇"的《荆钗记》、《白兔记》、《拜月记》、《杀狗记》。稍后,陆续出现了《宝剑记》、《鸣凤记》、《浣纱记》等优秀剧本,传奇创作逐渐兴盛。

2.京剧,是百余年来在中华民族中影响最大、流行最广的戏曲剧种。它源于清代中叶,形成于清道光年间(公元1821~1850年)。公元1790年,主要唱腔为二黄调的南方"四大徽班"奉诏进京演出,与来自湖北的主要演唱西皮调的汉调艺人合作,相互影响,徽汉二调合流。后又广泛吸收了昆腔、秦腔等的长处,终于成为新的戏曲剧种"皮簧戏",即京剧。从艺术表现来看,京剧唱腔音乐属于板式变化体,伴奏乐器主要有鼓、板、锣等打击乐和胡琴、二胡、笛等管弦乐。角色有生、旦、净、丑四大行当,每一行当中又有细密的分工。表演时,歌舞并重,配合武术技巧,多用虚拟动作和程式,节奏感强,念白也具音乐性,集中体现了"唱、念、做、打"的鲜明风格特征。

重要剧作家

1.关汉卿(1225?—1300?),大都(今北京)人,元代杂剧的奠基者。他一生创作了近七十种剧本,留存下来的有十八种,代表作为《窦娥冤》、《救风尘》、《望江亭》、《拜月亭》等,以《窦娥冤》最为脍炙人口。他用贴近现实、充满血肉之感的如椽大笔,诉说着社会民众的困苦与无奈,并将一腔悲悯的情怀,倾洒在被污辱的女性身上。人物形象独具个性,血肉丰满;结构缜密,安排巧妙;语言明快,以"本色"著称。关剧对后世戏曲影响深远,不少剧作几百年来被改编为各种剧种久演不衰,有的剧本还被译成外文,流布域外。

2.王实甫(生卒年不详),名德信,大都(今北京)人,与关汉卿堪称元剧坛的双子星座。《西厢记》是其代表作,尚有《丽春堂》和《破窑记》二剧传世。《西厢记》通过崔莺莺和张生的爱情婚姻故事,有力地抨击了封建礼教的腐朽虚伪,热情地歌颂了追求婚姻自由的青年男女,表达了作者"愿天下有情的终成了眷属"的美好理想。该剧情节曲折生动,跌宕起伏,引人入胜。语言华丽优美,许多曲文均是精美的诗篇,心理刻画、景致描写都可圈可点。《西厢记》可谓元代剧坛绽放的奇葩。

3.汤显祖(1550—1616)，字义仍，号若士，临川人，明代伟大的戏剧家、文学家。有《紫箫记》、《紫钗记》、《牡丹亭》、《南柯记》和《邯郸记》等剧本传世。他的剧作，既根植于现实生活的土壤，又显示出高度的浪漫主义精神。《牡丹亭》通过杜丽娘、柳梦梅奇异的爱情故事，塑造了栩栩如生的艺术形象，表现了作者反对封建婚姻制度，追求个性自由的理想。该剧情节曲折离奇，语言华丽鲜明，情景妙合无垠，充满了诗情画意。

4.洪升(1645—1704)，字昉思，号稗畦，浙江钱塘(今杭州)人，清代戏剧家。洪升一生著述甚富，有《长生殿》、《回龙记》等数十种作品。《长生殿》刻画了唐明皇李隆基和杨贵妃的爱情故事，揭露了李隆基的昏愦腐朽、奢侈享乐，及人民所承受的深重灾难。并通过对安史之乱的描写，歌颂了名将郭子仪和雷海青、李龟年等忠臣义士的爱国精神，具有较高的思想性和感人的艺术力量。《长生殿》结构严谨，情节曲折，曲文清丽流畅，色彩斑斓。被誉为"千百年来曲中巨擘"。

5.孔尚任(1648—1718)，字聘之，号东塘，山东曲阜人，清代著名戏剧作家。其扛鼎之作《桃花扇》，以一柄扇子贯穿全剧，"借离合之情，写兴亡之感"，塑造了众多各具个性、栩栩如生的人物；头绪纷繁，组织严密；词曲清婉流畅，感情色彩浓郁。该剧一经演出，久盛不衰。洪升与孔尚任被尊为"南洪北孔"。

第三节 绘画雕塑

一、绘画

中国绘画辉煌的艺术成就，优美而鲜明的民族风格备受世人瞩目。在长期的历史发展过程中，形成了人物、山水、花鸟等独立的画科。若按表现内容，可分为风俗画、宗教画、历史画等几大类；从艺术形式上看，有壁画、装饰画、版画、年画、卷轴等；就风格类型而言，则有水墨写意的文人画和工巧整丽的院体画。由于画家所用的工具材料为中国特制的笔、墨、砚、纸和绢，故尤为讲究用笔与用墨，主要有工笔、写意、勾勒、设骨、设色、水墨等技法形式，以勾皴点染、干湿浓淡、阴阳向背、虚实疏密和留白等表现手法，来描绘物象与经营构图。画家取景多用散点透视，以线条的疏密、繁简、曲直、刚柔来体现画中丰富的韵律节奏，从而达成一种空灵的艺术效果。中国绘画体现了中国人特有的艺术地把握世界的观照方式和审美情趣。

中国绘画的历史发展 中国绘画发端于原始人类对自然万物的审美活动。在距今六七千年的新石器时代，远古先民已经在陶器上用红、黑、白等颜料画鱼、鹿和各种装饰花纹，表现了他们浓烈的审美意识，这就是最原始的绘画。商周时代，祭祀盛行，殿堂庙宇中布满尧、舜、禹等人的画像和天地山川神灵的图像。湖南长沙楚墓中出土的两幅帛画，画面采用线描，简洁有力，神形兼备，显示了传统绘画的基础。

秦代绘画保留下来的作品极少。在陕西咸阳秦宫遗址中先后发现了一部分宫廷壁画，技法虽然比较粗率，但画面上人物远小近大，形似而又传神，人物车马和亭台楼阁用线条勾成，已体现出一定的艺术水平。汉代由于儒学独尊，绘画成为政治统治和封建教化的一种手段，以人物为主的绘画大都采取了壁画的形式，布满了王公贵族的宫殿、官衙、祠堂、庙宇、住宅和墓室等。还有大量绘画刻于各种建筑物的石壁上，其内容有历史故事、生活场景、神仙鬼怪和神话传说等。汉代画家以给王昭君画像的宫廷画师毛延寿最为知名。

魏晋南北朝时期，由于社会动乱，清谈之风盛行，文人士大夫们的心理普遍趋向避世，企图在自然山水中求得心理平衡与心境和谐，于是山水画形成和发展起来，并出现了关于山水画的理论。因佛教流行，以表现佛教内容为主的宗教画取得了支配地位，佛教艺术发展很快，并给宗教画的兴盛以巨大影响。三国时的曹不兴是画佛能手，他能在大幅绢上画佛像，"心敏手运，须臾而成"。其时名家辈出，以顾恺之、张僧繇、陆探微影响最大，合称"六朝三杰"。

唐代绘画，成就惊人，无论是画的种类，还是技巧，都显示了绘画艺术的高度发展，是这一时代文化昌盛的形象表现。阎立本父子兄弟三人（父阎毗、兄阎立德）为唐初著名画家，其中以立本成就最高。其画迹流传到今天的还有《历代帝王图卷》、《步辇图》等七八种之多。《历代帝王图卷》描绘了由汉至隋十三位帝王的肖像,以人物面部的特征,集中展示了人物的精神状态。《步辇图》则反映了文成公主与藏王松赞干布联姻的历史事件,栩栩如生地刻画了唐太宗接见吐蕃使者的情景。唐代中期最杰出的画家是吴道子,历史上被尊为"画圣"。其后有张萱和周昉,张萱有《虢国夫人游春图》(宋徽宗摹本)、周昉有《簪花仕女图》。在二人的影响下,形成了仕女画这一画科。唐代山水画的代表人物是李思训、李昭道父子和王维。二李喜用强烈而又鲜明的色彩,创造了一整套青绿着色的方法,画面金碧辉煌,世称"金碧山水"。王维则另辟蹊径,把淡泊恬静的诗意展现在画面上,他不施色彩,而以墨的浓淡表现山水的神韵,被称为"水墨山水"。此外,唐代还有画马的曹霸、韩干,画牛的韩滉等。

宋代的绘画艺术进入了一种新的境界。朝廷在宫内设立了翰林图画院,以考试的方法吸纳画家,形成了"院体画"。其特点是严密精细,注重法度,题材多为山水、花鸟。宋徽宗赵佶是"院体画"的代表人物之一,其画风格工整艳丽、高贵优美,现存作品有《芙蓉锦鸡图》等。与此同时,反映社会生活的风俗画大量出现,举世闻名的《清明上河图》就是宋代画家张择端的杰作。宋代还兴起了以梅、竹、兰、菊为题材的"四君子画",这些画借物抒情,表现了文人的节操和雅趣,代表画家有文同、苏轼等。

元代绘画更注意表达艺术家的情绪意兴,山水花鸟画注重水墨写意,"四君子画"大为流行。为了深入表达画家的情趣,作者往往于画面题诗,以诗文点醒画意,书法、绘画相映成趣,形成了文人画的独特意味。这一特色绵延流长,影响至今。倪瓒、黄公望、王蒙、吴镇被称为"元代四大家"。

明代绘画到中叶以后才焕发生气,学术思想的活跃,使画家以自己的独特创造,推动了花鸟画的发展。唐寅、文徵明、沈周、仇英,以水墨写意见长,被称为"吴派四大家"。明代写意花鸟画的大师当推徐渭,他放笔纵横,水墨淋漓,随意挥洒,他甚至用泼墨勾染的技法画牡丹,真正发挥了中国画中的笔墨趣味,被称为"大写意"画家。明末的大画家中,陈洪绶(老莲)擅长人物画,形象夸张变形,高度概括,以表现人物的个性。

清代绘画受统治者高压政策的钳制,形成仿古之风。但以石涛、朱耷为代表的画家,则以夸张的手法,怪异的形象,用山水花鸟抒发内心的幽愤。"扬州八怪"(郑燮、李鳝、金农、罗聘、闵贞、汪士慎、高翔、黄慎)构图简练,造形突兀,画面奇特,笔法刚健,形成独特的艺术风貌。清末,以任伯年和吴昌硕成就最高。任伯年山水、人物、花鸟,无一不精;吴昌硕则把书法、绘画、金石篆刻结合在一起,卓然成一大家。

名家名品概览

1. 六朝三杰,是东晋画家顾恺之、南朝刘宋画家陆探微与萧梁画家张僧繇的合称。顾恺之(约345—406),字长康,无锡人。中国绘画史上的一代巨匠,以画绝、才绝、痴绝被称为"三绝"。他的画被谢安誉为"自苍生以来未有之也"。他善画人物肖像、神仙及山水等,其作画笔迹周密连绵,线条犹如青蚕吐丝,极富表现力和韵律感,刻画人物神态细致入微,执著追求"传神"效果,并总结出"传神写照,正在阿堵中"的绘画理论,对后世绘画艺术产生了深远的影响。《女史箴图卷》和《洛神赋图卷》都是他的传世之作。

陆探微(约416—485),南朝宋、齐间画家。他既以佛教题材绘画见长,又以人物肖像画名振一时。其作画笔势连绵不断,用笔周密,劲利如锥刀。故其人物造型是一种动与神会的"秀骨清像",使人"懔懔奉若神明"。

张僧繇(生卒年不详),吴(今江苏苏州)人,梁武帝时的重要画家。其用笔用色上承汉代的疏简净朴,下启隋唐的曲眉丰肌,在技法上善于革新,创造了一种只用彩色而不用墨骨的"没骨法",以色彩深浅增强立体效果。据说他曾为一座新寺作花卉图案,因色彩深浅而有凹凸不平的立体感,寺名遂称"凹凸寺",他画的图案被称为"凹凸花"。

2. 吴道子(约685—758),名道玄,字道子,阳翟(今河南商州)人,是唐代中期最杰出的画家,历史上被尊为"画圣"。其画以佛教、道教题材取胜,山水、花鸟、走兽也冠绝一时。他落笔雄劲,富于变化,敷粉简淡。他创造了"兰叶描"的线型,丰富了线条在中国画中的表现力,即用线条的轻、重,表现面的转折,描绘出衣纹的深、斜、卷、折、飘举之势,被誉为"吴带当风"。相传他画成《地狱变相图》后,京师的屠宰户们纷纷改业。他的绘画真迹没有流传下来,现有宋人摹画的《送子天王图卷》能见其笔墨深意。

3.《清明上河图》,是宋代画家张择端绘制的长卷风俗画,享有"神品"的美誉。此图为绢本,长528.7厘米,宽24.8厘米,画卷以全景式构图,采用移步换形多视点的透视手法,细微而逼真地描绘了北宋末年京都汴梁城居民度过清明时节的动人景象。画面主要由远郊农村生活风貌、以虹桥为中心的汴河上下游和城楼内外市井风情三部分构成。画中所摄取的景物,大至寂静的原野、浩瀚的河流、高耸的城郭,小到舟车里的人物、摊贩的陈设货物、市招上的文字,丝丝入扣,长而不冗,繁而不乱,严密紧凑,一气呵成。在多达六百余人、物的画面中,穿插着各种情节,别具意趣。作品构思深邃,格调高雅,布局匠心独具,描绘娴熟精湛,达到了艺术性与思想性的完美统一,是研究当时的政治、经济、文化、建筑、民俗等的重要材料,具有较高的艺术价值与历史价值。该画几易其主,辗转无数,现作为国宝珍藏在故宫博物馆内。

4.唐寅(1470—1523),初字伯虎,后字子畏,吴县(今江苏苏州)人。唐寅博学多才,不仅在诗文上名声显赫,绘画也令人称颂,山水、人物、花鸟俱工,以山水画见长。其行笔细腻流畅,笔墨精到,构图幽简清旷,意境空灵恬淡。正是由于他"不囿成法,自出新意",因此位列明代"吴派四大家"。或许画家傲人的才智、落拓不羁的个性,使其人生充满戏剧性,故屡屡出现在荧屏上,成为大众皆知的人物。

二、雕塑

雕塑在中国几乎一直是建筑的一部分,但雕塑的创造一直生生不息。从河姆渡文化遗址出土的陶猪,到青铜器上的虎、鹤,春秋战国的土俑陶俑,秦兵马俑,汉霍去病墓的石兽以及源源不断的宗教塑像及其他作品无不显现出其艺术品位。中国雕塑同绘画一样,都力求表现对象物的神韵,最高的美学境界就是传神,就是展现人物的内心世界,刻画人物的神情仪态。艺术家们在创作雕塑作品的时候,也总是以形写神,刻意追求神采飞扬和形神兼备的最佳艺术效果。中国雕塑在题材、造型、质料等方面都表现出中华民族艺术的特质,显示出中国文化发展嬗变的轨迹。

雕塑的历史沿革　中国雕塑艺术可上溯到原始氏族社会。宁夏半山造型复杂的陶器,山东大汶口栩栩如生的拟兽、人头形陶器等,即可视为中华雕塑的滥觞之作。辽西文化遗址的牛梁河出土了五千年前的"性崇拜"的实物——陶塑裸体女神像及无头裸体女神坐像,外形轮廓健美柔和,造型准确生动、形象,显示了原始雕塑的艺术水平。河南安阳商墓出土的石雕,其中虎首人身石雕用大理石雕成,曲膝跪坐,张口龇牙,显出咆哮吞噬的神态,惟妙惟肖。发掘于云南晋宁的石寨山雕塑,约创作于战国时期。作品多表现人物,有较高的陶俑,也有较小的铜铸人像,还有长卷式人物活动图。再现了狂热的婚恋、凶暴的格斗、野蛮的屠杀等场景,人物性格明朗,节奏感鲜明,造型粗犷有力,体现了强烈的"雕塑感"与浓郁的地方文化特色。

秦统一后,为显示王权尊严,在咸阳宫前塑十二金人像及大量的雕塑品,纯装饰性雕塑也伴随涌现。发掘于陕西临潼的秦始皇兵马俑,数量众多,阵容庞大。它是迄今为止在世界文化史上空前巨大的彩色陶塑群体,仅现已挖掘的部分,已出土形同真人大小的人俑、车马俑六千多件,组成一个气势磅礴、场面肃静的军事阵局,被誉为"世界第八奇迹"。雕塑家们在进行艺术创作时,在静态中表现动感,注意从多方面去刻画人物形象,揭示他们的特征:或挺胸直立,目视前方,外表刚毅勇猛;或浓眉大眼,阔口宽腮,显得勇敢机智;或性格开朗,或沉默静思。军马造型昂扬劲健,有的抬首扬尾,有的张口嘶鸣,呈现出蓄势欲动的姿态,烘托出整个雕塑的磅礴气势。巨大的彩陶秦俑,不但在政治上显示了秦始皇统一全国以后的那种气势,而且在艺术上表明了我国古代雕塑的高度成熟。

汉代承续秦朝雕塑的余绪,运用寓意手法,追求浪漫的艺术效果。霍去病墓前的"马踏匈奴石雕"最具代表性。这组石雕镶嵌在象征巍巍祁连山的霍去病墓下,墓穴高大,石刻粗壮。石马与真马大小相近,造型厚重,结构简练,脚踏一个正在挣扎而又紧张恐惧的匈奴军士,以此赞誉霍去病北伐匈奴的功绩。

魏晋南北朝由于佛教流行，雕塑艺术也深受佛教影响，出现大量以佛教内容为题材的作品，尤以佛像居多，雕塑作品向纯美的形态转化。敦煌、云冈、龙门和麦积山四大石窟中有诸多这一时期的造像，人物形象或脸型圆胖、慈善和悦，或面貌清瘦、狭胸秀颈、目光炯炯、精神焕发。塑工上注意圆润，讲究"行云流水"，色调浓丽淳厚而又朴实清新。

唐代经济繁荣，文化昌盛，雕塑艺术呈现出另一番辉煌气象。雕塑主体形象主要为：石窟雕像及寺庙庵宇的神、佛像，陵墓护法石像与墓穴随葬俑。作品大多色彩明快，趋于华丽；人物造型比例适度，凝炼健康；人物神情温和慈祥，具有浓郁的人情味和亲切感。特别是女性菩萨像，更是体态秀美，气度娴雅，眼含柔情。而龙门石窟唐代奉先寺的卢舍那大佛面庞丰腴，神情柔美，与两旁的弟子、菩萨、天王、力士等上下呼应，显示出一种秩序井然、气氛和谐的景象。唐代帝王陵墓前的石雕作品，姿态生动有力，造型略显夸张，注意刻画对象物的性格特征。"昭陵六骏"即是代表。"六骏"系李世民征战所骑的六匹骏马，石雕以立、行、奔、驰的生动健美姿态表现了战马的壮伟气魄，从一定侧面彰显了威猛矫健、气势磅礴的时代特征。

宋代雕塑以刻画人物性格、表现人物心理见长。神佛造像更加世俗化，如山西太原晋祠圣母殿中的四十四个宫女塑像，因各自掌管的事务不同，所着服饰和所执的器物也大不相同，且姿态自然，体现出不同类型的女性美。又如山东济南灵岩寺千佛殿的四十尊罗汉彩塑，神情各异，被梁启超赞为"海内第一名塑"。而重庆市大足石刻中的宋代作品，通过佛教造像大量展示社会生活场景。

元明清时期，雕塑艺术日渐世俗化与程式化，昔日刚劲、健拔的气韵消失殆尽，雕塑艺术裹足不前。直至现代，才得以恢复生机。

雕塑的主要类型

传统雕塑主要由四个集群所组成：

1. 陵墓集群，它包括陵墓表饰（石人、石兽、华表等）、墓室雕饰（墓门、墓道等墓内建筑雕饰及墓内肖像）、明器艺术（陪葬用的俑和动物造型、建筑模型和器物模型）等。

2. 宗教集群，包括佛道寺观和其中的塑像、浮雕。

3. 建筑装饰，包括宫殿、苑囿、会馆、牌坊、民居、桥梁等建筑物上的装饰性雕塑。

4. 工艺雕塑，包括工艺性的泥塑、瓷塑、金属塑铸、木雕、竹雕、玉雕、石雕等。

雕塑的主要艺术特色

1. 浓郁的装饰性。无论是明器艺术、宗教造像，还是建筑雕刻，都普遍体现了传统悠久的装饰趣味。如佛像的对称式坐姿和图案化的袈裟衣纹处理，带有浓厚的装饰性，既增强了佛像的庄严肃穆之感，更使之具有一种非人间性的神秘感。

2. 鲜明的绘画性。从彩陶时代起，塑绘便紧密结合、互为补充。二者成熟后仍然"塑形绘质"，在雕塑上加彩以提高其表现力。具体体现为不大注重对雕塑的体积、空间和块面的把握，而是着力于轮廓线与身体线条的节奏和韵律的表现。雕塑中的很多细部不加雕、塑，而是精心描绘以现神韵。雕塑的减省体现了"笔不周而意已周"、"遗貌取神"的原则。

第四节 书法篆刻

一、书法

书法成为一门艺术，是以汉字的方形结构和线条变化为基础的。古人在创造方块字的时候，已融入了对造型美的基本见解。书法家们在挥毫洒墨时，把天地山川、人物器物之美与汉字的结构美紧密地结合起来，淋漓尽致地表达意兴情趣和审美追求，使书法具有了审美作用和美学价值。

书法艺术源流

中国书法的历史可上溯到六千年前的新石器时代。在仰韶文化遗址中，可从那些刻画于彩陶器表面的各种花纹、符号中，看到书法艺术最早的表现。殷商的甲骨文，用笔、结字、章法这三要素已完全具备，名副其实的书法艺术产生了。甲骨文笔画或粗壮雄浑或细瘦挺拔，但都布局合理,显露出古朴而烂漫的情趣,给后世书法的变革创新以许多有益的启示。周代的金文,从笔画到结字都是对甲骨文的直接继承,但笔画渐变圆润,起笔、转换、收笔也多为圆笔;结字平正、稳定、规律;章法注意到纵横的字距、行距,显得疏朗开阔。春秋战国时期,书苑百花盛开,生意盎然。继承、发展西周金文的优秀作品当推秦刻《石鼓文》,这是中国现存最早的刻石文字。秦时出现了小篆,其形体齐整,皆呈纵势长方,笔画圆匀,结构统一定型。这一时期的书法家主要以李斯为代表。

汉代是书法艺术成熟的时期。在这个阶段,隶书定型,草书、行书、楷书也应运而生,终于形成隶书盛行、诸体皆备的辉煌局面。汉隶上承秦隶,又显出自身点画均匀、舒展自由的特点。汉代竹简、碑石、印章,大多采用汉隶。山东临沂银雀山汉墓出土的《孙子》、《孙膑兵法》,湖南长沙马王堆汉墓出土的《老子》等,都属西汉墨迹;而著名的《张迁碑》、《雁门太守鲜于璜墓碑》、《礼器碑》、《华山碑》、《苍颉庙碑题记》等,都是有代表性的东汉墨迹。其书法或体方笔拙、笔力遒稳、浑厚雍容,或方正劲挺、斩钉截铁,或游行自在、变化若龙,充分显示了汉隶的艺术特色。两汉的书法家以蔡邕、张芝为代表。蔡邕"骨气洞达",张芝"血脉不断"。

魏晋书法承上启下,完成了书体的演变,其特点是篆、隶、楷、行、草诸体俱臻完善,涌现了大批书法精品和钟繇、王羲之、王献之等大书法家。钟繇师承蔡邕、曹喜,又习众家之长,完成了楷书的定型化。王羲之的艺术成就更是非凡,被尊为"书圣",与钟繇并称为"钟王"。南北朝时期,南朝承续"二王"书风,主要有羊欣、薄绍之、萧子云、陈僧智永等书法家。羊欣是王献之的外甥,幸得王献之亲传,时人有"买王得羊,不失所望"的赞誉。陈僧智永是王羲之的七世孙,书法深得家风,他写的《千字文》极受后世推崇。北朝佛教盛行,涌现出众多书写、镌刻造像碑记的书法家,他们的楷书运用方笔,结体扁方紧密,用笔斩截,形成了粗犷豪放的"魏体"。现存河南洛阳的《始平公造像记》、山东曲阜的《张猛龙碑》和山东莱州的《郑文公碑》,都是魏碑的代表作。

唐代是书法艺术的鼎盛阶段,无论是理论还是创作都达到了新的高度。唐初作品大多结字略长,笔力遒劲,已少二王书风的恬淡萧散,却于法度精紧中现劲健之气。历代盛赞的"初唐四家"——虞世南、欧阳询、褚遂良、薛稷代表了这一风尚。盛唐时期各体书法均获发展，名家辈出，自成一体。李邕的行楷从"二王"入手，又能入乎其内出乎其外，代表作有《岳麓寺碑》《云麾将军碑》，风格险峭，笔力舒放，纵横自如；张旭则以逸势奇状，连绵回绕的狂草闻于世；颜真卿师法前辈而又有独创，柳公权则以正楷闻于世，二人并称"颜柳"。

宋代盛行帖学，再加之习书时俗趋显贵，即以帝王好恶和权臣书体为转移，书坛稍显低迷。值得称道的是"宋代四大家"——苏轼、黄庭坚、米芾、蔡襄和宋徽宗赵佶的"瘦金体"。苏轼用笔肥腴跌宕，有天真自在之趣。被誉为"天下第三行书"的《黄州寒食诗帖》，用笔偃卧起伏，转折自如，可谓翰墨神飞，心手双畅。黄庭坚用笔精致入微，笔势神出鬼没，气韵生动清妙。代表作有《松风阁诗帖》《诸上座帖》等。米芾用笔俊迈，有"风樯阵马，沉着痛快"之评。其传世之作为《多景楼诗帖》《李太师帖》《蜀素帖》等。蔡襄正楷端重沉着，行书温醇婉媚，草书参用飞白法，不温不燥，平和蕴藉。其大楷《泉州万安桥记》在宋人中堪称第一。

元代书法越两宋而直承晋唐，公认赵孟頫为主坛帖者。

明代的书法家以继承元人、上追晋唐笔意而著名的有祝允明、文徵明、董其昌等。颇具创新性的是张瑞图、徐渭等，他们法古开新，自抒胸臆，创造了独标气骨的书法珍品。明清之交，傅山、石涛、朱耷等逸人奇士，创造了各具特色的书法作品，以抒愤懑之情，追思朱明王朝。清代书法家中卓有成就的有：郑燮（板桥）、金农、邓石如、伊秉绶、包世臣、何绍基、吴昌硕、康有为……人才济济，难以尽数。

名家名品荟萃

1. 二王。东晋书法家王羲之、王献之父子，因在书法艺术上的非凡成就，卓越贡献，并称为"二王"。王羲之（303—361），字逸少，琅琊临沂（今属山东）人。他博采众长，精研百体，推陈出新，集前代、同代书法创造之大成，终使自己的书法一变汉魏相传的质朴之风，成为妍美流便的新体，达到了"贵越群品，古今莫后"的境界。他的书法备精诸体，尤善正行，为历代学书者所宗尚。书迹刻本甚多，《兰亭集序》字体结构极尽变化，线条如行云流水，被誉为"天下第一行书"，他也被尊为"书圣"。

王献之（344—386），字子敬，王羲之第七子，性情颇似其父，高迈不羁。幼时学书,羲之授以《笔阵图》,其书几可与父论真。所作真书以《洛神赋十三行》最为著名。行草尤善,学习家法而用笔"外拓",其"一笔书"上下相连,一气贯通,豪迈奔放,有的作品在其父之上。

2. 草圣,是对唐代书法家张旭的美誉。张旭(约658—748),字伯高,吴(今江苏苏州)人。张旭精通楷法,草书极富神韵和意趣,笔画癫而不乱,狂而不怪,刚柔相济,气韵连贯,因其为人及书法如狂如癫,世称"张癫"。杜甫的《饮中八仙歌》云:"张旭三杯草圣传,脱帽露顶王公前,挥毫落纸如云烟。"他的代表作为《肚痛帖》、《古诗四帖》等。"伏如虎卧,起如龙跳,顿如山峙,控如泉流"即是后世对他的褒奖之语。

3. 颜柳,是颜真卿与柳公权的并称,也谓"颜筋柳骨"。颜真卿(709—784),字清臣,京兆万年(今陕西西安)人,唐代名臣,人品高洁。曾受张旭指导,师法前辈而又开拓创新。他把篆隶笔法用于楷行草书,又把楷书的横画写得细瘦,把点、竖、撇、捺写得肥壮,世称"颜体"。正楷端庄雄伟,笔势开张,宽舒圆满,深厚刚健;行书遒劲郁勃,古法为之一变。作品极多,著名的有《多宝塔感应碑》及《颜氏家庙碑》等。

柳公权(778—865),字诚悬,京兆华原(今陕西耀县)人。柳公权立身刚正,"笔谏穆宗"成为千古美谈。柳公权在楷书中注入节奏感,他有意避开颜体竖划的肥壮,把横竖画都写得均匀硬瘦,把点画写得如刀切一般,骨力遒健,结构劲紧,世称"颜肥柳瘦"。代表作有《玄秘塔碑》、《神策军碑》等。"颜筋柳骨"被奉为书法美的典范。

4. 赵孟頫(1254—1322),字子昂,号松雪道人,为宋太祖赵匡胤十一世孙。他精于正、行书和小楷,学李邕而以"二王"为宗,学而思变,所写碑版甚多,圆转遒丽,集晋唐书法大成,成为可与"颜、柳、欧"并称的楷书四大家之一,独步元代书坛,代表作有《仇锷墓碑铭》、《兰亭十三跋》、《度人经》、《洛神赋》、《妙严寺记》等。

5. 郑燮(1693—1765),字克柔,号板桥,江苏兴化人,"扬州八怪"中的奇才。他不仅是画坛巨擘,在书法方面,大胆独创兼众妙之长,造诣极深。郑燮书法用隶体参入行楷,自称"六分半书"。他融真、草、隶、篆为一体,以真、隶为主干,用作画方法书写,一字一笔。

二、篆刻

篆刻是中华传统艺术之一,上起邃古,下至于今,源远流长。篆刻是镌刻印章的通称,印章字体一般采用篆书,先书后刻,故称篆刻。

篆刻艺术源流 早在殷代,人们就把文字刻在龟甲、兽骨上,这可视为篆刻艺术的滥觞。古鈢是历史最古远的印章,书体采用的是战国时期流行于各国的大篆,或称"籀书",多用铜、银、玉、石制印,或铸或凿,大小不出方寸。古鈢显示了高超的书法与镌刻的技巧,有较高的艺术价值。

入秦,秦始皇统一了六国文字,制定了秦篆,也称"小篆"。秦印所采用的文字多为小篆,并规定,只有皇帝的印章才可称为"玺",臣民则一律称"印"。秦印以凿印居多,且多为白文。格式大都作方形,以田字格将印文平均分布在印面内,布章则注重虚实、疏密之法。秦印的印文,或古朴苍劲,或秀媚多姿,或恣肆奇放,或整美清丽,境界甚高,向为后世所师法。

汉代是篆刻艺术发展的重要时期。汉印的印文由小篆变为"缪篆",更利于制印。结体方中寓圆,庄重秀美,布局平正稳重,朴厚明朗。汉印以铜质铸造为多,间或有银、玉、石、牙等印质。印刻法以笔画极粗而工整的白文印为主,间或使用"急就印"。汉印种类繁复多样,有多面印、套印、子母印、穿带印、带钩印、回文印、朱白相间印等诸多种类。在印章的名称上,除天子外,皇后及诸侯之印也可称"玺",将军、太守之类则称为"章"。汉印的艺术风格极其鲜明突出,且富于创造精神。

隋唐宋元的印章,艺术成就不高,但对明清印章艺术的繁荣却起到了奠基作用。唐代印章形体开始加大,可至数等;书体仍沿用篆体,但多作迂曲折叠之状,被称为"九叠文印",多用于官印。自唐代始,印章渐渐融入文人、士大夫阶层的文化生活,用于书画的收藏或作为赏玩的艺术品,印文附着了浓郁的文学意味。元末画家王冕用花乳石刻印,开文人、画家以石治印的先河。这种印质地柔腻,易于镌刻,能更好地体现书法的艺术效果和镌刻技巧,文人士大夫们可脱离专业刻工的合作独立治印。制印材料的突破、金石学的盛行等因素,直接促成篆刻演进为一门独立的艺术。从此,名家频出,流派林立,揭开了中华篆刻艺术史上最为绚丽多姿的一页。

在明代的书画家中,文徵明和王宠都长于治印。文徵明的长子文彭,是流派印章史的开山鼻祖。他善书画尤精于隶书,篆刻娟丽清雅。其弟子何震,则创立了第一个印章流派——"皖派"。其后的篆刻大家还有宋珏、汪关与朱简等。

清代篆刻较明代更为繁盛。清初以徐贞木、程邃和许容为代表。清中叶则有丁敬、汪士慎、金农和高凤翰等名家,尤以丁敬成就最为卓著,开创了新的艺术流派——"浙派"。其后继者有黄易、奚冈、蒋仁、陈豫钟、陈鸿寿、钱松、赵之琛及胡唐等。邓石如,是继丁敬之后的又一位篆刻大家。他突破了以秦汉玺印为唯一的取法对象的狭隘天地,扩大了篆刻的表现范围。其作品苍劲庄严、流利清新,为万紫千红的晚清印坛奠定了基础。另一位大家是吴熙载。他先法汉印,后师邓石如,一生刻印万余方,功力深湛,风格稳健凝炼,舒展自如。吴熙载与邓石如各擅胜场,并称"邓吴"。

清末民初印坛,吴昌硕堪称巨擘,他不仅善书画,亦精篆刻。他治印得益于金石学的深厚功底,其风格貌拙气盛、浑厚天真,颇有越出古人之处。民国以后,篆刻艺术进一步发展,成为一种越来越普及的艺术样式,渗透到大众的生活中。

篆刻艺术简介

1.篆刻艺术三要素。印章是一种融书法、章法和刀法为一体的艺术,它们贯穿于一方印从设计到完成的始终。书法是刻印的基本前提,应对篆体文字进行临摹和学习,从中吸收笔法、体势和结构布局等知识。再就是"摹印",以成功的印章为榜样去摹刻,咀嚼体悟文字结体笔画的多寡、长短、斜正、开合、藏露、疾徐的处理,获得独到与合乎规律的认识。章法,亦称"分朱布白",它是关于印文的布局安排和空间构图的知识。印章的章法,随形布局,千变万化,应巧妙地把握平正、匀落、疏密统一、巧拙、粗细、增减、重复等原则,将自己的生命体验与艺术旨趣融入其中。刀法,是刻治印章时把握和运用刻刀的方法、技法。精湛的刀法不仅可以理想地表现出书法的艺术效果,还能创造出书法所无的艺术境界。刀法主要分为两大类,冲刀和切刀。冲刀的效果是线条挺劲遒健、流畅自然,皖派篆刻家以善用冲刀著名;切刀则给人以顿挫起伏、稳健老辣的感觉,浙派治印家则善用切刀。

2.印质,指刻制印章的物质材料。主要有金、银、铜、铁、铝、玉石、象牙、兽角、水晶、石、木等。其中,石章质量因地而异,但一般都具有柔腻易刻的共同特征,能够理想地显示出碑帖书法的自然韵致,为治印者所喜用。石章可分为两类:一类是名贵石章,如浙江青田的青田石、浙江昌化的昌化石、福建的寿山石;另一类是实用石章,如浙江宁波的大松石、山东掖县一带的莱石、陕西的煤精石等。

3.印形,指印章制成的形状或样式。历代玺印印形变化繁多,难以尽述,但大致以方形最为常见。方形之中,又分为正方形与长方形两种。另外,圆形或椭圆形印章也是比较常见的。秦代至汉魏,还流行多面印、套印、穿带印及带钩印等。以后的印章,印形也有作各种器具、钱币、竹叶或鸟兽形状者,变化丰富,不胜枚举,颇具欣赏价值。

4.印文,即镌刻在印章上的文字。从刻法上来看,印文可分为朱文、白文两种。朱文是将印面上字体周围的部分刻掉,使字体凸出,蘸印泥钤盖之后,字呈朱红,故称朱文(也称"阳文");白文则是将印面上字体部分刻去使之凹入,钤盖之后,字呈白色,故称白文(也称"阴文")。从印文的书体变化来看,周秦古钵采用的是大篆,秦代印章采用的是小篆,汉代则是"缪篆"。唐宋元及明清历代官印多用"九叠文"。隋唐以来,在沿用篆体作为印章文字的同时,间或以隶书、楷书等字体入印,扩大了印章文字的书体范围,使篆刻艺术日益丰富多彩。

篆刻流派

1.皖派,也称徽派,中华篆刻史上的第一个印章流派,开创者为文彭的学生何震。他精于文字学,篆刻呈古朴苍劲、端重遒劲之气。何震之后,有苏宜、程朴、朱简等,多取法秦汉,风格与何震相近。明末,汪关一变何震之法,成功地运用印文的并笔、破边手段,发展了篆刻技法。刀法稳实,布局谨严,呈工整流利之貌。清初,安徽歙县的程邃、巴慰祖、汪肇龙,既注意师法前贤,又力矫呆滞做作的积弊,风格或朴茂醇厚,或工整秀丽,或端重凝炼。后世则称以何震、程邃为代表的安徽籍篆刻家为

"皖派"。皖派影响广泛,备受推崇。

2.浙派,浙派是与皖派同时盛行的著名篆刻流派,兴起于清代乾嘉年间,由浙江杭州人丁敬创始。丁敬兼收并蓄并积极创新,自成清刚朴茂、苍劲生拙的艺术风格。继起的有蒋仁、黄易、奚冈、陈豫钟、陈鸿寿、钱松、赵之琛及胡唐等人。他们远追秦汉,近师丁敬而能自成一体,俱臻佳境。蒋仁古秀,黄易遒劲,奚冈清隽,陈豫钟工整有致,陈鸿寿雄健恣肆,钱松苍莽浑厚,赵之琛精工媚巧,胡唐则苍劲润泽。以上除胡唐外,都是杭州人,世称"西泠八家"。后人就把他们连同效法其艺术风格的印家,总称为"浙派"。浙派艺术雄踞清代印坛一个多世纪,影响极深远。

第五节 工艺美术

工艺美术是由日用品转化而成的一种造型艺术,即通过对一定的物质材料与生活用品的艺术加工,创造出集实用性、装饰性、审美性于一体的工艺形象。因地理、历史、经济、文化、民族心理、审美趣味等因素的差异,工艺美术呈现出多元化的风格。中华工艺历史深远,巧夺天工,异彩纷呈,虽历经岁月的涤荡,仍流金溢彩。兹根据材质和制作手法的不同,粗略地对工艺品加以分类、介绍,以感受前人的睿智和中华文化的博大深邃。

玉器工艺 玉器工艺是最为古老的工艺品种,七千年前河姆渡文化的先民们,在选石造器的过程中,把拣到的美石制成装饰品,从此揭开了中国玉文化的序幕。到了四五千年前,玉石工艺日渐发展。不仅种类繁多,而且富有艺术趣味。以良渚玉器、红山文化玉器为代表。良渚玉器深沉严谨,对称均衡,尤以浅浮雕的装饰手法见长,特别是线刻技艺达到了后世望尘莫及的境界;红山玉器则以精巧见长,寥寥数刀把器物的形象刻画得栩栩如生。

自商代始,玉器便成为奴隶主贵族祭祀、朝会、赏赐等礼仪活动中不可或缺的用器,主要有圭、璋、璧、琮等礼玉。它既是权力、地位、身份的象征,也是沟通人与神的媒介物,附着了太多的色彩与意蕴。春秋战国时期,玉雕艺术呈现出浓郁的民族特色。玉佩成为达官贵人须臾不离的重要饰品，这些玉佩多呈龙、凤、虎形，极富动态美。饰纹出现了隐起的谷纹，附以镂空技法，显得饱满而又和谐。

汉代玉器承续战国玉雕的精华，并有所发展，奠定了中国玉文化的基本格局。汉代玉器可分为礼玉、葬玉、饰玉、陈设玉四大类，其中葬玉和陈设玉艺术成就最高。汉代的陈设玉多为圆雕或高浮雕作品，凝聚着汉代恢弘豪放的艺术风格。河北满城刘胜夫妇墓出土的"金缕玉衣"，可谓巧夺天工。

唐代玉器数量不多，但珍品不少，碾琢工艺极佳。唐代玉匠从绘画、雕塑等艺术样式中汲取养分，琢磨出具有盛唐风范的玉器。宋、辽、金时代的玉器，实用装饰玉占较大比重，"礼"性大减，"玩"味大增，玉器更贴近于生活。

明清是中国玉器的鼎盛时期，其玉质之美，琢工之精，器形之丰，作品之众，使用之广，真可谓泱泱大观。明清皇室爱玉成风，乾隆皇帝更是嗜玉如命。定陵出土的明代玉碗、清代的菊瓣形玉盘、桐荫仕女图玉雕，都是皇室用玉。这在一定程度上促进了玉器工艺的提高和发展。当时的民间玉肆也十分兴隆，苏州吉渚巷是明代的琢玉中心。玉器与社会文化生活关系也日臻密切，文人作画、书写，往往用玉器做墨床、镇纸等文具，或以玉作陈设装饰。经过历代无数能工巧匠的精雕细琢和礼学家的诠释美化，玉成为华夏民族物质生活和精神生活中的重要物品，备受珍爱。

青铜工艺 四千余年前出现的中华青铜工艺，代表着奴隶社会手工业发展的最高水平，在世界艺术史中占有极为重要的地位，也是人类文化宝藏中的珍品。青铜是红铜和锡的合金，青铜工艺就是用这种合金铸成的工艺品。主要有日用器皿、礼器、乐器、兵器和货币等。在青铜器的制作过程中，奴隶工匠们充分发挥了他们的创造才能，熟练地掌握了采矿、炼砂、制范、熔铸等青铜冶铸程序，铸造了各种造型复杂、图像繁复的器具。商代的"司母戊大方鼎"长110厘米，高133厘米，宽78厘米，重832.84公斤，是迄今发现的最重的青铜器，典雅厚重，气势雄浑。

青铜器的花纹，大致可分为三类：一种是几何纹样，包括弦纹、云雷纹、滑纹等；一种是动物纹样，如牛、羊、象、虎、马、鸟、鸦、蛇、蚕、蝉等，洋溢着浓厚的生活气息;还有一种是现实生活中并不存在的怪异动物纹样,是借神话中的动物名称来创造的,主要以饕餮纹、夔纹为代表,龙纹也有一定的数量。这些古神怪性的动物,在古人眼里,具有狞厉的美,象征"协上下"、"承天体"的祥瑞意义和神秘的威力。纹样的装饰手法,不但流行通体满花,而且已经出现重叠加花的三层花,即地纹、主纹、再在主纹上加饰花纹。同时广泛使用浮雕装饰,而浮雕纹样与器形的立体造型之间适合协调,遂使整个器物有血有肉,耐人观赏。青铜工艺后期常采用新的装饰技法——金银错、鎏金等。金银错装饰效果辉煌华丽,对当时以及后代其他工艺品种的装饰都很有影响。山西长治战国墓出土的一件"错金夔纹铜豆"就是采用这种技术制成的。鎏金是在青铜器表面镀上一层黄金。汉代常用鎏金器,代表作品如河北满城出土的"长信宫鎏金铜灯"和"鎏金铜壶"。

不同时期的青铜器呈现出不一样的艺术风格:商代的青铜器铜质优良,形体厚重精致,品类繁多;西周中期,青铜器纹饰的色彩淡化,朴实流畅;战国以后的青铜器玲珑剔透、体态优美,从礼乐器渐变为日用器皿,在生活中被广泛使用。与世界其他地区的青铜器相比,中国青铜器的铭文独具特色。铭文亦称"金文"、"钟鼎文",其韵律清晰,笔道工细典雅,锋露圆润。毛公鼎的铭文,简直可媲美《尚书》,是最早、最美的庙堂典章文学。

瓷器工艺 瓷器滥觞于商代,而成熟则在东汉。这一时期的陶瓷制品,称为"原始瓷",造型有鼎、豆、碗、杯等日用器皿。发展到魏晋,经过工匠们的苦心摸索,烧成了青瓷。隋代,白瓷的烧造已具有一定的水准。

唐代的瓷器工艺飞速发展,瓷器的造型给人以浑圆饱满的观感,精巧而有气魄,单纯而有变化。著名的窑场有南方的越窑和北方的邢窑:越窑瓷器胎质坚硬,釉色莹润,纯净如翠,宛如含露欲滴的荷叶;邢窑的白瓷胎质细腻,釉色白润,皎洁如玉。此外,民间还有富于浓重乡土气息的黑釉、黄釉、褐釉和酱釉等瓷器,风格粗犷淳朴,带有民间瓷艺的鲜明特色。唐代瓷器图案内容较以前大为丰富,花鸟题材不断增多。尤为值得大抒一笔的是出现了驰名中外的"唐三彩",其釉色鲜艳明朗,绮丽晶莹,以黄、绿、紫三色釉为主,故称"唐三彩"。从唐代墓葬的三彩俑来看,人物形象刻画逼真,形神兼备,姿势优美,马和骆驼强壮矫健,比例恰当,体现了匠师的精妙技艺。

宋代瓷器工艺高度发展,"宋瓷"成为闻名遐迩的工艺品,突出表现在全国各地名窑众多,产品各具特色,烧造技术和装饰纹法成熟。其中汝窑、官窑、龙泉窑、定窑、景德镇窑等都是著名瓷窑。汝窑烧制的瓷器胎骨深灰色,釉色近于雨过天青,十分纯净,釉汁莹厚滋润;官窑的瓷器胎骨呈深灰色或紫色,釉汁莹润,釉色有月白、粉青和大绿等;龙泉窑的瓷器釉色有淡青、淡绿和粉青等,釉层厚润,色泽柔和;定窑以烧制白瓷为主,装饰上有刻花、划花和印花,定窑装饰技艺的精丽,已达到工巧惊人的地步;景德镇窑是中国最著名的瓷窑产区,著名的"影青器"质细、胎薄,造型规整秀丽,釉色明彻湿润。

元明清三代,是中国千余年来陶瓷艺术的一个总结。元代烧成的青花和釉里红,是景德镇陶瓷工匠的重大发明,代表了当时制瓷工艺的新成就。明代成功烧造的甜白器,给以后的彩绘瓷器创造了更优越的条件。明清期间颜色釉彩层出不穷,色彩缤纷,有鲜红、霁红、宝石红、宝石蓝、孔雀绿等,发展到乾隆年间,竟有五十七种色彩之分。陶瓷造型也达到丰富多样、无形不备的程度。除景德镇瓷器名满天下外,还有历史悠久的浙江龙泉青瓷、福建德化的白瓷、江苏宜兴的紫砂器等,共同丰富发展了瓷器的内涵与样式。

总之,中国的瓷器,不仅是可供实用的物质器皿,而且在造型、色泽和装饰工艺等方面,具有极高的审美情趣和美学鉴赏价值,堪称实用与观赏、技术与艺术的完美融合。

织绣工艺 中国是世界上最早发明养蚕、缫丝、染印和刺绣技术的国家,并以"丝国"闻名于世。锦绣中华,衣被天下。中国的织染绣和服饰,有着七千余年的历史。夏代纺织品已很多,商以后更普遍,出现了不少以生产织、染、绣品著称的都邑城镇。汉代的丝织品品种众多,有绮、缣、缦、素、练、绫、绢、缟、锦、纱、绣等,多采用平纹织法。当时刺绣工艺已很普遍,采用多种针法,如平针、平针铺绒、辫绣、丁线绣等,此外,"绢片贴毛"是汉代织绣工艺的新创造。印染工艺也有很大的发展。三国到两晋,四川的织锦业非常发达,成都织造的彩锦,色泽美丽,花纹新颖,被誉为"蜀锦"。

唐代丝织图案风格独特。生活百景在丝织纹样中都有所反映,其中尤以花鸟为主要的装饰题材。唐代丝织品中鸟兽成双,左右对称;联珠团花,花团锦簇;缠枝花卉,柔婉多姿;配色敷彩,多样大胆。同时,由于受佛教艺术的影响,新奇富丽的宝相花、莲花图案也广泛流行。唐代丝织品在中国丝织图案上开创了新面貌,给后代以深远的影响。

宋锦提花精确,锦面平整细密,色调淡雅柔和,表现出宋代织锦的特有风貌。宋代的缂丝技术,已经能够"随心所欲,作花鸟禽兽状",画中的水墨晕色也能如实织出,真是妙不可言。

明、清丝织品在艺术上取得了巨大成就:纹样取材广泛,配色丰富明快,组织紧凑活泼,花色品种繁多。现存明代装裱《大藏经》封面的丝织品花色就有近千种之多,《红楼梦》中提到的各色纱罗也多达几百种。印染技术、缂丝工艺、织造工艺也日益成熟。明清刺绣工艺突出表现为宫廷御用品和民间绣件两种不同风格:前者花纹以龙凤为主,风格繁冗富丽;后者品种繁多,多姿多彩。苏绣、京绣、广绣、蜀绣、湘绣,被誉为"五大名绣"。

编织工艺 编织工艺具有就地取材、物美价廉等优势,并呈现出浓厚的民间特色和地域风采。根据所采用的材料的不同,大致分为竹编、草编、藤编三大类。

竹编,即运用竹材制作家具,编织用品。各地竹编风格各异:浙江竹编造型优美,做工精巧;福建竹编花样百出,精致华丽;四川竹编纤细精美,尤以薄如蝉翼、光泽似绢的竹丝扇闻名;湖北竹器,图案繁复,工艺独特。

草编,主要用黄草、蒲草、咸水草、龙须草、金丝草等做材料。山东、河北、河南的麦秆编极为发达,草帽编在历史上就已大量出口。河北、山东的蒲草编,历史悠久,风格清丽。嘉定的黄草编、广东的咸水草编,品种众多,技艺精美。

藤编,以梨藤、灰藤、花黑藤、盘山藤为主。广东是藤编的主要产地,不仅可制作家具,还可编织提篮、灯笼、花插以及鸟、兽等各种玩具。

在这浩如烟海的工艺美术长廊里,还有彩陶、景泰蓝、漆器、螺钿、剪纸等工艺品,限于篇幅,就不一一介绍了。

思考题:
1. 试论中国艺术的主要特征。
2. 试论中国园林艺术的特点。
3. 试论中国戏曲的主要特征。
4. 试述中国传统雕塑的主要艺术特色。

第六章 文字与图书

　　文字是人类语言的符号,图书是人类文化的载体。在人类文明史上,文字和图书扮演了重要的角色,它们是文明的火种,是知识的航船,是人类进步的阶梯。汉字的使用已有数千年的历史,到今天仍然焕发出蓬勃的生机。从古到今,由无数汉字组成了浩如烟海的典籍,它们是中华民族古老文化的结晶,也是现代文明前进与发展的基石。

第一节 汉字的演变

　　在古老的神话传说中,汉字是仓颉发明的。在他创造出汉字的刹那间,"天雨粟,鬼夜哭"(《淮南子》)。神话传说虽然是荒诞的,但文字的产生的确是一件惊天地、泣鬼神的大事,从此人类掌握了认识世界、改造世界的有力武器,踏上了文明的征途。汉字在数千年的发展过程中,经历了多次演变,向着越来越适合于书写和传播的方向发展。

一、汉字与汉语的关系

　　语言与文字的关系　　语言是人类特有的信息交流工具,对于人类文明的发展起到了重要的推进作用。出于传播的目的,人类经常需要把语言所承载的信息记录下来,文字便应运而生了。文字是记录语言的视觉符号体系。语言和文字都是人类文化的载体,同时也是人类文化的有机组成部分。和语言相比,文字能够超越时间或空间的限制,更加有效地传播、保存人类文化。相应的,文字也必须适应语言的发展、满足社会的需要,才能够长期存在下去。世界上曾经出现过很多古老的书写系统,例如古埃及的象形文字、古代苏美尔人的楔形文字等,都是当时比较成熟的文字,但是都随着各自文明的消亡而失去了生命力,甚至彻底死亡了。在西方,以腓尼基字母为始,出现了拼音文字,逐渐取代了比较繁琐难记的楔形文字和象形文字,并成为除了汉字文化圈以外绝大部分文字体系的始祖。汉字是当今世界上现存的最古老、最严密的表意文字系统,源远流长的中华文明使得汉语和汉字具备了旺盛的生命力。

汉字与汉语的关系 中国是一个统一的多民族、多语言的国家。汉族超过全国人口的百分之九十,居住地域广阔,方言差别也非常大。但是,汉字是记录汉语的唯一的符号体系。汉字作为表意文字,能够在跨地域传播中超越方言的局限,使各方言区的人民可以没有任何障碍地互相沟通,对于促进民族文化的交流与发展起到了重要的作用。中华民族的历史非常悠久,古今语音有很大变化,正由于汉字是表意文字,因此它在历时传承中能够超越语言的历史音变,无论商周时期的古代文字还是秦汉时期流传至今的古书,今人仍然能读得懂。这也正是中华民族在漫长的历史进程中能够始终保持大一统格局的重要原因之一。汉语是中国文化的重要内容,汉字则是中国文化的载体、代码和传播媒介。数千年来,汉字在中华民族的文化发展进程中起到了传播文化、传承文明的巨大作用。

汉字的书法艺术 与欧洲语言表音的符号体系不同,汉字起源于象形文字,属于表意的符号体系。汉字的表形特征,使得汉字更加注重审美形象,这是汉字与其他文字的重要区别。汉字不但承担着记录历史、传播文化和交流思想的重担,还形成了一种非常优美流畅的线条造型艺术。书法是汉字的书写艺术,汉字是书法艺术之树滋生和丰茂的肥沃土壤。

二、汉字的演变

远在文字产生之前,人类就有着强烈的记事和交流的需求。远古时期,很多地区都曾产生过"结绳记事"或"契刻记事"之类的方式辅助记忆或交流信息。后来人们开始使用更加复杂的图画或符号。各种形象的记事方法,把具体事物与形象思维联系起来,与抽象的内涵相结合,最终形成了复杂的符号体系用来记录语言,这就是文字。文字是人类社会经济、政治、文化发展到一定阶段的产物,从起源到成熟经历了漫长的历史时期。

中国的文字从出现至今,已经历了图画文字、甲骨文、金文、篆书、隶书、楷书,以及印刷术发明后为适应印刷要求而逐渐派生出来的各种印刷字体等漫长的发展历程。

图画文字 远古时期,原始人类经常把他们对于大自然的认识用图画记录下来。形象的图画虽然能明白地表示其含义,但是过于复杂了,因此繁复的图画逐渐被抽象化,出现了比较简单的符号。新石器时代陶器上刻有大量类似文字的符号,表明人类记事方式的进步。距今八千多年的裴李岗文化时期的龟甲上就发现了契刻的形似"目"字的符号。西安出土的距今六千多年的半坡彩陶上面也有形似文字的刻画符号。1960年以来,在距

大汶口文化刻画符号

今五千年左右的大汶口文化时期的陶器和良渚文化的陶器及玉器上发现了接近文字的刻画符号和图形。例如一个由"日"、"火"、"山"组成的会意字,是以太阳越过高山穿过云层的样子表示早晨的。这些符号和图形与半坡符号相比,内涵更为丰富,意义更为明显,并且形体已经固定化。有关专家认为,这些符号很可能就是汉字的源头。

甲骨文 清光绪二十五年(公元1899年),当时的国子监祭酒王懿荣身患疟疾,在抓回的一剂中药"龙骨"上,发现了一种类似文字的符号。他经过研究发现,药店出售的龙骨实际上来自商朝国都的废墟——殷墟(今河南安阳),是商代占卜用的甲骨,上面的文字是商王占卜的内容。这是一种古老的象形文字,许多字笔画繁复,近似于图画,而且异体字较多,比当时认为最古老的金文还要古老得多。王懿荣是第一个发现和确定甲骨文的人。甲骨文

殷墟出土的干支表牛骨局部

的发现,使人们走近了遥远的商周时代,也修补了中国文化传承中可能中断的链条。

甲指龟甲,骨指兽骨,甲骨文是指写或刻在龟甲和兽骨上的文字,其内容多为"卜辞",也有少数为"记事辞"。当时人们用被灼烧过的甲骨上的纹络来判断事物的吉凶。占卜完毕,就将占卜的时间、占卜者的名字、占卜的内容以及占卜后的吉凶验证契刻或书写在上面。甲骨上的文字,有刀刻的,也有朱书墨书的,刀刻的甲骨文字也有的填满朱砂。甲骨文字体与现在通用的汉字形体差异很大,很难辨认。在迄今为止找到的十五万多片甲骨上,已发现的甲骨文字有四五千个,经过文字学家和考古学家们的分析、判断,能够辨认的已近两千。其中最早的是河南舞阳贾湖出土的二十多个刻在甲骨或石器上的零散符号,时间是公元前6000年左右。殷墟出土的甲骨文,已经呈现出比较完整的形态,能够完整地记录汉语。所以,甲骨文出现的时间大约是公元前6000年左右甚至更早,最晚在夏商就已经发展成熟了。

甲骨文是一种以象形为基础的表意文字。其基本字形是象形字,不过有相当数量的假借字,这些假借字也是借用象形字的字形去表示一个同音词,两者之间的关系是借音。同时又有近五分之一的形声字,既表意又表音,这是汉字后来的发展方向。这一点也充分说明这种文字的使用已经有了相当长久的历史。因而,甲骨文是目前所知道的最早、最成熟的汉字体系。与更古老的图画文字相比,甲骨文已经呈现出相当成熟的文字风貌。

甲骨文在结构上具有表意性的特点。象形性是甲骨文字的基本属性,是甲骨文字表意性的核心。在甲骨文的结构中.象形性形符是基本的,其他各种构形都是从它派生出来的。从这种意义上看,说甲骨文是象形文字是有道理的。汉字的结构特点早在甲骨文时代就初步形成或初见端倪。世界上几种最古老的文字唯有甲骨文流传至今,而且十多亿人口仍在使用它,它的强大生命力和诸多优越性在信息时代的今天日益凸现出来。甲骨文是以象形为基础的,古人造字时"近取诸物","画成其物,随体诘诎",因而产生了耳、目、口、日、月、山、水、木、牛、羊、豕、马、犬、鹿、鸟等独体象形字。指事字中除了指示符号之外的主体构形也是象形性的,例如本、末、亦、刃等字。会意字中的各个分体构形也都是象形表意的,例如即、既、休、孕、采等字。形声字的形符和声符,原来也是象形表意的独字体,例如雉、杜、效、河、盂、娘、棋等字。

但是甲骨文又具有早期文字一字多形的特点:(1)偏旁不定。合体字的组成部分,不定形,不定位,不定数。偏旁可以变换,可以易位,可以增减。(2)繁简并存。偏旁结构相同而笔画随意增减。(3)正反无别。一个字正写反写意义不变。上述三个方面说明甲骨文结构还具有随意性的特点。不过这个随意性并非随心所欲,它是随表达需要的意,是一定范围内有条件的改变。并且有些字是不能随意的,否则就变成别的字,例如左、右。(4)合文书写。将两个或三个甲骨文字刻或写在一起,在行款上看只占一个字的位置。合文多数是数字、先公先王先妣的称谓、人名、地名、月份等。

金文 金文,是铸刻在青铜器上的一种文字。金文起源于商代,盛行于周代,是在甲骨文的基础上发展起来的文字。商周是中国历史上的青铜时代,青铜器中礼器以鼎为代表,乐器以钟为代表,"钟鼎"就成为青铜器的代名词,因而金文又被称为钟鼎文。常见的有铭文的青铜器主要有食器(鼎、簋)、酒器(爵、尊、壶)、水器(盘、匜)、乐器(钟、镈)以及兵器(戈、剑)。

与甲骨文不同,金文发现得很早。早在汉武帝时期,得宝鼎于汾阴后土祠旁,因此改年号为元鼎(公元前116年)。以后历朝历代,青铜器陆续出土,金文每有发现。宋代文人欧阳修著《集古录》、赵明诚著《金石录》,都对金文作过研究和记载。金文的内容大多是关于当时祀典、赏赐、任命、征战、围猎、盟约等活动或事件的记录,反映了当时社会政治、经济、文化等各方面的内容。

毛公鼎(局部)

钟鼎彝器等青铜器皿上的文字,有刻有铸,但铸多于刻。各种青铜器上的文字,大多刻铸在器物的外面,但也有铸于器物内壁,甚至刻铸在器物的盖、柄、耳、足、颈之上的。金文字体整齐遒丽,古朴厚重,和甲骨文相比,脱去板滞,变化多样,更加丰富了。

目前所见最早有铭文的青铜器,铸成于商代中期以后。铭文都很简单,文字书体近似于甲骨文。早期的金文多刻有器主之族名、作器者之名、受祭者之名。西周的青铜器铭文较长。从殷商青铜器上的一两字到西周春秋器上的数百字,青铜器铭文越来越长,内容越来越丰富。在讲述作器原因时往往附带记事。周宣王时所铸毛公鼎就很具有代表性。其铭文共三十二行,四百九十七字,是出土的青铜器中铭文最长的一个。毛公鼎铭文详细记录了周王对毛公的诰命之辞,共分五段,各段均为"王若曰"起,显然出自当时史官之手,铸在鼎上的目的是为了传之久远。又如公元前八九世纪的散氏盘记载了关于当时二诸侯采邑疆界的条款。西周后期的虢季子白盘内容也很有特点:"丕显子白,献馘于王。王孔嘉子白义。……王锡乘马,是用佐王。锡用弓,彤矢其央。锡用钺,用征蛮方。子子孙孙,万年无疆。"直到战国时代,铭文再次趋短,往往只记载与作器有关的时间、地点和人名。西周金文形体演变的主要趋势是线条化、平直化。早期金文象形特点在后期金文中得到了改变。这为篆文粗细均匀的书写方式的产生打下了坚实的基础。

金文所使用的单字比甲骨文多,尤其是形声字多,已充分体现了形声构字的原则。形声字在汉字发展史里取得优势性的地位,就是从这个时候开始的。同时,金文笔画明显减少,书写比甲骨文简练、规范,也体现了汉字发展原是由繁到简的这样一个原则。因为周王朝是一个统一的局面,所以,金文尽管和甲骨文一样,一个字有多种写法,但是字体相对严整,字形比较一致和规范,笔画和结构简单了许多。

篆书 长期以来,文字的书写形式有着地域化的特点。东周时期,同一个汉字在不同的诸侯国经常有着不同的书写形式。各国文字的不同写法正在逐渐成为文化交流的障碍。这个时期秦国所使用的汉字是产生于西周晚期的大篆。大篆字体方正略长,笔画转折

秦泰山刻石(局部)

回旋,象形的意味更少。公元前221年,秦吞并了齐、楚、燕、韩、赵、魏六国,建立了统一而且强大的封建王朝。为巩固其统治地位,采取了设立郡县、统一度量衡、统一货币,以及车同轨、书同文等一系列国策。书同文是指废除六国文字,以秦国文字为基础制定全国统一的文字。秦相李斯对大篆进行了改进和减省,吸收六国文字的优点,废除大量区域性的异体字,把这种新产生的整齐、简化、规范了的文字命名为小篆,作为全国统一的文字书写形式。这是中国古代史上对古文字进行的第一次大规模的系统整理,也是汉字发展史上的一个重大里程碑。统一后的小篆,顺应书写的需要趋于抽象化,象形意味大大减少,符号化更加明显,对后代文字的规范产生了深远的影响。

秦代在中国历史上仅仅存在了短短的十五年,很快被汉王朝所替代。作为官方标准书体的小篆有赖于东汉许慎的《说文解字》得以保存下来。另外,秦始皇时,为纪功颂德、宣耀皇威而刻的《峄山刻石》、《泰山刻石》、《琅玡刻石》等也留传于世。秦代小篆线条圆劲古雅,结构均衡对称,疏密有致,风格严谨。它的结构布局对于后世隶、楷的结字,特别是篆刻的布白都具有重要的启示作用。

隶书 隶书是相对于篆书而言的一种字体,相传是秦吏程邈在狱中发明的。篆书笔画圆转,书写费时,是官方文书的规范字体。早在秦统一中国之前,为了快速便捷地书写,秦国的下层官吏们就发明了隶书。他们把篆书去繁就简,字形变圆为方,笔画改曲为直,改连笔为断笔,改线条为笔画,使之更便于书写。隶书的"隶"不是指囚犯,而是指胥吏,即掌管文书的小官吏。所以在古代,隶书又被称为佐书。隶书盛行于汉朝,是当时的主要字体。作为初创的秦隶,留有许多篆意,后来不断发展加工。秦隶打破了周秦以来的书写传统,逐步奠定了楷书的基础。

汉《张迁碑》(局部)

隶书把篆书圆转的笔画改为断笔和波磔。波是指笔画左行如曲波,后来演变为楷书中的撇。磔指右行笔画的笔锋开张,形如燕尾,后来演变为楷书中的捺。隶书书写较为快捷,隶书的出现是汉字演进史上的一个转折点。

楷书 楷书是从隶书演变而来的,始于秦汉之际,通行至今,成为两千多年来文字书写的规范。楷书也叫真书、正书。楷书起源于西汉民间,汉魏时期逐渐成熟。熹平四年(公元175年)立于太学的《石经》是标准的隶书,此时民间书写已趋向简易,楷书通行于全国。北宋《宣和书谱》称魏初的钟繇"备尽法度,为正书之祖",说明钟繇对于楷书的推行和发展起到了重要的作用。楷书发展到唐代,大家辈出,各具风格。初唐时期的虞世南、欧阳询、褚遂良、李邕,中唐时期的颜真卿、柳公权等都是著名的楷书大家。楷书形体方正,笔画平直,结构严整,可作楷模,故得其名。这也正是楷书通行至今,常盛不衰的根本原因。

草书与行书 草书始于汉代,是为求书写便捷而产生的一种书体。其特点为:粗存正字的梗概,破坏隶书规矩,省减笔画,奔放飘逸。初期的草书,打破隶书的方整规矩,是一种草率的写法,称为章草。汉末,章草进一步草化,脱去隶书笔画行迹,上下字之间笔势牵连相通,偏旁部首也作了简化和互借,称为今草。到了唐代,今草写得更加奔放不羁,笔势连绵环绕,字形奇变百出,称为狂草。

草书符号的主要特征之一是笔画带钩连,包括上下钩连和左右钩连。隶化笔法的横势倾向,为左右钩连的草化提供了依据。草书虽然适应了快速书写的文化需求,在社会生活中曾广泛传播,但往往流于潦草,不易辨识,难以承担传播和教育的重担,因而产生了行书。

行书,是介于草书和正体之间的一种流畅字体。无论是隶书还是楷书,都要一笔一画写得端端正正,写起来都有点费时间,所以人们在书写不太重要的东西时,往往就写得自由一点,草率一点,因而也快一点,但又要保持正体字的形体,这就是行书。六朝以来,它就是人们手写的主要字体。汉代以来,随着正体字的变化,行书在体势和笔意上也有了显著变化。早期行书介于草书和隶书之间,后世行书介于草书和楷书之间。西晋时,行书大行于世,朝廷设立书博士,以钟繇、胡昭的笔法培养学生。东晋著名书法家王羲之所书《兰亭序》是千古杰作,被称为"天下第一行书"。

三、汉字的简化

汉字基本遵循着从复杂到简单的规律,向着便于人们书写的方向发展,汉字的字形逐步地规范化、稳定化。我们现在使用的汉字,是原始的图画文字,经过几千年的演变、发展而成的。从甲骨文、商周青铜器铭文的许多象形文字中,还可以看到图画的痕迹。这种文字虽然可以把自然界的实物描绘出来,但是使用起来却很不方便。于是人们就把这些繁复的不易书写的图画文字加以简化,保留它代表事物特征的部分,略去那些无关紧要的部分。也就是减弱它的图画性质,增强它的符号作用。构形简单的象形字就创造出来了。

由繁趋简是汉字发展的总趋势,隶书是篆书的简化,草书、行书又是隶书的简化。楷书的减笔字在南北朝时期即已出现,唐宋以后逐渐增多,主要流行于民间,多为常用而笔画又繁复的字。人们书写通常使用行书,行书中就有很多简化字。汉字在长期使用过程中产生的不少由繁体简化的简笔字一直在民间流行。现在使用的简化字就是由楷书简化而成,是在前代已有的简体字的基础上加以整理改进而来的。

为使汉字便于书写,1956年中国文字改革委员会提出简化汉字方案,把常用的繁体字加以适当的简化,后来又进一步把简化了的偏旁相应地类推到其他有同样偏旁的字。1964年公布的《简化字总表》包括先后简化的字共二千二百三十六个,经国务院批准实行(1986年10月重新发表时又对"迭"、"象"、"罗"、"复"四字作了处理)。简化字基本上是以通行已久的一些简体字为基础,又作了进一步的整理和改进,并且参考了草书和行书的写法,吸取其一二,以便书写。

汉字简化主要采用三种方法:(1)用本字代替分化出来的繁体字。例如用"气"代替"氣",用"云"代替"雲"。(2)用古今字中的古字代替后出的今字。例如用"舍"代替"捨",用"辟"代替"闢"。(3)选用通假字、异体字中笔画较少的字代替笔画较多的字。例如用"杰"代替"桀",用"礼"代替"禮"。(4)把草书楷化。例如用"书"代替"書",用"应"代替"應"。(5)运用会意、形声法另造新字。例如用"尘"代替"塵",用"惊"代替"驚"。

据统计,以五百二十一个简化字(不包括不单用的简化偏旁)计,简化字中有百分之十三始见于先秦时期,百分之十八始见于秦汉时期,百分之六始见于三国魏晋南北朝时期,百分之六始见于隋唐五代时期,百分之十六始见于宋元时期,百分之十始见于明清时期,百分之十一始见于民国时期,百分之十九始见于建国以后。汉字简化是大势所趋,也是汉字文化圈文字发展的共同方向。

第二节 汉字的构造——六书

六书,是古人通过分析汉字形体的构造而归纳出来的六种规律,即象形、指事、会意、形声、转注、假借。六书中,前四书是指汉字的形体结构,后二书只是文字使用方式。因为转注和假借没有造出新字,只是借用已有的旧字,所以其形体结构都不能超出象形、指事、会意、形声四种形体结构的范围。事实上,汉字的形体结构可以简单地分成两类:一类是不带表音成分的单纯表意字(包括象形字、指事字、会意字),一类是带有表音成分的形声字。象形字和指事字又叫独体字,即以笔画为单位构成的字,它是一个囫囵的整体,不能分为两个或几个偏旁。会意字和形声字又叫做合体字,即由两个或两个以上的偏旁组成的字。六书是我国古代分析文字的理论,有助于了解汉字的结构方式及其表意性特点。

"六书"一词最早出自《周礼》:"保氏掌谏王恶,而养国子以道,乃教之六艺:一曰五礼,二曰六乐,三曰五射,四曰五驭,五曰六书,六曰九数。"具体什么是六书,并没有说明。班固《汉书·艺文志》转引刘歆《七略》说:"古者八岁入小学,故周官保氏掌养国子,教之六书,谓:象形、象事、象意、象声、转注、假借,造字之本也。"这是对于六书最早的说法。至于对六书的具体解释,则见于东汉许慎的《说文解字》:"周礼八岁入小学,保氏教国子先以六书:一曰指事,指事者,视而可识,察而可见,上下是也。二曰象形,象形者,画成其物,随体诘诎,日月是也。三曰形声,形声者,以事为名,取譬相成,江河是也。四曰会意,会意者,比类合谊,以见指㧑,武信是也。五曰转注,转注者,建类一首,同意相受,考老是也。

六曰假借,假借者,本无其字,依声托事,令长是也。"许慎的解说,是对于六书的明确定义,也是我们了解《说文解字》文字学体系的途径。

六书是古人总结出来的汉字构造规律,是对于汉字形义关系的总结。并不是先有六书理论才造汉字,但是六书理论产生之后,对于人们分析汉字形体结构和创造新字起到了指导作用。因而,班固把六书理论称为造字之本。例如西方科学家所发现的很多化学元素,传统汉语中并没有相应的字,因而需要为此造很多新字,一般情况下,都会采用形声法来创造新字,例如镱、铷、钇、氖、氟、硒等。本来在甲骨文、金文中,象形字占大多数,因为直接画出事物的图形是一种最直观的造字方法。但是形声字在创造新文字方面十分有效,因此,在现代汉语中,百分之八十的汉字都是形声字了。下面分别对六书作出具体的介绍。

象形 从图画文字开始,人类就使用描摹自然界事物外形的方法来代表事物。象形就是按照事物的外形特征,用线条或笔画把它描画出来。文字的象形与绘画的目的不同,只要能够凸显事物特征就够了。例如"☽"字像一弯月牙的形状,"車"字像从顶部俯视一辆车看到的形状,"魚"字就是一条有头、有鳍、有尾的鱼,"鹿"字一眼看去就知道是一种有角的动物,即"鹿"。另外,象形字并没有形成完全固定的形态,在不同的书写者手中,反映同一个事物的象形字也可能会有较大的差别。象形字来自图画文字,但是图画的性质削减了,象征的性质相对增强。象形字是汉字的基础,在已能辨识的甲骨文中,象形字约占百分之三十七。

指事 象形是一种最为原始的造字方法,虽然形象易懂,但是局限性很大。在面对抽象事物的时候,这种方法就无能为力了。当遇到抽象得无可描摹的事物时,人类只好使用一种大家都比较容易理解的符号来表示。例如上、下方位没有办法象形,于是就画一条横线表示基准,在横线上方加一个短画,就表示"上",在横线下方加一短画则表示"下"。在表示数字的时候,划一横表示"一",划两横表示"二",这都属于指事的范畴。还有很多指事字是在象形字的基础上添加指示符号,来表示象形事物中较抽象的部分。例如"刃"字是给"刀"加上一点,表示所指为刀的锋利之处。在"木"字下部加一横表示所指为树的根部。在《说文解字》中,指事字只占百分之一点三。

会意 有一些情况无法简单地使用象形字或指事字来表示,于是用两个或更多的单体字拼合起来,组合出新的意义。例如"从"字两"人"前后相随,表示跟随之意。"众"字用三个"人"来表示很多人。以酿酒所用的容器"酉"和液体"水"组合起来,表示"酒"。一个"人"靠在"木"旁休息表示"休"。用"口"和"鸟"组合起来,表示鸟叫——"鸣"。会意字弥补了象形、指事造字法的不足,能够通过意义的组合产生更多新字。会意字与指事字不同,会意字是两个或更多独体的字组合在一起,而指事字拆开则不成字或有不能独立成字的指示符号。在已能辨识的甲骨文中,会意字约有百分之四十。这么高的辨识比例也从侧面说明会意法所造的字意义比较显豁,辨识出来的可能性比较大。

形声 以上三种造字方法受到各种各样的限制,不能够无限制地大量造字。例如与水有关的字很多,要想把意义相关又各有侧重的字全部造出来,仅使用以上三种方法几乎是不可能的。所以在甲骨文中就已出现了用表示意义的形旁(义符)和表示读音的声旁(声符)组成的形声字。形旁用来表示字的含义或类属,声旁表示字的读音。例如"江"、"河"、"湖"、"海"等字,"氵"是它们共同的形旁,声旁则随其读音不同而变化。又如"篮"字,形旁是"竹",表示它是竹制物品,与"篮"字声旁相同的"褴"、"蓝"、"滥"等字读音都相近。又如"齿"字,下方是形旁,表示牙齿,上方的"止"是声旁,表示这个字的读音,与之声旁相同的"址"、"址"、"趾"读音都接近。

另外还有一部分汉字,同时兼有会意和形声的特点。例如"娶"字,表示把女子取回家中,"取"既表音又表意。"功"字,既可理解为"力"和"工"会意,而且"工"字也兼作声旁。"伙"在古代指十名士兵共用一口锅吃饭,"火"既表音也表示生火做饭的意义。《经典释文》说:"飞禽即须安鸟,水族便应着鱼,虫属要作虫旁,草类皆从两中。"这种方式使得汉字中的形声字越来越多。在《说文解字》中,形声字约占百分之九十。

一般来说,根据形旁、声旁的位置可以把形声字分为六种:

左形右声:如扛、袖、柏、训、灯

左声右形:如鹅、雉、顶、期、刻

上形下声：如窟、室、蓝、箕、雾
上声下形：如盂、忌、基、赝、鸳
内形外声：如闻、问、闷、瓣、裁
内声外形：如阁、匾、园、府、裹

转注 转注并非造字法，而是属于"用字法"。由于对于许慎"建类一首，同意相受"的理解各不相同，产生了多种解释。以南唐徐锴和清代江声为代表的学者认为所谓"建类一首"是指部首，也就是同一义符的字具有相同或相近的意义。以清代戴震及其弟子段玉裁为代表的学者认为同义之字辗转互训，即为转注。以章太炎为代表的学者认为凡是意义相同、声音接近的字，无论字形是否相近，都是转注。由于资料的缺乏，要想明确指出许慎所言转注的意义是很困难的。到目前为止，学术界对这个问题仍然没有定论。

假借 假借就是同音替代。如果语言中一个表达某种事物、某种意义的词语没有相应的文字，就找一个和它发音相同的同音字来寄托这个词义。例如"自"本来是"鼻"的象形字，后来假借为自我的"自"。又如"而"字本义是胡须，假借为人称代词和连词。"我"本义是一种兵器，假借为第一人称代词。"其"字本来指箕，假借为指示代词。

第三节　图书的形式

汉字图书在几千年的发展过程中，随着书写材料的改变、复制技术的演进、装订方法的完善，外形发生了巨大的变化。回顾图书发展史，可以看出来，其实它就是一部人类科技史的缩影。随着现代科学技术的发展，各种电子介质的图书层出不穷，在很大程度上改变了人们的阅读习惯和写作方式。但是，所有的改变事实上都依托于传统的图书形式，只有对传统图书的形式作全面的了解，才能从根本上对新兴媒介产生客观的认识。同时，无论图书的形式如何变化，其承载人类文明和文化的功能永远不会改变。

一、图书的发展

文字是人类传播和保存信息的有力工具。人们把大量文字书写在各种材质上，就形成了书籍。中华民族有着悠久的历史和灿烂的文化，在文明的传承过程中，书籍起到了重要的作用。中国最古老的历史书《尚书》记载说："惟殷先人，有册有典。"册是指用绳编连起来的竹简或木牍，这是早期的书籍形式。但是由于年代久远，保存困难，到现在为止，尚未发现当时的实物。除甲骨文外，目前人们所知较早的古代典籍主要是周代的青铜器铭文与石刻。

青铜器铭文与石刻 青铜器铭文主要铸刻在钟、鼎、鬲、簋、尊、卣、壶、钟等青铜器上，内容一般是歌颂王德或者纪事表功。由于是铸刻在金属上的文字，又被称为金文。目前发现的铸刻有文字的青铜器包括各种烹饪器、盛食器、酒器、水器、乐器、兵器和度量衡器。石刻是指镌刻在石头上的文字。现存最早的石刻文字是唐代初年发现的秦国石鼓文。石鼓文是刻在十面石鼓上的十首内容连贯的四言诗，记叙秦国国君游猎的情形。青铜和石头都比较坚硬，不易损坏，可以长期保存文字。金石文字是我们了解中国上古文化的重要途径之一。

石经 与青铜相比，石头更为易得而且镌刻方便。从汉代到宋代，儒家经典曾多次被镌刻在石头上，供人们抄写传播。目前所知最早的石经是汉平帝元始元年（公元1年）所刻儒家经典。其后又有著名的汉熹平石经、魏正始石经、唐开成石经、宋嘉祐石经等。六朝时期，在利用石经的过程中，人们掌握了传拓的方法。通过把纸濡湿紧密地贴在石经上，再把没有笔画的地方扑上墨色，可以把石经的内容拓印在纸上，形成黑底白字的书籍。传拓法可以较为快速地大量印造书籍，印刷术的发明很可能就是受到了它的影响。

简牍与帛书 青铜器铭文和石刻虽然可以保存文字信息，但使用起来非常不方便，有很大的局限性。在造纸术和印刷术产生之前，为了便于携带和传播，人们主要把文字书写在笨重的竹简、木牍和轻薄的帛上。中国是世界上最早种桑、养蚕、取丝、织绸的国家。帛，这种白色的丝织品也可以用来书写，并且非常轻便。帛书唯一的缺点是价格昂贵。

纸质抄本　直到纸发明以后,人类才获得了一种廉价适用的书写材料。中国历史上很长时期内都在使用纸质抄本,手抄可以说是图书复制的唯一手段。中国古代很多藏书家都把抄书看成一件非常重要的事情,制作了很多精美的抄本。其中明末清初毛晋汲古阁所抄的古籍最为著名,被称为"毛抄"。由于手工抄书耗时费力,所以抄书也几乎成为了一些没有生活来源的贫穷读书人的职业。

雕版印刷　隋唐时期,受到长期使用的印章和石刻传拓方法的启发,人们用木头代替石头,把文字反刻在木板上,再用纸墨刷印,雕版印刷术就产生了。印刷术的产生不是一朝一夕的事情,而是在文明高度发展、文字广泛使用、社会文化需求旺盛的条件下,伴随着科学技术的发展而产生的。一般认为,现存最早的有确切纪年的雕版印刷品是在敦煌发现的唐懿宗咸通九年(公元868年)印行的《金刚经》。但是1974年在西安出土的梵文《陀罗尼经》经专家鉴定是唐初印刷品。也就是说,唐代初期已经出现了成熟的雕版印刷品。

活字印刷　雕版印刷术把书籍的内容雕刻在木板上,每刻一部书都需要重新雕版,费时费力。北宋时期,平民毕昇发明了活字印刷术。他把胶泥雕刻成薄薄的单字,用火烧使之坚固,然后在铁板上放松脂、蜡和纸灰之类的粘连剂,在铁板上按照书籍内容把单字排好,然后平整字面,刷墨印书。当书籍印刷完成,书版不再使用的时候,可以把它拆散成单字,用于下一部书的排印。活字印刷术方便快捷,节省了大量的人力、物力。

印刷术发明以后,迅速传播到亚欧各国,对世界文明的发展起到了巨大的推动作用。这是中华民族对于世界的伟大贡献之一。雕版印刷术在我国使用了一千多年,极大地促进了中华文化的发展和传播。宋代是我国雕版印刷术的第一个高峰,在这个时期,浙江的浙刻本和四川的蜀刻本都非常珍贵,尤其蜀刻本,字大如钱,版式疏朗,令读者赏心悦目,简直可以说是精美的艺术品。与此同时,福建刻本则是大量制贩的较为廉价的书籍,但同样对文化的发展起到了促进作用。

二、图书的形态

随着科学技术和文化水平的提高,图书的装帧形制也发生了巨大的变化。据考古学家研究,商周甲骨文的装订采用的是在甲骨中间钻孔用绳串连的方式。在正规典籍出现以后,由于材质和制作工艺不同,图书形态也迥然各异。

简策 从周、秦到西汉时期,书籍的形态主要是简策和帛书。简指竹简和木牍,一般情况下每片可以书写一行汉字。用绳把单片的简按顺序编连起来,就成为策。简策以篇为单位,在首片简上要标注出这一策书的篇名。编简成策之后,以尾简为轴,卷起收藏。简策在遇到书写错误的时候可以用刀刮削修改。与之同时,人们还使用帛作为书写材料。帛价格昂贵而且一旦书写之后修改困难,所以一般用于书写书籍的定本。20世纪70年代,在长沙马王堆汉墓中出土了一大批帛书,为我们了解汉代的书籍形态提供了实物根据。简策和帛书都可以卷起来,以便收藏和携带。后世书籍称篇称卷,就由此而来。

卷轴装 造纸术发明以后,纸书盛行,人们沿用简帛的收藏方法,把数纸连为一幅,从左到右,卷起来收藏。由于卷心往往有轴,故称为卷轴装。20世纪初在敦煌莫高窟藏经洞发现的大批遗书,主要是南北朝到唐五代时期的书籍。这些书籍有的简单地卷起来,有的还保留有木轴,说明唐五代以前纸书普遍采用卷轴装。并且,现在中国画和书法作品的装裱仍然采用这种形式。

经折装 为了诵读方便,人们还把长长的纸书按照固定的宽度连续折叠,使之成为长方形的一叠,并且在书的前后装裱上厚纸板,打开时形成连续不断的"之"字形,称为经折装。这个名称很可能与佛教徒诵读的经书经常采用该种方式有关。

旋风装 与此同时,还有一种名为旋风装的装帧形式。以一幅比书页略宽略厚的长条纸作底,把书页依次向左,像鱼鳞一样粘在底纸上,收藏时从首向尾卷起。这种方式保留了卷轴装的外观,翻检时又比较方便,可以说是从卷轴装到册叶装的过渡形式。

册叶装 卷轴装、经折装的卷幅都很长,翻阅起来毕竟不太方便。

最终人们不再把纸张粘连起来,而是采用积叶成册的方法,将众多的单叶纸重叠装订在一起。装订的一侧称为书脊。以书脊为轴,翻叶阅读,最为快捷方便。这种方式称为册叶装,每叶有固定的面积,字数也比较固定,还可以进行编号,是更为成熟的书籍形态。

由于造纸和印刷技术的提高,现代书籍比古代书籍更为精美,但基本形态还是一致的。现代书籍一般可以分为封面、扉页、版权页、前言页、目录页、正文页、附录页、封底、书脊等几部分。

第四节 图书的分类

图书是人类文明与文化的载体。古今中外各类图书浩如烟海,图书馆的藏书卷帙浩繁,要使众多的图书资料排放有序,取还有据,使读者能够准确地找到所需资料,就必须将图书科学地、系统地进行分类和组织。图书分类与人类知识体系的发展有较为密切的关系。

一、四部分类法

四部分类法,是中国传统的图书分类方法。这种分类方法起始于魏,确立于晋,是唐宋以后广泛流行的图书分类体系。但是在中国历史上,图书分类法曾经经历了多次改变。现知最早的图书分类法是西汉末年刘歆所编《七略》中的六分法,把图书分为六艺略、诸子略、兵书略、术数略、方技略、诗赋略六略。西晋初年,荀勖把图书分为甲、乙、丙、丁四部,甲部为经书,乙部为子书,丙部为史书,丁部为文集。南北朝时期,官书编录已遵循四部分类法,但仍然有沿用《七略》分类法并稍作改订的情况。唐初编成的《隋书·经籍志》正式确定了经、史、子、集的名称和顺序,此后一直被后代沿用。只是每部下各类目的名称、顺序、详细各有不同。清代乾隆年间修纂的《四库全书总目》沿用了四部分类法,并进一步制定了更为完善的类目细节。《四库全书总目》分类法作为四部分类法的权威之作,尽管存在着难以超越的历史局限性,但是对于浩瀚的中国古典文献的保存、流通仍然起到了积极的作用。

经部,是中国封建文化思想的核心,其中容纳的是统治阶级认可的

"必读书",主要是儒家经典及其相关内容。最早的儒家经典是《诗》、《书》、《礼》、《乐》、《易》和《春秋》,称为"六经",是孔子整理的古代文献。汉初时,《乐》失传。汉武帝罢黜百家,独尊儒术,在五经之外又加上《孝经》和《论语》,成为七经。唐代《礼》分为《周礼》、《仪礼》、《礼记》,为解释《春秋》而作的《左传》、《公羊传》、《谷梁传》也上升为经书,并把词典《尔雅》也列入经书。宋代又在唐代的基础上把《孟子》列为经书,形成了十三经。南宋时理学家朱熹认为《礼记》中的《大学》、《中庸》两篇和《论语》、《孟子》都是治学的根本,是经典中的经典,于是为之作注,合为"四书"。所以宋代以后,经部主要包括十三经、四书等儒家经典和古代音乐典籍以及与解释儒家经典有关的字书、词典等内容。

史部,反映了中国悠久的历史文化和优良的史学传统。早在南北朝时期,史部已分为十二个子类。《四库全书总目》把子部分为十五个子类,既包括纪传体、编年体、国别体、纪事本末体等体裁的史书,也包括传记、地理、金石、政书、目录等各类典籍。汉代历史学家司马迁所著《史记》是中国历史上第一部纪传体通史,宋代历史学家司马光所著《资治通鉴》则是一部庞大的编年体通史。为史书单独立目,说明了历史在中国人心目中的重要地位。

子部,范围极广,收书最为纷乱复杂。既包括先秦以来儒家、道家、墨家等诸子百家的哲学著作,也包括数学、天文、医学、农学、军事、艺术、宗教等不同学科的著作和各种难以归类的笔记小说、工具书等。可以说,子部包容了其他三部难以容纳的各类书籍。子部的众多著作是我们研究古代政治、经济、哲学思想、科学文化以及文学艺术的不竭源泉。

集部,容纳了中国历代古典文学著作。《四库全书总目》把它分为楚辞、别集、总集、诗文评、词曲五类。楚辞指中国历史上第一位大诗人屈原及其模仿者所创作的诗歌,别集指收录个人著作的文集,总集指汇集多人著作的合集,诗文评指与文学批评有关的著作,词曲类指收录词、曲等文学形式的集子。

二、类书与丛书

在中国古代典籍中,类书与丛书是最具特色并且有着重要地位的图书类型。

类书,是中国特有的一种百科全书式的工具书,它把散见于群书中的各种资料摘录出来,分门别类,汇编成书。无论诗文辞藻还是典章制度、人物故事、自然知识等,都可以在类书中依类检获。类书保存了大量的古代文献,很多现在已经散佚了的资料都只能在类书中找到珍贵的一鳞片爪。

类书是具有重要作用的工具书,一直受到中国古代封建统治者的重视。明代之前,有四部著名的类书,分别是唐代编纂的《艺文类聚》和宋代编纂的《太平御览》、《太平广记》、《册府元龟》。明代永乐年间,明成祖朱棣命令解缙等人带领儒臣文士三千余人,历时六年,编纂了一部前所未有的大型类书《永乐大典》。《永乐大典》以韵统字,以字系事,涉及天文、地理、文学、艺术、经书、史籍、技艺、农业、医学、宗教等各个领域,收录了当时传世的八千余种典籍,共计两万多卷,三亿多字,是当时世界上最大的百科全书。遗憾的是,《永乐大典》长期珍藏在皇宫,成为皇帝私人独享的盛典,一直未能对文化的发展起到应有的推动作用。到清代乾隆年间纂修《四库全书》的时候,从《永乐大典》中辑出失传的书籍达五百多种,当时《永乐大典》已经损失两千多卷。清末,经历英法联军和八国联军入侵两次浩劫,《永乐大典》损失殆尽。目前《永乐大典》只剩残本八百余卷,分别收藏在世界上十多个国家的三十多个单位和个人手中。尽管如此,《永乐大典》残本对于学术研究仍然有着无可替代的特殊价值。

清代也编纂了众多类书,其中康熙、雍正时期编纂的《古今图书集成》是规模最大、体例最为完善的一部,无论是分类体系还是编排方法,都达到了古代类书编纂的高峰。《古今图书集成》把清代尚存的各种古籍分为历象、方舆、明伦、博物、理学、经济六编,编下又细分为三十二典,典下又分为六千一百零九部。每部先有"汇考"以纪大事,后列辑自各书的"总论",继以"图表"、"列传"、"艺文"、"选句"、"纪事"、"杂录"、"外编"等项目。全书一万卷,约一亿六千万字。虽然从规模上来看不及《永乐大典》,但资料完备,体例严谨,实用性较强。另外值得一提的是,《古今图书集成》这样大部头的著作全部采用铜活字印成,可以说是活字印刷术的巅峰之作。

丛书 类书把散见各书的资料重新编排,从中不能看出原书原貌。与之不同,丛书是按照一定的编辑意图,把多部书籍组合成一个整体。丛书中各书自成一体,互不影响。我国第一部真正意义上的丛书是南宋时期的《儒学警悟》。在清代以前,产生了诸如《百川学海》、《津逮秘书》等重要的丛书。

清代是我国丛书编辑的鼎盛时期。乾隆年间,编成了当时规模最大、收书种类最多的丛书——《四库全书》。《四库全书》收书三千五千多种,共计七万九千卷,三万六千册。《四库全书》对于当时存世的典籍进行了选择、校对和整理。在整理、保存典籍的同时,也暗含寓禁于征的目的,把从全国各地征集来的含有反清思想和不利于封建统治的内容的书籍全部禁毁。据统计,当时被全毁与抽毁的书籍近三千种。因而鲁迅先生在《病后杂谈之余》一文中说:"乾隆朝的纂修《四库全书》,是许多人颂为一代之盛业的,但他们却不但捣乱了古书的格式,还修改了古人的文章;不但藏之内廷,还颁之文风颇盛之处,使天下士子阅读,永不会觉得我们中国的作者里面,也曾经有过很有骨气的人。"尽管如此,《四库全书》的编纂者中毕竟集中了纪昀、戴震、邵晋涵、周永年等当时最优秀的学者,《四库全书》中的大部分书籍经过了认真的校勘和整理,到现在仍然是我们研究古代文化的重要参考资料之一。《四库全书》编成后,抄写七部,分别储藏在七座藏书楼内。这七座藏书楼仿照宁波天一阁的样式建造,分别是:北京紫禁城文渊阁、北京圆明园文源阁、承德避暑山庄文津阁、沈阳故宫文溯阁、扬州大观堂文汇阁、镇江金山寺文宗阁、杭州圣因寺文澜阁。其中文渊阁本《四库全书》在1948年被国民党政府运往台湾;文源阁本与圆明园一起被英法联军焚毁;文宗阁本和文汇阁本毁于太平天国战火;文澜阁本在太平天国战争中损毁严重,经藏书家丁氏兄弟修补,大体复原;文溯阁本现藏于甘肃省图书馆,文津阁本现藏于国家图书馆,都完好无损。目前文渊阁本和文津阁本《四库全书》均已影印出版,并且制作了电子版。国宝《四库全书》已经成为专家学者、研究人员的常用资料。

三、现代图书分类法

近代以来,随着西方科学技术广泛传入和新式出版社、图书馆的兴起,反映新学科、新文化的书籍日益增多。中国传统的四部分类法已难以适应新兴图书分类的需要。我国学者开始尝试引进外国文献分类方法。据统计,20世纪前半期引进的外国文献分类方法主要有二十三种。在外国文献分类法及其理论的基础上,我国学者寻求解决图书分类问题的新途径与新方法,初步建立了我国现代文献分类理论与方法体系。我国目前主要采用的图书分类法是《中国图书馆图书分类法》和《中国科学院图书馆图书分类法》。

《中国图书馆图书分类法》(第四版),简称《中图法》,是在科学分类的基础上,采取从总到分、从一般到具体的逻辑系统,结合图书资料的内容和特点所编制的分类法。《中图法》充分考虑到了图书资料分类的特点,既要容纳古代的和外国的图书资料,又要反映新学科和新事物。《中图法》将马克思主义、列宁主义、毛泽东思想作为基本部类,列在首位;将知识门类分为"哲学"、"社会科学"、"自然科学"三大部类;将一些内容庞杂、无法按某一学科内容性质分类的图书概括为"综合性图书",作为一个基本部类。将图书共分为五大基本部类,二十二个学科大类,下面是它的简表:

A 马克思主义、列宁主义、毛泽东思想、邓小平理论
B 哲学、宗教
C 社会科学总论
  D 政治、法律
  E 军事
  F 经济
  G 文化、科学、教育、体育
  H 语言、文字
  I 文学
  J 艺术
  K 历史

N 自然科学总论
　O 数理科学和化学
　P 天文学、地球科学
　Q 生物科学
　R 医药、卫生
　S 农业科学
　T 工业技术
　U 交通运输
　V 航空、航天
　X 环境科学、安全科学
Z 综合性图书

《中国科学院图书馆图书分类法》，简称《科图法》，是根据中国科学院图书馆综合性藏书范围，以及中国科学院所属各研究单位图书馆不同专业的特点而编制的一部分类法。《科图法》以科学分类为基础、结合文献分类的实际需要，层层划分，详细展开，把文献分类表分成五大部、二十五大类，其顺序如下：

00 马克思列宁主义，毛泽东思想
10 哲学
20 社会科学
　21 历史、历史学
　27 经济、经济学
　31 政治、社会生活
　34 法律、法学
　36 军事、军事学
　37 文化、科学、教育、体育
　41 语言、文字学
　42 文学
　48 艺术
　49 无神论、宗教学
50 自然科学（总论）

51 数学

52 力学

53 物理学

54 化学

55 天文学

56 地球科学

58 生物科学

61 医药、卫生

65 农业科学

71 工程技术

72 能源学、动力工程

73 电工技术、电子技术

74 矿业工程

75 金属学、物理冶金

76 冶金学

77 金属工艺、金属加工

78 机械工程、机械制造

81 化学工程

83 食品工业

85 轻工业、手工业及生活供应技术

86 土木建筑工程

87 运输工程

90 综合性图书

思考题：

1. 试述汉字简化采用的三种主要方法。
2. 试论"六书"的理论内涵。

第七章 科学技术

中国古代科学技术在 16 世纪之前一直居于世界领先地位，除造纸术、印刷术、指南针和火药四大发明外，在很多方面都取得了辉煌的成就，为世界文明的发展作出了突出的贡献。正如李约瑟在《中国科学技术史》中所说："在公元 3 世纪到 13 世纪之间，保持了一个西方所望尘莫及的知识水平。"由于中国古代科技多是为了解决社会生活中的实际问题，因而带有明显的实用性和经验性的特点。

第一节 天文历法

中国是世界上天文学发展最早的国家之一，并形成了具有鲜明民族特色的天文学体系。中国古代天文学在许多方面曾长期在世界上处于领先地位，在世界天文学史和中国文化史上，都写下了光辉的篇章。

一、天学理论

宇宙本原与演化说 关于宇宙的本原，中国古人很早就认识到了宇宙万物的物质性。商周时期，在五行学说的影响下，人们认为金、木、水、火、土五种元素是万物的本原。春秋战国时期，《管子·水地》则认为水是最基本的元素。战国中期又进一步提出了"气"是宇宙本原的学说，"气"是一种比较抽象的物质形态，可以小到无穷小，大到无限大，使人无法察觉却又无处不在，宇宙万物都由它组成。

中国古人认为天和地是从"混沌"中诞生出来的，即现存世界是通过长时间的历史过程发展而来的。《管子·侈靡》指出"天地不可留，故动，化故从新"，认为天地都处在不停的运动之中，也正是因为运动，使宇宙万物新陈代谢，生生不息。宋代张载在《正蒙·太和篇》中进一步表述了这一思想，他指出"气有聚散，并无生灭"，"太虚不能无气，气不能不聚而为万物,万物不能不散而为太虚,循是出入,是皆不得已而然也"。论述了由气聚为万物,万物以气的形式散入太虚,往复无穷的观点。这就从更大的规模上,更概括地阐述了宇宙万物生生不息的图景。

尽管中国古代关于宇宙的本原与演化的思想都还是朴素的、思辨性的认识,但在当时世界上却是十分先进的。

天体结构说　中国古代影响最大的天体结构理论有论天"三说":盖天说、浑天说和宣夜说。

盖天说是中国最古老的宇宙学说,其理论主张以西汉《周髀算经》为代表,认为天圆地方,天在上而地在下,天如同一个半圆形的盖子覆在地上,天动地静。

浑天说以东汉张衡《浑天仪图注》为代表:"浑天如鸡子,天体圆如弹丸,地如鸡中黄,孤居于内。"这是一种以地球为中心的天体结构论,认为天和地都是圆的,天如一个浑圆的壳包在地的外面,地则是居于天壳中心的一个圆球,天内有水,地浮于水上。浑天说比盖天说更为先进,能近似地解释天体运行的有关现象,所以为官方天文学家所接受,成为中国古代正统的天体结构学说。

宣夜说没有前两种影响大,但其科学性却为三者之冠。东汉郗萌对其作了明确的表述,认为"天了无质","日月众星,自然浮生虚空之中,其行其止皆须气焉"(《晋书·天文志》)。这一学说比浑天说更进一步,认为宇宙是无限的,日月星辰悬浮于虚空之中,在气的作用下运动或静止。宣夜说基本接近我们今天对宇宙的认识,但由于它远远超过当时人的认识水平,所以没有得到多数人的理解。

宇宙无限性　在春秋战国时期,《尸子》中关于宇宙的定义是"四方上下曰宇,往古来今曰宙",宇宙就是包含了一切的空间与时间的概念。尸佼的这一定义包含了时空无限的初步思想。《墨子·经上》指出物体的移动必定要经过一定的时间和空间,并且物体空间位置的变化是和时间的流逝紧密联系在一起的。管子较为明确地提出了物质无限性与宇宙无限性的统一性命题,他说:"宙合之意,上通于天之上,下泉于地之下,外出于四海之外,合络天地以为一裹。散之至于无间,不可名而山,是大之无外,小之无内。故曰有橐天地。"(《管子·宙合》)"大之无外，小之无内"表明宙合即宇宙在大、小两个极端上的性质是统一的，同时也揭示了宇宙的无限性。东汉时期，经王充、郗萌、张衡等人的探讨，关于空间无限性的认识得到了进一步发展。唐代柳宗元认为天没有中心，这是对空间无限性的深刻认识。元明时期，人们对空间的有限和无限的认识达到了辩证统一的高度，认为宇宙空间是无穷的有限空间的总和。

二、天象观测与天文仪器

在中国古代历史的发展中，作为重要人事活动、政治活动的天象观测一直保持着良好的延续性，留下了丰富而精确的天象记录，并创制了多种先进的天文仪器。

天象观测与记录 在天象观测中，大约在春秋时期，中国古人创立了独特的星空划分体系。日、月、五星（金、木、水、火、土五大行星）与人类的生存关系最为密切，为了探测其运动规律，古人将沿天球黄道、赤道带的星空划分为二十八个区域，即"二十八宿"，分属东、北、西、南四宫，依次为：东宫，角、亢、氐、房、心、尾、箕；北宫，斗、牛、女、虚、危、室、壁；西宫，奎、娄、胃、昴、毕、觜、参；南宫，井、鬼、柳、星、张、翼、轸。二十八宿系统为日、月、五星的测算以及众多天象发生的位置确定，建立了一个统一的参照背景。战国时期石申编制的《石氏星表》是世界上最早的星表，并建立了世界上最早的赤道坐标体系，比其他古文明采用地平坐标和黄道坐标体系都要先进。在长期的天文观测中，中国天文学家对于日、月、五星的测算数据达到了相当精确的程度，如隋代张胄玄制定的《大业历》中关于五星会合周期的测算为：木星 398.882 日（与现代科学方法所测误差为 0.002 日）、火星 779.926 日（误差为 0.011 日）、土星 378.090 日（误差为 0.002 日）、金星 583.922 日（误差小于 0.001 日）、水星 115.879 日（误差为 0.001 日），这是我国古代五星测算所取得的最佳成果。

中国古代非常重视异常天象的观测记录，有大量关于日食、月食、太阳黑子、彗星、新星与超新星、流星和流星雨、极光等天象的记录。与世界其他国家相比，这些观测记录不仅时间早、数量多，而且详细、准确,同时其连续性是古代世界各国都无法比拟的。如对日食的记录,据统计,从公元前722年到清同治十一年(公元1872年)共记录日食九百八十五次。同时,在这些观测记录中,许多都是世界上最早的。甲骨文中武丁二十九年十二月望日(公元前1311年11月23日)的月食记录,是世界上最早的月食记录;中国古代记录彗星共五百多次,其中鲁文公十四年(公元前613年)有关于哈雷彗星的最早记录;《汉书·五行志》记载世界上最早的(汉成帝河平元年[公元前28年])关于太阳黑子的准确记录,而直到1610年,伽利略才第一次用望远镜真正观察到了太阳黑子现象。

正如李约瑟在《中国科学技术史》中所说:"中国人在阿拉伯人以前,是全世界最坚毅、最精确的天文观测者。"中国古代的天象记录为现代天文学家的研究提供了丰富的原始资料,是中国古代天文学为世界留下的珍贵遗产。

天文仪器 天文仪器是天文学发展的标志。中国古代天文仪器种类很多,重要的有仪象、圭表和漏壶等。

仪象的制作最能集中体现我国古代天文仪器的特点和水平。"仪"是测量天体在天球面上的位置的仪器,"象"是演示天体在天球面上视运动的仪器,由于它们都是解释浑天学说的仪器,所以汉以来称之为浑仪和浑象。

浑仪的研制早于西汉,经汉唐时期创新、定型,至宋元更加完备。盛唐时期,李淳风于贞观年间设计制造了一架能同时测赤道、黄道和白道坐标的极为复杂的浑仪,名为浑天黄道仪。虽然这架浑天黄道仪一直被置于皇宫中未投入使用,但其功能之齐备成为后世的典范。元代在浑仪的制造上达到顶峰,伟大的天文学家郭守敬制作的简仪、仰仪是其中的代表。简仪是对浑仪的革命性改革,它由赤道经纬仪、地平经纬仪、候极仪和正方案四部分构成,简化了前代浑仪的结构,观测简便,故后人称之为"简仪"。它的赤道装置是现代世界上许多大型望远镜采用的赤道装置的前身。仰仪是专门测量太阳赤经赤纬的仪器,它结构简单,仪面是一个开口向上的铜制中空半球面,内刻赤道坐标网,利用小孔成像原理,把太阳投影在仪面上。这样,太阳的赤经赤纬就一目了然了。运用小孔成像原理制造天文仪器,郭守敬是首创者。

浑象的基本结构是一个球体,相当于现在的天球仪。东汉天文学家张衡按照他的浑天说,制造出了中国古代第一台自动天文仪器——漏水转浑天象,由水力作为原动力推动浑象与天体视运动同步。三国时期,吴国的葛衡发明了浑天象,人置身球内如在夜间,球上依星象位置镂空以透光,似满天星斗,球绕轴旋转,人在里面就可看到斗转星移的景象。这是现代天象仪的始祖。

北宋苏颂和韩公廉等人制造的水运仪象台由浑仪、浑象和报时系统三部分组成,其结构之精密巧妙可谓古之一绝。仪象台高约十二米,宽约七米,将浑仪、浑象和报时系统分置于三层木架结构的顶部、中部和底部,运转时能够与天体视运动相同步。水运仪象台集测时、守时、报时为一体,是现代授时天文台的鼻祖,当之无愧为 11 世纪初世界上最杰出的天文仪器。

圭表是用以测量日影的仪器。最初的表只是竖立在平地上的一根竿子或石柱,简单实用,通过日影的测量来测定方向、节气和时刻等。我国传统表尺高八尺,为了提高测影的精度,郭守敬设计了高表和景符。高表表高四丈,这样在同等测量精度下,测量误差就只有原来的五分之一了。景符利用小孔成像的原理使高表顶端的影象清晰,以提高测量精度。

漏壶是我国古代最重要的计时器之一。张衡首创了补偿式漏壶,解决了以往漏水流速先快后慢的弊病。北宋燕肃发明了莲花漏,其巧妙设计克服了补偿式漏壶过于庞大的缺点。沈括漏壶在燕肃莲花漏的基础上结构更趋合理与完善。

三、岁时历法

历法是中国古代天文学的核心。中国古代历法不仅仅是历日制度的安排,还包括对日、月和五星的运动及位置的测算、日月交食的预报等广泛的课题。

中国历法的特点 世界上的历法有三种:太阳历、太阴历、阴阳历。太阳历以一个回归年(太阳年)为一年,一个回归年为 365 或 366 天天;

太阴历以一个朔望月为一月,一个朔望月平均29.5天,一年12个月,全年354或355天。阴阳历是中国古代历法的特色,它兼顾回归年与朔望月两个周期,以一个回归年为一年,以一个朔望月为一月,为了弥合太阳历和太阴历一年长度的差数,中国古人采取了隔若干年置一个闰月的方法。

二十四节气是中国古代历法的一大创造,由"冬至"起到下一个"冬至",将一个回归年平均分成十二等分,置十二"中气",再将每两个"中气"中间设一"节气",这样一年当中就有十二"中气",十二"节气",合为二十四节气,依次为:正月立春、雨水,二月惊蛰、春分,三月清明、谷雨,四月立夏、小满,五月芒种、夏至,六月小暑、大暑,七月立秋、处暑,八月白露、秋分,九月寒露、霜降,十月立冬、小雪,十一月大雪、冬至,十二月小寒、大寒。每月两个节气,前者为"中气",后者为"节气"。由于两个"中气"之间的时间长度为一个回归年的十二分之一,为三十点四天,比一个朔望月略长,一般来说,一个朔望月可以包含前后两个"中气"之一,但依次比推下去,若干年中,必有某朔望月内不含任何一个"中气",这一无"中气"的月,即为所添加的"闰月",从而将回归年与朔望月两个周期巧妙地结合起来。

二十四节气的创立是对太阳一年运动位置的一种特殊描述方式,能较好地反映季节气候的变化规律,所以不仅具有天文意义,而且对于农业生产活动有着重要的指导作用。这在世界上是独一无二的。

历法沿革 中国历代帝王都把颁布历法作为皇权的象征,因此,随着历史的改朝换代,中国古代历法也经过了多次改革,其中重要的依次有:

1.《古四分历》。春秋时期《古四分历》的创制是一项具有世界意义的伟大贡献。它的岁时为365.25日,这是当时世界上所使用的最精确的数值。《古四分历》规定19年中置7个闰月,即19个回归年正好有235个朔望月,那么一个朔望月等于29.5385日,也比较精确。古希腊的伽利泼斯历和我国的《古四分历》相当,但要晚大约一百多年。

2.《太初历》(《三统历》)。《太初历》由邓平、落下闳等人制定,于汉武帝元封七年(公元前104年)颁行,经西汉末年天文学家刘歆改造为

《三统历》，是我国现存第一部完整的历法。它以正月为岁首，这一规定一直延续至今。《太初历》最突出的贡献是首次把二十四节气融入历法，规定以无"中气"之月置闰月的方法，从而合理调整了季节与月份的关系。它第一次引入了食年和交食周期两个天文学概念，为日、月食的预报打下了基础。《太初历》所测定的五星会合周期也比以前有了明显的进步，并第一次明确了推算五星位置的方法，标志着中国古代对于五星运动研究的重大飞跃。

3.《乾象历》。《乾象历》为东汉刘洪所创制。该历法使得对月亮运动的研究有了新进展，它是我国也是人类历史上第一部考虑到"月球运动不均匀性"的历法。《乾象历》给出了黄道和白道的交角数值为六度左右，并首次定出交食食限的数值。《乾象历》还改进了回归年的数值，首次将回归年的尾数降至四分之一以下，从而也改进了朔望月的数值。

4.《大明历》。《大明历》由南朝刘宋时期的天文数学家祖冲之制定。把岁差现象首次引入历法，是祖冲之的一大贡献，使日月五星位置推算的准确度得到了根本的保证。《大明历》回归年长度为 365.2428 日，误差仅 46 秒，这是我国古代所用的最佳值之一。祖冲之还选定了十分准确的新闰周，采用 391 年 144 闰代替以往历法 19 年 7 闰的办法，这是我国古代得到的最佳闰周。《大明历》第一次明确地指出了交点月的长度值为 27.2122 日，误差仅 1 秒左右。关于五星会合周期，《大明历》的精度达到了前所未有的高度。

6.《大衍历》。《大衍历》为唐代僧一行创制。为了制定《大衍历》，一行等人从制造新仪器开始，经过大量实际观测来确定基本天文数据。在计算方法上，《大衍历》创立了不等间距二次差内插法的公式，比隋代刘焯制订《皇极历》所创立的等间距的二次差内插法又前进了一步。《大衍历》以其革新号称"唐历之冠"，又以其结构严谨、条理分明而成为后代历法的典范。《大衍历》于开元二十一年（公元 733 年）传入日本，在日本使用近百年。

7.《统天历》。《统天历》为南宋杨忠辅编制，颁行于庆元五年（公元 1199 年）。《统天历》最杰出的贡献是确定了回归年长度为 365.2425 日，这一数值欧洲直到 1582 年的格里高历——今天通用的公历中，才

245

得到这一精确的回归年长度,比杨忠辅晚了近四百年。《统天历》还指出了回归年的长度在逐渐变化,其数值是古大今小。尽管所测数值不完全准确,但在天文学史上是一个重要发现。

8.《授时历》。《授时历》是元代伟大的天文学家郭守敬主持创制的。为了制定这部历法,郭守敬主持研制了十多种天文仪器,进行了大量的天文测量工作,其中一次规模空前,共选择了二十七个观测点,遍布全国各地。这些都为《授时历》的编制打下了坚实的基础。《授时历》汲取了前代历法的精华,所采用的数据都是历史上最先进的。回归年长取《统天历》数据,并接受了《统天历》回归年长度变化的说法。朔望月、近点月等数据取自金代重修《大明历》。《授时历》彻底废除了虚设的上元积年法,以实测代之,以1281年为历算的起始年份,这一年历法各要素均由实测而得。在实测的基础上,《授时历》还应用了新的数学方法,从而提高了历法的精度。《授时历》是中国历法发展的高峰,也是当时世界上最先进、最精确的一部历法,它一直沿用到明末清初,是中国古代使用时间最长的历法。

第二节 农学

从世界范围看,农业起源中心主要有三个:西亚、中南美洲和东亚。东亚的中心主要就是中国。中国古代有着发达的农业,在种植技术、农具的发明创造和单位面积产量方面都达到了世界最高水平,并对东南亚和欧洲的农业发展产生了深刻的影响。

一、农业发展简史与农学思想

中国农业的起源与发展 中国农业有着悠久的历史,起源可以追溯到距今一万年以前。中国农业的发展大体可分为五个阶段:

(一)新石器石代是古代农业的发生期。在我国的古史传说中,神农氏遍尝百草,备历艰辛,选择出了可供人类食用的谷物,又创制了生产工具,教导人们种植谷物。目前已经发现了众多新石器时代原始农业的遗址,尤以黄河流域和长江流域最为密集。在湖南澧县彭头山等地发现了距今上万年的栽培稻,表明中国是稻谷的原产地之一;距今七八千年的磁山文化出土的粟使中国成为世界上公认的最早种植粟的国家;在距今七千年左右的浙江余姚河姆渡文化遗址发现了大面积的稻谷、稻壳,说明这是一个以种稻为主的农业部落。这一时期主要使用石制农具,属于原始农业形态。

(二)夏、商、周上古三代是传统农业的初步形成期。这一时期,中国发明了金属冶炼技术,青铜农具开始应用于农业生产,传统农业初步形成:在耕作方式上以休闲制代替了撂荒式,在农作物和家畜种类上已有了"五谷"、"六畜"的概念,精耕细作的农业技术体系的萌芽开始出现,水利工程开始兴建。

(三)从春秋战国至魏晋南北朝是传统农业的发展成熟期。春秋战国是中国社会大变革和科技文化大发展时期,炼铁技术的发明使农业进入了铁农具时代,大大推动了农业生产的发展。从战国时期起,连年种植的连种制代替了休闲制,并逐渐形成了丰富多样的轮作倒茬方式。秦汉时期北方地区旱地农业技术得到迅速发展,至南北朝形成了成熟的耕、耙、耱配套技术,精耕细作的农业技术体系基本形成。这一时期是我国古代农具发展的黄金时代,多种先进复杂的农具先后发明并得到应用。农学思想开始系统化,出现了氾胜之、贾思勰等著名的农学家,《氾胜之书》、《四月时令》和《齐民要术》是这个时期最具代表性的农书。

(四)隋唐宋元是中国农业的全面大发展时期。这一时期,南北方农业同时获得大发展,特别是南方水田耕作更为突出,土地利用方式增多,水田专用农具被发明出来并得到普及,耕、耙、耖、耘、耥的南方水田精耕细作农业技术体系形成并成熟。农业生产结构发生了大规模变化,稻、麦代替粟成为最主要的粮食作物。隋唐宋元时期出现了众多农书,重要的有唐代韩鄂的《四时纂要》、宋代陈旉的《农书》、元代司农司编的《农桑辑要》和王桢的《农书》等。

(五)明朝至清前中期是中国传统农业发展的顶峰时期。这一时期中国农业生产进一步向精耕细作化方向发展。美洲新大陆的许多作物被引进中国,对中国的农作物结构产生了重大影响。多种经营和多熟种植成为农业生产的主要方式。这一时期,中国农书的数量和种类之多是前所未有的,现存的明清时代的农书有数百种,占我国古代农书的一多半。其中最重要的综合性农书是明代徐光启的《农政全书》和清朝的《授时通考》。

农学思想的核心——"三才"理论 李约瑟认为中国的科学技术观是一种有机统一的自然观,这在中国古代农业科技中表现得最为典型,以"三才"理论为核心的农学思想正是这种思维方式的结晶。

"三才"理论最初只是一种哲学思想,讲天、地、人的变化与关系。春秋战国时期,农学家就开始把它作为一种农学理论来指导农业生产。之后,中国古农书无不以"三才"理论为其立论的依据。《吕氏春秋·审时》:"夫稼,为之者人也,生之者地也,养之者天也。"这段话阐明了农业生产的三大要素是天、地、人。"人"是农业生产中的主体,"天"和"地"则共同构成农业生产中的环境条件。这种理论把农作物的生长看作在天、地、人共同作用下完成的过程,把农业生产看作由稼、天、地、人诸因素组成的整体。中国历代农学家都强调人力在农业生产中的作用,宋代以后,更认识到了人的主观能动作用,形成了"人定胜天"的思想。在"三才"理论的指导下,我国逐步形成了农业生产"时宜"、"地宜"、"物宜"的"三宜"原则,其主要内涵是农业生产必须根据天时、地利的变化和农作物生长发育的规律采取相应措施。"三才"理论为精耕细作的优良传统奠定了理论基础,对农业生产的发展产生了巨大的影响和作用。

二、农耕技术

在长期的农业生产过程中,中国古代制造了许多长期处于世界领先地位的农具,总结了一整套先进的生产技术。

农具 我国农具的发展大致可分为石器、铜器和铁器三个阶段。原始社会的农具由石、骨、角等材料制成,商、周时代开始使用青铜农具,随着铁的冶铸技术的发明,春秋战国时期出现了铁制农具,铁农具的使用是农业生产上的一个转折点。到了汉代,铁农具已成为我国主要的农业生产工具而被广泛使用。

犁是中国古代最重要的整地农具。犁的出现已有四千多年的历史了。最原始的犁是石犁,战国时期铁犁铧的发明是一个了不起的成就,它标志着人类社会的发展进入了一个新时期。汉代的犁有了很大的进步,有了犁壁。犁经过不断改进,到唐代,创制出了新的曲辕犁,灵活省力,并可以自由调节深浅,已经是很完备的耕犁,对于提高耕地质量和生产率具有重要作用。犁在17世纪传入荷兰以后,对欧洲的农业生产产生了极大的影响。

耧车是中国古代的播种工具,是农具发展史上的又一重大创造。耧车是汉武帝时的农学家赵过发明的,是一种畜力播种工具,据东汉崔寔《政论》记载:"三犁共一牛,一人将之。下种挽耧,皆取便焉。"西汉时的耧车为三脚耧车,中央是一个盛放种子的耧斗,耧斗下有三条中空的耧腿,下面装着小铁铧。播种时,一牛在前牵引,一人在后面控制耧柄高低来调节耧腿入土的深浅,同时摇动耧柄,使种子均匀地播入所开的沟内,并能用"挞"来完成覆土工序。三脚耧车的出现为分行栽培提供了有利的工具,大大提高了播种效率和质量。

翻车又名龙骨水车,是我国古代最著名的农业灌溉机械之一。翻车发明于汉代,三国时马钧加以完善,制成了灵活、轻便的翻车。翻车可以连续取水,功效大大提高。我国古代对链传动的最早应用就是在翻车上,是农业灌溉机械的一项重大改进。唐代发明了筒车,是由竹或木制成的轮形提水机械。竹筒或木筒在水中注满水,随轮转到上部时,水自动泻入盛水槽,输入田里。筒车是灌溉工具的重大创造,其机构简明紧凑,设计构思巧妙,使人力提水发展为水力提水。

"精耕细作"技术系统 "精耕细作"是传统农业的一个综合技术体系,它是指以集约的土地利用方式为基础,包括改善农业环境和提高农作物生产能力的一系列技术措施。

(一)充分利用土地。我国传统种植制度的特点是多熟种植和轮作倒茬、间作套种相结合,一方面尽量扩大农作物的覆盖面积,使"种无闲地";另一方面尽量延长耕地里农作物的覆盖时间,使"种无虚日",使土地得到充分利用。提高土地利用率和土地生产率,是精耕细作技术体系的基础和总目标。

(二)科学把握农时。农作物的生长、发育、成熟都受气候变化的影响。中国古人特别强调对自然环境的自觉适应和充分利用,"不违农时"、"勿失农时"成为共识。这也同时推动了历法的进步,逐渐形成了中国所特有的长期指导农业生产的二十四节气。中国古代对农时的掌握综合考虑了物候、天象、气象、节气等多种因素,形成一个指时体系,为农业丰收提供了保障。

(三)因地制宜的田间管理。在长期实践中,中国古代形成了很有特色的"土宜论"和"土脉论"。"土宜论"要求人们按不同的地区和不同的土壤特点来发展农业生产。"土脉论"把土壤看作有气脉的活的机体,可以通过人工培肥使"地力常新壮"。在"土宜论"和"土脉论"的指导下,人们综合运用耕作、施肥和灌溉等措施,给农作物生长创造了良好的土壤环境,并因地制宜,形成了耕、耙、耱、压、锄相结合的北方旱地耕作技术和耕、耙、耖、耘、耥相结合的南方水田耕作技术。

(四)精选良种,合理栽培。种子是庄稼能否长好的关键因素。中国古代一直有精选良种的传统,如"穗选",即指以粒大饱满且纯净的粮食作为种子,种子要单收、单藏等。中国传统农业在长期发展中积累了丰富的经验,还采取了有性繁殖和无性繁殖、种内杂交和种间杂交等多种手段培育良种,成绩斐然。此外,中国古人至晚在公元前6世纪就已经采用了先进的分行栽培技术,欧洲直到18世纪才采用这种方法。

三、农田水利工程

中国国土广袤,地形多样,气候变化万千。为适应各地水文、地理等自然条件的复杂性,早在两千多年前,中国古代人民就创制了多种多样的灌溉工程类型,如引水渠道、陂塘、陂渠串联、圩垸、坎儿井等。

渠系 引水渠道是我国农田水利工程中最普遍的一种,主要修建于北方平原地区。中国北方平原面积广大,干旱少雨,河流密度小,所以往往要修建引用河水的灌渠工程。战国时期是兴建农田水利的兴盛期,魏文侯时(公元前422年)邺(治今临漳西南四十里邺镇)令西门豹创建了以漳水为源的大型引水灌溉渠系——漳水十二渠。公元前256年至前251年间在四川成都平原上修建的都江堰,是举世闻名的渠道引水工程。都江堰为秦蜀守李冰主持兴建,经后世不断完善,成为由鱼嘴(分水工程)、飞沙堰(溢流排沙工程)和宝瓶口(引水工程)三大主体工程组成的无坝引水枢纽,创造了世界水利史上的奇迹,并影响至今。此外,著名的还有郑白渠(秦代郑国渠和汉代白渠的合称),是古代关中地区最大的灌渠工程。秦始皇元年(公元前246年),韩国水工郑国主持兴建了郑国渠,全长三百余里,灌溉面积号称四万顷。西汉太始十年(公元前95年)赵中大夫白公建议增建新渠,名白渠,干渠长两百里,灌溉面积四千五百顷。

陂塘 陂塘主要建于南方丘陵地区。南方丘陵山区,雨量充沛,但水流容易流失,陂塘工程主要以蓄水灌溉为目的,同时起到分洪防洪的作用。芍陂是中国历史上最早的大型陂塘蓄水工程,为楚庄王八年(公元前605年)所建,在今安徽寿县。汉代时修筑陂塘已经很普遍,汉中、南阳、汝南地区陂塘工程都很发达,东汉时进一步向南方发展,浙江绍兴的鉴湖、余杭的南湖工程规模都很大。之后陂塘蓄水工程进一步发展,人们因地制宜规划陂塘,布设堤坝、水门和溢流设施,形成完整的蓄水工程体系。中国古代还创造了陂渠串联工程类型,以对水资源更充分地加以调节利用,增加灌溉面积,提高灌溉保证率。南宋以来,陂塘逐渐成为南方山区的主要水利设施,为南方山区水稻生产提供了保证。

塘浦圩田 塘浦圩田水利工程主要分布在南方沿江平原、湖区及滨海地区。这些地区河湖密布,土地肥沃,但易被水淹,影响农业生产的进行。人们于是取土筑堤围田,而取土之处则必然形成沟坎,造成积水,于是人们将这些堤、沟加以扩展,逐渐变成塘浦圩田。塘浦圩田在唐宋时期得到大力发展,如著名的太湖塘浦圩田水利系统就是在唐后期至五代时期建成并规整的,从而把卑湿的"涂泥"之地,建成了富饶的鱼米之乡。

海塘 海塘是我国东南沿海地区为防御海潮的侵袭,保护农田和城镇安全而修筑的一种水利工程。江浙海塘是修筑的重点地段。东汉时已在钱塘县建防海大塘,到唐代时,江浙沿海已建成了系统的海塘工程。之后,各代不断改进海塘结构,从五代以前的土塘逐步发展到木桩塘及各式石塘。其中有名的范公堤是北宋范仲淹在苏北沿海主持修建的一条防海大堤,全长二百九十一公里,使大量农田免受了海潮的侵袭。

坎儿井 凿井提取地下水灌溉,在地表水不足的北方非常重要。在我国井的出现很早,可追溯到新石器时代。春秋战国时期,凿井灌溉已较普遍。到明清时期北方已形成大范围的井灌区。新疆坎儿井是吐鲁番盆地利用地势引用地下水的一种独具特色的水利工程形式。它由暗渠、明渠、竖井和涝坝四部分组成。暗渠是坎儿井的主体,把水源引渡到明渠中;竖井,主要是为挖掘和维修暗渠使用的;涝坝,是在暗渠出水口修建的蓄水池,待积蓄一定水量后,即可灌溉农田;明渠,即暗渠出水到农田间的灌渠。坎儿井具有能自流灌溉,水质优良,水流稳定,冬季不封冻,又能减少蒸发和避免风沙侵袭等优点。坎儿井是适应新疆自然特点的灌溉工程,对新疆农业生产的发展起到了重要的作用。

四、农学家与农学著作

在我国古代出现了许多杰出的农学家,著名的有西汉的氾胜之、北魏的贾思勰、南宋的陈旉、元代的王桢、明代的徐光启等。他们总结了我国农业生产的经验,对于农业和农学的发展作出了卓越的贡献。

贾思勰和《齐民要术》 贾思勰,北朝农学家,所著《齐民要术》是中国现存最早、最完整的一部农学名著。贾思勰不仅博览群书,从古书中汲取历代农业科学知识,而且又实地考察了黄河中下游地区的农业生产,向劳动群众虚心求教,在长期积累的基础上,写成了《齐民要术》。该书共十卷,九十二篇,十一万字,内容十分丰富,正如《序》中所说,"起自耕农,终于醯醢,资生之业,靡不毕书",包括了各种农作物的栽培如农作物的种类、耕锄、施肥、灌溉、嫁接、防冻害等,家畜家禽的饲养如家畜家禽的防病、治病等,以及农产品的加工制作如酿酒、制醋、制酱、腌肉、剪毛、制毡等各方面的技术。《齐民要术》不仅总结了各种生产技术,而且包含着因地制宜、多种经营、商品生产等许多宝贵的思想,它在我国和世界农业发展史上都占有重要的地位。

《农书》 中国古代有两部著名的《农书》,作者分别为为南宋陈旉与元代王桢。

陈旉《农书》成书于南宋高宗绍兴十九年(公元1149年),全书共一万多字,分上、中、下三卷。上卷主要讨论水稻的耕种,提出了使"地力常新壮"的理论和"用粪如用药"的合理施肥思想;中卷谈水牛;下卷述蚕桑。这部书是我国第一部专门总结南方农业生产经验的农学著作,是私人著述的地区性农书的典型。

王桢《农书》,内容十分广泛,兼论南北,综合记述了黄河流域旱农和江南泽农两方面的情况。全书约十一万字,共分三个部分:"农桑通诀"、"百谷谱"和"农器图谱"。其中,"农器图谱"占全书五分之四的篇幅。这部书是我国古代有关农具记载最全的一部著作,共介绍农具一百零五种,且图文并茂,每幅图均附有说明,介绍农具的构造、来源、用法等,使人对古代农具一目了然。

徐光启与《农政全书》 徐光启,明代杰出的科学家,所著《农政全书》是我国传统农学的集大成之作。徐光启幼时从事过农业劳动,考取进士后,在翰林院长期供职期间,留心收集了大量的农书,认真总结了各种农作物的种植经验。1617年,徐光启来到天津,在海河边组织农民进行水稻种植试验。当时人们普遍认为北方不宜种稻,徐光启专门从江南聘来种稻能手,共同潜心研究种稻技术,经过反复摸索尝试,终于获得成功。晚年,徐光启殚精竭虑编写了《农政全书》。全书分为十二目,共六十卷,五十余万字,分农本、田制、农事、水利、农器、树艺、蚕桑、蚕桑广类、种植、牧养、制造、荒政十二项。《农政全书》基本上囊括了古代农业生产和人民生活的各个方面,记录了已有的农学研究成果,系统总结了我国古代农学所取得的巨大成就。徐光启还第一次把"数象之学"应用到农业研究上,为后人留下了宝贵的学术遗产。书中阐述了农业生产的基本指导思想,并提出了许多新的观念,具有十分重要的价值。《农政全书》在明崇祯十二年(公元1639年)印行,半个世纪以后流传到了日本,为世界农学的发展作出了贡献。

第三节 数学

数学在中国古代被称为"算学",是中国古代最为发达的学科之一。中国古代数学以算法为中心,具有较强的实用性。在世界数学文化传统中,以《九章算术》为代表的中国数学是东方算法化数学传统的精髓,取得了举世瞩目的成就。

一、中国古代数学的产生

至少在公元前 3000 年左右,中国古代就产生了数学的萌芽。为了生产和生活的需要,人们逐渐创造了数字,发明了记数符号和简单的计算工具。

十进位值制记数法 据考古发现,早在半坡氏族时期,中国古人就已掌握了从一到九这九个基本数字符号,并且很早就有了"零"的概念,记数时,用空位来表示。至迟到殷商时期,我国已经采用了十进位值制记数法。在商代陶文和甲骨文中,有了十、百、千、万表示位值的特殊符号。古人已能够用一、二、三、四、五、六、七、八、九、十、百、千、万这十三个数字来记十万以内的任何自然数。十进位制在今天看似简单,却是世界数学史上的一个伟大创造。

与古代世界其他国家和地区相比,我国的十进位制是最先进、最科学的记数方法。玛雅人采用二十进位制,古巴比伦采用六十进位制,古罗马采用五、十混合进位制,这些进位制均不如十进位制方便。古埃及虽也采用十进位制,但没有位值的概念,所以数字的表示非常繁复,计算起来更是麻烦。我国的十进位制使记数和计算变得简便快捷,对世界数学的发展有着不可估量的作用。在公元 6 世纪之后,十进位制传入印度,并与阿拉伯数字相结合,从而使十进位制有了一个完善的表达方式。随后它流传各国,大大推动了世界数学的发展。

算筹 伴随十进位制的出现,中国古代发明了最古老的计算工具——算筹。筹是用竹、木等制作的一些长短、粗细一样的小棍子,人们用算筹的排列来表示数字,有纵横两种方式。在表示数字时,个、百、万位用纵式表示,十、千、十万位用横式表示,零则用空位表示。这样,就可以用算筹摆出任何自然数。用算筹进行计算,叫做筹算。随着筹算的使用,中国古代十进位制得到了进一步的完善。

二、中国古代数学发展简史

先秦两汉时期 这一时期是中国古代数学的形成期。在长期的生产和生活中，中国古人积累了丰富的数学知识。《周髀算经》记载的一段西周初年周公与商高的对话，表明在夏禹治水时古人就已发现了勾股定理的特例"勾三股四弦五"，且至迟在西周初年，我国就已经认识到了勾股定理的一般形式。这一时期，数学被定为贵族子弟教育必修的"六艺"之一，开了世界数学教育的先河。

早在商周时期中国已经有了四则运算，至迟到公元前5至前4世纪，就已经形成了分数的概念并有了较广泛的应用，春秋战国时期整数和分数的四则运算已经相当完备。这一时期人们已经熟谙正整数乘法歌诀"九九歌"，"九九歌"作为数学普及和发展的基础之一，一直延用至今。

春秋战国时期的百家争鸣也促进了数学的发展，一些学派形成了许多与数学相关的抽象概念，如《周易》中已有了组合数学的萌芽，反映出了二进制的思想，并出现了有关幻方的研究。尤其值得注意的是，《墨子》中提出了一系列的几何定义和定理，如给出了圆的定义，提出了平行线或两平面的距离处处相等。此外，墨子还对点、线、面、体之间的关系作了阐释。

汉朝建立以后，人们对先秦的数学典籍进行了搜集和整理，先后出现了两部重要的著作《周髀算经》和《九章算术》。《周髀》大约成书于西汉初期，是论述盖天说的代表作，其中包含了大量的数学知识，后人称之为《周髀算经》。它涉及了分数运算、勾股定理及其应用、等差数列、开平方、一次同余式等问题。约成书于东汉初期的《九章算术》，标志着以算学为中心的中国古代数学体系的形成。

魏晋隋唐时期 魏晋至唐代是中国古代数学的发展时期，涌现了一批卓有成就的数学家和价值很高的数学专著。他们在对先秦两汉的数学知识进行系统整理的同时，开始重视理论研究。三国时代赵爽、刘徽的贡献使古代数学在理论上开拓了新纪元。特别是刘徽的《九章算术注》，不但有很多发明创造，而且阐发了中国古代数学理论，是中国数学在理论发展上的第一个高峰。南朝祖冲之、祖暅父子在刘徽的基础上，求出了更精密的圆周率的近似值，圆满解决了球体积的计算。唐初天算家王孝通在其《辑古算经》中为解决大规模土木工程的建设问题，开创了三次方程的解法,这是世界上关于三次方程解法的最古老最珍贵的资料。

唐代还特别重视数学教育,国子监内设立算学馆,置博士等专门教学人员培养数学人才,规定《周髀算经》、《九章算术》、《海岛算经》、《孙子算经》、《夏侯阳算经》、《张邱建算经》、《缀术》、《五曹算经》、《五经算术》、《辑古算经》十部算经为课本,后世通称为"算经十书"。"算经十书"对于中国古代数学的保存和发展起到了重要作用。

宋元时期 宋元时期是中国数学发展的鼎盛时期,涌现了一大批成就卓越的数学家。北宋贾宪首先创制了"开方作法本源"图,即二项式定理的系数表,在世界数学发展史上有重要意义。沈括在《梦溪笔谈》中首创了隙积术、会圆术,还提出了求弓形弧的近似公式。刘益对于方程的理论和解法多有创新。杨辉、秦九韶、李治和朱世杰被并称为"宋元四大家",在增乘开方法、一次同余式、高次方程、多元高次方程组、高阶等差数列等方面取得了杰出成就,表明当时中国的数学研究代表了世界数学的最高水平。

这一时期,珠算的发明完成了我国古代计算工具和计算技术的改革。随着经济的发展,人们已不满足于筹算这一古老方法,要求速度更快、方法更简捷的计算工具与技术的产生,珠算就是在这一社会需求下逐渐兴起的。一般认为,算盘的雏形出现于东汉时期。经过长期发展,至北宋形成了与现在基本相同的算盘。珠算是中国古代的一项伟大发明,在17世纪陆续传到东南亚各国及其他地区,对这些国家的社会生活和数学发展起了重要作用。

元末明初以来,中国传统数学急剧衰落,整体水平落后于欧洲,极少有创造性研究。明代资本主义萌芽的出现,使商业非常发达,所以直接服务于商业的珠算得到了极大推广,并成为学校训蒙的课程,出现了有关珠算的著作。算盘逐渐取代算筹成为主要的计算工具。明末,西方传教士将大量近代数学知识传入中国,从此开始了西学东渐。

三、中国古代数学的突出成就

中国历史上出现了许多杰出的数学家,他们创造了中国古代数学的辉煌成就。

《九章算术》 《九章算术》是中国古代的数学名著,约成书于东汉初期。全书分为方田、粟米、衰分、少广、商功、均输、盈不足、方程和勾股九章,采用问题集的形式,共列二百四十六个问题,包括面积与体积计算、开方方法、解方程等各种与生产、生活相关的数学知识和计算技能,涉及算术、代数、几何等学科。其中有关分数运算、开平方和开立方、正负数、联立一次方程等许多数学知识,在当时都居于世界领先水平。《九章算术》集秦汉数学之大成,形成了与西方迥异的中国数学独特的理论体系,对于中国数学的发展产生了深远的影响,在世界数学的发展中也占有重要的地位。

刘徽《九章算术注》 刘徽,三国时魏国人,是中国古代传统数学理论的奠基人。他用毕生精力为《九章算术》作注,取得了众多方面的成就。他发展了出入相补原理;在论证四棱锥、四棱柱体积时提出了刘徽原理,并引入了极限观念和无限分割的方法证明了这一原理;在论证圆型立体体积时,刘徽提出了截割原理,很方便地得到了圆柱、圆锥、圆台的体积算法;引入了十进分数,用无限逼近的方法描述无理数;首创了"割圆术",并运用它和极限思想证明了圆面积的算法,并以之反推求得圆周率的近似值为 3.1416。此外,刘徽在线性方程组的解法、弓形面积的推导、重差术的完善等方面都有创新。刘徽还著有《海岛算经》,被后世列入"算经十书"。刘徽在数学领域取得的卓越成就,对中国古代数学的发展起到了巨大的作用。

祖冲之与圆周率 祖冲之是南朝著名的天文数学家,对数学多有贡献,著有数学专著《缀术》,唐代曾将它列为官方的必修教科书,可惜南宋时失传,只有《隋书》中记载了他在圆周率上的辉煌成就。在前人研究的基础上,祖冲之运用刘徽的割圆术,更精确地推算出圆周率的数值应在 3.1415926 与 3.1415927 之间。祖冲之还用两个分数来表示圆周率的值:一为 355/113,称为密率;一为 22/7,称为约率。其密率是圆周率的最佳渐近分数。这些都是数学史上的卓越成就,遥遥领先西方一千多年。其子祖暅在刘徽"截割原理"的基础上提出了"刘祖原理",从而巧妙地求得了球体体积的计算公式。

秦九韶 南宋杰出的数学家,被美国现代科技史专家评价为"所有时代最伟大的数学家之一",著有《数学九章》十八卷,其体例仿照《九章算术》,共收集八十一问,分为九类:大衍、天时、田域、测望、赋役、钱谷、营建、军旅、市易。秦九韶对每个问题都给予了周详的计算,其中最杰出的成就有二:一是大衍总数术,从理论到技巧对一次同余式的解法作了辉煌的总结,理论完备,方法正确。这一成就在19世纪被介绍到欧洲,被称为"中国剩余定理"。其解法与德国数学家高斯1801年给出的解法完全一致,而早于高斯五百多年。二是正负开方术,细致而系统地给出了用增乘开方法解高次方程的方法,有的方程甚至高达十次。这种解法具有一般性,可以解任意次方程,后人称为"秦九韶法"。这一解法在理论上、步骤上与英国数学家霍纳于1819年所发表的解法完全一致,而比之早五百余年。此外,秦九韶关于线性方程组的解法,从其算图上看相当于增广矩阵的初等变换,被中外数学界公认已有了矩阵思想的萌芽。

朱世杰 元代人,代表作有《算学启蒙》和《四元玉鉴》,被外国科技史专家评为中世纪最伟大的数学家。《算学启蒙》分二十类,共一百五十九问,包括了从四则运算到增开方法、天元术等内容,形成了完整的数学体系。朱世杰在数学上的突出成就主要集中在《四元玉鉴》中:(1)四元术,即多元高次方程组的解法。朱世杰创造了消元法,将四元方程通过多次消元变成一元高次方程。朱世杰的消元法是中国数学领域的一项重大成就,早于西方四百余年。(2)垛积术,即高阶等差数列的求和问题。中国古代很早就注意到了等差数列的问题,如《九章算术》中就有所论述。到宋代,沈括创立了高阶等差数列,取得了一定成果,其后经杨辉、朱世杰的研究,取得了重大发展。《算学启蒙》和《四元玉鉴》中所运用的高阶等差数列的求和公式都正确无误,这一成就早于西方四百多年。

第四节 医学

在中国古代科学的各分支中,中医学最具中国特色,具有自己完整的体系,既有一套成熟的理论,又有行之有效的临床治疗方法,并有独特的制药理论与方法。它是中华文化宝库中的一颗璀璨明珠。

一、中医理论概述

整体论 在中国古代"天人合一"的哲学思想的指导下,中医学非常强调整体观念。这包括两方面的内容:一是认为人体是自然界整体的一部分,人体的健康和疾病直接受自然环境的影响。在医疗实践中,不能孤立地研究人体,而应把人体放在大自然的整体动态平衡中来考察。基于此,中医非常重视人体的精神和生活状态及其与环境的关系,特别是气候的变化,认为因时、因地、因人治疗才能收到良好的效果。二是认为人体是一个有机的整体,各个组成部分之间相互联系,不可分割。人体的某一部位发生病变,会影响到其他部位和整个机体,而全身的健康状况也会影响局部的病理变化。因此,中医治疗特别强调整体与局部的关系,不是孤立地研究某一局部疾病的症候,单纯的头痛医头、脚痛医脚,而是对整体进行全面的考察,以求把握病变产生的根本原因,治病治本,才能收到显著的效果。

阴阳五行说 阴阳是中国古代的一对哲学范畴,用以解释自然万物相互对立而又相互转化的一般规律。中医认为,人体必须阴阳和合才能保持健康,如果阴阳的平衡协调被破坏,就会产生疾病。阴阳学说贯穿于中医体系的各个方面。中医诊断讲求"八纲辩证",即阴、阳、表、里、寒、热、虚、实,阳阴是总纲,表、热、实属于阳证,里、寒、虚属于阴证。与之相应,中药的性味和功用也分为阴阳两大类。中医治疗就是通过药物或其他手段调和阴阳,使之恢复或达到平衡。

与阴阳说相伴,中国古代医学家同时用五行相生相克的规律来论述人体的生理、病理、药性和治疗等各个方面。以五脏为例,心、肺、肝、脾、肾依次属火、金、木、土、水,它们之间一如五行的相生相克关系,如用补肾的方法来调理肝虚,是依"水生木"的道理,治疗肝病时要注意健脾,是对"木克土"的预防等。五脏的循环相生相克,互为影响,因此治疗时必须把握各种因素的联系,这也是中医注重整体观念的一个表现。中医治疗还要注意药物的五行分属。

经络说 经络学说认为经络是人体运行气血的通道,是联结表里上下、五脏六腑的组织系统。经络由经脉和络脉组成,其中经脉是经络的主干,多循行于人体的深部,络脉是经脉的分支,分布于人体的浅表。经络遍布人体的各个部位,周而复始地循环运行,运送全身的气血。经络学说认为疾变的发生与传播是以经络为途径的,所以疾病的诊断可以经络循行部位的变化为依据,同时,也可以通过经络来调整人体的机能,达到疾病治疗的效果。

经络线路虽然与西医解剖学上的神经、血管、淋巴系统很不一致,但在临床治疗上却行之有效,在其原理上形成的针灸学在今天仍然盛行不衰,并越来越受到全世界的重视。所以,经络说在中医学理论中占有重要地位。

二、临床医学成就

早在战国时期,中医学各科已有了明确的分工。传统中医学内科、外科、妇科、儿科等临床医学领域都取得了显著成就。其中最突出的有:

针灸 针灸是中医独特的一种治疗方法。它以经络说为理论基础,在此基础上又产生了腧穴的概念。腧穴处于经脉运行的路径上,分布于全身体表的特定部位。针灸即是用针刺入或用火温热烧灼特定的穴位,产生刺激作用,通过经络的循环运行,进而调节人体内部的机能,达到治病的目的。

我国的针灸历史悠久,大约起源于新石器时代,经过长期的实践,逐渐形成一种专门的治疗方法。周代古医书中就有关于针灸的比较全面的论述,《黄帝内经》中《灵枢》九卷专讲针灸技术,西晋皇甫谧所著《黄帝三部针灸甲乙经》是现存最早的针灸学系统专著,之后,针灸学著作大量涌现,并出现了彩色针灸挂图和针灸铜人,这些都使我国传统针灸学日益发展壮大。

由于针灸疗法具有简便实用,疗效比较迅速显著且副作用小的特点,所以流传越来越广。早在6世纪,针灸疗法就传播到日本,17世纪后陆续传至欧洲、美洲。至今,中国传统的针灸技术已受到世界各国的普遍重视。

麻沸散　早在公元2世纪,名医华佗在做外科手术之前,先让病人用酒冲服一种名为"麻沸散"的中药进行麻醉,然后再施行手术。《后汉书·华佗传》有他做腹部大手术的记载:"先以酒服麻沸散,既醉无所觉,因刳破腹背,抽割积聚;若在肠胃,则断截湔洗除去疾秽。既而缝合,敷以神膏,四五日创愈,一月之间皆平复。"这是世界医学史上的创举,比西方麻醉剂的出现早了一千六百多年。

　　人工免疫法　在中国医学史上,很早就产生了免疫的思想,并有了近似疫苗的记载。早在晋代,葛洪编的《肘后备急方》中就记载了以狂犬脑敷在被狂犬咬的伤口上以防治狂犬病的方法。就其医学思想来看,是现代免疫学的先驱。

　　中国古代在免疫学上最突出的成就是发明了人痘接种法防治天花。其方法是取天花患者的疱浆或痘痂粉末少许,植入健康儿童的鼻孔内,使其轻度感染,从而获得对天花的免疫力。这种人痘接种法何时发明说法不一,但至迟在16世纪下半叶已经使用,大约在17世纪末传到俄国,继而传至欧洲,这是我国医学对世界的重大贡献,有效地保护了儿童的健康。直到1796年英国医生琴纳发明牛痘接种法后,才逐渐被取代。

三、医药学名家与名著

　　《黄帝内经》　《内经》是我国现存最早的一部医学著作,约成书于公元前5至前3世纪,因托名黄帝所撰,故称《黄帝内经》。全书共十八卷,分为《素问》和《灵枢》两部分,比较全面地论述了人体的生理、病理、诊断、预防和针灸等各方面的医学理论。《内经》强调了人与自然的密切关系,认为人体是一个有机的整体,同时将这种整体观念与阴阳五行学说贯穿于中医学的各个方面,并第一次提出了脏腑经络学说,从而成为日后中医学理论发展的基础。《黄帝内经》是古代医学家集体智慧的结晶,它的出现标志着我国传统医学理论体系的初步形成,长期以来一直指导着中医学的发展。

　　扁鹊　扁鹊战国时期名闻天下。他在中医诊断方法上首创"望、闻、切、问"四诊法,后人延用至今。在治疗方面,他医道高明,掌握了针灸、砭石、手术、吹耳等方法,精通各科,被传为"神医"。扁鹊崇尚科学,反对巫术,明确提出了"信巫不信医"者不治的宣言,旗帜鲜明地与巫术作斗争。

《神农本草经》 《神农本草经》成书于汉代,是我国现存最早的药学著作。《神农本草经》是对前人积累的药学知识的总结,书中共记载药物三百六十五种(其中植物药二百五十二种,动物药六十七种,矿物药四十六种),分为上、中、下三品,对每一味药主治的病症及其产地、性质、采集时间、炮制和贮藏方法等都作了详细记述。书中还阐述了君、臣、佐、使、七情和合、四气五味等药学理论。

华佗 华佗是东汉时期的著名医学家,中医外科的鼻祖,以精湛的外科手术誉满华夏,在手术前,先使用麻沸散对病人进行麻醉以减除痛苦。除外科外,华佗精通脉理,善于辨症论治,在妇、内、儿、针灸各科都有很高的造诣。另外,他还特别重视体育锻炼,提倡以增强体质预防疾病,并创制了五禽戏,至今仍在民间流传。

张仲景及《伤寒杂病论》 "医圣"张仲景是和华佗同时期的著名医学家,所著《伤寒杂病论》(《伤寒论》和《金匮要略》)比较系统地总结了之前在伤寒和杂病的诊断与治疗方面的经验。他运用"辨证施治"的原则,总结和研制了二百多个处方,主治明确、配伍精当、疗效显著,被誉为"众方之祖"。他的最大贡献是将《黄帝内经》的医学理论和医疗实践结合起来,使理、法、方、药得到统一,从而为中医学的发展奠定了基础。

孙思邈及《千金方》 孙思邈为唐代名医,他集毕生精力从事药物学研究,被尊为"药王",著有《千金要方》和《千金翼方》,简称《千金方》。《千金要方》包括临床各科的诊断、治疗以及预防、卫生等各个方面。该书第一次把妇科、儿科从内科中分离出来,并作了特别详细的论述。《千金翼方》收录了八百多种药物,并在伤寒、中风和杂病等方面进行了重点论述。《千金方》汲取历代医学著作的经验,并加以补充,载方五千多条,内容丰富,是一部百科全书式的医学著作。

宋慈《洗冤录》 南宋时期宋慈所著的《洗冤录》是世界上最早的法医学系统专著,比较全面地总结了尸体检验、中毒鉴别等方法,比欧洲最早的法医学著作的刊行早了三百五十多年。该书被译成多种外文,流传海外。它和元代佚名的《平冤录》、王与的《无冤录》被后世称为"宋元检验三录"。

金元四大家 金元时期医学思想活跃,产生了各家学派,医学家们纷纷著书立说,出现了百家争鸣的局面,形成了"金元四大家",其代表人物分别为刘完素("寒凉派",提出"降火益水说")、张从正("攻邪派",提出"邪去正安说")、李杲("补土派",提出"胃气为本说")和朱震亨("滋阴派",提出"阳常有余,阴常不足说")。"金元四大家"在病理、诊断和治疗等方面展开了激烈的争论,大大促进了中医学术的发展。

李时珍及《本草纲目》 李时珍是我国明代伟大的医药学家,他编撰的巨著《本草纲目》为后世药物学的发展作出了重大贡献。李时珍在仕途不通的情况下,操祖业行医,亲自上山采药,并虚心向渔夫、樵夫、药农请教,进行实地考察,在大量实践的基础上,历经二十七年的时间,完成了《本草纲目》这一伟大著作。《本草纲目》共五十二卷,分为十六部,六十类,载药物一千八百九十二种,附方一万一千多条,系统、全面地总结了明代中期以前药物学方面的知识,把我国的医药学水平提高到了一个新的高度。《本草纲目》先后传到日本、欧洲,被译成日、英、法、俄等多种文字,在世界药物学和植物分类学等方面都占有重要地位。

四、少数民族医学

我国是一个多民族国家,在漫长的历史岁月中,各少数民族如藏族、蒙古族、维吾尔族等各自形成了独具特色的治疗方法。

藏医学 藏医历史悠久,它不但有丰富的治疗经验,且有较为系统的理论。早在远古时代,生活在西藏高原的居民在同大自然作斗争的过程中逐步积累了治疗的经验,至公元4世纪,天竺医学家入藏,对藏医学的发展起了积极的作用。公元6世纪以来,内地医学传入。赤松德赞时期,藏医学有了很大发展,出现了九大著名医学家,其中玉妥·元丹贡布最为有名,是藏医学理论体系的奠基人。他广泛搜集总结民间医药经验,拜访中外名医,结合汉族医学和印度吠陀医学的成果,编著了三十多部医学论著,其中包括藏医经典《四部医典》,从而形成了较为系统的藏医体系。

藏医理论认为,人体内存在三大因素——"隆"、"赤巴"、"培根",在正常生理条件下,三者互相依存、互相制约,保持着协调平衡;当任何一个因素或几个因素由于某种原因出现异常时,就会发生病变,出现隆病、赤巴病和培根病,治疗时就需要对三者进行调整,使其恢复到平衡状态。独特的民族风俗使藏医学对人体的构造有较具体和深入的了解。另外,值得一提的是,在胚胎学方面,藏医学有着辉煌的历史,也有很多成就。

蒙医学 蒙古族医药学也是我国传统医学的重要组成部分,是蒙古族在长期的医疗实践中逐渐形成与发展起来的具有鲜明民族特色和地域特点的传统医学。

传统蒙医学很早就有以寒热来解释疾病本质的理论,认为人体生命活动,是在寒热平衡状态下进行的,由此把疾病的本质归纳为寒和热两大类。在元代,饮食疗法得到进一步发展。著名的宫廷饮膳太医、蒙古族营养学家忽思慧所著的《饮膳正要》在营养学中占有重要的历史地位。

16世纪中叶以后,藏医学及印度吠陀医学经典著作的传入,为蒙医学基础理论的系统化创造了条件。这样,蒙医学吸收了藏医学、印度医学以及汉医学知识,结合本地区的特点和民间疗法,得到了创造性的发展。蒙医学强调整体观念,认为人体是一个复杂的矛盾统一体,人体内部各脏腑之间,脏腑与体表感觉器官之间通过黑脉与白脉的运行互相联系,构成整体。蒙医学的基础理论之一是六基症理论,认为所有疾病可归纳为赫依病、希拉病、巴达干病、血病、黄水病、虫病六种基本病症。蒙医在外科方面的理论和技术有很大发展,如对于骨折、外伤的治疗独具特色。

此外,维吾尔族医学在治疗时,还广泛使用熏法、浴疗、放血等外治方法。其他少数民族医学如苗医学、傣医学等也拥有独具自己民族特色的治疗经验。各少数民族医学是中国医药学的重要组成部分,极大地丰富了中国传统医学。

第五节 物理学、化学与生物学

严格说来,中国古代没有近代意义上的物理学、化学与生物学,缺乏系统知识和研究方法,但我们的祖先对各种自然现象却有不少详细的观察和记载,积累了大量物理学、化学与生物学各方面的经验性知识,取得了出色的成就。其中,指南针、火药的发明都具有划时代的伟大意义。

一、物理学

指南针与磁学 中国是世界上最早发现磁铁指极性的国家。战国时期,人们就利用磁铁指极性发明了指向仪器"司南",用天然磁铁磨成杓状置于光滑的地盘上,其杓柄就会指向南方。但由于"司南"指向性不太准确,所以没能推广应用。

人工磁化方法的发明为指南针的演进提供了重要的技术条件。在磁学发展史上,人工磁化方法的发明是一件大事。北宋初年曾公亮主编的《武经总要》中记载了指南鱼的制作方法:把薄铁片剪成鱼形,烧红,把鱼尾浸入水中,指向正北方,并使其向下微斜。这样取出后铁鱼就被磁化。其原理是利用强大的地球磁场将铁片内部杂乱无章的磁畴顺着地磁方向规则排列,从而呈现出磁性。这种利用地磁场进行磁化的方法是非常了不起的发明。北宋科学家沈括在《梦溪笔谈》卷二十四中还记载了另一种简便而有效的人工磁化的方法——"磁石磨针锋",即利用天然磁石的磁场作用使钢针内部的磁畴排列规则化,使钢针变成磁针。这可以说是正式的指南针了。沈括还提及指南针的四种装置方法:"水浮多荡摇,指爪及碗唇上皆可为之,运转尤速,但坚滑易坠,不若缕悬为最善。其法取新纩中独茧缕,以芥子许蜡,缀于针腰,无风处悬之,则针常指南。"水浮法多荡摇不稳,指甲和碗唇法虽运转灵活,但容易坠落,唯独悬丝法既灵活又稳定。

指南针的发明是中国对人类文明的重大贡献之一,它使人们获得了全天候航行的能力,为全人类航海事业的发展揭开了崭新的篇章。

中国还是最早发现地磁偏角的国家。《梦溪笔谈》卷二十四《杂志一》记载："方家以磁石磨针锋，则能指南。然常微偏东，不全南也。"这段文字指出，指南针并不指向正南，而是略偏东向，这一现象，科学上称为"磁偏角"。

力学 中国古代积累了丰富的力学知识。力是物理学中重要的基本概念，《墨子》最早对力作出了有物理意义的定义："力，形之所以奋也。"这一定义从状态改变中寻找力的原因，意义是极其深刻的。《墨子》一书还最早记述了杠杆原理和滑轮力学。杠杆原理在中国的典型发展是秤的发明，古人称之为"权衡"或"衡器"，即在一根杠杆上安装吊绳作为支点，一端挂上重物，另一端挂上砝码或秤锤，来称量物体的重量。迄今为止，考古发掘的最早的秤是公元前4世纪到公元前3世纪战国时期的制品。秤的发明与广泛使用表明了中国古人在实践中完全掌握了阿基米德杠杆原理。滑轮，古人称之为"滑车"。运用滑轮，可以改变力的方向，节省气力。至迟从战国时期开始，滑轮就在作战器械、井中提水等方面被广泛应用。据《礼记正义》卷十记载，公元前4世纪，公输般曾为季康子葬母下棺，创制了转动机关，可能就是滑轮组的应用。

声学 在声学方面，中国是最早发现共振现象的国家。据《庄子·徐无鬼》记载，西周时的鲁遽曾把二瑟置于两屋中，拨一弦，则另一屋中相应的弦就会随之振动："鼓宫宫动，鼓角角动，音律同矣。"并指出这是声律相同的结果。这可以说是世界上最早的共振实验。沈括后来也做了类似实验，其方法是：在一根琴弦上放一纸人，在另一琴上如弹其应弦，纸人就会跳动，弹其他的弦，纸人就不动。沈括的这一实验比欧洲进行的类似实验——英国诺尔的"纸游码"实验早了五个世纪。

东汉王充在《论衡》中研究了声音的传播问题，第一次用水波比喻声波，认为声音的传播与水的传播一样，和振源的大小、强弱有关，也和振源离观察点的距离有关，离振源远的地方就达不到了。这是世界上对声波的最早认识。

光学 《墨子》中记录了世界上最早的光学知识和光学实验，具有重大的科学意义。墨子提出了光是直线传播的原理，并做了小孔成像的实验，以光的直线传播解释了光通过小孔形成倒像的道理。墨子还比较系统地讨论了平面镜、凹面镜和凸面镜的成像原理,并发现了凹面镜焦点的存在。之后,沈括又在前人的基础上对凹面镜的焦距进行了测定。元代科学家赵友钦用千余支蜡烛进行了小孔成像的大型光学实验"小罅光景",再次证明了光的直射性,并进一步对光源的大小和强度、光源与不同孔径的小孔的距离、像的大小与亮度之间的关系进行了较为深入的研究,如此大规模的严谨实验,是物理学中的首创。

二、化学

中国古代化学与炼丹术密切相关。尽管炼丹术的本意是荒谬的,但炼丹术士在长期的实践中,积累了大量的物质变化知识,认识到了不少物质的化学性能,并取得了巨大的成就。

火药 火药是炼丹术士在炼丹中发明的,是用硝石、硫磺和木炭三种粉末按一定比例混合而成的,现在称之为黑火药。至迟到唐代,火药已经被加以运用。唐代医学家兼炼丹家孙思邈在《诸家神品丹法》中记载的把硫磺、硝石和含木炭的皂角放在一起烧制的"伏火法",就是黑火药制造的具体方法。这是中国古代也是世界上最早的关于火药配方的记载。

火药发明后,很快被应用到军事上,制造出了火药武器。由于其杀伤力大,到宋代,战争中已经普遍使用,人们制造火药武器的水平也有了很大提高。《武经总要》记载了三种火药配方,分别为有毒性的"毒药烟球法"、燃烧性的"蒺藜火球法"和爆炸性的"火炮火药法",用以不同用途的火药武器。宋元时期,在火药武器方面的一个突出成就是管形火器的出现。最初的管形火器是用竹筒制成的火枪,随后发展为铜铸的火铳,威力巨大。管形火器的出现在兵器史上具有划时代的意义,现代枪炮正是在此基础上发展而来的。

中国古代在火药武器方面的另一重要成就是自身具有推进和发射功能的火箭的出现。宋代已发明了一种利用火药燃烧产生喷射气流,形成反作用力使箭快速飞向前方的火药箭,其发射原理与现代火箭是一致的。到了明代,火箭的使用更加广泛,出现了一种二级火箭,名为"火龙出水"。其构造是:取一根五尺长的竹筒,制成龙形;龙身外前后两部分各装两支火箭,这是第一级火箭;在龙腹内也装有几支火箭,作为第二级火箭。使用时,先点燃第一级火箭用来推动龙身飞行,飞到两三里远,引火线点燃第二级火箭,它们就从龙口中直飞出去以攻击敌人。这种火箭完全符合现代多级火箭的制造原理。

火药是我国古代的一项伟大发明,在13世纪经阿拉伯传到欧洲,从而引发了世界武器史和军事史的重大变革。

置换反应 炼丹术士在炼丹实践中发现了铁对铜盐的置换反应。西汉《淮南万毕术》中记载:"曾青得铁则化为铜。"曾青即天然硫酸铜,其溶液与铁接触,其中的铜离子就会被铁置换出来。这一发现是对化学史的一大贡献,并为后世的"湿法炼铜"奠定了基础。"湿法炼铜"于唐末、五代年间应用到生产中,从而开创了湿法冶金的先河。

三、生物学

生物分类 对动植物进行分类,是人类认识和利用生物的前提。中国古代的生物分类体系独具特色,《周礼·地官》将生物分为动物和植物,把植物分为皂物(柞栗之属)、膏物(杨柳之属)、核物(梅李之属)、荚物(荠荎、王棘之属)、丛物(藋苇之属)五类;把动物分为毛类(哺乳类)、鳞类(鱼类、蛇类)、羽类(鸟类)、介类(龟鳖类)、裸类(人类)五类。《尔雅》将植物分为草、木两类,将动物分为虫、鱼、鸟、兽四类。春秋末年齐国记事官书《考工记》首次提出了将动物分为"大兽"(脊椎动物)与"小虫"(无脊椎动物)的分类法,可惜没能得到充分发展。

后世的分类法基本沿袭了前人的模式。明代李时珍《本草纲目》将植物分为草、谷、菜、果、木五部,将动物分为虫、鳞、介、禽、兽、人六部,各部再分为若干类,共包括植物一千六百六十种,动物四百零八种,可说是中国传统生物分类之集大成者。《本草纲目》的动物分类按低级到高级顺序排列,较之现代分类学鼻祖林耐1759年在《自然系统》中的分类早了一百五十多年。

遗传与变异 我国古代人民很早就认识到各种生物都存在遗传性和变异性,尤其可贵的是我国古代人民已经认识到人类可以利用变异,通过人工选择来培育新品种。古代劳动人民在生产实践中,广泛地采用存优汰劣的留种和选种技术，创造了无数的优良品种，为人类作出了贡献。马和驴杂交而成的骡子是利用杂种优势的典型例子。据《吕氏春秋》记载，赵简子有两个骡子，这表明用人工杂交创造生物新类型的方法，早在春秋战国时期就被加以运用了。无性杂交的嫁接技术，也是我国首创的。东汉《氾胜之书》记载了瓠的嫁接，《齐民要术》中亦有利用不同种的树木进行嫁接来提早果树结实和改良品质的记载。达尔文曾系统地描述了中国金鱼人工选择的过程和原理，并说："中国人曾经运用这些相同的原理于各种植物和果树上。"他在《物种起源》中还指出："如果以为选择原理是近代的发现，那就未免和事实相差太远……在一部古代的中国百科全书中已经有关于选择原理的明确记述。"

生态学 古代典籍中记载了不少动植物生态学知识。《管子·地员篇》中说："凡草木之道，各有谷造，或高或下，各有草物。"人们已经认识到了植物生长与土质、地势、水泉等地理环境之间的密切关系，并注意到了植物垂直分布的现象。

在唐代，人们就已知道了"水母目虾"这一现象："水母……其形乃浑然凝结一物，有淡紫色者，有白色者，大如覆帽，小者如碗，腹下有物如悬絮，俗谓之足，而无口眼。常有数十虾寄腹下，咂食其涎，浮泛水上。捕者或遇之，即欻然而没。乃是虾有所见耳。"（《岭表录异》卷上）从动物学的观点看，这是小虾与水母的共栖，水母保护小虾，同时借虾的行动来确定自己的游动方向。类似的记载还有"鸟鼠同穴"等。

生物资源的保护与合理利用 在"天人合一"哲学思想的指导下，中国古代很早就注意到了生物资源的保护和合理利用的问题。据《逸周书》记载，大禹曾说："春三月，山林不登斧，以成草木之长。夏三月，川泽不入网罟，以成鱼鳖之长。"我国从周代开始就将动植物资源保护列为国家管理的一项重要事务，规定了砍伐林木、狩猎禽兽的月令，并有专门的虞衡机构监督执行。战国时期荀子就意识到了生态环境与社会安定、人类生活之间的重大关系，他指出："汙池渊沼川泽，谨其时禁，故鱼鳖优多，而百姓有余用也；斩伐养长，不失其时，故山林不童，而百姓有余材也。"人与自然的和谐是关系到人类繁衍生息、持续发展的大问题，中国古代"天人合一"的思想和生物资源的保护与合理利用的经验在今天仍具有一定的借鉴意义。

第六节 工艺制造

中华民族具有高度的智慧和创造力,我国古代在冶金、纺织、机械、造船、造纸、印刷、陶瓷等技术领域,有着一系列突出的成就。

一、造纸术与印刷术

造纸术 造纸术是中国古代的四大发明之一,它的发明,大大推动了我国教育和文化的发展。在造纸术发明以前,我国古代用甲骨、竹简和绢帛等作为书写材料。甲骨、竹简比较笨重,而绢帛虽然轻便,但成本昂贵。到了汉代,随着经济、文化的迅速发展,廉价、方便的新型书写材料成为社会的迫切需求。

据考古发现,我国至迟在西汉时期已经发明了造纸术,汉武帝时人们已开始使用麻纸,但质地粗糙,不匀净。东汉宦官蔡伦为造纸术作出了革命性突破,用树皮、破布、鱼网作为原料,大大降低了成本,并改进造纸工艺和方法,大大提高了纸的质量。蔡伦于公元105年向汉和帝献纸,受到赞赏,从此,"蔡侯纸"名闻天下,使纸得到了推广和普及。之后,造纸业也随之迅速发展起来,一方面不断开拓新的原料,另一方面不断改进工艺技术,各地出现了许多各具特色的纸张。南朝以藤皮为主要原料所制成的藤纸是一种质量优良的纸张。唐代安徽宣城出产的宣纸,用楮桑皮制成,质地细密均匀,洁白柔软,保存时间持久,是书写和绘画的精品材料。

关于造纸术的记载,以明代宋应星《天工开物》最为详尽,其中《杀青》卷记述了制造竹纸和楮皮纸的全部工艺过程,并附有"斩竹漂塘"、"煮楮足火"、"荡料入帘"、"覆帘压纸"和"透火焙干"五幅图示。

造纸术发明之后,很快向邻近国家推广。大约在公元4世纪传至越南和朝鲜,7世纪初传到日本和印度,唐天宝时期,造纸术传入阿拉伯,及至宋代,又经由阿拉伯人向非洲、欧洲传播,1150年,西班牙出现了欧洲第一家造纸工场。此后,中国的造纸术传遍了世界的各个角落,为人类文化的传播和发展作出了不可估量的贡献。

印刷术 在印刷术发明之前,书籍采用手抄形式,不仅耗时费力,而且容易出现错误。中国古代印刷术的发明开创了图书出版的新纪元。

约在公元3世纪的晋代,随着纸和墨的出现,印章和石碑拓印亦流行起来。到了唐代,印章与拓碑两种方法合流,从而出现了雕版印刷术。1900年在甘肃敦煌县千佛洞发现的藏书中有一卷雕版印刷的《金刚经》,其末尾题"咸通九年(即公元868年)四月十五日王玠为二亲敬造",这是目前世界上发现的有确切日期的最早的印刷品,图文精美,刀法细腻,说明当时刊刻印刷技术已达到了相当纯熟的程度。

北宋时期,随着经济的发展、商业的繁荣和文化的兴盛,需要大量、迅速地传播信息。雕版印刷每印一种书就要雕刻一回板,耗费人力物力,人们需要一种更简便、更经济的印刷技术。为适应这一需求,北宋仁宗庆历元年至八年间(公元1041年~1048年),平民毕昇发明了活字印刷术。沈括《梦溪笔谈》详细记载了活字印刷术的主要步骤:首先,在胶泥制成的小方块上刻好一个个单字,放在火上烧成陶活字。平时将这些字按照次序排列在木格里备用。接着,依照稿本拣出所需要的陶活字,排在一块铁板上,字下铺一层脂蜡,放到火上烘烤,脂腊熔化后,用另一块铁板将字面压平。待铁板冷却,所排的字就固定在铁板上了。最后,施墨印刷。印刷完毕后,将铁板重新放到火上烧至脂蜡熔化,便可将活字拣出来,再放回木格里,以备再用。

在毕昇发明活字印刷术后,中国还出现过不少其他材质的活字,其中值得一提的是元代农学家王桢创制的木活字,他还发明了印刷机械——转轮排字架,这是印刷技术中的一项重要发明,提高了排字的效率。王桢之后,木活字一直在我国流行。此外,元明时期还使用过金属活字,先后有锡、铜活字。

活字印刷术是人类历史上最伟大的发明之一,大约在14世纪传入朝鲜,之后相继传至日本及东南亚地区,15世纪传入欧洲。印刷术的西传,为欧洲教育的发展和文艺复兴的兴起提供了重要条件。

二、陶瓷工艺

瓷器是中国的伟大发明，是中国古代文明的重要象征之一。

陶器的发明与新石器时代的陶艺　在人类文明史上，陶器的发明是一项创举。人类需要一种耐烧、不易腐蚀的容器来烹调、盛放和储存食物。早在一万多年前的旧石器时代晚期，我国就出现了陶器。到了新石器时代，不同区域的文化类型中出现了不同形制、不同工艺及装饰的陶器：仰韶文化彩陶，纹饰活泼生动，器表光滑平整；马家窑文化陶器是泥质红陶，多采用几何图形来装饰，线条流畅，色泽鲜艳；大汶口文化的白陶形制相当特别，成型工艺难度较高，烧成温度也较高；龙山文化以砂质黑灰陶和泥质黑灰陶的数量最多，特别是素面磨光黑陶最具特色，器壁薄如蛋壳，修胚均匀，显示出当时工匠们的高超技艺。

汉唐瓷器的发展　瓷器是陶器的进一步发展，我国在商代发明了原始瓷器。最早产生的瓷器都是青瓷。两汉时期是原始青瓷向成熟青瓷过渡的时期，瓷胚制作更加精细，釉料也有了很大的改进。汉代瓷器胎体致密，透光性强，已接近或相当于现代瓷器的标准。青瓷的出现标志着中国制瓷技术的成熟，也是对人类文明的重大贡献。

两晋时，制瓷技术有了很大的提高，特别是白瓷的发明更是南北朝瓷业的一大成就。唐代是瓷器全面发展的时期，瓷器的品种与造型新颖多样，其精细程度远远超越前代，在发展中形成了"南青北白"的两大瓷窑系统。南方地区主要烧制青瓷，以浙江越窑为代表；北方地区主要烧制白瓷，以河北邢窑为代表。越瓷胎质细腻，釉层均匀，滋润光滑，特别是其釉色翠碧迷人，享有盛誉。邢瓷代表了当时白瓷的最高水平，其主要特征是"白如雪"，不仅广销国内，而且还远销海外。

"唐三彩"是唐代陶瓷工艺中一支独放异彩的奇葩。它虽是陶器，却与一般低温釉不同，胎体用白色粘土制成，以含铁、铜、钴、锰等元素的矿物作为釉料着色剂，并用铅作为釉的熔剂，利用铅在烧制过程中的流动性烧成黄、绿、天蓝、褐红、茄紫等各种色调，光泽明亮，以黄、绿和白三色为主，故称"唐三彩"。唐三彩斑斓绚丽，颇能体现大唐的时代风貌。

宋瓷　宋代是我国陶瓷发展史上的繁荣期。宋瓷在中国陶瓷工艺史上以单色釉的高度发展而著称,出现了举世闻名的五大名窑——官、哥、汝、定、钧,品类繁多,各具风格特色。定窑以盛产白瓷著称,洁白细腻,质感柔和,传世珍品有孩儿枕。汝窑以青瓷烧制最精,代表了宋代青瓷的最高水平,釉色呈淡淡的天青色,专制内廷御用之物。官窑瓷器有"紫口铁足"的特征,造型优美。哥窑青瓷在中国瓷史上享有盛誉,釉层丰满,灰黑似铁。钧窑产器是铜红釉瓷器,色彩丰富,质地温润。铜红釉因烧制难度大,产量小,所以十分珍贵。此外,景德镇窑的青白瓷(又叫"影青瓷"),釉色介于青瓷和白瓷之间,色质如玉,标志着宋瓷制造工艺达到了一个新的高峰。宋人在制瓷工艺上达到了一个新的美学境界。造型较之前代更为丰富多彩,纹饰题材表现手法独特,形成审美与实用的统一整体,为我们中华民族在世界工艺发展史上矗立起一座丰碑。

元明清瓷 中国陶瓷发展到元代,制瓷生产技术日臻完善,并出现了新的变化。元以前,瓷器装饰比较单调。元代景德镇瓷业兴起,以青花瓷与釉里红为代表的彩瓷成了新贵。青花瓷色调清新,装饰自然多变,逐渐成为我国瓷器生产的主流。明代是唐宋以后中国制瓷业的又一高峰时期,景德镇发展成为全国瓷器中心,中国瓷器进入了彩瓷时代。明代彩瓷以青花为主,宣德年间出现了青花"五彩",是以釉下青花与釉上彩相结合的一种瓷器,以红、绿、赭、紫为主,五彩缤纷,色泽艳丽。清代是中国瓷器的又一个黄金时代,工艺上取得了许多新的成就。康熙时,釉上蓝彩、金彩和黑彩的烧制成功,使五彩瓷器进入了一个新的阶段。清瓷制作极尽工巧,色彩绚烂,达到了我国彩瓷艺术的最高峰。

三、纺织工艺

纺织技术是中国传统文化的重要组成部分之一,历史上,曾经有过辉煌的一页,在纺、织、染各个领域,成就显著,硕果累累,独领风骚达两千年之久。纺织曾对我国的政治、经济与文化的发展产生过重要作用,同时在人类文明的发展史上也占有举足轻重的地位。

先进的纺织工具 古代纺织技术的发达是与纺织工具的发明和不断革新分不开的。中国古代纺织工具有纺车、织机与提花机。纺车的文献记载最早见于西汉扬雄的《方言》。为了提高质量和产量,纺车不断被改进,从手摇纺车到脚踏纺车和水力纺车。宋末元初,棉纺织革新家黄道婆向黎族姐妹学习了棉纺织技术,把用于纺麻的脚踏纺车改成三锭棉纺车,并且总结了一套纺纱技术。同时她还革新了轧棉和弹棉工具,使纺纱产量得到大幅度提高。提花机是织造提花织物的机械。我国古代纺织物之所以五彩缤纷是和提花机的发明与使用分不开的。早在四千多年前,古代劳动人民就已经织出了具有简单几何图案的斜纹织品。秦汉之际,丝绸提花技术达到了相当高的水平。三国的马钧对提花机进行了革新,不仅使花纹图案奇特,花型变化多端,而且提高了提花机的生产效率。

印染技术 中国古人很早就利用矿、植物对纺织物进行染色,并在长期的生产实践中,掌握了各类染料的提取、染色等工艺技术,从而生产出了五彩缤纷的纺织品。早在六七千年前的新石器时代,我们的祖先就能够用赤铁矿粉末将麻布染红。周代开始使用茜草,以明矾为媒染剂可染出红色。春秋战国时已能用蓝草制靛染青色,所以荀子在《劝学篇》中说:"青取之于蓝而青于蓝。"北魏贾思勰在《齐民要术》中详尽地记述了我国古代用蓝草制靛的方法,这是世界上最早的制造蓝靛的工艺操作记载。随着纺织品颜色的不断丰富,在掌握了染原色的方法后,中国在汉代掌握了套染技术,从而得到不同的间色。唐代的印染业相当发达,除了数量、质量都有所提高外,还出现了一些新的印染工艺。到了宋代,我国的印染技术已经比较全面,色谱也较齐备。至1834年法国的佩罗印花机发明以前,我国一直拥有世界上最发达的手工印染技术。

纺织品与"丝绸之路" 中国古代丝织品种很多,早在商、周时期,就已出现了绢、绮、罗、锦、帛、素、缯、缟等产品。汉代丝织物已达到很高的水准,其中素纱"薄如蝉翼",令人叹为观止。在这一时期,张骞出使西域,开通了促成东西方经济文化交流的交通线——丝绸之路。唐代丝织品以绫和锦为主,其中织锦尤为色彩艳丽,因工艺复杂繁难,有"锦金"之称。宋元时期,纱、罗、锦、缎、缂丝等丝织物的纺织工艺和提花技术都达到了空前水平。我国古代丝织品通过"丝绸之路"远销西亚、欧洲和非洲,使中国的纺织技术与文化,通过丝绸之路,对世界纺织业的发展作出了杰出贡献,促进了中国以及世界各国经济文化的交流。

四、冶金与铸造

中国古代使用铜、铁的时间虽然晚于欧洲,但冶金技术的创新迅速,在青铜冶炼、冶铁、炼钢等方面很快跃居世界前列。因为铸造与冶炼关系密切,故常常"冶炼铸造"连称,甚至称之为"冶铸"。中国古代创造了具有我国民族特色的传统铸造工艺,居世界一流,取得了辉煌的成就。

青铜冶炼 在人类掌握的冶金技术中,青铜冶炼是最早的技术之一。在古代世界中,我国青铜技术的产生并不是最早的,如埃及大约在公元前5000年前就进入了青铜时代,但发展缓慢。中国青铜时代始于何时说法不一,但从近来的考古发现,如1973年陕西临潼姜寨遗址出土的铜片与甘肃东乡林家遗址发现的青铜刀等物品表明,中国古代在公元前3000年左右已经开始冶炼青铜,并能铸造工具。中国古代青铜冶炼发展很快,在技术方面很早就掌握了金属冶炼所需要的高温技术和水平比较高的合金技术,并迅速地把整个青铜技术推到更高的阶段,建立了世界上最光辉灿烂的青铜文明。

冶铁 铁的出现和使用是人类文化史上的大事,因而它的冶炼和器具制造技术也自然值得特别关注。我国冶铁术大约发明于西周时期,比欧洲晚,可是它一经出现,水平惊人,很快就造出了生铁。古代早期的冶铁产物主要是块炼铁和生铁两种,生铁的冶炼温度是1150 ℃到1300 ℃,出炉产品呈液态,可连续生产,可浇铸成型,产量和质量都得到了大大提高。由块炼铁到生铁是炼铁技术史上的一次飞跃,它使铁器的制造和广泛使用发生了质的改变。我国是世界上最早发明并使用生铁的国家,比欧洲早了整整两千年。

可锻铸铁是白口铁经高温退火得到的一种高强度铸铁,具有一定的塑性和冲击韧性。战国中晚期后,可锻化处理工艺有了比较大的发展,我国在农业、手工业中之所以能广泛地使用铁器,可锻铸铁的发明和发展起了重要作用。球墨可锻铸铁因所含石墨呈球状而得名。它有比较高的强度、塑性和韧性,铸造加工性能也比较好。1974年,河南巩义市铁生沟出土的一件汉代铁䦆,石墨发育良好,有明显的核心和放射性结构,和现行国家球墨铸铁标准一类 A 级相当,这在世界冶金史上是十分罕见的。

炼钢 在古代炼钢领域,中国长期居于遥遥领先的地位。炼钢技术是在冶铁基础上发展而来的,我国炼钢技术的发明大约起始于公元前 4 世纪的战国时期或公元前 3 世纪的西汉初期。最早出现的钢是块铁渗碳钢和铸铁脱碳钢。铸铁脱碳钢是用热处理方法制作出来的。我国古代利用生铁生产率比较高、容易成型、夹杂比较少的优点,通过脱碳退火的办法,得到一种组织和性能同近代铸钢相近的铸件,这是我国古代冶金技术上的一项重大发明。

中国古代劳动人民在大规模的生产实践中又发明了炒钢、百炼钢、灌钢等技术。炒钢工艺大约发明于西汉后期,是用生铁通过加热处理形成钢的技术方法。炒钢的出现是近代两步炼钢法的开始,是具有划时代意义的重大事件,直到 18 世纪中叶,英国才出现了炒钢法,在产业革命中起了很大的作用。"百炼钢"以一种含碳量比较高的炒钢产品作为原料,再经反复加热锻打,除去其中杂质,千锤百炼而成。沈括《梦溪笔谈》卷三对百炼钢的工艺操作有比较详细的记载。现在见到的最早的百炼钢实物是东汉晚期的制件。魏晋时期百炼钢发展到了鼎盛的阶段,百炼钢制作比较艰难,反映了当时金属冶炼和加工技术的先进水平。灌钢发明时间似可追溯到汉魏晋时期,是我国古代炼钢技术的又一重大发明。灌钢以生铁和可锻铁作为原料,灌炼操作在生铁熔点以上进行,渣、铁分离比较好,并且可以通过控制原料配比等操作来控制产品成分,因此产品质量也比较好,这在古代制钢技术中是十分罕见的。

铸造 在我国古代金属加工工艺中,铸造占有突出的地位,社会影响广泛,如"模范"、"陶冶"、"熔铸"、"就范"等词汇,就是铸造术语的沿用。在古代铸造技术中,泥范、铁范和熔模铸造最为重要,被称为"古代三大铸造技术"。

最初的铸型是石范。由于石料不易加工,又不耐高温,很快就改用泥范。泥范在随着近代机器制造业的兴起采用砂型铸造以前,一直是最主要的铸造方法。商代早期已经用泥范铸造铜凿等小型生产工具和铜铃等日用器具。商代中期铸铜技术已经具有相当水平,司母戊鼎就是举世公认的代表。我国古代泥范铸造的又一个杰出成就是叠铸法的早期出现和广泛应用,一次能得到几十甚至几百个铸件,生产率高,成本比较低,目前仍在广泛应用。我国最早的叠铸件是战国时期的齐刀币。耐用性高的金属铸型材料的出现,在铸造技术的历史发展中具有重要的意义。1953年河北兴隆铁范的发现,证明我国早在战国时期已经用白口铁的金属型浇注生铁铸件。从战国、秦、汉时期起,由泥范翻铸铁范,再由铁范翻铸铁器的工艺方法基本上延续不变,在工艺操作上形成一套合乎科学原理的办法。传统的熔模铸造又称失蜡、出蜡或拨蜡。1978年湖北随县出土的曾侯乙尊盘和1979年河南淅川出土的楚国铜禁,都是失蜡法所铸,说明中国在春秋时期已经发明这种技术。宋代赵希鹄著的《洞天清禄集》里具体记述了这一工艺。

五、机械制造

中国是世界上机械发展最早的国家之一。中国古代在机械方面有许多有特色的发明创造,其中有关天文、农业、纺织等方面的成就前面已有所述及,这里仅就其他方面作简要介绍。

指南车 又称司南车,相传为黄帝的臣子风后所创造。传说周公也曾造过指南车。据史书记载,东汉的张衡、三国的马钧、南北朝的祖冲之都曾用自己的方法造过指南车,但由于某些原因他们的方法都没有流传下来。直到宋代,燕肃在宋仁宗天圣五年(公元1027年)和吴德仁于大观元年(公元1107年),又先后制造了指南车,其制造方法和内部结构、部件尺寸在《宋史·舆服志》中都有比较详细的记载。

指南车和指南针不同,指南车是利用机械原理,使车上的装置始终指向南方。车箱里装有巧妙而复杂的齿轮传动机构。中央是一个大齿轮,上面立一木人。在大齿轮两旁,装着很多小齿轮。如果车子向左转,右边的车轮就会带动小齿轮,小齿轮再带动大齿轮反向右转,正好抵消车辆左转的影响。当车子向右转时,同理,大齿轮则向左转。这样,木人的手臂就总是指向同一方向。指南车是我国古代伟大的发明之一,也是世界上最早的控制论机械之一。李约瑟认为中国古代的指南车"可以说是人类历史上迈向控制论机器的第一步"。

被中香炉 据《西京杂记》记载,汉武帝时长安巧匠丁谖制成了当时已经失传了的"被中香炉"。"被中香炉"是中国古代盛香料熏被褥的球形小炉,外壳由两个镂空半球合成球体,把半球形炉体用两个互相垂直且能转动的轴架起。炉体由于自身重力作用,不论球如何滚转,炉口始终保持水平状态而不会倾洒。"被中香炉"的构造原理,与现在航空、航海中广泛应用的万向支架相同,西方直到16世纪才有类似的设计。

记里鼓车 又称大章车,出现于东汉以后。车每行一里,车上木人击鼓一次报行程,是中国古代能自报行车里数的车子,其原理与现代汽车上的里程表类似。《宋史·舆服志》中对于天圣五年(公元1027年)卢道隆和吴仁德于大观元年(公元1107年)所造记里鼓车都有比较详细的记载。车箱分上下两层,下层有木人司鼓,上层有木人司钲。车箱里设有一套减速齿轮系统,分别与上下两木人相连。当车子行走一里时,控制下层木人的齿轮转动一周,木人击鼓一次;当车子行走十里时,控制上层木人的齿轮转动一周,木人击钲一次。记里鼓车的创造是近代里程表、减速器的先驱,是科学技术史上的一项重要贡献。

候风地动仪 候风地动仪是汉代科学家张衡于阳嘉元年(公元132年)发明的世界上第一架地震仪。据《后汉书·张衡传》记载,地动仪"以精铜铸成,圆径八尺","形似酒樽",其内部结构精巧,中央为一根铜质"都柱",柱旁有"八道",即按东、南、西、北、东南、东北、西南、西北八个方向装置的八组机械装置。与之相应,外部周围铸有八条龙,头朝下,尾朝上,龙头和内部通道中的发动机关相连,每个龙头嘴里都衔有一个铜球。龙头下方各有一只铜蟾蜍昂头张口。当某个地方发生地震时,"都柱"就发生倾斜,触动机关,使发生地震方向的龙头张开嘴,铜球便落到蟾蜍的口里,发生很大的声响,这样人们就可以知道地震发生的时间和方向了。据记载,地动仪曾成功测到了汉顺帝永和三年(公元138年)二月初三陇西(今甘肃省东南部)发生的地震。欧洲直到19世纪才制成类似的仪器,比张衡晚了一千七百多年。

活塞式风箱 在冶金过程中,一般都装有鼓风机械。活塞式风箱是中国古代在鼓风机械方面最重要的发明,大约出现于唐宋时期。宋代刊行的相传为唐初袁天罡所撰的《演禽斗数三世相书》中,载有世界上最早的双动式活塞式风箱图。活塞式风箱每一行程中,一端排气鼓风,一端同时吸入等量的空气,从而可以形成连续风流,提高鼓风的效率,这是鼓风技术的重大进步。西方直到1716年才发明了类似的机械装置。

六、造船工艺

我国河流纵横,海域宽广,在水上交通的需求下,造船业应运而生。我国的造船业历史绵亘数千年,早在新石器时代,我们的祖先就广泛使用了独木舟和筏。之后,中国古代人民在长期的实践中,在造船业上取得了杰出的成就,为我国的航海事业创造了有利条件。我国古代造船业的发展高峰期有三个:

秦汉时期 我国造船业发展的第一个高峰时期。这一时期已能制造多种类型的船只,常用的有艇、舫、斗舰、先登、艨艟、楼船等,其中楼船是汉朝有名的船型,它的建造和发展是当时造船技术的标志。到南朝时,江南已发展到能建造一千吨的大船。为了提高航行速度,祖冲之造"千里船",它是装有桨轮的船舶,称为"车船"。这种船利用人力以脚踏车轮的方式推动船的前进。车船,古代又称轮船,是中国在世界造船史上的一大贡献。现在,车船已被人们公认为现代轮船的始祖。

唐宋时期 我国造船业发展的第二个高峰时期。我国古代造船业的发展自此进入了成熟时期,秦汉时期的造船技术得到了充分发展和进一步的完善,而且创造了许多更加先进的造船技术。隋朝是这一时期的开端,虽然时间不长,但造船业很发达,建造了特大型龙舟。隋朝的大龙舟采用的是榫接结合铁钉钉联的方法,使船体坚固牢靠。这种先进方法在隋朝已广泛采用。到了唐宋时期,船体不断增大,结构也更加合理,造船工艺越来越先进。大约在唐代,发明了水密隔舱的设置,这一船舶结构在宋以后的海船中被普遍采用。所谓水密隔舱,就是用隔舱板把船舱分成互不相通的一个一个的舱区。这是中国在造船方面的一大发明,具有多方面的优越性。宋朝还继承并发展了南朝的车船制造工艺,船体两侧装有木叶轮,一轮叫做一车,人力踏动,船行如飞。南宋杨幺起义军使用的车船,在与官军作战时,显示出了相当的威力。宋朝造船修船已经开始使用船坞,比欧洲早了五百年。

明朝时期 我国造船业发展的第三个高峰时期。由于元朝经办以运粮为主的海运,又继承和发展了唐宋先进的造船工艺和技术,大量建造了各类船只,其数量与质量都远远超过前代。元朝造船业的大发展,为明代造船业的新高潮的到来提供了有利的条件。明朝造船工场分布之广、规模之大、配套之全,都是历史上空前的,主要的造船场有南京龙江船场、淮南清江船场、山东北清河船场等。明朝造船工场有与之配套的手工业工场,用以加工帆篷、绳索、铁钉等零部件,另外,还有木材、桐漆、麻类等物的堆放仓库,造船技术和工艺又有了很大的进步,登上了我国古代造船史的顶峰。明朝造船业的伟大成就,一直为世界各国所称道,也是我国各族人民对世界文明的巨大贡献。直到现代机动轮船出现以后,我国才逐渐失去了在造船业上的长期优势。

思考题:
1. 试论"精耕细作"技术系统。
2. 试述中医理论的整体论、阴阳五行说和经络说。

第八章 家族与称谓

家族是中国历史上特定阶段社会制度的重要组成部分,它是以婚姻和血缘关系结成的社会单位。中国古代社会的血缘关系中体现着鲜明的宗法原则,而一套称谓标明了丁口之间亲属关系的亲疏远近。与之相适应,原为社会交往活动中代表个人符号的姓名字号,在宗法制度下,也被赋予了等级观念和尊卑色彩,帝王称号为少数人所专有,谦语敬称则从一个问题的两个方面表达了对别人的尊重。

第一节 家族关系

传统社会中的人自诞生至死亡都受到家族群体的关注。所谓生为家族中人,死为家族中鬼,入家族墓地,享受后世的祭拜,个体消失了,但家族精神永存。中国悠长的传统文化与中国家族社会力量有着耐人寻味的关系。在家族社会中,家族成员的身份角色地位受制于血缘宗法关系。宗法的主要精神是嫡长子继承制,宗法原则在生活中有不少具体标志,突出地体现于血缘九族制和血亲五服制之中。

一、严整的宗法体系

宗法在中国古代曾起到相当重要的作用。从周朝有关史料来看,由氏族首脑演变而来的国家统治者采取了分封诸侯和承认原有土著势力相结合的办法,一方面根据血缘和亲疏关系,将一部分土地分给自己的子弟,另一方面则承认地方宗族势力的合法地位。名义上周王拥有全国的人口与土地,所谓"普天之下,莫非王土,率土之滨,莫非王臣"(《诗·小雅·北山》)。但实际上,王、侯、卿大夫们对土地的控制和使用都有着世袭的权力,因此在长期的过程中便形成了一种血缘性、地域性很强的宗法管理体系——嫡长子继承制。

周朝自天子到诸侯到卿大夫再到士,构成树根状的宗法网络。周天子是姬姓王族的嫡传,相对于其他没有继承王位的儿子是大宗,其他儿子为小宗,而这些没有继承王位的王子被分封为诸侯,在各自的领地内开始传承,他们的嫡传相对于没有继承爵位者又是大宗,其他人则是小宗,而这些小宗又被分封为卿大夫,在其领地开始传承,袭爵者为大宗,不袭爵者为小宗,如此传递下去,至士而止,士以后别子成为平民,丧失了贵族身份。显而易见,嫡长子继承制实质是中国古代维护贵族世袭统治的一种制度。

在宗法制度下,从天子至士,犹如一个大家,大家族中的成员各以其对宗主的亲疏关系而定其地位的高低,整个社会形成一个巨大的金字塔形的统治序列,该塔的每一局部都可视为一个家族,而家族与家族之间又有着远近分明的血缘关系,每个社会成员依据与生俱来的血缘关系确定其在宗族中的位置。严格意义的宗法关系不仅限于贵族阶层,且达及整个中国社会。

二、血缘九族制和血亲五服制

在男权占主导地位的中国古代社会中,形成了以血缘关系为重心的家族体系,家庭成员的地位在血缘关系中寻找,分为血缘九族制和血亲五服制两种。

血缘九族 有两种解释:一是以本人为基准,向上、向下各推衍四代,共九代,为九族;二是以父族四、母族三、妻族二为九族。九族是传统中国最典型的家族制度。《尚书·尧典》就有"克明俊德以亲九族"之说,《礼记·丧服小记》则说:"亲亲,以三为五,以五为九,上杀,下杀,旁杀,而亲毕矣。"——上亲父,下亲子,并己为三,所谓"亲亲";父上亲祖,子下亲孙,所谓"以三为五";上加曾祖高祖,下加曾孙玄孙,所谓"以五为九"。实际上,九代人不可能同时在世,在世的人一般不出"五服"的范围。

血亲五服 即以本人为基准,向上推四代的直系亲属称祖先。"五服"指斩衰、齐衰、大功、小功、缌麻,本来是丧服制度。用五种丧服作为差等标志表明一家人分别与死者的关系。在民间,五服的范围即为血缘组织的范围,"出五服"就不算一家人了。五服以内是近亲,五服以外不是亲族,是同宗。宋代以前,宗族祭祀以高祖为限,因而,"五服"指称同一高祖的血缘祭祀群体,通常为若干个家户组成的家族,若为"五世同堂",可谓一大家族。在长期的封建社会里,五服制维系着九族制的家庭体制,有力地控制着封建社会的社会基础。

先秦之宗法制,在秦汉后一直清晰可见其遗迹。自汉到唐,崇尚门阀谱系,即与之有关。宋代开始,民间逐渐流行以谱牒为依据的"敬宗收族"活动,理学家们亦纷纷呼吁恢复宗法,张载曾坦陈己见:"管摄天下人心,收宗族,厚风俗,使人不忘本,须是明谱系世族与宗法。宗法不立,则人不知统系来处,古人亦鲜有不知来处者,宗子法废,后世尚谱牒,犹有遗风。谱牒又废,人家不知来处,无百年之家,骨肉无统,虽至亲恩亦薄。"南宋后,家谱之学盛行,成为封建时代维系家族的重要纽带。

第二节 亲属称谓

由于中国古代为宗法制的社会,亲属关系的亲疏远近格外受到人们的重视,并依照"九族"、"五服",规定了口头语言表达中具有中国特色的"亲属称谓",现就其具体情况梳理如下:

一、九族的称谓

父之族四,据汉代《白虎通》的解释,指父亲五代为一族,姑母嫁人者为一族,姐妹嫁人者为一族,己女嫁人者为一族。母之族三,指的是母之父系一族,母之母系一族,母之姐妹嫁人者为一族。妻之族二,则指的是妻之父系一族,妻之母系一族。

父系系统:以本人为基准向上数,父亲称考,母亲称妣。古代用于在世父母,后世只用于已故父母,也可称先父、先严、先考与先母、先慈、先妣。父亲若多妻,则有嫡母、庶母、生母、继母之分。对于口语上父亲之称呼,各地方言各异,有爸爸、爷、爹爹、大等。母亲之称呼,有妈、妈妈、姆妈、妈咪等。

父亲之兄,称伯、伯父,俗称伯伯、大爷、大大。父亲之弟称叔、叔父、俗称叔叔。父亲之嫂称伯母、伯娘、大娘、大妈。父亲之弟媳称婶母、婶婶、婶娘。伯叔父之子女称堂兄、堂弟、堂姐、堂妹。父亲之姐妹,称姑母、姑妈。父亲之姐妹夫称姑父。姑母之子女称表兄、表弟、表姐、表妹。

父亲的父亲称祖父,古称王父、大父,今称爷爷。父亲的母亲称祖母,古时称王母、大母,今称奶奶。父亲的伯父称伯祖父,其妻称伯祖母;父亲的叔父称叔祖父,其妻称叔祖母;父亲的姑母称姑祖(姑奶奶)。祖父之兄弟姐妹古代又称作从祖父、从祖姑。伯叔祖之子女称堂伯、堂叔、堂姑,其子女为从堂兄弟姐妹。姑奶奶之子女称表叔、表姑。

祖父的父母为曾祖父、曾祖母。曾祖父的兄弟为曾伯祖、曾叔祖,其子则称之为族伯祖、族叔祖。其孙为族伯、族叔,其曾孙则为族兄族弟。

曾祖父的父母为高祖父、高祖母。

与己平辈的亲属,有兄、弟、姊、妹,俗称哥哥、弟弟、姐姐、妹妹。庶母(妾)所生之子女为庶兄、弟、姊、妹,口头称谓没有分别。兄之妻称嫂,弟之妻称弟媳、弟妇、弟妹,姐之夫为姐夫、姐丈,妹之夫为妹夫、妹丈。兄弟之子女古称犹子、从子,现代称之为侄儿、侄女。兄弟之孙称从孙。姐妹之子女称外甥、外甥女。

己所生男称儿子、儿、子;己所生女称女、女儿、闺女,有些地区也称姑娘。子之妻称媳、媳妇、儿妇。女之夫称婿。

儿子的子女称孙或孙男、孙女,其配偶为孙媳、孙女婿。孙之子女称曾孙、曾孙女。曾孙之子女为玄孙、玄孙女。此本人所能见到的第五代。

这就是上达曾祖高祖下及曾孙玄孙九代之称谓。

母系系统:母之父母称外祖父母,古时称外王父母,俗称外公外婆,某些地区又称姥爷、姥姥。母亲的伯父称外伯祖,母亲的叔父称外叔祖,母亲的姑母称外姑祖母。

母亲的舅父称舅外公,母亲的姨母称姨外婆。

母亲之祖父母称外曾祖父母。

母亲之兄弟称舅舅、舅爷、舅父,其妻为舅妈、舅娘、舅母,其子女为舅表兄弟姐妹。母亲之姐妹称姨、姨母、姨娘、姨妈,其夫称之为姨父、姨丈、姨爷,其子女为姨表兄弟姐妹。

母亲之堂兄弟称堂舅,其堂姐妹称堂姨。

古称姑母之子为外兄弟,称舅父、姨母之子为内兄弟。外为表,内为中,于是就有了"中表"一词。通常他们之间互称表兄、表弟、表姐、表妹,而以姑表亲最亲,因为同属父系系统。中国民间俗语道"亲加亲,辈辈亲,打断骨头连着筋",因此就有了表亲婚这种以血缘联系为基础的婚姻形态。表亲婚即指那些姑表或姨表关系的兄弟姐妹之间结成夫妻的婚姻。

妻族:妻子古称妇、娘子、卿。今之口语称谓主要有太太、媳妇、老婆、堂客、婆姨、婆娘、内当家等。妻称夫,古代多以郎、郎君、夫子、夫君、相公等称呼,今人俗称掌柜的、当家的。

妻之父母古代称外舅、外姑,丈人与丈母娘的称呼始于南北朝,而岳父、岳母、岳丈、岳翁之称是在唐朝以后才出现的。妻之伯称伯岳或岳伯父,妻之叔称叔岳或岳叔父,妻之姑母称姑母、姑妈、姑姑,其夫称姑父、姑丈、姑夫,妻之姨母称姨母、姨妈,其夫为姨父、姨丈、姨夫。

妻之兄弟称内兄、内弟,亦称妻舅,俗称小舅子。其子女称内侄、内侄女。妻之姐妹称姨、小姨。其夫称襟兄、襟弟。其子女称外甥、外甥女。

妻称夫之父母,古时多用翁姑、舅姑、姑嫜等语,后世称公婆或公公、婆婆,今人则随夫称爸爸、妈妈。夫之兄称伯、大伯子,夫之弟称叔、小叔子,夫之姐妹为大姑、小姑。夫之嫂有姒、姒妇、嫂嫂等称呼,夫之弟妇称弟媳、弟妹。妻与嫂、弟妇之间的关系亦称妯娌或娣姒。

妻之父母与夫之父母互称亲家、亲家翁、亲家母。

二、"五服亲等"的原则

在九族的血缘关系网中,如果有人死去,有亲属关系的人应遵守规定用特定的服饰,以志哀悼。随血缘远近,丧服有所不同。传统的孝服分为五等,俗称"五服"。五服是用五种粗糙程度不同的麻布制成的礼服,分为斩衰、齐衰、大功、小功、缌麻。与死者关系越亲近,服制越重,其丧服的形制也就越粗糙,以表示悲伤的不同程度。"斩衰服"为五服中最高的一等,制作时用剪刀直接裁断生麻布制成,且不缝毛边,是子为父母服孝,妻、妾为夫君服孝,未出嫁的女儿为父母服孝的丧服。服孝期为三年。"齐衰服"用粗生麻布制成,剪断处缉边。服丧者为孙子、孙女、重孙、重孙女。服孝期分别为一年、五个月、三个月。"大功服"用粗熟麻布制成,做工较粗,服丧者为堂兄弟姐妹。"小功服"用细麻布制成,做工细密,服丧者为再从兄弟。"缌麻"是最轻的孝服,用细熟麻布精心制成,服丧者为族曾孙、族孙、中表兄弟等。

五种等级的丧服制度遵循着亲亲、尊尊、长长、男女有别的礼制原则,既划定了血亲近亲亲族的范围,也标明了血缘远、近、亲、疏等差别,有服亲无服亲是一个明显的家族关系的边界,宗法人伦关系与等级制度在五服礼制中得到最明显、最集中的体现。

第三节 姓名字号

人之姓名,只是在社会交际活动中使用的代表个人的符号。其原本无高低贵贱之分,但是,在古代社会,姓名字号却成了封建礼制的组成部分,被赋予了等级观念和尊卑色彩。姓是代表有共同血缘关系的种族称号;名是一定社会意识的反映;字往往是名的阐释和补充,也是古人成年后取的别名,与名相表里,又叫"表字",在古代称对方的字是表示对人的客气和尊重。

一、姓氏的由来与演变

姓亦称姓氏,但在先秦时期姓与氏是有严格区别的。姓是代表有共同血缘关系的种族的称号,氏则是由姓衍生的分支。姓是与生俱来的,稳定的、不变的,而氏则是有变化的。周朝的姓和氏作为当时封建宗法制度的重要组成部分有着一套严密的规定。其姓的主要作用是用来区别血缘婚姻的。在历史发展的过程中,人们逐渐认识到近亲结婚不利于后代的健康,因此,周朝规定同姓之间不允许通婚。为了"别婚姻"、"明世系"、"别种族",女子都要有姓。尽管贵族女子在婚前婚后,生前死后,有种种称呼的方法,但无论怎样称呼,都要带上姓。比如一姜姓女子,出生于齐国公族,一般叫"齐姜";如果嫁与鲁国国君,则可称"鲁姜"。鲁桓公之妻即姓姜,死后谥号为"文",故又称"文姜"。氏的作用是别贵贱。自夏朝以后,占有土地和人民的奴隶主贵族男子才可称氏,而女子和贫贱的人却不能称氏；当奴隶主贵族失去土地和人民甚至变成奴隶，他的氏就发生变化。由此看出，氏与姓有明显不同，它反映着一定的占有关系，具有相当的不稳定性。对于个人来说，一生只可有一个姓，而氏却可以有几个。造成这种情况的根本原因就在于氏是随着政治经济地位的浮沉而变化的。

战国以后，随着氏族贵族的日趋瓦解，反映奴隶主贵族统治的姓氏制度也被彻底废除。每个人都有一个姓，因为普通人数量大，所以才逐步把下层人称为"平民百姓"。至此，姓和氏开始融合为一。汉朝时，人们已不关注二者之间的区别了，如司马迁在写《史记·孔子世家》时讲孔子"字仲尼，姓孔氏"。其实，孔子祖先为宋国人，姓子，孔只是氏。司马迁之疏忽，从侧面反映了当时人们已不注意姓和氏的差别了。

中国古代姓氏有多少，现已无从知道。有些姓氏的由来因为历史久远已无法考证。但从现有的姓氏来看，大多数还是有据可考的。它们大致包括如下几大类：

以母亲名姓为姓氏。这类姓氏的突出特点，一是表现对母亲的无限崇拜，如姬、妫、姚、姜、姒等从女字旁，甚至连"姓"字本身也从女旁，说明我们的祖先曾经历过"女生为姓"的母权社会的时代；二是反映对图腾的崇拜，如姜姓从女从羊，反映出与图腾崇拜有关。

以封国、采邑为姓氏。这种制度在西周达到高峰。西周实行分封制，周王室将天下划成许多的国，封赐给同姓或异姓有功的诸侯，这些受封诸侯的子孙就以他们祖先的封国为氏。同样，诸侯国把自己的封国的土地划分为采邑，赐予有功的卿大夫。卿大夫的后代也以他们祖先的采邑为氏。如周武王封造父于赵，造父的后代就以赵为氏。

以官爵职事为姓氏。中国古代掌管邦教、军事、土木、人事、司法等事务的官员，分别称作司徒、司马、司空、司土、司寇。这些职官的后代即以这些官职为姓氏。如管商业之官称贾正，其后代则姓贾。至于王、侯、伯、子、男、公孙等姓氏则是由封爵得来的。以事为氏的有巫、卜、陶、匠、车、史、祝、裘等，均是以技艺为姓氏。

以居住地为姓氏。这类姓氏在中国古代姓氏中占很大比重。春秋时，齐国公族大夫分别居于齐国都城的东郭、南郭、西郭、北郭。其后世子孙就分别以东郭、南郭、西郭、北郭为姓氏。此外，东门、南宫、西门、欧阳、百里、江、城、池、郭、杨、柳、林等也是以地为姓氏。欧阳据说是越王勾践的后裔，因被封于乌程欧阳亭，后就以地为姓氏了。

以祖先族号、谥号或字为姓氏。唐、虞、夏、商、殷、周等姓氏均属于祖先的族号。谥号是古代帝王死后，朝廷根据其生前事迹所给予的称号。帝王之后就以这种谥号为姓氏。人所共知，周朝有文王和武王的谥号，他们的子孙便以文、武为姓氏。伯、仲、叔、乙、孔父，这些是以字为姓氏的。

以少数民族姓名的译音为氏。中国是统一的多民族国家，今天仍使用的单于、宇文、长孙、呼延、尉迟、耶律、完颜等姓氏就是古代少数民族的遗迹。

古代亦存在改姓现象，大致情况为：一是少数民族受汉族影响而改姓。如北魏鲜卑族拓跋氏改姓元；二是皇帝为笼络少数民族或奖励有功之臣而赐姓，如唐朝末期赐沙陀族姓李，唐初功臣徐勣被赐姓李；三是因避祸改姓，汉代韩信之后改姓何；四是未成年子女随母改嫁而改姓，成年后可再改原姓；五是女子未出嫁时用父姓，结婚后增加夫姓，如张王氏、李赵氏。

姓氏反映了一定人群之间的血缘关系和历史上人口迁移的动向，因此受到学界的高度重视。

二、名与命名

名字是一个人区别于其他人的称号。当代国人一般只有名而无字，名与名字的含义相同；古代中国人名与字有着不同的含义和用途，在什么情况下称名，在什么情况下称字，是有一定原则的，不能不分场合、不辨对象随意乱用。一般来说，名是由父亲或长亲起的，是供尊长叫的，而字是为了"敬名"，由来宾取，是给别人叫的。所以，只有尊者对卑者、长辈对晚辈才可以称名。如《论语·先进》记载，孔子对弟子冉求就直呼其名："求，尔何如？"

人们所属的民族、社会、历史、宗教信仰、道德传统及文化教养不尽相同，反映在命名上也有着不同的风格。在阶级社会中，人们的命名受统治阶级的伦理思想和道德观念的支配与影响。商朝，帝王与储君用天干命名，如大丁、太甲、太庚、祖丁、盘庚、祖甲、帝乙等，而臣下则多以地支命名，表明商王朝奴隶主阶级等级制度的存在。自秦汉起，随着封建专制的加强，皇帝、圣贤、勋臣的名字成了神圣不可侵犯的占有物，任何臣民不得使用，否则必遭罪责。魏晋南北朝时，士大夫们自命清高，起名要求格外的高雅，于是命名选字特别讲究，用"之"字命名曾风行一时，如书法家王羲之一家三代从羲之、儿子献之、凝之、孙子桢之、静之，均以"之"字为二字名的字尾。

我们较为熟知的以族谱辈次命名的风气大约从唐宋间开始盛行，到明清进入高潮时期。全国各名族大户几乎无一例外地实行这种命名制度。这种命名制度突出地反映了封建宗法思想和儒家的道德观念。其涵义主要有：承先继后，如绍祖、继祖、孝先、广嗣、裕孙等；光宗耀祖，如显祖、耀祖等；继承祖业，如绳武、继文等；倡导仁义，如忠君、丕德、敬仁等。

宗法思想和伦理道德在命名中另一突出表现是男尊女卑、男女有别。中国古代社会，女子出生后，只有在父母亲戚间使用的小名而无大名，长大出嫁后一般只称姓而无名。为了与同姓相区别，常常是在姓前加排行，如少姜、叔姬；有的姓前加丈夫的国名、族名，如赵姜、秦嬴，还有的在姓下加氏，如骊姬称姬氏。此风气沿袭了两千多年。

汉族历史悠久，文化发达，表现在命名上也有着自己特有的传统和风格。在此试举一二为例。

多子女的家族中，命名时讲究兄弟排行，如伯夷、叔齐、仲由、季札即是。今人讲究字辈命名，由宗族统一规定若干字，作为辈次顺序，同宗子孙依其先后命名。如清王室中，康熙为玄字辈、雍正为胤字辈、乾隆为弘字辈……宣统为溥字辈。代表辈份的字，双名通常在中间，如张学良、张学思、张学铭。放在第三字的情形亦有，如宋霭龄、宋美龄、宋庆龄。若为单名，可用偏旁表示同辈，如苏轼、苏辙、贾珍、贾琏、贾珠、贾环等。

三、字及其适用范围

字是古人成年后取的别名。《礼记·檀弓》云"幼名冠字"，意思是说小孩出生三个月后由父亲命名,男子举行冠礼及女子举行笄礼时取字。字是对名加以解释或补充的,与名相表里,故又叫表字。字与名的关系有意义相同的,如东汉地动仪的创制者张衡,字平子,"衡"与"平"同义,诸葛亮,字孔明,"亮"与"明"同义;有意义相辅的,如白居易,字乐天,因"乐天"故能"居易";有意义相反的,如元代书画家赵孟頫,字子昂,"頫"(同俯)与"昂"义反。另外字与名的关系,还有概括经义、使典用事等多种情况。但是,古代只有贵族或士族才有表字,一般平民是没有字的。于是,字成了文武官宦和士大夫阶级广泛使用的称呼。汉初刘邦手下的几位有功之臣——陈平、韩信、樊哙皆为平民出身,所以从古代文献记载中我们只知其名。

名和字的运用,一般的规矩是自称名以表示谦称、卑称,上对下、长对幼呼名,朋友及平辈之间则互相称字,以表亲近和恭敬。如三国时期的刘备常被称为刘玄德,诸葛亮被称为诸葛孔明,关羽被称为关云长,张飞被称为张翼德,赵云被称为赵子龙,都是称字以示尊敬。

唐朝时还盛行一言字和名字相同的风气。一言字是受复古风气影响的一种表现。而名字相同却是古代所没有的,如郭子仪字子仪,田承嗣字承嗣,孟浩然字浩然,这种方式始于南北朝,于唐朝达到极盛。

四、号与其他尊称

号,亦称别名,在古代号比字更加尊重、响亮。名人雅士的号则更是"号为尊其名,更为美称焉"。号,有人号和自号的分别。所谓人号,就是他人对己的称呼。先秦时对男子的尊称常用伯、仲、或公、翁、子、父等字。如范蠡,人号陶朱公。自号是古代文人雅士以居处、境况、志趣等为自己取的号,故对人称号也是尊敬的表示,以至于一些受人尊敬的文豪,其别号比名字更被人们所熟悉。如唐代的杜甫自号少陵野老,贺知章自号四明狂客;唐代司空图自号知非子;清代的鲍廷博自号知不足斋;晋代的陶渊明自号五柳先生;唐代的大诗人李白幼年生长在西蜀的青莲乡,故自号青莲居士;明代画家朱耷自号八大山人;清代的思想家王夫之自号南岳卖姜翁。古代以室为号的遗风现代犹存,如陈寅恪自号缘缘堂,王力自号龙虫并雕斋,以及叶圣陶的未厌居,沈尹默的秋明室

等。此外,还有诸多其他尊称形式:

称官职:如杜甫,曾任工部员外郎,称杜工部,又因任左拾遗,故又被称为杜拾遗;东晋大书法家王羲之官至右军将军,后世称之为王右军;苏轼曾任端明殿翰林学士,故被称为苏学士。

称籍贯:如唐代诗人孟浩然是襄阳人,故而人称孟襄阳;张九龄是曲江人,故而人称张曲江;柳宗元是河东人,故而人称柳河东;康有为为广东南海人,故而人称康南海;袁世凯家在河南项城,故而人称袁项城。翁同龢被称为翁常熟,李鸿章被称为李合肥,均是以出生地相称的。清末有幅讥刺李鸿章与翁同龢的名联——"宰相合肥天下瘦,司农常熟世间荒",就是巧妙地用籍贯称的嵌名联。

称任所:指用任官之地的地名来称呼。如后汉孔融曾为北海相,故而人称孔北海;唐朝李邕曾为北海太守,人称李北海;陶渊明曾任彭泽县令,世称陶彭泽;柳宗元曾任柳州刺史,故也称柳柳州。

称封爵:诸葛亮曾封爵武乡侯,后人以诸葛武侯相称;唐将郭子仪因平定"安史之乱"有功被封爵汾阳郡王,世称郭汾阳;北宋王安石封爵荆国公,故世称王荆公;司马光曾封爵温国公,世称司马温公。

称谥号:古代王侯将相、高级官吏、著名文士等死后被追加的称号叫谥号,有朝廷颁赠与民间私谥之别。如称陶渊明为靖节征士(私谥);欧阳修为欧阳文忠公;岳飞死后谥号武穆,称岳武穆;曾国藩死后清廷谥号文正,称曾文正。

第四节 谦语敬称及特殊称谓

古代在人际交往中,为了表示对他人的尊重,凡提到自己时用谦语,称呼对方时则用敬称。由于本人的身份不同,以及表示尊敬的对象不同,谦语敬称的用词也就有所不同。

一、谦语

谦逊是一种美德。为了向对方表示谦逊,在自称时使用谦称,古代第一人称代词除了"我"以外,还有"余、吾、予"等。古人所用谦词有如下几类：

帝王、诸侯使用的谦语：古代帝王或诸侯谦称自己为寡人、孤家。"寡"与"孤"同义，都有表示自己缺少德行之意。寡、孤本为贬义，但因被帝王所专用，后来"称孤道寡"反倒成了"称帝称王"的同义语。

官吏自称谦语：通常用臣、下官、末官、卑职等表达。臣是面对国君时表示谦卑的自称；下官、末官、卑职都是谦称自己的职位低微。

文人雅士自谦语：有小生、晚生、晚学、后学、末学等，以示自己是新学后进之辈，学识尚浅陋。另外，也常用不才、不佞、不肖、不贤、鄙人等词，谦指自己没有才能和见识。

以鄙陋微贱自喻的谦语：常见的"贱躯"、"贱体"的"贱"即微贱的意思，而"小字"、"贱见"、"拙文"、"敝县"等，这些词语的第一个字都表示自谦。如称自己的家乡为"敝乡"，称自己的朋友为"敝友"，称自己的事情为"贱事"，称自己的意见为"愚见"、"愚计"。

与己有关的人和事采用的谦语：对外人说自己的亲属时可采取谦称，称辈份或年长于己的亲属时，可在其称呼前加"家"字，如"家伯"、"家叔"，称自己的父亲为"家父"、"家严"、"家君"，称自己的母亲为"家母"、"家慈"，称自己的兄姐为"家兄"、"家姊"。

称自己的妻子为"小君"、"细君"，最早是用来称诸侯的妻子，后来作为妻子的通称。传统旧观念认为男主外女主内，于是又称妻子为"内子"。此外，原配妻子称"发室"，妻殁再娶称"续弦"。

称自己丈夫的谦语为"外子"。

称辈份或年龄低于自己的亲属，可在其称呼前加"舍"字，如"舍弟"、"舍侄"，称自己的弟妹为"舍弟"、"舍妹"。称自己的子女，则可在其称呼前加"小"字，如"小儿"、"小婿"。称自己的儿子为"贱息"、"犬子"、"豚子"、"小子"。称自己的女儿为"小女"。

此外，老年人自谦时，常常称"老朽"、"老鄙"、"老夫"、"老拙"，表示自己年老愚笨，已衰朽无用。"小奴"、"下妾"等词则是妇女的自谦用语。

谦称的运用，是通过贬低自己而抬高对方的身份，实际表达的是对对方的尊敬，也显示出一种修养和礼貌。

二、敬称

在相互交往中,称对方的代词通常使用"汝"、"若"、"子"、"尔"、"君"、"卿"、"而"、"乃"等,其中"子"、"君"、"卿"为敬称。而对尊者、长辈说话都用礼貌的敬称。敬称的词语很多,均带有尊重、敬仰之意。大致可分为加在称呼前的敬词和加在姓名后的敬称。

一般加在称呼前的敬词主要有:贤、贵、令、尊。

尊、贵:《颜氏家训·风操》云"凡与人言,称彼祖父母、世父母、父母及长姑,皆加'尊'字,自叔父已下,则加'贤'字",意思是说对他人的亲属,应采用敬称。对别人的长辈,宜在称呼前加"尊"字,如"尊母"、"尊兄"是称对方的母亲与兄长,而"尊父"、"尊大人"、"尊大君"是对其父的敬称。还有一些客套辞令。

称别人的姓、名、字为"尊姓"、"高姓"、"贵姓"、"尊讳"、"尊字"。

称别人的年龄为"贵庚"、"尊庚"。

称别人的住所为"尊寓"、"尊府"。

称别人的身体为"贵体"。

令:若对别人的亲属称呼前加"令"字,也表示尊敬之意。如尊称对方的父亲为"令尊",尊称对方的母亲为"令堂",尊称对方的儿子为"令郎"、"令子"、"令嗣",尊称对方的女儿为"令爱"、"令媛",尊称对方的女婿为"令坦"、"令倩"、"令婿",尊称对方的侄子为"令侄"。而"令正"、"令阃"、"贤阁"、"尊大人"是尊称对方的妻子。

贤:对别人的平辈或晚辈,宜在称呼前加"贤"字。如尊称对方的妹妹为"贤妹",尊称对方的侄子为"贤侄"。

古人的礼貌用语还体现在:凡提到有关对方的人、事、物时,大多使用委婉、尊敬的言语,如称别人的年龄为"芳龄"、"高寿"。称别人的学生为"高足";称自己的学生为"贤契"。称别人的亲属去世为"作故人"、"谢宾客"等。

单称或加在姓名后的敬语主要有"万岁"、"天子"、"陛下"、"殿下"、"阁下"、"足下"、"夫子"、"膝下"等。

万岁与天子:对古代最高统治者,常尊称为"天子"、"皇上"、"万岁"、"圣上"。"天子"一词根据《白虎通义》中的说法,古代认为帝王之父为天,其母为地,帝王是上天所生,"故谓之天子"。"皇"词义为大,"圣"指智慧超群,"上"意至高无上,这些词都显示了皇帝的特殊地位。先秦时期臣子对王侯贵族祝语通用为"万岁",秦汉后专用于祝福皇帝,后便尊称皇帝为万岁了。

陛下:"陛"的本义是宫殿的台阶,"陛下"原指皇帝设在台阶下以防不测的近臣。以"陛下"作为对皇帝的尊称,东汉蔡邕《独断》卷上的解释为:"群臣与天子言,不敢直斥,故呼在陛下者告之,因卑达尊之义也。"名为对陛下近臣言,实际上是直接对皇帝说,所以"陛下"便成为皇帝的代称。

殿下:和"陛下"同义。原来也是对天子的敬辞,但称谓对象随着历史的发展而有所变化,汉朝以后变为对太子、亲王的敬称。唐代之后只有皇太子、皇太后、皇后可以称为"殿下"。

阁下:是旧时对显贵者的敬称。古代高级官员的官署常称"阁",如秘阁、东阁等。有事向其禀告时,不敢直称其人,故通过侍从转呼以示尊重,"阁下"之称即源于此。后世一般人之间也敬称对方为"阁下"。

足下:是古时朋友间通用的敬词。这一敬称多用于书信中,如《李陵答苏武书》开头的"子卿足下",白居易《与元九书》中的"微之足下"。据说"足下"一词源于介之推的故事。介之推是春秋时期的一位隐士,后辅佐晋公子重耳,历尽流亡之艰辛。当重耳在秦穆公支持下终于回国即位,对跟随其流亡者论功封赏时,介之推逃禄隐迹,晋文公自感有愧,又搜寻不到介之推,便下令放火焚山,迫使其出山,然而介之推抱树而死。刘敬叔的《异苑》卷十载:"文公抚木哀嗟,伐而制履,每怀割股之臣,俯视其履曰'悲乎足下'。"由于晋文公以"足下"指代介之推,且怀着深深的敬意,后来"足下"便成了一种敬称。

夫子:古代对于德高望重,特别是学问精深的男子可敬称为夫子。春秋时期凡大夫以上的官员可称夫子,其中"夫"即指大夫,"子"是对男子的尊称。孔子曾为鲁国司寇,也是大夫,所以其弟子等人称之为夫子。后来,孔子被尊奉为万世师表,所以夫子成了对孔子的尊称。孔子是中国历史上最早的教育家,后世引申为对老师或可奉以为师的男子也称夫子,如齐宣王敬称孟子为夫子。

膝下:是旧时儿女与父母通信时所用的敬词。例如宇文护《报母书》:"违离膝下,三十五年。""膝下"本义为子女幼时依在父母膝下,古人用这一敬称则表示了对父母的尊重、敬仰与爱慕。

三、特殊称谓

中华民族自古就是礼仪之邦,几千年来,人们在社会联系中,无论是口头交谈还是书信往来,都很讲究称呼,注意应用礼貌词语。除上述介绍的谦语敬称,还有一些特殊称谓,主要有以下四类:

年龄的称谓:古人的年龄有时不用数字表示,而是用一种与年龄有关的称谓来代替。"垂髫"是指三四岁至八九岁的儿童。"总角"指八九岁至十三四岁的少年。"豆蔻"指十三四岁至十五六岁的少年。"束发"指男子十五岁。"弱冠"是指男子二十岁,表示已经成人。"而立"是指男子三十岁,"不惑"是指男子四十岁,"知命"是指男子五十岁。六十岁称"花甲",七十岁称"古稀",八九十岁称"耄耋",一百岁则称"期颐"。

不同的朋友关系之间的称谓:(1)贫贱而地位低下时结交的朋友叫"贫贱之交";(2)情谊契合、亲如兄弟的朋友叫"金兰之交";(3)同生死、共患难的朋友叫"刎颈之交";(4)在遇到磨难时结成的朋友叫"患难之交";(5)情投意合、友谊深厚的朋友叫"莫逆之交";(6)从小一块儿长大的异性好朋友叫"竹马之交";(7)以平民身份相交往的朋友叫"布衣之交";(8)辈分不同、年龄相差较大的朋友叫"忘年交";(9)不拘于身份、形迹的朋友叫"忘形交";(10)不因贵贱的变化而改变深厚友情的朋友叫"车笠交";(11)在道义上彼此支持的朋友叫"君子交";(12)心意相投、相知很深的朋友叫"神交"("神交"也指彼此慕名而未见过面的朋友)。

百姓的称谓:常见的有布衣、黔首、黎民、生民、庶民、黎庶、苍生、黎元、氓等。

职业的称谓:对一些以技艺为职业的人,称呼时常在其名前面加一个表示他的职业的字眼,让人一看就知道这人的职业身份。如《庖丁解牛》中的"庖丁","丁"是名,"庖"是厨师,表明了其职业。《柳敬亭传》中的"优孟",是指名叫"孟"的艺人。"优",亦称优伶、伶人,古代用来称以乐舞戏谑为职业的艺人,后亦称戏曲演员。

第五节 帝王称号

在中国古代社会,等级制度十分森严。各个等级之间的界限极为分明,不能有丝毫的逾越。不同的人由于等级地位的差异,其称谓也各不相同。等级地位越高,其称谓也就越为少数人所专有,这种状况尤为突出地体现于中国古代帝王的称号上。下面仅就历代帝王的年号、谥号、庙号与尊号作一勾勒。

一、年号

年号是历代帝王继位后用以纪年所立的名号。每个王朝的每一代皇帝即位后,为区别前朝皇帝,第一件事就是建立新年号。中国历史上有确切可考的纪年是从西周的共和元年,即人们所熟知的公元前841年开始的。自西周到西汉武帝时期,一般是以王公即位的年次纪年,有年数而无年号,而用年号纪年滥觞于汉武帝。

公元前140年,汉武帝确立的第一个年号称建元,后世每位新皇帝即位都要改用新年号,称为改元。据统计,从汉武帝到清朝末代皇帝,在中国建国立号的历代王朝、农民起义、地方割据和少数民族政权的年号共八百二十多个。在明朝以前,历代帝王多数改元两次以上,一帝不只用一个年号。如汉武帝在位五十年中就用了"建元"、"元光"、"元朔"、"元狩"、"元鼎"、"元封"、"太初"、"天汉"、"太始"、"征和"、"后元"十一个年号。武则天的年号更多,有"光宅"、"垂拱"、"永昌"、"载初"、"天授"、"如意"、"长寿"、"延载"、"证圣"、"天册万岁"、"万岁登封"、"万岁通天"、"神功"、"圣历"、"久视"、"大足"、"长安"、"神龙"十七个。唐朝以后各代帝王改元的次数越来越少,所以年号也就越来越少。至明清两朝,一般都是一个皇帝用一个年号,如"洪武"、"永乐"、"正德"、"万历"、"崇祯"、"嘉靖"、"康熙"、"雍正"、"乾隆"、"道光"、"咸丰"等都是如此。

改元的原因多是发生了值得纪念的事件。据《汉书·终军传》记载,公元前122年有人捕获独角兽一只,以为是祥瑞之兆,于是定年号为"元狩"。公元前116年,据说这一年从地下掘得宝鼎,遂定年号为"元鼎"。公元前2世纪末,西汉王朝的政治、经济、军事达到了空前的强盛,汉武帝为了显示海内一统、国富民泰的功德,按传统习惯举行了敬告天地的封禅仪式。公元前110年,他登泰山,祀梁父,颁诏天下,下令将此年定为"元封"元年。汉元帝末年,匈奴内部发生内讧,呼韩邪单于在汉朝的帮助下统一了内部。呼韩邪为加强与汉王朝的友好关系,在公元前33年,率领部下到长安,据《汉书·匈奴传》记载,其"自言愿婿汉氏以自亲……上书愿保塞上谷以西至敦煌,传之无穷"。汉元帝对此诚意感到非常高兴,于是下诏改元"竟宁"。"竟"同"境","竟宁"年号,表现了西汉王朝与匈奴族和睦友好的愿望。

年号一般常用二字,也有用三字的。王莽篡汉后,曾用过"始建国"年号,梁武帝萧衍确立了"中大通"和"中大同"的年号。采用四个字为年号的也不在少数,如汉光武帝用过"建武中元",武则天有"天册万岁"、"万岁通天"等年号,宋太宗用过"太平兴国",宋真宗用过"大中祥符"。西夏用四字年号不仅尤多,而且最长的年号达六字,如西夏景宗的"天授礼法延祚",西夏惠宗的"天赐礼盛国庆"。

中国历史上也存在没有年号的帝王,如北周的闵帝、明帝元年,西魏的恭帝元年、废帝元年,元朝的宁宗,不过此类现象甚少。后汉两个皇帝高祖、隐帝共用"乾祐"一个年号,后周的世宗和恭帝共用"显德"年号,这种情况则更属少见了。

农民起义军建立政权后,也使用年号,具有代表性的如李自成领导的明末农民起义政权使用过"永昌"年号,洪秀全起义后使用"太平天国"年号。

今天,我们在阅读中国历史典籍时,特别是在明清史中会注意到,有很多地方用年号代替皇帝的名字,如明太祖朱元璋的年号为"洪武",有人直接称之为"朱洪武";明朝朱由检年号为"崇祯",清圣祖爱新觉罗·玄烨年号为"康熙",清高宗弘历的年号称"乾隆",人们多称为崇祯皇帝、康熙皇帝、乾隆皇帝,而对他们的另外一些称号则很少提及。

二、谥号

谥号是古代王侯将相、高官显贵、文人名士以及建立特殊功勋或受到皇帝垂青的人,死后被赐予的称号。其中,帝王谥号是由礼官按照帝王一生的行为而议定的,臣下的谥号则是由帝王所赐予。谥号起始于西周。

西周时期,对于周天子及诸侯等死后加谥,已形成了一套完整的制度。周天子死后,要在都城南郊举行祭天仪式,由朝廷拟好谥号,请求上天赐予。诸侯死后,由诸侯国报请周王,经周王赐予才能确定。追加谥号的做法在秦朝时曾一度被废除。《史记·秦始皇本纪》记载,始皇曰:"太古有号毋谥,中古有号,死而以行为谥。如此,则子议父,臣议君也,甚无谓,朕弗取焉。自今已来,除谥法。"西汉建立政权后,谥法又得到恢复。此后历代沿用,直至清代不废。

谥号,根据谥法有明确的规定。大致可分三类:

歌功颂德:如"扬善赋简、敬宾厚礼"称"圣","仁义合道"称"贤","爱民好治、典礼不愆"称"戴","绥柔士民、谏争不威"称"德"。这类谥号还有神、文、武、明、成、康、昭、元、平、惠、敬、肃、忠、恭、定、献、孝等。

批评过失:如"不勤成名、死而志成、死见神能、乱而不损、好祭鬼怪、极知鬼神"为"灵","杀戮无辜"为"厉"。这类谥号还有炀、丑、缪、荒、戾等。

表示同情:如"年中早夭、恐惧从处、肆行劳祀"为"悼","在国遭忧、在国逢艰、祸乱方作、使民悲伤"为"愍"。另外,哀、怀、幽、殇也有此类意义。

因此,谥法有美有善,有褒有贬,后世几乎只有美谥而少有恶谥。

汉朝以前,谥号一般多用一个字,如西周从周武王到周幽王共十三王均为单字。秦汉以后,皇帝大多数仍用单字,一般王侯则用两个字,如忠武侯诸葛亮、武穆王岳飞都用的是两个字的谥号。唐以后,谥号字数增多,如唐太宗初谥文皇帝,后改为"文武大圣大广孝皇帝",乾隆的谥号共计二十三字,称"法天隆运至诚先觉体玄立极敷文奋武钦明孝慈神圣纯皇帝",其中最主要的是区别于其他皇帝的最后一个字,故乾隆谥号简称为纯皇帝。

此外,谥法在不同的朝代有不同的规定和限制。在清代,成、正、忠、襄四字属于特谥,只能由皇帝赐予。"文正"一谥尤其为朝廷所重,如曾国藩死后谥为"文正",其著作被整理为《曾文正公全集》。

三、庙号

庙号,简言之即已故皇帝在太庙中的称号。太庙是帝王祭祀祖先的宗庙。中国古代,皇帝死后,根据他在皇族中的世系,奉入太庙祭祀,追尊某祖某宗,以显耀其在皇族世系中的地位。由此可见,宗庙与宗法祭祖制度有着密不可分的联系。我们在史书中常见的汉高祖、唐太宗、明成祖之类的祖、宗等称号都是庙号。通常第一代开国之君称太祖、高祖、世祖,以后的则称为太宗、世宗、神宗之类。例如刘邦称太祖高皇帝、刘恒称太宗文皇帝、李渊称高祖武皇帝。其中前面的"太祖"、"太宗"、"高祖"均为庙号,而后面的"高帝"、"文帝"、"武帝"则是谥号。

庙号常在谥号之前,有时也可将庙号和谥号一并简称谥号。大体说来,唐朝以前,对于殁世的皇帝一般简称谥号,如汉代习惯称刘彻为汉武帝,唐代之后则改称庙号,如唐代李隆基通常称唐玄宗。

四、尊号

尊号是皇帝在位时,臣下奉给皇帝的称号。如唐代群臣曾经六次给唐玄宗上尊号,其中之一是开元圣文神武皇帝。皇帝尊号源于唐朝李渊,后世历代相因。

按照传统的规定,每逢朝廷庆典,群臣皆可向皇帝上尊号,一些惯于阿谀奉迎的官吏更是竭尽全力把握机会以讨皇帝的欢心。所以,皇帝越喜好臣下奉迎,其尊号越长。

上尊号之歪风,曾被康熙皇帝斥为"无裨治道"而加以抵制。但是,凡因新君登基,奉母后为皇太后、皇太后为太皇太后,都是要上尊号的。

五、避讳

避讳是中国封建社会一种特有的历史文化现象。古代对于当代帝王及尊显者的名字,不但不能直呼,而且必须采取方法予以避讳。避讳起源于周朝,春秋之时政局动荡,讳制不一。至秦汉时代,随着大一统局面的形成和巩固,避讳制度才渐完备。唐宋期间,讳制盛行,避讳的禁令日趋严格,而清雍正、乾隆之世,讳禁之严达到了登峰造极的地步。

避讳主要有两大类:

一为国讳,或称"公讳",即原来为整个社会共同使用的某个汉字,一旦被当代皇帝用为名字,就被其垄断,臣民再不许使用,若违反了规定而直呼皇帝名或用皇帝避讳的字,就是"大不敬",可能招来杀身大祸。

一为家讳,即子孙不能称呼父祖的名字,这也是尊祖敬宗的体现。在社会活动中,与他人交谈也不能触犯对方的家讳,否则将被视为无礼。

由于统治者的重视,长期以来逐渐形成了专门的讳律,以明确避讳的对象。主要包括:(1)避讳在位君主名,(2)避君主庙讳,(3)避太子名,(4)避后妃名,(5)避皇后祖、父名,(6)避权贵名,(7)避乳子名。

同时为避免避讳太滥,又有了五不讳、八不讳的说法:(1)讳名不讳姓,(2)二名不偏讳,只需避其中一字,(3)不讳嫌名,即与所讳之字读音相近或相同的字可不讳,(4)父已死不讳祖名,(5)君前不讳父名,即在君主面前不避家讳,(6)诗书不讳,(7)临文不讳,即上奏书写文章不避家讳,(8)郊庙不讳,即祭祖时不讳等。

由于避讳,中国古代社会出现了一些特有的现象,亦可称为避讳的办法:

改姓换名:改姓如《通志·氏族略》所记:"籍氏避项羽讳,改为席氏;庄氏避汉明帝讳,改为严氏;师氏避晋景帝讳,改为帅氏。"改名如《魏书·高祐传》所记:高祐"本名禧,以与成阳王同名,高祖赐名祐"。

改官名、辞官职:如贞观二十三年(公元 649 年)元月,唐高宗李治即位,避太宗庙讳,改"民部尚书"为"户部尚书"。辞官职如《北史·叙传》记载,李延实被授任侍中太保之职,但因其祖父名"宝",认为同音是犯祖讳,故而上表坚决辞职。

改地名:晋元帝定都建业时,因避晋愍帝司马邺讳,把六朝古都建业改名建康。汉代因避汉文帝刘恒讳,改恒山为常山。清代因避康熙皇帝玄烨讳,改玄武门为神武门。

改古书:南宋熊克撰有《中兴小历》一书,后亡佚,清朝在修《四库全书》时从《永乐大典》中录出此书,因避乾隆皇帝弘历讳,于是改为《中兴小纪》。

改物名:如汉代因避汉高祖皇后吕雉名讳,将"雉"改称"野鸡"。

改日常用语:晋代追尊司马师为景帝,避其庙讳,改称"京师"为"京都"。唐高祖祖父名虎,因避讳用"兽"代替"虎"字,以至于出现了"不入兽穴,焉得兽子"的怪语。

除了上述改字法外,避讳的方法还有空字、缺笔、拆字、合字等方法。

避讳导致了古代书籍文字的严重混乱,造成了不良影响,直到20世纪辛亥革命时才被废除。

思考题:

1. 试述古代姓氏来源的六种类型。
2. 试述避讳的诸种情况。

第九章 民俗

民俗是人们在长期的共同生活中积累培养起来并世世代代传承下来的人类共同生活的一种行为模式。民俗文化是社会生活中的一种模式，具有世代承袭的稳定性，是一个民族深层文化积淀的产物。中国是一个具有数千年风俗习惯的文明古国，社会风俗是中华民族文化宝库中的一笔重要财富。

第一节 礼俗

礼俗，是民俗的重要组成部分，是指历代相沿承袭而形成的礼仪和习俗。中国是礼仪之邦，"礼"在古代的中国具有广博精深的内涵，是中国文化中世代相沿的主要形态。"礼"有广义与狭义之分：广义的礼是指一个时代的典章制度，如周礼就是周代的典章制度；狭义的礼则专指人们的行为规范、规矩与仪节。习俗是在社会生活中为人们所承认，反过来又规定了人们的社会生活，从而形成的习惯性的生活方式和思想心理。一方面历来的习俗被制度化，就形成了礼；另一方面各种礼仪在社会上流行与普及，也会渐渐演变为民间习俗。所以礼仪与习俗既互相联系，又彼此有别。中国传统礼俗所涉及的内容十分庞杂，而且中华民族地域广袤、民族众多、风俗各异，更兼古代礼俗上下几千年，不断变化，历史上没有一成不变的礼仪，也没有一成不变的习俗。正因为我国古代的礼俗是不断变化的，又有着丰富的内容，因此需要我们认真研究，批判地加以继承，取其精华，剔其糟粕，以便更好地建设社会主义精神文明。

一、礼学经典

儒家十三经中，有三部属于礼书，即《周礼》、《仪礼》和《礼记》，它们产生于先秦和西汉，到了东汉，经学大师郑玄曾分别为之作注，并写有《三礼目录》一卷，后世便称这三部经书为"三礼"。"三礼"主要记录了汉以前的制度、风俗、仪节、礼貌等。

《周礼》原名《周官》，此书约成书于战国，西汉末刘歆将其改名为《周礼》。主要记载周王室官制和战国时代各国的政治制度，全书内容丰富，对周代典章制度的记载尤为详尽。主要内容有：《天官冢宰》居首，职掌天下政务，辅佐君王管理国家，天官"掌邦治"，故又称"治官"；《地官司徒》次之，职掌邦教以及土地、赋税等，辅佐君王安抚天下，地官"掌邦教"，故又称"教官"；《春官宗伯》第三，职掌国家礼仪，主管宗庙祭祀，辅佐君王建立礼仪制度，春官"掌邦礼"，故又称"礼官"；《夏官司马》第四，职掌国家军政事务，统帅军队，辅佐君王平定天下，夏官"掌邦政"，故又称"政官"；《秋官司寇》第五，职掌国家狱讼刑罚等司法事务，辅佐君王建立法律秩序，秋官"掌邦禁"，故又称"刑官"；《冬官司空》第六，因为亡佚，汉代学者以《考工记》补之。

《仪礼》原称《礼》，又称《士礼》，或尊称为《礼经》，主要记载周代的礼仪制度，所记都是行礼的细节，一般认为成书于东周时代。全书共分十七篇，内容分别为：《士冠礼》讲礼的陈设、仪式、所致之词及其经过；《士昏礼》讲婚礼的一系列仪式；《士相见礼》讲古代士初次相见及对方回拜的礼节；《士丧礼》和《既夕礼》讲一般贵族对死去的父母由死至殡的礼节；《士虞礼》讲葬后安魂之礼；《特牲馈食礼》讲一般贵族岁时祭祀其祖庙之礼；《乡饮酒》讲古代基层行政组织以尊贤养老为宗旨的饮酒仪式；《乡射礼》讲诸侯大夫参加射箭比赛时的程序礼节；《燕礼》讲诸侯大夫的宴饮之礼；《大射礼》讲君主主持的射箭比赛的礼节；《聘礼》讲诸侯国之间的外交礼节；《公食大夫礼》讲国君招待外国来访大臣的礼节；《觐礼》讲诸侯朝见天子之礼；《丧服》讲根据对死者的亲疏远近关系，生者在丧服及服期上的具体规定。《仪礼》在两汉时有三种次序不同的本子，即戴德（大戴）本、戴圣（小戴）本和刘向《别录》本。

《礼记》又称《小戴礼记》、《小戴礼》、《小戴记》，原是先秦学者在传习《仪礼》时对经文的解释、说明和补充，非一人一时之作。《礼记》原来没有独立成书，只是附于《仪礼》而流传。现传《礼记》有大戴本和小戴本两种:《大戴礼记》八十五篇,现只存三十九篇;《小戴礼记》四十九篇。由于郑玄给《小戴礼记》作注,使之广为流传,后来所说的"三礼"和"十三经"中的《礼记》都是指《小戴礼记》。梁启超将其内容分为五类:一为通论礼仪及学术之属,如《礼运》、《大学》、《中庸》、《儒行》等;二为解释《仪礼》之属,如《冠义》、《昏义》、《乡饮酒义》、《射义》等;三为杂记孔子言行及弟子时人杂事之属,如《孔子闲居》、《仲尼燕居》、《檀弓》、《曾子问》等;四为记古代制度礼节带有考证性质之属,如《王制》、《曲礼》、《玉藻》、《礼器》等;五为记格言之属,如《曲礼》、《少仪》、《儒行》等篇中的部分内容。

二、古代的五礼

中国古代的礼俗,名目繁多,各级贵族经常举行各种门类的典礼,有些还配以舞乐。春秋以后,社会发生变革,许多大礼渐被废弃,礼家重新整理,编次为吉、凶、宾、军、嘉五类,总称"五礼"。

吉礼,就是祭祀的典礼,居"五礼"之首。吉礼把祭祀的十二个项目归属天神、地祇、人鬼三门,祭祀的种类繁多,有对上帝、日月星辰、司中司命、风师雨师、社稷、五祀、五岳、山林川泽以及四方百物的祀典,这些都属于吉礼。

凶礼,是指哀悯吊唁忧患之礼。根据凶事的不同,又可分为丧、荒、吊、袷、恤五种,《周礼·春官》云:"以丧礼哀死亡,以荒礼哀凶札,以吊礼哀祸灾,以袷礼哀围败,以恤礼哀寇乱。"前三礼各级贵族都可以举行,后二礼属国家事务,只有王与宰臣才能执行其礼。

宾礼,是接待宾客之礼,主要指天子招待诸侯和诸侯对天子的朝见,以及各诸侯之间的聘问和会盟等。《周礼·春官》将其分为八种:"春见曰朝,夏见曰宗,秋见曰觐,冬见曰遇,时见曰会,殷见曰同,时聘曰问,殷頫曰视。"前四种为定期朝见;"会"与"同"为不定期的朝见;"问"是有事而派遣使者向天子问安;"视"是诸侯每隔三年派遣卿一级的使臣向天子问安。

军礼,是依靠军力而进行的操演、征伐之礼。《周礼·春官》记其内容为"大师之礼,用众也;大均之礼,恤众也;大田之礼,简众也;大役之礼,任众也;大封之礼,合众也"。"大师之礼"是天子或诸侯实施征伐行动时举行的;"大田之礼"是天子或诸侯定期狩猎时举行的;"大均之礼"是天子在畿内、诸侯在自己的封建国内依仗武力均田地、征赋税时举行的;"大役之礼"是天子或诸侯用军法部署营造、修建各种土木建筑工程时举行的;"大封之礼"是天子或诸侯依靠军事力量的支持,勘定国与国或私家封地间的疆界时举行的。

嘉礼,是人们相互交往、联络感情的礼仪。《周礼·春官》中记载嘉礼的内容有:以饮食之礼亲宗族兄弟,以婚冠之礼亲成年男女,以宾射之礼亲故旧朋友,以飨燕之礼亲四方宾客,以脤膰之礼亲兄弟之国,以贺庆之礼亲异姓之国。其中,"饮食"、"婚冠"、"飨燕"各自包含两种相近的典礼,"宾射"全属射礼,"脤膰"(宗庙或社稷祭肉)是祀典结束后分赐助祭者祭肉的杂仪,"贺庆"是派人持物称颂可贺可庆之事。

上述五礼,虽然多是由贵族举行并参加,但对中国古代社会的影响是很大的。

三、礼俗举例

1. 冠礼

冠礼是男子的成年礼。古代一般把二十岁以前的男孩儿称为"童子",到了二十岁则要举行冠礼。首先,将要加冠的青年的父亲先在宗庙中占筮举行冠礼的吉日,并决定主持加冠的嘉宾。然后,冠者的父兄要通知嘉宾行礼的日期。那天嘉宾把规定的服饰加于青年,冠者的父兄穿着礼服在旁陪立。冠礼分三次——初加、再加、三加,每次加冠后都要更换不同的衣裳服饰。之后主人设酒宴款待嘉宾等人,冠者入内室拜见母亲。随后进行"命字"的仪式,冠礼以后,私名只用于自称,除了国君和父母师长以外,人们都只称其字而不直呼其名。命字后冠者换上黑色的礼服,依次拜见众人,并带着礼品外出拜见君、卿、乡大夫,以及德高望重的长者,以取得各方面对他成年的承认。

2. 笄礼

笄礼是古代女子十五岁时举行的加笄仪式,是女子的成年礼。"笄"又称簪,是用来束发、安发的长针型发具。行笄礼时要改变幼年时的发式,把头发绾成一个髻,然后用黑色丝帛包住,再用笄插入发髻以固发。

冠礼和笄礼是我国古代男女的成年礼,近代渐被废止,只在法律上规定了法定的成年年龄。但我国目前还有一些少数民族中保留着古老的成年礼俗。

3. 婚礼

婚礼是男女结合成为夫妻的仪式。形成于周代的"六礼"对我国古代传统婚礼产生了重大影响。根据《仪礼·士昏礼》的记载,当时的婚礼,从议婚到完婚的礼节一共有六道,其顺序先后为:纳采、问名、纳吉、纳征、请期、亲迎。

纳采,即男方家人请媒人到女方家提亲,如果女方同意议婚,则男家再派人携雁前往女家行聘。据史书记载,周代之前,因社会地位不同,纳采的礼物也各不相同,如公卿用羔羊、大夫用雁、士用雉等,到西周时才改为一律用雁,用雁是取其随阳之鸟的含义,比喻妻从丈夫之意。

问名,是男方家人托人备礼前往女家询问女方生母之姓氏、女子本身名、排行、出生年月日时等情况。问清之后,使者即回报男方以卜吉凶。

纳吉,就是把占卜认为男女可以合婚的吉兆派人通知女方家。这是订婚阶段的主要礼仪,其性质犹如现在意义上的"订婚"。

纳征,男女两家缔结婚约后,男家将聘礼送往女家,又被称作"纳币"、"过大礼"等。男方赠送的现金及财物称为彩礼。

请期,男方送聘礼后,虽已卜得吉期,但仍要备礼去女家告知具体成婚的日期,也叫作"提日子"等。

亲迎,也称"迎亲",即到了约定的婚期,新郎在黄昏时分前往女家迎亲,然后新娘随车至夫家。这是六礼中的最后一道礼节,也最隆重、最繁缛琐细。

"六礼"的完整模式形成于西周初年,尽管以后各个朝代的婚礼又有所变异,各个地区也有差别,但"六礼"的基本内容,却始终存在于历代的婚礼习俗之中,所不同的仅是仪礼程序的减少而已。"六礼"奠定了中国传统婚礼的基础。

4. 葬礼

葬礼是人结束了一生后，由家属、邻里、好友等进行哀悼、纪念和评价的仪式，同时也是殓殡祭奠的仪式。我国的传统葬礼以汉族为代表，大致包括以下内容：

停尸，是将尸体安放在规定的地方，用特制的敛被盖上。临死时脱死衣换寿衣，停尸方向多取西向，死者头部位置不得在梁下。

招魂，自前方升屋，手持寿衣呼叫死者的名字，反复三遍，以示取魂魄返归于衣，然后从后方下屋，将衣覆死者身上。

吊丧，由死者家属进行报丧，使人送讣告给死者的亲友等，亲友亲自或派人先后前来吊唁时，死者家属要穿丧服，按制分成等级，设灵堂，守灵、举哀，朝夕及宾至时都要哭灵。

殡仪，即大殓，清晨将庭中灯火熄灭后，把大殓所用的衣服凡三十称置于房中，酒菜等奠馔及棺材亦列于堂上。入殓时在商祝帮助下，由主人"奉尸敛于棺"，通常由孝子抱死者头部，亲属守在左右，盖棺盖时人们高喊死者称谓。盛殓后，设灵堂举行奠礼（称"大敛奠"）。

送葬，又称"下葬"，清晨将奠馔陈列于门外，宾客来后，先举行奠仪，就中宣布各方赠送的财物，然后柩车出动。灵柩下穴时，主人面向西，主妇面向东，等穿土下棺之后大哭。下葬之后，主人与宾客皆先回到祖庙，主人哭，宾客慰问，称为"反哭"。

我国古代所实行的葬礼非常繁杂，但在普通人民的丧礼中一般都作了许多精简。此外，随着各朝代、地域风俗的变化，丧礼的细节也有所改动，但主要内容如上所述。

5. 饮茶

中国是茶的故乡，有着悠久的种茶历史、严格的敬茶礼节，还有颇具特色的饮茶风俗。"客来敬茶"，是重情好客的传统美德与礼节。据考证，最早记录茶的都是四川人，如司马相如的《凡将篇》、王褒的《僮约》等，从这些记载中可知茶叶在西汉已成为上层士大夫的日常饮料，而四川则可能是其最早流行的地区之一。至汉代末年，茶开始走出贵族的圈子，流入市井庭户。及至南北朝之后，随着各民族的大融合，饮茶习惯由南而北延伸，北方人也开始有了饮茶的礼俗。唐代陆羽的《茶经》中记载的煎茶的程序有：备茶、备水、生火煮水、调盐、投茶、育华、分茶、饮茶、洁器等。至今广东潮汕的功夫茶、四川成都的盖碗茶等还保留着特殊的程序和礼节。

6. 行酒令

饮酒是我国各民族普遍的习俗，在宴会中行酒令，是一种佐饮助兴的游戏活动。其活动方式是：先推一人为令官，其他人都听其号令，轮流说诗词或作其他游戏，违令或输者饮酒。酒令在唐代已很时兴，据李肇《国史补》，唐代酒令按其行令的组织方式，大致可区分为律令、骰盘、抛打三种基本形式。酒令有比较文雅的，如背诵或创作诗词，饮酒接令；也有比较热闹的，如猜拳、击鼓传花等。可见在日常生活或喜事佳节时饮酒行令，使酒宴上充溢着诗情酒趣，不仅可以增添热闹和欢乐气氛，而且带给人们以艺术享受。

7. 饮食

我国因民族众多、幅员辽阔，所以饮食的内容、形式和方式都有着丰富多彩的格调和各具特色的习俗。但是其中还是有些相近相袭的礼俗，如汉朝以后普遍实行的一日三餐制、端午节吃粽子、中秋节吃月饼、腊月初八喝腊八粥、大年三十吃饺子等。可见民俗还是与传统节日密不可分的。

第二节　节日

节日是按照相关的历法和季节顺序，在特定日期举行的庆祝或祭祀仪式。传统节日是民俗文化的重要组成部分。中国传统节日的起源与古老的农耕文化密不可分，与农业相关的二十四节气的创立对节日的影响亦是相当深远，很多节日之形成都与历法时令有关，如清明节、冬至等。大部分的传统节日在先秦时期已初步确立。先秦时期，这些节日的特征是以原始崇拜、迷信自然力为主，重淫祀，被动地顺应自然。西汉时期，国力的强盛，社会政治经济、科学文化的进一步发展，为节日的成熟提供了强大的物质、人文保证，后世的主要节日就此得到定型。唐宋时期，新的生产技术开始勃兴，经济重心渐趋南移，社会物质财富迅速增长,渐次减少了对自然条件的依赖,人的主体意识也在增强,此时节日的特征是季节性祭献从充满原始神秘色彩的敬天祀鬼,"逐渐世俗化为家庭或社会的聚会庆祝活动"。从此,休闲娱乐成为传统节日的一个重要特征,使人们在经历一段繁忙的生活周期后能够在精神与心理上得到放松,为从事下一个生活周期的活动准备必要的物质力量和精神力量。同时亦促进了节日的普及,使之成为人人喜爱的时尚,流行开来。我国主要的传统节日有春节、元宵节、清明节、端午节、七夕、中秋节、重阳节等,其中春节、元宵(或清明节)、端午节、中秋节被称为四大传统节日,下文将作为重点分别予以论述。

一、春节

中国农历年的岁首称为春节,俗称"过年"。春节和年的概念,最初的含义来自古代的农耕文化,古时人们把谷的生长周期称为"年",《说文·禾部》:"年,谷熟也。"关于春节众多的祭祀活动,一般的说法是源于上古时期的腊祭,又称"蜡祭",汉代郑玄解释为:"腊谓以田猎所得禽祭也。""关于春节的由来,或说源于上古社会的腊祭,腊即岁终祭众神之名,因而春节乃是由一年农事毕后为报答神的恩赐而来。"(《中国民间信仰风俗辞典》)从此可以明显看出,腊祭存有原始先民们采集狩猎后报赛天地诸神的丰收祭的遗风,同时亦有结束旧的一年,迎接新年的意义。

依照夏历,春节是正月初一,古称元日、元旦、元正、元朔、元辰等,正月初一是"岁之元,月之元,时之元",因此春节又有"三始"、"三元"之称。但是,关于春节日期的确定也并不一致:夏历以正月初一为"年节",商历以十二月初一为"年节",周历以十一月初一为"年节",秦始皇统一六国后以十月初一为"年节"。直到汉武帝太初元年时,当时的史官以《夏历》为依据,制定《太初历》,以正月初一为"年节"。自此以后,正月初一作为春节的日期得到确定,基本代代沿用,历时两千多年,一直沿用到辛亥革命。中华民国建立后,以西历(公历)1月1日为新年,定农历正月初一(元旦)为春节。1949年新中国成立,开始使用"公元纪年法",将农历正月初一称"春节",将公历1月1日定为"元旦"。

春节是我国民间最隆重、最热闹的一个传统节日,相当于西方的圣诞节。节日持续时间很久,从腊月二十三日(或二十四日)至正月十五日,持续近一个月左右。春节的习俗有:祭灶、扫尘、办年货、贴年画与春联、守岁、放爆竹、登门拜年、吃饺子、吃年糕、串亲戚等,一些地方还有观灯、舞狮、逛花市、耍龙灯等习俗。

二十三日"过小年",是春节的开始,开始祭祀灶神,为新年的到来作准备。通过祭灶,向上天神灵汇报过去一年的劳动成果,并祈求上苍保佑全家来年吉祥平安。

二十四扫房子,新春扫尘有除旧布新的含义,这一习俗寄托着人们破旧立新的愿望和辞旧迎新的祈求。

除夕,又称大年三十,是一年中的最后一天,开始步入春节的高潮。其风俗有守岁、吃饺子(北方习俗)、吃年糕(南方习俗)、放爆竹、送压岁钱等。除夕之夜,家家户户都要团聚,一起吃年夜饭,又称团圆饭。吃过饭以后,大家围坐火炉,叙旧话新,开始熬年夜,谓之"守岁"。守岁的习俗据说兴起于南北朝。守岁的意义大概是驱走邪瘟病疫,期待新的一年吉祥如意。等到新年子夜的钟声一响,开始大放爆竹,有驱邪迎神,祈求吉祥之意。

正月初一,是新春伊始。其主要风俗就是祭祖、拜年、宴饮、馈赠礼物。在此期间,邻里亲戚朋友之间走亲串友,邀宴聚饮,并以实物礼品的形式相互馈赠,进行拜年。此举既加强了彼此的联系,增进了感情,亦增强了人与人之间、家族之间的凝聚力。以丰盛的食品和庄严的仪式来祭祖的方式也是原始农业社会的遗风,通过祈求祖先及上天鬼神的保佑,希望在来年能够风调雨顺,获得丰收。

二、元宵节

当一年一度的春节接近尾声的时候,人们迎来了元宵节。正月十五是春节的最后一天,自此以后将回复常态,因此民间有"小过年"之称。正月为元月,古人称夜为"宵",所以称正月十五为元宵节。元宵节又名灯节、元夕,在道教中叫做上元节。据传统习俗,在元宵节中,人们要以观灯、猜灯谜、吃元宵等方式祝贺节日。

有关元宵节的起源,一说起源于汉代宫廷的祭典,一说是源于民间道教的"三元节"(上元、中元、下元),旧俗以农历正月十五日为"上元",即天官赐福日。三元之中,上元最为人们所重视。到了唐宋时代,由于统治者的提倡,元宵节变得空前兴盛。"花灯"是元宵节的中心活动,因此观灯赏灯也成了节日里最靓丽的风景。关于赏灯的时间,汉代限于正月十五日之夜,唐代由一夜延长到三夜,是时京城各处彩灯高悬,夜间灯火通明,如同白昼。宋代的皇帝大都热衷于灯节活动,往往亲临灯节,与万民同乐,灯节的时间也由三日延长到了五日。到明朝规定灯节从正月初八一直持续到正月十七,一连持续十天。清代观灯只有三天(另说五天),但是赏灯活动规模很大,民间的娱乐活动增添了大量的新内容,如舞龙、踩高跷、跑旱船等。

元宵节中观灯的习俗是由汉代的鱼龙漫衍等大型歌舞表演发展而来的。正月十五放灯火的风俗开始于汉武帝祭祀太一神,主要在皇宫举行,后来经官方的倡导而开始于民间流行。灯节是刀耕火种时期烧去田间草木并开始播种的原始生活习俗的高级转化形式,因此元宵节中的灯就有了祈年的意义,同时现代研究者亦往往着眼于灯节中火的崇拜,认为燃灯又有着驱邪除秽之含义。

猜灯谜,产生于南宋时期。灯谜形式新颖,生动活泼,成为当时流行的时尚。开始时是好事者把谜语写在纸条上,贴在五光十色的彩灯上供人猜。经过历代的发展创造,灯谜的品种也日趋繁复,到明清时竟达百余种。

吃元宵也是节日中的重要习俗,可能始于宋代,当时称元宵为"浮圆子",到明朝才改称"元宵"。元宵由糯米制成,分实心、带馅二种。馅有各种——豆沙、猪肉、白糖、山楂、红枣、八宝等;食法有多样——煮、煎、蒸、炸等。元宵煮好后,首先用来祭祖,然后全家团聚,吃元宵。元宵又叫"汤团"或"汤圆",这些名称与"团圆"字音相近,取团圆之意,象征全家人团团圆圆,和睦幸福。

元宵节除了庆祝活动外,还有信仰性的活动。人们为了祈求赐福,在"上元日"要拜祭三官(天官、地官、水官三神主宰人间生老病死、气数命运)。上元节乃由原本单纯民俗意义上的求吉、禳灾、祛邪,进一步强化,成为民间最具宗教意义的节庆之一。

三、清明节

清明是我国传统的二十四节气之一,具体日期为"春分后十五日,斗指乙,则清明风至"(刘康德《淮南子直解》卷三),即每年公历的四月五日前后。"清明"二字之义,可参考《岁时百问》中所说:"万物生长此时,皆清洁而明净。故谓之清明。"清明之时,正逢阳春三月,万物复苏,天朗气清,绿意葱葱,到处是春意盎然的景象。

清明在唐朝之前还没有成为节日,主要还是表示物候变化、时令顺序之节气名称。从唐代开始,"清明"渐渐加入了禁火冷食、扫墓祭祖、踏青游春等风俗,成为一个融合了"清明"节气、寒食节与上巳节习俗的重要民俗节日,渐趋成为一个以"慎终追远"、祭祀纪念祖先为中心的全国性节日。同时,在二十四个节气中,只有"清明"和"冬至"两个节气演化为节日。由此可知,后来形成的清明节与寒食节、上巳节之间,是存有一定的继承渊源的。

寒食节本来是远古社会的冷食与改火的节日,在周代已经存在,《周礼·秋官·司烜氏》中说:"中春以木铎修火禁于国中。"后来寒食节被附会成为纪念晋国宁焚死而不为公侯的介子推而设。寒食节往往在清明前一两天即到来,正因为这两个节日之间非常接近,古人在寒食节的活动,往往延续到清明,久而久之两个节日就逐渐合而为一了。

上巳节形成于春秋末期,开始日期在农历三月上旬的巳日,魏晋以后改为三月三日。上巳节的主要活动内容是"祓禊"(驱邪)、招魂和游春。因其活动日期与清明日期亦相近,所以两个节日也逐渐融合,唐宋时清明节代替了上巳节,并继承了游春踏青的习俗传统。

有关扫墓风俗。正式见载于史书乃是开元二十四年唐玄宗召令大臣寒食扫墓。到了宋元以后,清明扫墓的风气愈发盛行。因此清明节又有鬼节之称。民间清明节扫墓一般可分为两种仪式:一为挂纸,又称"压纸",即将祭祀用的纸压在坟上,以示子孙已祭拜祖坟;二为培墓,又叫"扫墓",即是修墓与祭拜。

有关踏青游春习俗。踏青也叫行青、寻春、郊游。清明节正逢阳春三月,是郊游的大好时光。在清明节日,妇女穿新鞋(踏青鞋),出行到郊外,称为"踏青"。

除扫墓、游春之习俗,清明节在古时还有插折杨柳、荡秋千、蹴鞠、放风筝等习俗。

四、端午节

农历五月初五,是我国传统的端午节,又称端阳、重午、端五、五月节、浴兰节、午日、夏节等。"端"即"初始"之意,"五"与"午"读音相同,按地支顺序推算,五月亦为午月,故初五又名端午,因午时为阳辰,故也称端阳。虽然端午习俗起源很早,但在唐代以前,关于端午的称谓历史上记载的仅有"五月初五",却无"端午"之称。到了唐宋时期,才开始出现"端午"的名称。

关于端午节的起源,向来众说纷纭。诸如夏至节说,古代驱除瘟疫的习俗,还有与历史名人相联系的传说,其中著名的有东汉时期的纪念屈原说、汉晋时期的纪念伍子胥说与纪念曹娥说,还有据闻一多先生《端午考》所考证,端午起源于中国古代南方吴越民族图腾祭拜说等,不一而足。但在历史上影响最大的当数纪念屈原之说。自汉代以来,纪念爱国诗人屈原在端午之起源中一直居于主流之地位,此说虽是后人附会,并可能羼杂有封建士大夫的思想,但屈原是数千年来中华民族爱国精神的象征,是民族之魂,纪念屈原是千百年来民众痛恨暴政、渴求明君、祈求幸福等思想的体现。唐代文秀有诗《端午》:"节分端午自谁言,万古传闻为屈原。堪笑楚江空渺渺,不能洗得直臣冤。"

通过考察端午产生的起源,可看出驱除瘟疫、以求安康是端午早期产生时的主要原因。在古代,五月历来被认为是一年中最不吉祥的月份,俗有"恶五月"之称。五月初五正值夏至时节,此时阴气上升,瘟疫盛行,为抵抗邪气侵害,人们通过悬菖蒲、挂艾枝、喷洒雄黄水、常饮雄黄酒来杀菌消毒。有的地方则是通过斋戒的仪式来驱除瘟疫的侵扰。在周朝时,就有"五月五日,蓄兰而沐"的习俗。

随着时代的发展,端午节的内涵也在逐渐地发生变化。到唐宋时期,龙舟竞渡则与端午习俗相结合。此时,端午的含义不再仅仅是为了驱除疾疫,龙舟竞渡带来了水神崇拜、祈福等信仰性活动,同时又成为拯救落水的屈原的象征。经过上千年的发展,龙舟竞渡这种古老的节日运动现已走出国门,发展成为一项国际性的赛事。

端午节除了龙舟竞渡的习俗之外,还有包粽子,女儿回娘家,挂钟馗像、迎鬼船、躲午、贴午叶符、悬挂菖蒲、艾草、游百病、佩香囊、荡秋千、给小孩涂雄黄、饮用雄黄酒、吃五毒饼、咸蛋和时令鲜果等习俗。

五、中秋节

八月十五是传统的中秋节。中秋节又称月夕、秋节、仲秋节、八月节、拜月节或团圆节等。在历法时间上,正值三秋之半,南宋吴自牧《梦粱录》卷四:"八月十五中秋节,此日三秋恰半,故谓之中秋,此夜月色倍明于常时,又谓之月夕。"

关于中秋节之起源,一说源于原始时期的月亮崇拜。当时人们认为月亮有主宰农业丰收之神性,并将月亮看作丰收神和生殖神,因此,月亮成为人们在秋天收获时主要祭祀的天象。古代帝王有春天祭日,秋天祭月的礼制。据古代典籍记载,周代已有"中秋献良裘"、"秋分夕月"的活动。经过汉、晋、唐的进一步发展,由与农业相关的中秋祭月发展为文人墨客中秋休闲娱乐时的赏月玩月,并在诗词文赋中吟月诵月。到了宋代,八月十五才正式成为中国传统的中秋节,成为一个聚会享乐的标志性时间,亦开始出现节日食品:里馅为酥和饴的圆如月的小饼。此时庆祝中秋节之风气无论在民间还是社会上层均极为兴盛,如孟元老《东京梦华录》说:"中秋夜,贵家结饰台榭,民间争占酒楼玩月。"明清时期,中秋赏月的风俗亦极为盛行。

另一说认为中秋节源于新罗(唐朝时期朝鲜半岛南部国名)。在唐以前(包括唐代),中秋并没有节日的性质,仅仅是士人玩月赏月之日,而在新罗则已是固定节庆,并于唐时传入中国,受其影响,到了宋代,八月十五才成为中国传统意义上的中秋节。

月饼是中秋节的主要节令食品。在历史上,月饼最先见于苏东坡的"小饼如嚼月,中有酥与饴"之句。据古书记载,中秋赏月活动中初见月饼始于南宋的《武林旧事》。到明清时,月饼已成为节日里普遍的食品了。富察敦崇《燕京岁时记》称："中秋月饼……呈供月饼，到处皆有。大者尺余，上绘月宫蟾兔之形。"随着月饼的普及，其花样品种亦愈来愈丰富，制作工艺亦愈来愈精致。在欢度佳节时，人们相互馈赠精心制作的月饼，形状似满月，即取其团圆之意，以祝福大家幸福安康："民间以月饼相邀，取团圆之义。"这亦与中国传统文化精义暗合。中国传统文化向来注重圆满、和合，"天人合一"思想是传统思想的主要特征。月饼之"圆"，汤圆之"圆"，均是此种思想在民俗文化中之体现。

除吃月饼之外，中秋节还有许多其他民俗活动，如"烧斗香"、"树中秋"、"走月亮"、"点塔灯"、"放天灯"、"卖兔儿爷"等众多风俗活动。同时，在中秋节的形成过程中也伴随着许多充满浪漫色彩的神话故事，如嫦娥奔月、吴刚伐桂、玉兔捣药、杨贵妃变月神、唐明皇游月宫等，这既给民间祭月增添了神圣的色彩，同时亦使中秋节之内涵变得更加丰富多彩，更加具有吸引力。

除了上面提到的传统四大节日之外，七夕与重阳在民俗节日文化中亦占有重要地位。

七夕俗称乞巧节，时间是每年七月初七。节日的主要内容为乞巧和牛郎织女的爱情故事，因此现在被称为中国的"情人节"。七夕节之起源，据研究者考证当始于楚国的汉水流域："楚怀王初置七夕，妇女是日以彩缕穿七孔针，陈瓜果于庭，以乞巧。"（明代罗颀《物原》）关于乞巧的记载最早见于汉代刘歆的《西京杂记》："汉彩女常以七月七日穿七孔针于开襟楼，人俱习之。"乞巧习俗的起源也是与原始农业相关，是农事祭祀节日，源于先民对主瓜果、丝帛的丰收神——织女星的拜祭。在西汉后，逐渐与历史上盛传的牛郎、织女的爱情故事相融合，遂定型为目前各地流行的"七夕节"。

重阳节即每年农历九月初九。古人以"六"为阴数，"九"为阳数，九月九日有两个"九"字，因此名为重阳，也称重九。在古籍中，"重阳"一词最早见于楚辞《远游》："集重阳入帝宫兮。"此重阳还不是节日。到唐代时，重阳才最终被确立为节日，当时与中和节（二月初一）、上巳节并列为三大节。重阳节的起源也是与原始农牧业相关。九月，是农作物的收获季节，此时有丰收祭与尝新的习俗，重阳节当是因此而来。重阳节的习俗有多种,最为人熟知的当数重阳登高、饮菊花酒、插茱萸、吃重阳糕等。

总之,中国传统节日包含着丰富的内容和礼仪形式,这些传统节日在主流方面,体现了以自然为取向,万物平等的自然本原思想;体现了和谐为美的思想,即不仅包含人与自然的和谐,还包含了家庭和谐与邻里和睦的思想;体现了崇尚劳动、敬老敬贤、追纪先人等社会伦理思想,是中华民族优秀传统文化的体现。在节日里,亲朋好友、邻里乡亲采取各种庆祝方式,交通往来,使人与人之间的关系得到进一步加强,这样对国家的团结与民族凝聚力的形成无疑起着很重要的作用,因此在古代社会,每逢重大节日,上至天子,下至黎民百姓,普天同庆,共祝节日,直到今天,依然经久不衰。

第三节 禁忌

禁忌是民俗文化的重要组成部分,是指人们为了避免祸患而对自己的观念与言行进行限制与禁止,是一种否定性的行为规范。其对象包括两方面:一为神圣崇高之事物;一为禁止危险之事物。禁忌产生于原始社会。其早期主要表现为迷信禁忌,是因人类认识力低下而产生的对自然力、超自然力及图腾物之神秘力量的崇拜与畏惧,因此禁忌也被研究者认为是"亚宗教"行为。随着社会生产力的发展,人们在具体的生产实践和生活经验中又逐渐产生了一些禁忌,通常称之为经验禁忌。较之迷信禁忌,经验禁忌更多的是人类为了自我生存而在改造自然中对宇宙万物的观察与思索,包含有更多积极、理性的成分。在原始社会中,禁忌是主要的约束力,是通过限制和禁止的方式来影响人们的心理和行为,从而使社会秩序得以建立。然而,禁忌乃基于人类群体的共同信仰而自然产生的一种以消极回避的方式对人类本能的"自我抑制",人们主要采取以回避、保守、自我封闭、自我约束的消极态度来应对,消极悲观、盲目畏惧的态度占主导地位,对社会发展更多的是消极不利的作用。

虽然禁忌有着诸多消极迷信的作用,然而由于文化具有延续性与传承性的特点,禁忌作为传统民俗文化的一部分,亦通过各种方式被继承下来。在我国的民俗文化中蕴含着丰富的禁忌习俗,如岁时禁忌、行业禁忌、日常生活禁忌、动植物禁忌等。

一、岁时禁忌

岁时禁忌是岁时习俗不可分割的一部分,是人们在岁时生活中对自己言行的禁止。岁时禁忌最早产生于先人的原始崇拜及禁忌信仰。岁时禁忌有节日禁忌和节气禁忌等。

1. 节日禁忌

春节为一年之首,在传统岁时中是最为热闹也是最为隆重的节日,同时禁忌也最多,尤以初一为最。初一拜新年,出门最忌碰到和尚、尼姑,碰到就会破财,也忌讳遇到寡妇,"新年遇寡妇,必定做鳏夫"。拜年时,忌说"丧"、"终"、"穷"、"病"等不吉利字眼,以防来年不顺。在大年初一,所有食品应该是熟食,不能煮米饭吃,否则会冒犯神灵。春节忌杀生,见到血迹会使人遭遇不幸。有的民族如畲族的正月初一也有许多禁忌,如忌挑粪、忌抬轿、吹喇叭、忌食狗肉等。可以看出春节中的诸多禁忌大都体现了人们祈福求安、攘除灾害的心态。元旦日,忌讳扫地、倒垃圾,恐走了财运,亦不能动刀剪针线,是怕遭祸殃。

此外,清明节禁止刑余之人上坟祭祀先祖;还有戴柳禁忌,俗传"清明不戴柳,红颜变皓首"。三月三上巳节有"三月三,蚂蚁不能上灶山"的禁忌。端午节所处的五月,乃民间信仰的恶月,五毒肆虐,忌讳生子、婚娶、盖房甚至仕途升迁。中秋节"女子祭月"而忌男子参与,因月亮属阴象之物,男子只能在旁边观看而不得参与。

2. 节气禁忌

节气与农业生产密切相关。因此在节气中,人们对自己的言行尤为注意,唯恐犯忌,致使农事不顺。

立春为一年农事之始,天气的好坏往往能预示农作物收获的丰歉。俗以为立春宜晴不宜阴,民谚云:"立春清明又和暖,农人鼓腹皆翘天。倘若风阴与昏暗,五谷不登人不安。"

夏至,是农事重要节日。在夏至日,忌讳很多。如忌雷、雨,有"夏至有雷六月旱,夏至逢雨三伏热"的农谚。古书记载,因夏至阳盛,所以忌

"烧灰"、"举大火"等。

立秋日,亦与农事有关。此日忌雷、雨、风天气,农谚云:"秋打雷,晚禾折半收。"在云南一些地方,立秋日忌田间行走,否则对农事不利。

冬至,忌无雨,否则会遭遇干旱,农谚云:"冬至无雨一冬晴。"冬至有吃饺子的习俗,在河南一些地方,若冬至不吃饺子,会对农事不利:"冬至不过冬,扬场没正风。"

除上面提到的节气外,春分、惊蛰、立夏、小暑、白露、霜降等节气也各有禁忌。还有特殊日子的禁忌,比如望日、朔日的禁忌等,这里不一一赘述。

上述有关岁时的禁忌,既有人们长期生产经验的总结而形成的经验禁忌,亦有人们盲目迷信超自然力量而造成的迷信禁忌。

二、行业禁忌

人的衣食住行,离不开各行各业的发展,如农业、商业、渔牧业、手工业等。人类早期自然条件恶劣,生产力水平低下,为保证生产的顺利进行,人们在各种生产活动中总是小心翼翼,非常注意约束自己的言行,唯恐会给生产活动带来不利,在此种心态影响下逐渐形成了各种行业禁忌。

1. 农业禁忌

农业禁忌即在农业生产中,为保证农业生产的顺利进行而形成的禁忌。

在一些特殊的日子忌下田。如彝族在正月初一至十六,农历五、六、七三个月的初一和初五,忌下田劳动,否则会不吉,并将会使庄稼受灾。

自然现象禁忌。如忌讳暮冬打雷。农谚云:"正月雷声发,大旱一百八(即一百八十天)。"天旱缺雨,会造成庄稼歉收。另外汉族以及其他一些少数民族如水族、苗族、彝族等在农耕中都有忌雷的习俗。此种风俗之形成原因,一方面源于人们对自然力的崇拜与敬畏,另一方面也包含着人们对农时时机的恰当选择。

生产中的言行禁忌。如台湾高山族在播种及收割时,忌高声喧哗;一些地方的农村,去田里劳作,忌喊同伴姓名,恐被野鬼听到,受到祸害。

上述农业禁忌之形成原因既包含对超自然力的敬畏、对灾害的恐惧，同时亦有对丰收的渴望，也暗含休养生息之意。

2. 渔牧业禁忌

渔业禁忌。渔业历来就是一种很危险的行业，俗话说"半寸板内是娘房，半寸板外是阎王"。在出航时，渔民每每怀着既敬畏又恐惧的心理，遂形成了各种各样的禁忌。首先是语言禁忌。在船上时禁止说"翻、沉、破、住、离、散、倒、火"等字眼。对有钱的船家忌称呼"老板"，因为"老板"谐音"捞板"。除语言禁忌外，还有行为禁忌。浙江一带，禁止妇女走上船头，认为女人是不洁之物，而船头乃神灵居住的地方。忌船内装载死了的动物，认为是不祥之兆。还有关于造船的禁忌。在造船时，船头忌用桑木，脚下忌用槐木。"桑"谐音"丧"，俗话说"头不顶桑"。另有"脚不踩槐"之说，槐木则象征富贵之木，是不能踩在脚下的，否则就会背运。

牧业禁忌。牧业与靠天吃饭的农业一样，受外在自然环境的影响很大，因此亦形成了各种禁忌。有靠长期的生产实践而总结出的经验，如：在春天、夏天时应早点放牧，秋天、冬天时应晚一点；早上落霜时忌放牧，等霜化后再放牧。这些禁忌有利于牲畜的健康成长。还有一些迷信禁忌。如塔吉克等游牧民族忌讳外人骑马从自己羊群中通过，认为会带来邪气；还有忌讳人跨过拴牲畜的绳子，认为会影响牲畜的繁殖。另外，还有一些游牧民族忌讳外人当着主人的面清点牲口数目，并夸奖牲畜长得好，认为会给牲畜带来祸害，造成牲畜死亡。

3. 商业禁忌

经商给人们带来财富，同时也带来风险。俗话说："商场如战场。"商场上风云变幻、波谲云诡。为规避风险，旧时商人在行商时形成了很多禁忌，以达到趋吉避凶的目的。

店铺禁忌。忌一天中第一份生意不成交，迷信会带来一天的霉气。忌伙计背对柜台而坐，"背"隐含有背运之意。忌伙计在店铺内看书，因"书"与"输"音同。生意不同，禁忌也不同。旧时药店年初进货，"胖大海"与"大连子"二味药不可缺少，取大发大利之意。卖棺材的，忌说"死"字，称棺材为"长寿席"。

行商禁忌。出行日期的选择很重要,往往关系到行商是否顺利。一般是通过算卦占卜来确定出行,决不会在禁忌日出行。河南某些地方的商人普遍忌讳每月的初七、十七、二十七出门,以三、六、九出行为吉。另外在出行时,忌讳踩到别人的脚后跟,认为会导致生意上落人后,赚不到钱。

顾客禁忌。顾客购买棺材时,忌讨价还价,否则就是对死者的不敬。顾客买神像,不能说"买",应该说"请"。入店买东西,忌一只脚踏在门槛上,认为会影响店家的财运。

除上述行业以外,手工业、桑蚕业、戏业、饲养业等行业,都也有自己的行业禁忌。其实,这些行业禁忌,除了部分基于生产经验而形成的禁忌对生产有利外,其余大多为迷信禁忌,是人们心理上自设禁区,对行业发展并无积极意义。

三、日常生活禁忌

日常生活包括人们的衣食住行、婚丧嫁娶、人际交往等,种种日常活动也深深打上了禁忌习俗的烙印。

1. 衣食住行禁忌

关于衣的禁忌。首先是衣服颜色禁忌。《礼记》中有关于穿衣禁忌的最早记载:"为人子者,父母在,冠衣不纯素。"为人子女,父母在世时,忌穿戴白色的衣服及帽子,因白色被认为是凶色。自宋代以后,白色作为凶色被官方正式确定下来。《礼记》中还提到:"素服,以送终也。"现在民间办丧事,要臂戴黑纱,胸佩白花。可见古时风俗一直流传到现在。而喜庆的日子,如过节、祝寿、结婚等,忌讳白色,大红大绿的颜色才是人们的喜爱。另外,男子忌戴绿色的头巾与帽子。在民间,如果妻子红杏出墙在外淫乱,就要给丈夫戴上绿头巾,以示耻辱。"绿帽子"成了耻辱的象征。除了衣服颜色方面的禁忌,还有穿戴方式的禁忌。如忌反穿衣、反戴帽,在一些地方只有孀妇改嫁或在丧礼中才会反穿衣服。另外,维吾尔族在穿衣方面忌短小,尚宽袍大袖。这与其生活地区寒冷的气候不无关系。

关于饮食方面的禁忌。首先谈一下饮食对象的禁忌。如苗、瑶、壮、畲等一些民族,忌吃狗肉,乃源于狗崇拜,因为这些民族的原始图腾是狗。还有回族禁吃猪肉,禁止养猪,甚至忌讳听到涉及"猪"的字眼。汉族有些地区的人禁吃牛肉,源于牛在农耕时代既是不可缺少的农耕工具,又是交通工具。在饮食方式上,也有一些禁忌。如成都地区的饮食禁忌是忌在别人身后吃饭,恐吃瘦他人;碗内忌剩饭底、汤底,谓之"不彻底"。另外还有吸烟禁忌、喝酒禁忌、饮茶禁忌等。上述饮食方面的禁忌大多与一个民族之宗教信仰、生活习惯密切相关。

关于居住方面的禁忌。在我国大多数地区,建房要选好吉日良辰,忌冲"太岁"(又名木星,传说中的凶星),因此动土前须备香、表、酒、肉等,敬献土地神,民间谓之"破土"。宅基地位置的选择亦有禁忌。在河南,建造房子忌门窗直对大路,俗谚:"南来大路直冲门,速避直行过路人。急取大石宜改镇,免教后人哭声顿。"现在河南农村建房,直对大路的门窗所在的墙壁上,往往有镌刻"泰山石敢当"字样的石头镶嵌其上,以避邪气进入房屋。除此之外,在建房过程、室内家具放置方面均有一些禁忌。

关于出行方面的禁忌。河南民间,忌七日出门及八日起程归家,三日、六日、九日则为出行吉日,有"七不出门,八不回家,三、六、九一路通"的说法。土家人认为农历一月、四月、七月、十月的蛇日,三月、六月、九月的牛日,冬月的鸡日,均为"红煞日",忌讳远行,俗谚:"出门遇红煞,一去不归家。"成都地区有"早上出门忌见兔,晚上归家忌见狼"的说法,碰到了则认为不吉祥。

2. 婚丧嫁娶禁忌

关于婚礼禁忌。俗话说:婚姻大事,岂可儿戏。如前所述,古代的婚俗有"六礼"之说,即纳采、问名、纳吉、纳征、请期、亲迎。前四项是订婚阶段,后二项是结婚阶段。有关婚姻的禁忌则贯穿于婚姻的全过程。先说订婚阶段的禁忌。纳采,即提亲,古时提亲时常以活雁或活鸡、鹅作为彩礼,忌用死物,否则女方会有成为寡妇的厄兆。问名,男方请媒人询问女方的生辰八字等,然后男家即通过占卜以测定吉凶。对男子而言,忌娶属羊的女子,俗语说:"女子属羊守空房。"纳吉即订婚或定聘,订婚时,定礼要成双成对,忌讳单数,因单数会令人产生"丧偶"之联想。纳征又称"纳币"、"大聘"、"过大礼",聘礼忌单数,亦忌讳送女方鞋子,怕女方穿上鞋子溜掉。

关于结婚阶段的禁忌。请期,即男方备礼去女家告知具体成婚的日期。请期日期的确定,亦颇多禁忌。如忌无春之年,俗谓"寡妇年",此年结婚,大不吉利。汉族及其他一些少数民族忌在服孝期间举办喜事,认为是对死者的不敬。亲迎,即迎娶新娘,是婚礼的最后亦最重要的一个环节,亦有诸多禁忌。如忌赘婿,"赘"字有典质之意。还忌不放爆竹,喜庆活动中燃放爆竹,有驱除鬼怪之作用。以上禁忌,虽有很重的迷信成分,但亦反映了人们内心趋吉避凶的愿望。

有关婚姻对象方面的禁忌。各个民族均禁止近亲结婚,是有科学成分在内的。汉族自古有同姓不婚之忌,《左传·僖公二十三年》云:"男女同姓,其生不蕃。"古时,每个家族都有特定之姓,同姓一般为近亲,所以禁止结婚。

丧礼禁忌。丧礼乃人生礼仪的最后一个仪礼,也是最为隆重的仪礼之一。如前所述,丧礼内容包括:停尸、招魂、吊丧、殡仪、送葬。在丧礼中必须遵守种种禁忌,方会使死去的人在阴间过得安稳,阴间的人亦不受连累祸害。(1)停尸禁忌。给死者穿寿衣时,忌讳眼泪掉在尸体上,如此则死者会留恋不走,且不得超生;忌死者头部位置在梁下;死于外地的人,忌停尸室内,更有甚者,忌尸体入村。(2)招魂禁忌。招魂即借助语言的魔力以召回死者的魂灵。招魂时,忌人大声喧哗、走动,忌五官不全之人在旁,恐使魂魄受到惊吓而不能召回。(3)吊丧禁忌。在河南很多地方,吊丧时忌空手而来,一定要带肉、锡箔纸来祭奠亡灵,以使亡灵在阴间衣食无忧。还禁止寡妇吊丧,以为不洁之人参加会亵渎魂灵并带来祸患。(4)殡仪禁忌。入殓时,与死者属相相冲克者要回避。亦忌人影照入棺材内,人影入棺,盖棺时会将灵魂关在里边。(5)送葬禁忌。送葬的日期也有讲究。有的地区忌讳七月送葬,认为七月野鬼多,如此则会引来更多的鬼魂。还有一些少数民族,如黎族忌正午送葬,认为正午送葬会使人遭灾。送葬时,忌用皮革衣物作为陪葬物,怕灵魂转世时变为兽类,这是迷信轮回说而产生的禁忌。

3. 人际交往禁忌

为维护人际交往的正常运行,在社会生活中亦形成了一系列禁忌,提醒人们毋越雷池,从而创造了正常、有序、和谐的人际关系,促进了社会稳定和民族团结。交往禁忌主要体现在交往语言、待客、做客等方面。

首先谈一下交往中的语言禁忌。所谓语言禁忌,表现在两方面:一为对语言灵物的崇拜,二为在特殊场合下某些语言的禁用或代用。比如人死不直说"死",而说"老了"、"走了"等,这样会更委婉,更具人情味儿。还有在古代为维护最高统治者的尊严和尊者的地位,非常注意避讳,起初是避君王贵族之讳,如避免在文章中或谈话中直说君主的名字,而是用代字,否则为大不敬,会受到惩罚。后来逐渐成为一种社会性的礼节,如:对长辈或自己所尊敬之人,避免直呼其名,往往用尊称来代替;对同辈或同僚,为了礼貌,用尊称而不直呼其名。还有如前面所说的,在船上忌说"翻、沉、破、住、离、散、倒、火"等字眼,与伊斯兰教徒交往忌说有关"猪"的字眼,这些都属于语言禁忌范畴。

然后再谈一谈待客与做客的禁忌。待客的原则是尊重客人。如给客人倒茶水,忌壶嘴直对客人,"壶嘴"、"虎嘴"音相谐。款待客人吃饭,由家里男主人作陪,忌家里女人、小孩上桌吃饭,否则便是对客人的不敬。河南的某些地区,吃饭时,要主动给客人盛饭,忌让客人独自去厨房盛饭;吃饭期间主人要始终相陪,忌丢下客人独自离去。做客的原则是尊重主人。去主人家拜访,应先敲门,切忌直闯屋内,这样会被别人认为没有礼貌。哈萨克族忌讳骑快马直冲主人家门,否则便会被认为是挑衅或是传达不祥的消息。在维吾尔族,主人为客人倒茶,客人要双手举起茶碗以示尊敬,但不可替主人倒茶。在瑶族做客,喝酒时应开怀畅饮,忌拘束过谦,否则主人会认为你看不起他们,造成误会。

四、动植物禁忌

关于动植物禁忌,与原始先民的自然崇拜、图腾崇拜、祖先崇拜及宗教观念很有关系。

1. 动物禁忌

动物禁忌大多源于先民的图腾崇拜。图腾崇拜是"相信人与某一图腾有亲缘关系;或相信一群体或个人与某一图腾有神秘关系的信仰"(《简明不列颠大百科全书》)。许多民族的图腾都由动物来充当,认为这些动物图腾是有灵的,具有超自然的能力,能够赐福或致祸,因此形成了诸多禁忌。如人们畏惧并定期祭祀某种动物;禁止屠宰、食用或接触图腾,甚至还规定须回避图腾。对汉族而言,龙是华夏民族的图腾神。龙的形象是由多种动物形象融合而成。长期以来,龙就是人们顶礼膜拜的对象,人们通常认为如果在祭祀中怠慢了龙,将会给人带来灾患。后来,历代帝王为了维护统治就以"真龙天子"自命,龙的图案成了皇家的专用标志。黎庶百姓甚至士人大臣均不能擅自使用龙的图案。在少数民族中,图腾崇拜的现象较为普遍。前文提到许多民族因狗崇拜而忌吃狗肉。还有如蒙古族人,以天鹅为图腾神,把白天鹅作为吉祥的象征,禁止捕杀。台湾土著多以蛇为图腾,认为百步蛇为祖先化身,忌捕食蛇。还有一些禁忌是出于对某些动物的畏惧、厌恶的心理。如对老鼠的畏惧,一些地方如果夜里听到老鼠叫,便以为会有灾祸降临。还有对乌鸦的厌恶,大多数人都非常讨厌乌鸦,认为它会带来不祥,以至于形成了"乌鸦嘴"、"天下乌鸦一般黑"等含贬义的词语。

2. 植物禁忌

有些民族盛行植物崇拜,把植物作为本民族的图腾,从而形成了严禁砍伐、采摘的禁忌。如苗族在历史上奉枫树为图腾,认为枫树是其祖先的化身,每逢过节或人畜不安时,都要向古树祈祷祭祀,以求得树神保佑,并把枫树作为保寨树,禁止砍伐毁坏。还有些民族盛行自然崇拜。如原始时代的佤族,其村寨附近大都有神树林和水源林,禁止任何人砍伐,否则就会遭灾;即使要砍伐一棵普通的树木,在砍伐前都要虔诚祈祷,以求得树神的原谅。佤族人认为自然界万物都有神灵,如果不慎触犯这些神灵,将会带来灾害,受到严厉的惩罚。在魏晋南北朝时期,史籍中屡见有大树因遭砍伐而流血,最终导致人世间灾难的记载。

思考题:

    1. 试论古代婚礼的"六礼"。

    2. 试述古代葬礼的主要内容。

第十章 政体与官制

在中国古代历史上,国家自其产生时起便实行专制集权的政体,各个朝代对中央政体不断进行调整和改造,形成了系统的庞大的中央集权的政治体制。为适应国家管理的需要,有效地控制各个地域,各个朝代都把全国划分为若干不同级次的政区。与国家政体和政区发展相适应,各朝代建立了系统的官吏制度。

第一节 政体沿革

政体是国家政权的组织形式,即统治阶级采取什么形式行使其统治权力,实现对国家的管理。中国古代的奴隶主、地主阶级国家实行专制集权的政治制度,通过王权制度、皇权制度行使对人民的统治权和对国家的管理权。王权制度、皇权制度经过长期的发展演变,形成了系统的专制集权的组织体系。这一组织体系的基本成分是君主、官吏、军队、监狱、刑法等。君主集国家最高权力于一身,实行个人专断独裁,君主的意志就是法律,君主集立法、司法、行政等大权于一身;官吏是君主的奴仆,作为君权代表对百姓实行专制统治;军队、监狱、刑法是维护集权统治的暴力和专制机关。

先秦时期实行王权制度,王通过分封的诸侯国实行对国家的统治和管理。秦汉时期是中国封建社会中央集权制度的建立和巩固时期。秦在中央建立起至高无上的皇帝制和三公九卿制,在地方确立郡县制,初步建立起中央集权制度。西汉初年推行郡国并行制,王国权力逐渐增大并威胁中央,其实质是奴隶社会分封制的残余对封建上层建筑的威胁。经汉景帝"削藩",平定"七国之乱",至汉武帝从根本上解除王国对中央的威胁,王国问题得到根本解决。在这一过程中,皇权得到进一步加强。东汉时期,中央集权渐趋衰落,豪强地主势力恶性膨胀。东汉政体上的突出特点是由三公九卿制向新政体过渡。隋唐时期是我国封建社会中央集权制度的完善时期。隋朝开创三省六部制和科举制,唐朝进一步发展完善。北宋本着"强干弱枝"的指导思想,在中央组织强大的禁军,解除中央和地方大将的兵权,又使地方行政权和财政权分开,加强了皇权。元朝合三省为一省,进一步强化了中央集权制度。为有效治理广阔的国土,实行行省制,初步奠定了后世省的政区。明清时期是中国封建社会中央集权制度空前强化的时期,其突出特点是君主专制的强化。明朝统治者在中央废丞相,在地方废除行省制,设三司;清朝统治者在中央设立军机处,更加强化了君主权力。经过长期的发展,中国历史上形成了系统严密的中央集权的政体。

一、王权制度

王权制度的形成 王权起源于人类社会的早期,原始社会晚期的军事酋长和部落联盟首领通过战争而成为王。所以王权是在战争的基础上形成的,并因为拥有军事指挥权而得以巩固;王权还是从父权社会发展而来的,因而带有父权家长制的特征;王权又是在私有制基础上建立起来的,由子女继承财产发展为继承政权,确立了世袭君主制,并形成"王朝"。王朝拥有一套维护统治阶级利益的国家机构;具备一定数量的武装力量;君主作为王朝最高政治代表和权力执掌者,高踞于社会之上,并且由一家一姓世代相袭。从夏、商、西周、春秋、战国到秦统一全国建立皇帝制度,王权制度在我国实行了近两千年。

王权的依据与运用的方式 为了使王权充分"合法",王被神化为上天和祖宗在人间的代表。夏商周三代的"王"十分强调"君权神授",有意将王权和神权、宗法权紧密地联系在一起。王号称"天子",表示自己是上帝的儿子,如果是改朝换代,则是"皇天上帝,改厥元子",以此证明王权的神圣。同时,王以宗族长兼国家元首的身份实行统治。在原始社会,自然崇拜与祖先崇拜密不可分,敬神和敬祖往往合而为一,进而由血缘关系衍生为政治关系。王号称"天子作民父母,以为天下王",表示自己是所有人的长辈,作为子女的臣民是不能违反父母之命的。这样就使宗族组织和国家政权紧密结合了起来。

王通过"会盟"、"巡狩"、"朝聘"等方式控制各诸侯国。"会盟",是夏商周三代王权的重要体现形式之一,是由王发布命令,召集诸侯到指定的地点来接受王的指示和安排。"巡狩",也是夏商周三代体现王权的重要形式,王通过对地方诸侯的巡视以宣示王权。"朝聘",是诸侯与天子、诸侯与诸侯之间的一种政治交往方式。诸侯亲自觐见天子称为"朝",派遣卿觐见天子称为"大聘",派遣大夫觐见天子称为"小聘"。朝聘的主要目的是向王朝汇报工作,表示对王朝的效忠臣服,接受王朝的考核及指示。

王通过使用誓、诰、命、令等政令文书或口谕行使王权。誓、诰、命、令等,是通过文书或口头的形式下达的,用以宣示意图,推行决策,以及对诸侯和官吏等进行动员或训勉惩诫。

王权的行使离不开一整套国家组织机构,包括辅政机构、司法监察机构、财政税收机构和军事机构等,以实现王对国家的统治和管理。

辅政制 夏代已有辅佐夏王的六卿。商代建立起以商王为中心的中央机构,辅佐商王的主要大臣为尹。西周中央机构有较大的发展,辅弼周王的为三公:太师、太傅、太保。政府行政事务官分为两大系统:卿士寮和太史寮。春秋时各国相继出现了辅佐国君、处理政务的主要执政官,尽管各国名称各异,但其地位和职权都相当于后来的"相"。战国初,"百官之长"的相、丞相,已成为各国普遍设置的官职。早期国家的辅政制是贵族议政辅政制,这是在氏族军事民主合议制基础上发展起来的辅政制。少数宗亲贵族组成会议,辅佐君主决断国家大政,是君主专制的政治支柱。由于这些宗亲贵族大都有自己的领地和军队,而且是世代相袭,因此对君主有较大的约束力。秦以后以少数民族为主体的政权,早期大多仍采用这种辅政形式。

司法监察制度 西周时期在中央机关就有了专门的司法官员——大司寇。在大司寇之下,设小司寇,负责办理具体案件。在地方上实行独立的司法管辖,有乡士、遂士、县士、方士、讶士,分管各自辖区内的司法事务。下级领主承认其宗主的裁判效力。在夏商周三代的国家事务中已有监察的因素或监察的活动。春秋战国时的御史已兼有监察的使命。但这个时期尚未产生专职的监察机构,严格意义上的监察制度还没有建立起来。

财政制度 夏商周三代是古代财政制度的发端时期,其内容主要包括贡赋制度、岁用(支出)制度和财政管理制度。在贡赋方面,夏朝实行定额课征的田赋制度。商朝实行井田制基础上的公田助耕制度,公田收入交国家,私田收入归自己。西周不分公田私田,按每亩的实际收成征收十分之一的实物税。西周中后期开始征收关市税和山泽税。除了田赋之外,这三个朝代还有兵役和力役等徭役制度。在财政支出方面,主要是祭祀支出、军事支出、王室费用、官员俸禄、水利事业和工程建设等其他支出。在财政管理制度上,三代均实行地方分权的财政管理体制,诸侯们要向中央缴纳邦国之贡。三代设有司会、司书等负责赋税征收和支出管理的专门官职。春秋时期,各诸侯国相继改革财政。齐国实行"案田而税"、"相地而衰征"的田赋制度,将私田划分等级差别征税,并实行国家盐铁专卖制度。鲁国实行"初税亩"、"作丘甲"、"用田赋",完全按占有人实际占有的土地数目收税。这些财政变法开始废除奴隶制的土地国有制度,并使财政体制开始由分权走向集中。

军事制度 公元前 21 世纪,作为国家政权重要组成部分的军队,随中国历史上最早的国家——夏朝的建立而产生。夏王掌国家军政大权,是军队最高统帅、主要政务官,战时便是统军将领。商朝也以商王为最高军事统帅,以贵族大臣和方国首领为高级军事将领。商朝还建立了"登人"、"登众"的兵役制度和射、御、田猎的训练制度。西周军制比夏、商有了更大发展,中央常备军力量扩大,各诸侯国和一些贵族大臣也有少量军队,听从周王统一调遣。春秋战国时期,代表新兴地主阶级利益的各诸侯国君,在改革政治、经济制度的同时也改革军制。一些诸侯国国力军力上升,军制出现了一些变化:周王室失去了对诸侯国的控制能力;军政一体化的体制转变为相对独立于行政体制的以国君为中心的高度集权化的军事体制;文武分职,产生了凭兵符发兵和奖励军功等制度;产生了以征发农民为主的郡县征兵制,军赋也由农民承担,扩大了兵源与军费来源。

二、皇权制度

秦始皇并灭六国后,推行一系列措施实行大一统。为了使中央对地方有切实有效的指挥与控制权,他以皇帝为核心,从中央到地方建立了一整套严密的管理制度:在中央,建皇帝尊号及实行三公九卿制;在地方,分天下为三十六郡,废除封建诸侯国,改行政令统一的郡县制度。

皇帝是专制王朝的核心和主宰,享有号令臣民、控制和指挥全部国家机器的权力。为了显示皇帝的威严,经历朝历代的不断规范,形成了一整套严格的皇权制度。

皇帝的名号 秦始皇统一全国以后,认为王的名号对他已不适用,于是将三皇五帝名号合而为一,号称"皇帝",并强调"朕为始皇帝。后世以计数,二世三世至于万世,传之无穷"(《史记》卷六《秦始皇本纪》)。自此,皇帝的名号便被历代王朝所接受,沿用了两千余年。自唐高宗时起,皇帝的名号又增加了尊号,也称徽号,即在皇帝名号前加上赞誉性的内容。如唐玄宗李隆基经多次奉上尊号加至"开元天地大宝圣文神武孝德证道皇帝"。上尊号的制度在明朱元璋时被废除。

皇帝的名位 皇帝的名位制度主要包括三方面内容:一是称谓方面的专用词语,借以表现皇帝与众不同的崇高地位;二是衣食住行方面的专用名称和格式,借以突出皇帝的神圣;三是政令运作上的专依凭据,如玺印、诏书等的规制,借以保证皇权的行使。如汉代规定,"汉天子正号曰皇帝,自称曰朕。臣民称之曰陛下。其言曰制诏。史官记事曰上。车马衣服器械百物曰乘舆。所在曰行在。所居曰禁中,后曰省中。印曰玺。所至曰幸。所进曰御。其命令一曰策书,二曰制书,三曰诏书,四曰戒书"(蔡邕《独断》)。

皇帝的年号、庙号、谥号 参见第八章第五节"帝王称号"。

皇帝的陵号 陵号是加给安葬皇帝陵墓的称号,一般是根据皇帝生前的功过和世系加以命名。开国的皇帝一般称"长陵",以后的皇帝则要参照其生前事迹和世系来命名,尊崇安泰的内容较多,如茂、义、昭、干、康、景、显节、高平等。也有以所处之地命名的,如汉文帝的霸陵、魏文帝的首阳陵、东吴孙权的蒋陵等。

皇位继承制度 皇位继承的方式主要有以下几种:

(1)嫡长子继承制。在皇帝正妻皇后所生诸子中,选立长子为继承人;如果嫡长子早殇而有子,则立其子;长子无子则由皇帝之嫡次子顺序继承；在皇后无子的情况下，选择庶子中的长子为继承人；如嫡庶子皆无，则依照亲疏顺序选立。这是最为常见的方式。

(2)密建皇储制度。有些比较明智的统治者，或为择立胜任统治的继承人，或为避免皇子间争斗，采用秘密建储制度，即由在位的皇帝在任何人不得参与的情况下，从诸子中选定一人为继承者，亲自写好密旨，秘密储藏在特制的锦匣内。这份密旨要等到皇帝临去世或去世后才予公布，新皇帝随即宣布登位。

此外，还有立"有功于社稷"的皇子为继承人，或立母党势大的皇子即位的情况，但都不是制度化的做法。

皇权的行使 皇帝通过一定的人员和机构，按照一定的程序和方式行使权力。机构包括三类，即机要和秘书机构、日常行政机构、监察机构，这些组织机构在不同的朝代有不同的组织体系与不同的名称。行使权力的途径主要有两种：

一是批答章奏。奏事有章、奏、书、启、表、册、书、记、疏、议、行状、札子、揭帖、题、封事等，各具有不同的使用范围和作用。奏事由有上奏权的政府部门和文武官员勋贵拟就，通过指定的途径呈交给皇帝，经皇帝审议批示后，再使用诏、令、谕、旨、朱批等形式，由一定承传机构下达发布，交各职能部门执行。

二是朝议、廷议。对于重要的政事，皇帝可以召集有关的大臣举行会议讨论，称为"朝议"或"廷议"。与会者提出不同的参考意见，由皇帝裁决。如果皇帝当时能够裁决，即当场发布指令；不能马上裁决的，将众人意见"留中"，待以后处理。

三、秦汉时期的三公九卿制中央政体

三公九卿制 秦汉时期的中央政体为三公九卿制。

"三公" 指的是丞相、太尉、御史大夫。丞相，有左右丞相之分，是皇帝下面的最高行政官，辅佐皇帝总理百政。作为百官之长的丞相，权力极大，他们设有自己的衙署，可以自行招募僚属，依照君主的政令独立行使权力。君主对宰相的用人权一般不直接干预。这种辅政制被称为宰相集权制的辅政制，一直延续到隋朝。

太尉,是协助皇帝总领全国军事的最高长官。秦统一六国后,适应君主集权制封建国家政体的需要,确立了以皇帝为统帅,中央军为主力,地方军与边防军相呼应,正规军与地方武装相结合的武装力量体制。太尉协助皇帝总领全国军事,有统兵权,但无调兵权。在郡、县、乡均有专职主管军政的职官,郡设郡尉,县设县尉,乡设游徼,掌管军政及治安。汉承秦制,又有创新:皇帝仍是最高军事统帅,由太尉、将军、将、尉等组成全国军事行政机构。太尉名义上是最高军事长官,但实际只负责军事行政,并无发兵、统兵之权。汉武帝时,设置了大将军一职,逐渐取代太尉而执掌军权。

御史大夫,相当于副丞相,总领图书秘籍、四方文书奏章以及监察和弹劾百官之职,御史大夫府为中央监察机构。在地方设置监郡御史,监察地方官吏。西汉初沿袭秦制,后来由御史大夫的属官中丞专司监察,称为御史台,这是中国历史上最早的专职监察机构。

"九卿" 设于"三公"之下,作为中央行政机关分掌具体行政事务。其中的奉常,掌管宗庙礼仪,地位很高,属九卿之首;郎中令,掌管宫殿警卫;卫尉,掌管宫门警卫;太仆,掌管宫廷御马和国家马政;廷尉,掌管司法审判;典客,掌管外交和民族事务;宗正,掌管皇族、宗室事务;治粟内史,掌管租税钱谷和财政收支;少府,掌管专供皇室需用的山海池泽之税,供给宫中衣服宝货珍膳等。

自秦汉起,以丞相为首辅的三公九卿制逐渐完备,成了后世政体之蓝本。虽然各代中央政体之名称或有不同,但多从秦汉制度脱胎而出。

四、魏晋南北朝时期的过渡性政体

魏晋南北朝时期政权更迭频繁,中央政体也比较混乱,但总体上还是在东汉政体的基础上逐步发展的,中央政务由"三公"逐步向"三省"转移,行政事务由"九卿"渐向"六部"过渡。汉武帝时,为加强皇权,削弱丞相权力,选用内廷人员参与朝政,原属少府、为皇帝掌管文书的尚书权力扩大。东汉时尚书机构称台,分割或取代了九卿部分职权。东汉中期设置侍中寺,晋时改称侍中寺为门下省。曹魏时,重用秘书中书令,遂设中书省。由此形成尚书、中书、门下(侍中)三省交互辅政的局面,主要行政事务也大部分划归尚书省所统领的诸曹。

辅政制度也处于由宰相集权辅政制向宰相机构参议辅政制过渡的时期。汉武帝为加强皇权,削弱丞相权力,开始对丞相机构的权力进行制约。宰相机构设置固定,现任宰相无权增减,亦不能自行辟用属员,宰相的更换也不会导致宰相机构人事的大变动。各政务部门上奏的事务,先由宰相披阅,提出初步处理意见,供君主决断时参考。宰相没有单独裁决政务的权力,只是贯彻君主的旨意,负责督促检查各政务部门组织实施。这一辅政制度被称为宰相机构参议辅政制,从汉武帝时初具雏形,一直实行到明初。在魏晋南北朝时期,宰相机构参议辅政制与贵族议政辅政制、宰相集权辅政制经常是双轨或多轨并行。

魏晋南北朝时国家处于分裂状态,军制复杂多变。太尉在名义上是最高军事长官,但实际上只负责军事行政,并无发兵、统兵之权。而州牧、刺史多加将军称号,都督一州数州军事,专擅一方军、民、财政大权,形成了威胁中央的地方割据势力。随着中央集权的下降,边境一些少数民族的武力上升,开始向中原富庶区扩张,他们在军事上保留本民族特点,并参用汉军制,形成了独特的部族兵制。

秦、汉时期廷尉为主管刑狱的最高长官。北齐改廷尉卿为大理寺。以后隋唐至明清,除元代废除外,大理寺一直是中央司法机构。魏晋南北朝时期,中央御史台脱离少府,直接受命于皇帝,监察权扩大,自太子以下无所不纠。

五、隋唐三省六部制的政体

三省制萌芽于东汉,发展到隋代,确立了中央政府的五省(五省即尚书、门下、内史、秘书、内侍,实际行使行政职权的是前三省)六部制。到了唐太宗时,又在此基础上发展为比较完整的三省六部制,取代了秦汉之三公九卿制。

三省 中书省(隋初叫内史省),掌管机要,决定军国大政,为最高发令机关。全国最高政令,皆由中书草拟,以皇帝的名义和诏书的形式发出。门下省,参与军国大事的讨论,审阅上行文书,并提出意见,送呈皇帝裁决。对中书省草拟的诏旨如认为不妥,可以批注送还,回中书省重新拟撰。如果门下省复核后没有意见,便送尚书省执行。尚书省,是隋唐时期的最高执行机关,全国一切行政事务都由其管辖。尚书令除参与机密,研讨军国大事外,主要是具体执行中书起草、门下审核而最终经皇帝批准颁布的各项诏令。三省长官具有宰相之职,形成三省分工明确,又相互牵制的机制。

六部 尚书省是中央行政管理的中枢,下辖六部:吏部负责官吏管理,户部负责人口、土地与财政,礼部负责礼仪、祭享与贡举,兵部负责军事,刑部负责法律与刑事,工部负责各类工程。六部对中央及地方的有关事务都有领导、监督之权。六部制从隋代确立后,一直到清朝相沿不改,存在一千三百多年。

九寺、五监 九寺、五监为具体的政务办理机构。九寺沿袭秦汉时的九卿而来,太常寺掌礼乐、郊庙、社稷之事,光禄寺掌酒醴及膳食,卫尉寺掌武库器械文物,宗正寺掌皇室及外戚事务,太仆寺掌厩牧及车舆,大理寺掌刑名及断狱,鸿胪寺掌宾客、凶仪及四夷朝见之事,司农寺掌仓储及营田,太府寺掌财货及贸易。五监为:国子监掌儒学训导之政,管国子太学等教授事;少府监掌百工技巧之政,包括织染、铸币、互市等;将作监掌土木工程营造、工匠事;官器监掌军器制造;都水监掌川泽、津梁、渠堰、陂池之政。九寺、五监的地位在六部之下。

司法监察制度 隋在尚书台行政司法职责基础上建立了刑部,这样隋唐以后就形成了以大理寺、刑部、御史台为主的三大司法机关。大理寺为中央一级审判机关,负责审理中央百官犯罪以及京师徒刑以上案件,并有权重审刑部移来的地方死刑和疑难案件。所断徒、流罪的判决,须送刑部复核,死罪判决要直接奏请皇帝批准。刑部为司法行政管理机关,审定各种法律,复核各地送部的刑名案件,审理"监候"的死刑案件以及直接审理京畿地区的待罪以上案件。御史台为监察机关,掌握纠察诉讼事务。在监察制度方面,隋设御史台、司隶台、谒者台,分别负责内外监察。唐代御史台下分三院:一曰台院,主管内外监察;二曰殿院,纠察礼仪问题;三曰察院,以对外监察为主。地方则分十道(后增至十五道)监察区,形成比较严密的监察网。

隋唐中央政体对后世影响很大,宋代大体沿袭唐代的三省六部制,明代虽废宰相,但六部之职却进一步发展。

六、宋代二府三司制的政体

地方权力收归中央,大力加强中央集权,是宋代政体的一大特色。宋朝的政治机构,适应中央集权的需要,分为政事、军务和财政三大系统,分别由皇帝直接统属。另设御史台等机构。所以,宋代的中央政体,名义上是沿袭唐制,保留三省六部,但实际上是行二府三司制。二府是中书省与枢密院,三司是度支司、户部司、盐铁司。二府三司各自独立,互不统属,直接对皇帝负责,构成最高辅政机关。神宗元丰改制以后,恢复了三省六部的职权。

中书省 宋时只有中书省设于禁中,单独取旨掌政务,传达天子政令。中书省最高长官为"同中书门下平章事",即"宰相"。皇帝为了限制宰相的权力,设数名参知政事、枢密使、三司使,以分其军、政、财三权,使宰相无法独揽大权。

枢密院 枢密院专掌军国机务、兵防、边备、戎马之政令。主持侍卫诸班直、内外禁兵招募、阅试、迁补、屯戍、赏罚之事。但枢密院只是辅佐皇帝的全国最高军事机构,枢密院的大事都要奏报皇帝批旨。皇帝对枢密院的军权作了限制,使枢密院统领军事,却并不直接统帅军队,有军政权,却无指挥权。

三司 三司为度支司、户部司、盐铁司,总揽全国财政,号称"计省"。长官为三司使,号称"计相",地位仅次于宰相,不受宰相节制。度支司掌管财政收支和粮食漕运等事;户部司掌管户口、赋税和榷酒等事;盐铁司掌管工商收入及兵器制造等事。宋代财政管理的基本原则是"天下支用悉出三司"。地方政府每年需要开列该年度收支总数,年终汇总申报一次,并预计下一年度支用总数。中央政府对地方财政的行政控制主要通过派出的路转运使实施。路转运使的首要任务是督促州县地方征收赋税并输送到京都。此外,路转运使还需要计度供应所辖州县机构的费用,包括地方官吏的俸禄廪给与驻扎该路军队的供应给养等。通过路转运使的有效监督,中央集权牢牢控制住了地方的财政大权。

监察制度 宋代由谏院和御史台组成监察机构,合称"台谏"。谏院掌规谏朝政阙失,对大臣及百官之任用、政府各部门之措施提出意见。御史台为中央监察机构,其职能为"纠察官邪,肃正纲纪"。地方监察设监司和通判。监察系统直接向皇帝负责。

南宋政体　南宋的政体基本上是沿袭北宋,但机构较北宋精简集中,适应新形势下的专制主义中央集权。首先,对三省六部进行了调整,合门下省、中书省、尚书省为一,称中书门下省。其次,六部中的各部只设长官或副长官主持部务,所属司级机构,除户部以事务繁多未减少外,其他五部通过兼领、合并而大量省并。南宋中央统御体制前后也有所变化。建炎初,以御营司掌兵权,成为统领全军的最高军事机构。建炎末,恢复北宋枢密院管军旧制,枢密院又成为最高军事机构。

七、元代一省制为核心的政体

元代为一省制,中书省是政务的主体。中书省之组织大体沿袭宋代,总政务,掌六部,实兼唐代中书、尚书两省之职。中书令为中书省首长,多以太子担任。中书省直辖吏、户、礼、兵、刑、工六部,分管各种政务。凡与政务有关的寺、监、卫、府等部门的事务都归中书省管辖。枢密院为全国最高军事机关,分管军事行政、武官任命、军需供应等事务。在中央凡是与军政事务有关的寺、院、卫、府,都要接受枢密院的调度安排;地方上有关军务的组织,也直接隶属于枢密院。

监察制度　元朝取消谏院,台谏合一。御史台为全国最高监察机关,主管中央和地方的监察事务。在各地设有行御史台和诸道肃政廉访司,分管辖区内的监察事务。

宣政院　为元代特有之机构,是全国最高宗教和民族事务机关,"掌释教僧徒及吐蕃之境而隶治之",所有的宗教和民族事务均归其管辖。

八、明清内阁制的中央政体

明朝内阁　洪武十三年(公元1380年),明太祖取消中书省,废除宰相一职,由皇帝总理全国政务,并将六部提升为中央政府之最高行政机构,直接向皇帝负责。洪武十五年,设大学士做顾问。成祖时开始选儒臣参与政务,称为内阁大学士,于是始有"内阁"之名。仁宗之后,大学士专任票拟,事权益重,地位渐崇,班次在六部之上,其中一人为"首辅"。宰相听命拟旨辅政制也就形成了。在宰相听命拟旨辅政制度下,宰相只能按照皇帝的意图进行草拟谕旨的工作,没有决定的权力,也不能直接指挥各级军政部门。

六部是明代中央行政的核心组织,由天子直辖,以尚书为长官。六部中以吏部为首,次为户部、刑部,再下为兵、礼、工诸部。

清朝内阁及军机处 满清入关后,以明制为基础逐渐形成一套完整的政体。清代内阁职权与明代内阁大致相同。不过,清代的军国大事,必须由议政大臣会议商讨(又称"国议"),皇帝裁决,因此清代内阁之权力远不如明代。康熙十六年(公元1677年),康熙设南书房,初为行政顾问,后成为皇帝发布政令的重要机关。雍正七年(公元1729年),因用兵青海,为防止泄露机密,乃设军机房,后改称军机处,全名"办理军机事务处"。军机处由亲王、大学士、尚书、侍郎等满汉大臣组成,最高官员称军机大臣。军机大臣可批答奏章、起草上谕、奏请任免官吏、议决国家大事等。此外,也兼管工务、考试、外交、财经等事务,有时也参与重要案件之审讯。军机处成立后,内阁及南书房的权力移归军机处,内阁只负责主持典礼仪式及保管部分档案,大学士成为荣誉职衔。内阁制发展至此已名存实亡。军机处的出现,意味着宰相听命拟旨辅政制的完善。

清末新政体 咸丰十年(公元1860年)总理各国通商事务衙门设立,为办理对外交涉的机构,光绪二十七年(公元1901年)改为外务部,并且列于各部之上。到宣统三年春,新内阁成立,共有外务、民政、度支、陆军、农工商、法、学、邮传和理藩九部,部有大臣、副大臣以代替旧日的尚书、侍郎。此外,还有海军衙门和军谘府(即参谋本部)。

第二节 政区沿革

国家政权产生和臻于成熟的重要标志,是将以血缘划分居民改变为按地区划分居民,按照一定政区进行管辖。中国古代国家政区在秦以前实行分封制,秦以后实行郡县制。秦以后的地方政区有过两级制、三级制、四级制,出现过省、道、路、府、州、郡、县等名称。秦汉实行郡、县制,这一时期被称为郡县时期。魏晋南北朝隋出现了州的政区,实行州、郡、县制,被称为州制时期。唐宋辽出现了道(路)的政区,大体上是道(路)、府、州、县制,是道(路)制时期。元明清出现了省,实行省(路、道)、府、州、县制,是行省制时期。

一、政区名称的由来及级别

在中国古代,地方有国、省、道、路、府、州、郡、县等政区名称。

国 在夏、商时期,分散的各部族均称为国。西周实行分封制,天子建国,诸侯立家,国家始合称为一,诸侯也自称为国。从西周至春秋,国也一直作为都城的称呼。西汉分封诸侯王,其封邑都称为国。

省 本来是官署名,如尚书省、中书省、门下省、秘书省等。为加强对地方的控制和集中处理某些政务,魏晋时曾经将主管中央政务的尚书台部分官署临时派驻地方,称为行台;隋及唐初的尚书省亦曾设行台于外;金、元时,在全国重要地带设行尚书省或行中书省,作为中央临时派出机关,以集中管理某个地区的事务。元朝为了有效地控制全国,把行省变为固定的政区,省制自此形成。

道 在汉代道是少数民族聚居地区的特别政区,相当于县级。唐贞观元年(公元 627 年)划全国为十道,是监察区。唐朝后期道成为最大的政区。宋代改道为路。明清时,在省与府之间设置道为监察区,此外还有一些专职道,如盐法道、粮储道、督粮道等。明中叶以后,道基本确定为固定的辖区,向地方政区转化的趋势已经形成。清乾隆时道成为省以下、府州以上的固定政区。

路 始设于宋。宋初为加强中央集权,仿照唐代的道制,分所统辖领土为二十一路,为当时地方最高一级政区。明代废除路一级,自此以后,路不再为政区名称。

府 最初是国家收藏财产和文书的地方,唐代为了提高京师和陪都的地位,改其所在地为府,府始为地方政区名。唐以后逐渐有京府和散府(重要地区)之分。京府属于一级政区,由中央直辖;普通府则为二级政区,其地位高于州,隶属于路。散府是二级政区中的重要地区,也隶属于路。明代把府定为仅次于布政司的二级政区,每府管辖数州或县,是治理地方的重要一级。清制与明制大体相同,全盛时有一百八十八府,其京府则为奉天府和顺天府。

州 商、周、秦、汉都有州名,但尚未作为政区。东汉时,以司隶、豫、冀、兖、徐、青、荆、扬、益、凉、并、幽、交为十三州,成为地方政区。东汉至唐初,州一直作为一级政区。唐玄宗开元二十一年(公元733年)全国分置十五道采访使、观察使常驻地方,州渐渐成为二级政区。元代州成为三级政区,统属于府。明代直统于布政司的州为二级政区,地位相当于府而略低;隶属于府的州为三级政区,地位相当于县而略高。清制与明制大体相同。

郡 春秋末期,有的国家在新得到的边远地区设置郡。进入战国时期后,郡所辖的地区逐渐繁荣,人口增多,于是在郡的下面分设了县,产生了郡统辖县的两级地方政区。秦统一全国后,郡是地方一级政区。西汉的郡仍然是一级政区。自东汉至南北朝,郡为二级政区。隋曾经一度改州为郡,作为一级行政区。唐中叶以后,州和郡都成为二级政区。元代以后,地方政区没有郡,郡通常作为府的别称。

县 春秋初期,秦、晋、楚等国在新兼并的地方设县,是直接隶属于国君的地方政区。春秋中期以后,设县的国家增多。自秦以后,县一直作为基本政区存在。

乡里、党族、里甲、保甲、村社、乡镇等作为历代都有的基层组织,有一定的管辖区域,全被纳入地方管理,是州、县行政的基础。

二、夏商西周时期的政区

夏、商、西周是我国古代政区形成的萌芽时期。

夏代政区 夏朝是中国历史上第一个国家。禹即帝位后,将中国分为九州(关于九州历来说法不一,有禹贡九州、尔雅九州、周礼九州等。一般指周礼九州),为扬、荆、豫、青、兖、雍、幽、冀、并九州。实行五服制,包括甸服、侯服、绥服、要服、荒服,是将国土根据其距离国都的远近,划分为不同部分,每部分属民及属臣对天子承担不同义务。州的划分和五服的存在,实际上就是夏朝对地方的管理。部族首领必须服从夏王的政令,对王朝承担贡纳、朝见、服役和随从征伐的义务。

商代政区 商朝被认为是分封制的开始。商王为了控制广大被征服的地区,分别将若干土地连同居民分封给自己的诸弟、诸妻、诸子、功臣以及臣服的少数民族首领,并允许他们享有对这部分土地、居民的统治特权和宗主地位。被分封的地区称为方国。

西周政区 西周实行分封制,被封的诸侯在封国内继续分封。通过这种逐级分封,下级对上级承担缴纳贡物、军事保卫、服从命令等义务。周朝的地方制度,有国、都、邑、野、鄙。周王和诸侯的都城为国,诸侯国中的大城为都,小城为邑,此外的地方称为野或鄙。

春秋战国时期,随着周王室的衰微,分封制趋于解体,到秦朝统一后,郡县制便取代了分封制。

三、秦汉时期的郡县制政区

秦汉实行郡、县制,这一时期统称郡县制时期。

秦代政区 秦始皇在公元前221年统一全国后实行郡县制,全国政区划分为郡、县两级,以郡统县,全国有三十六郡。其后南并五岭以南南越地,置南海、桂林、象郡,北取阴山以南地,置九原郡。又陆续分析内郡——东海、常山、济北、胶东、河内、衡山等,到秦末增加到四十多个郡。县共有一千多个。一个郡一般管十几到二三十个县。秦朝的地方管理体制是:郡设守(主持民政)、尉(主持军事)、监(主持监察事务),郡守下设郡丞,作为郡守的副职;县大者(万户以上)置令,小者(万户以下)置长,县令、县长之下设县丞、县尉等佐属官员。

汉代政区 公元前202年,刘邦建立西汉。全国划分为郡(国)、县(侯国、邑、道)两级政区。另设州为监察区。一级政区:郡(国)。刘邦采取郡国并行制,封同姓子弟为九个诸侯王,其余各地则循秦制,设郡县。至西汉末,全国共有郡、国一百零三。郡长官称守,后改称太守。二级政区:县(侯国、邑、道)。侯国是列侯所封食邑;邑是皇太后、公主所封的食邑;道是设在少数民族地区的县级政区。万户以上的县之长官称令,万户以下的称长。

汉武帝元封五年(公元前106年),将首都地区以外的郡国划分为十三个刺史部,又称十三州。每部派刺史一人,巡视吏治,称为行部。公元前89年,把首都长安附近的七个郡划为一区,置司隶校尉部。至此共有十四区。刺史部是监察区,还不是真正意义上的行政区。刺史只负责监察地方长官,不管地方行政。

四、魏晋南北朝隋时期的州制政区

魏晋南北朝隋时期,实行州、郡、县制,被称为州制时期。

魏晋南北朝政区 黄巾起义后,州由监察区变为行政区,成为郡以上的一级政区。由此形成州、郡、县三级政区。三国时,曹魏有十二州,东吴有四州,蜀汉只有一州。西晋统一时共有十九州,一百七十三郡国。西晋末年,增设两州,共有二十一州。南北朝前期,共有五六十个州。到南北朝末期,州增加到三百多个,郡增加到六百多个。此时平均一个州只管两个郡,每个郡只管二三个县,州郡县三级制的意义已经完全丧失了。所以到了后期,只有州刺史和县令长到任理事,郡的太守并不上任理事,实际上已经变成了州县二级制。

隋代政区 隋文帝在开皇三年(公元583年)撤销了郡,只剩下州和县。隋炀帝时又将州改称郡,全国一九十个郡,一千二百五十五个县,并模仿汉武帝时的制度,设置了若干监察吏治的官员,分部巡查。

五、唐宋辽时期的道(路)制政区

唐宋辽实行道(路)、府、州、县制,被称作道(路)制时期。

唐代政区 唐朝的政区是道、州(府)、县三级政区制度。唐朝初年,改郡为州,当时有三百多个州。唐太宗贞观元年(公元627年)又将全国分为十个道,是监察性的。唐玄宗开元二十一年(公元733年),又分天下为十五道,设置采访处置使,相当于汉武帝时的刺史。玄宗以后,还将一些地位特殊的州改称为府。至唐末共有十几个府。安史之乱以后,形成了以掌兵权的节度使作为地方行政长官的制度。一个节度使管几个州,其辖区也叫道,形成了道、州、县三级政区制度。

宋代政区 宋朝的政区是路、府、州(军、监)、县制。北宋初年,取消了节度使的实权,所有的州都直属中央。宋太宗时,又在州之上设置了路。北宋分全国行政为二十四路,军事为三十一路。路的性质介于行政区和监察区之间。宋朝时一些重要的州也升为府,北宋末年已有三十几个府。南宋分全国为十七路。此外,还有军、监两种地位低于州的州级政区。

辽代政区 辽朝的政区体系大体上是道、府(州)、县三级。一级政区有上、东、中、南、西五京道,亦称为五路,宰相主管本路政务。二级政区有府、州、军、城四种,有六府,一百五十六州、军、城。三级政区为三百零九个县。

六、元明清时期的行省制政区

元明清的政区是省、路(道)、府、州、县制,是行省制时期。

元代政区 元朝实行行省制。开始行省只是一种中央政府派遣在外的临时机构。由于长时间的战争,行省也开始干预地方政务,逐渐变成了最高一级的地方政区。到了元朝中叶,全国分为一个中书省直辖区和十个行中书省。元代省的主要长官是丞相。省下有路、府、州、县。

明代政区 明朝取消行省,改为承宣布政使司。又将原来归中书省直辖的地区改为京师直辖,称为直隶。明成祖以后,北京周围的直辖区称为北直隶,南京周围的直辖区称为南直隶。宣德以后,全国分为两直隶,十三布政使司。布政使司长官为布政使。民间一般还是将直隶或布政使司称为省。全国分为十八省,下设府、州、县。

清代政区 清朝的政区为省、道、府(直隶州、直隶厅)、县(散州、散厅)四级。清朝初年沿袭明制,康熙初年以前有十五个省。到康熙六年,设为十八个省。另外设置奉天、吉林、黑龙江、新疆、外蒙共五个将军辖区。西藏、青海两个办事大臣辖区。共二十五个一级行政区域。光绪十年(公元1884年)新疆建省,次年将原属福建的台湾府改为省。光绪三十三年(公元1907年)又把东北三将军的辖区改为省。省级由总督或巡抚综理军民要政,巡抚辖一省,总督辖一省或二三省。布政使名义上虽然保留,但已成为总督或巡抚的属员,专管税收、民政,称为"藩台"。府以上的道依然保存,并成为一级行政机构,长官为道员,俗称"道台"。清代的府、州、县制与明代略同,另在少数民族聚居的地区设厅,厅的行政级别与州相似。府的长官称知府,厅的长官称同知或通判,县的长官称知县。

第三节 官制沿革

国家政权要执行权力,就必须配备各种功能和级别的文武官员。中国早在四千多年前就已产生了早期奴隶制国家官吏制度。其后经历代发展变化,形成了从中央到地方系统的官吏设置和职官管理制度。在官吏设置方面,居权力顶峰的是国君,拥有至高无上的绝对权力。宰相是国君之下辅助国君处理政务的最高官职。宰相并不是一个官名,而是一个群体,是除皇帝之外的最高领导层。历代都另有正式官名,其职权广狭程度、行使权力的方式都不同。然后有中央各部门长官,有秦汉时期的"九卿",隋唐以后的"六部"长官等。再有就是掌管军事的武官,掌全国军事行政,有太尉(汉武帝时称大司马)、枢密使、大将军等。还有监察官与谏官,御史为监察官的专称,谏官在辽以后就不再设置。此外,还有君主的秘书与文学侍从、学官、宫廷事务官和地方长官及其佐官、属官与胥吏。在职官管理方面,有对官吏的选拔、任用、考绩、奖惩、品秩、俸禄及休假、退休等制度。

一、中央官制

早期国家的官员制度 夏朝官制的情况由于文献缺乏而不甚了了。大致说来,早期的国家最高首脑称为王或后,王之下有掌政事的三正,有为天子辅臣的疑、丞、辅、弼四邻,有为国君亲近左右官员的六事(即六吏、六卿),还有掌历法的羲和(又称太史),掌诉讼的大理,掌王室家族事务的臣,等等。

商朝官制 在商朝,由商王直接统治的中心区域叫内服,内服以外的诸侯统治区域称为外服。商王朝的内服官分外廷政务官和内廷事务官。最高的政务官,是协助商王决策的相,又称阿、保、尹,其下有主管力役的司徒、主管工程的司空和主管刑狱的司寇。另外有掌占卜、祭祀、记载的史,武官之长的师长,乐工之长的太师、少师。内廷事务官是专为王室服务的官员,主要是总管的宰和亲信的臣。臣管理王室各项具体事务,有百工之长的司工,掌粮食收藏的啬,掌畜牧的牧正,等等。

西周官制 西周官制是商朝内、外服制度的进一步发展。西周朝廷的官员分为公、卿两个等级。在内服中,太师、太保是属于最高"公"一级的职官,其下为"卿"一级的高级职官,它们各有属官,此外还有低级的事务官员。辅佐周王左右的为太师、太傅、太保,合称"三公"。政府行政事务官分为两大系统:卿士寮和太史寮。卿士寮下有三个事务官:司徒、司马和司空,分别掌管农事、役徒征发和营建。太史寮是掌管历法、祭祀、占卜和文化教育的行政部门。为王室服务的内廷事务官,有三公之佐的三少(少师、少傅、少保),有道、辅、弼、承四辅,有膳夫、缀衣、小臣、寺人等管理王室各项具体事务。

春秋战国官制 春秋时各国相继出现了辅佐国君处理政务的主要执政官。秦称上卿、亚卿和大庶长,楚称令尹,齐、晋、鲁、郑诸国称相。其他重要事务官有:掌农田税收的司田,掌财务的职计,掌山泽、田猎的虞人等。随着诸侯国间交往增多,各国设行人,以主外交,设史官太史,职责为"记大事,书盟首"。战国初,建立封建专制主义中央集权政体,成为中央官制的重要特征。百官之长的相、丞相,已成为各国普遍设置的官职。各国还设"将"职,作为最高军事统帅,地位仅次于相。在将军之下,设有国尉、都尉等高级武官。

中央集权国家的官僚制度 自秦灭六国后中国成为统一的大国。由于领地空前地扩大,土国的官员制度已经不能适应,因而在官制上需要加以全盘调整。正是适应这一要求,三公九卿制、三省六部制逐渐形成并完备起来。

三公九卿制的官制 三公九卿制形成于战国,确立于秦汉时期。三公九卿制以宰相为首辅,以三公为最高长官,以九卿统称中央各机关,并建立了对百官的监察制度。从中央到郡县,形成了比较系统的设官制度,成为后世官制之蓝本。

三公是王朝中最高之官位,为共同负责军政事务的最高长官。各代三公之官员称谓不一。秦、汉以丞相(大司徒)、太尉(大司马)、御史大夫(大司空)合称三公,分掌行政、军事和监察。东汉以太尉、司徒、司空合称三公,亦称三司。唐宋仍沿此称,但已无实际职务。明清虽亦以太师、太傅、太保为三公,但一般只作为大臣的最高荣衔。

丞相(大司徒)是秦、汉的最高行政长官,三公九卿的首辅,居宰相之位。

太尉(大司马)是秦汉时期全国最高级别的军事统帅。东汉太尉实为丞相,与西汉早期掌武事的太尉名同而实异。魏晋以后,太尉作为三公之一,位居极品而实权甚少。隋撤销太尉府与僚佐,便逐渐演化成优宠宰相、亲王、使相的加官、赠官。

御史大夫作为宰相之副,其职掌有二:一为掌管天下文书图籍、呈递公卿奏章、颁布皇帝诏令等,类似皇帝的机要秘书长;二是掌管朝廷内外监察,为全国最高的监察长官。御史大夫之下有御史中丞,统领侍御史若干人,具体负责对朝廷百官的监察以及掌管国家收藏的图书档案;同时统管地方的监察长官刺史。

九卿是中央各机关的总称。九卿包括:奉常,掌宗庙礼仪,即管皇家祭祖的一个家务官(西汉景帝时改称"太常");郎中令,是负责宫廷警卫之官,守卫宫廷门户(西汉武帝时更名"光禄勋");卫尉,掌管宫门卫屯兵,统率卫士,负责皇城警卫;太仆,管理皇帝的车马及马政,皇帝出行,亲自为皇帝御车;廷尉,负责司法审判及刑狱(景帝时一度更名"大理");典客,管与少数民族的交往事务(武帝时改称"大鸿胪");宗正,掌皇室亲属事(西汉平帝时更名"宗伯");治粟内史,管全国农田谷物及财政经济等事务(景帝时更名"大农令",武帝时改称"大司农");少府,掌山海池泽之税及皇室杂务、宫中供奉等。

秦汉之际,三公九卿组成了中央政府,人们就常用三公九卿来概括当时中央的官吏制度。魏晋以后,随着尚书省、中书省、门下省的建立,三公和九卿的权力逐渐被替代和分割。隋朝时,三公九卿制让位于三省六部制。

三省六部制的官制　三省六部制是经过西汉以后的长期发展,至隋朝正式确立的,在唐朝进一步发展完善。三省指中书省(隋称内史省)、门下省、尚书省。三省长官共行宰相之职。中书省的长官称为中书令,重要的属官为中书侍郎。门下省长官为侍中,重要的属官为门下侍郎。尚书省长官为尚书令,总理国家政务。因唐初太宗李世民未即位前,曾任尚书令,此后臣下不敢居此位,遂不设尚书令,以仆射为尚书省长官,左仆射统吏、户、礼三部,右仆射统兵、刑、工三部。六部尚书主持各部政务,以后历代变化不大。

宋承唐制,设门下、中书、尚书三省,但主要职权都已转移至其他机构,三省六部有名无实,其长官也都只作为寄禄官衔。掌握中央行政权力的是同中书门下平章事(宰相),总理全国政事,参知政事为副相。掌握中央军事事务的是枢密使(知院事),专司"军国机务,兵防边备戎马之政令",属下有副使(同知院事)。门下省侍中,佐天子,审中外出纳之事,属下有门下侍郎。中书省中书令,佐天子,宣奉天子命令,属下有中书侍郎。尚书省尚书令,奉天子命而施政,属下有尚书省左、右仆射,左、右丞相。三司使掌全国钱谷出纳,均衡财政收支。

元以中书门下为最高行政机构,与枢密院对掌文武大权。中书省长官为中书令,总领百官,会决庶务。皇太子领中书令。左、右丞相辅佐皇帝,综理全国政务。平章政事佐丞相,官位只次于丞相。参知政事为中书省副长官。枢密院长官为枢密使,掌军事机密、边防和宫廷禁卫等事务。属下有枢密副史、枢密院判、枢密知院。

明洪武十二年,废中书省,洪武十五年设内阁大学士为皇帝顾问。仁宗以后,内阁大学士实际上掌宰相职权。都察院设左、右都御史,掌监察、执法,即前代的"御史台"。属下有左、右副都御史,左、右佥都御史。十三道监察御史(末年为十五道),掌巡按州县,考察官吏。总督(总理)、巡抚,均因事而设,以重臣任之。

清实行内阁制(后为军机处)。内阁设大学士,掌传达谕旨、公布文告。军机处设军机大臣,辅佐皇帝,处理军国要务,官员任免和一切重要奏章。军机大臣由满汉大学士、尚书、侍郎、京堂兼任。

二、地方官制

方国的官制 商王为了控制广大被征服的地区,把自己的诸妻、诸子、功臣以及臣服的少数民族首领分封在外地,称为外服官。外服官主要有方国首领的侯、伯,有为王朝服役的男,有守卫边境的卫。他们的职责主要有以下几方面:为商王朝镇守边疆,跟随商王出征,向商王朝进贡赋税财物,为商王室服役。周朝王畿外服的封国,称为四方,包括侯、甸、男等诸侯。王朝有时派使臣到诸侯国任监国。诸侯在自己的封国内仿照王室设置百官有司,成为相对独立的政权。主要有三事官,即司徒、司马、司空,分掌政务、司法和民事。周的各级主要官吏,都是在宗法制度基础上世袭的,而且文武不分,平时治民,战时就是各级将领。

省的官制 元代省的主要长官有丞相一人、平章二人、左右丞和参政各二人;设郎中、员外郎、都事、掾史、蒙古必阇赤、回回令史、通事、知印、宣使等协助主官分管省衙内各项具体事务;设检校所、照磨所、架阁库、理问所、都镇抚司等机构,管理各项专门事务。

明代洪武九年(公元1376年)朱元璋宣布废除行省制度,省一级由承宣布政使司、提刑按察使司、都指挥使司等三司分管行政、司法监察、军事行政。布政使司设左右布政使、左右参政、左右参议等主要长官,总管本省行政、民政、钱谷等事;按察使司设按察使、副使等主要长官,主管本省的刑名按劾之事,并负责本省所辖府县的巡查和监察;都指挥使司设都指挥使、都指挥同知、都指挥佥事等主要长官,主管本省军政。明中后期出现了总督、巡抚、巡按等官职。这些官员是以监察官或军事长官的身份被临时差遣,但掌有一方面的实际权力。

清代的总督、巡抚是法定的省级封疆大吏。总督辖一省或数省,是地方最高军政长官,例兼兵部尚书、侍郎和都察院右都御史衔。巡抚辖一省,例兼都察院右副都御史或加兼兵部侍郎衔。总督和巡抚各有一定数量的直辖军队。总督之下称为督标,设副将、参将等官统领;巡抚之下称为抚标,设参将、游击等官统领。

道的官制 唐代的道是以监察区演变为行政区的。节度使为道的主要长官,又兼观察、兵甲、财赋、民俗之事。明及清初的道是监察分区,道的长官分两种:由布政使左右参政、参议分兼,驻守某地,称为"守道";由按察使副使、佥事分兼,巡察某地,称为"巡道"。还有一些专职道,如兵备道、提学道、清军道等。道的职责是定期巡视所属府县。清代乾隆时期,守道和巡道有了固定的辖区,长官以"道员"为专称。并明确规定守道主管民政和财政,巡道主管司法和监察,是省级派出的行政单位。此外,省级衙门还设有一些管理专门事务的道员,如督粮、督册、屯田、驿传、盐法、钱法、海关、实业、教育、河道等,辅佐督抚藩臬办理地方专门业务。清代的道员多兼兵备衔,有节制境内都司以下武官的权力。

路的官制 宋至道三年(公元997年)在府州之上增加路一级行政单位,直接统属于中央。路设有帅、漕、宪、仓等司。帅也称为安抚使,是一路高级军政长官;漕是转运使,其本职是经管一路财赋,后为路事实上的监司官;宪是提点刑狱公事,主管司法;仓为提举常平司,管赈荒救济事宜。司的官员由皇帝直接委任,各司互不统属,各自对中央负责。各司均设有副职。副职除执行本司职权所辖事务之外,还兼有监视主官的职责,可以直接向朝廷奏闻,各司的政令文书,也必须有副职共同签署。各司还设有一些主管各项具体事务的属员。辽代有上、东、中、南、西五京道,亦称为五路,设有宰相府、诸使、留守司等,主管本路政务。此外还有都总管府、都虞侯司、警巡院、学校等专项事务机构。金代的五京路设留守司负责各项政务;还设有按察司,分管详刑和监察,定期出外巡按所属州县;另有兵马都总管府。其他十四路则设都总管府,有都总管、同知都总管等分管各项政务。元代的路是二级政区,统属于行省。路设总管府,有达鲁花赤、总管、同知、治中、判官等主要官员。路下设司狱司、织染局、杂造局等分管各项专门事务的部门。

府的官制 府出现于唐代,府有京府和散府之分,设官也有一定的区别。唐代各府设府尹一人为长官;设少尹二人为副长官,负责向中央汇报工作;另设司录、功、仓、户、田、兵、法、士等曹参军事及文学、医学等职能部门以分管各项事务。宋代京府设知府事为长官,并兼京路留守司留守。后改京府长官为尹,设少尹而分左右厅治事;下属有诸曹分理各种事务。散府设知府事为长官,根据所在地处,分别兼任经略安抚使、马步军军都总管、兵马钤辖、兵马巡检等职;府设通判为协理佐贰而分厅治事;亦各设诸曹分理各种事务。辽代的府设府尹为长官,还设置警巡院、府学等官署,负责本府各项具体事务。金代的京府也是以府尹为长官,但兼任京路留守官,府事则由同知和少尹管理;另设总管判官、府判、推官、孔目官(一般分吏、户、礼、兵、刑、工等六案)、知法等官分管各种事务;京府设警巡院,设有使、副使、判官等员,主管司法和治安。散府职官设置大致如京府,但品秩低于京府,没有警巡院,以录事司担任警巡职务。元代的京府和各行省所在地的首府,官员设置如路。散府设达鲁花赤、知府或府尹为主要长官,设同知、判官、推官、知事、提控案牍等官分管各项事务。明清的京府设府尹,并设有府丞、治中、通判、推官、儒学教授等官。在府衙门内设有经历司、照磨所、司狱司等办事机构。其余诸府是承上启下的地方行政单位,设知府掌一府之政令;设同知、通判为协理佐贰官,并兼管一些具体事务。各府根据本地方具体事务不同,还设有库、仓、盐课、税课、都税等大使、副使,分管专项事务。

州的官制 东汉时,州成为地方最高级政区,原为州监察区长官的刺史便成为最高的地方行政长官。黄巾起义爆发后,刺史又加封监军、将军等名号,拥有一州的军事、行政、财政和司法大权,成为割据一方的实际统治者。魏晋南北朝时,刺史兼领军职制度化,其府属机构也渐渐形成军事和行政两套班子。州府机关的行政组织,设有别驾、治中、都官等从事史,以及主簿、门亭长等书佐。军府机关设长史、司马和西、东、户、贼、兵铠、士、营军、刺奸、帐下督等曹掾史。州属僚佐一般由长官自行委任,别驾、治中、长史、司马等高级僚佐由中央任命。隋统一中国后,改州为郡。唐代又改郡为州,仍以刺史为长官(重要地区加称州牧)主管一州政令;以长史、司马为之副,统领州府诸曹办理具体事务。宋代的府、州、军、监是同一级政区,分别设知府事、知州事、知军事、知监事等为长官;以通判监督制约地方行政长官,规定凡正长官批发的公事,要经过"通判签议连书,方许行下",防止一州之权归于一人。辽、金的州有节度州、防御州、刺史州等名目,等级不同,长官的名称和级别也不同。节度州设节度使,是以军事将领兼掌民事。防御州设防御使,责任重点是防捍不虞、御制盗贼,然后才是民事。刺史州设刺史,责任重点是在民事。各州都设有诸曹以分办各种具体事务。元代的州有省领州、路领州、府领州之分,但州官的级别相同。明代的直隶州相当于府,散州相当于县。每州设置知州为主官,州同知、判官为佐贰官,此外还有属官、教职、杂职、吏典、胥役等。清代州官设置略同明代,只是级别比明代高一级,大部分州不设佐贰官。州级的厅以州同、判为长官。

郡的官制 秦设郡守为一郡最高行政长官,掌管全郡事务;设郡尉以辅佐郡守,分管军事;置郡监以为中央的耳目,主管监察。他们直接受中央政府的节制,郡守对丞相、郡尉对太尉、郡监对御史大夫,各有专门领导,又各自对皇帝负责。汉代郡国并行,郡设守、国设相,为郡国的最高行政长官。郡尉、国中尉,协助郡守、国相分管军事。郡丞、国内史,辅佐郡守、国相管理郡国的行政及刑狱事务。东汉时,郡的主要长官只有太守一人,另设丞(边郡为长史)为太守的副职,辅助太守处理政务。太守和丞都是由中央委派。魏晋南北朝分州裂郡以削弱地方权力,职官设置则基本如东汉,太守身兼军职。隋代的郡仍以太守为长官,但增加副职的权力。在命令文书承转上必须有副职的签署,形成一郡三位长官的体制。隋以后虽然没有郡行政区,但习惯上仍把府、州视为郡,太守往往成为州刺史、知府的别称。

县的官制 自秦以来,县级政权的长官就是令(大县)、长(小县),宋代县的长官改为知县(元代为县尹,另设达鲁花赤以监管),明因此制。秦汉县级政权设置丞、尉为佐贰,"丞署文书,典知仓狱,尉主盗贼"。魏晋南北朝时,丞、尉设置不定,大多是长官负责制而不设副职。隋唐时确定令、丞、簿(主簿)、尉为县级正佐官系列。金、元在县级政权增设典史,以之统领掾史,主管刑狱,实际上兼领县尉之职。明清,县级政权官的设置也是县令(知县)、丞(县丞)、簿(县主簿)、尉(典史)的体制。县政府的组织构成的变化也不太大。在东汉时期的县除令、丞、尉等官之外,还有"吏"、"史"、"小吏"或"小史",承担县里各种具体事务。金、元时期,县政府组织基本定制为六曹(房),各曹设吏以理其事。明清在此基础上完善,定制为吏、户、礼、兵、刑、工六部。

基层行政组织 秦汉在一县之内分成若干乡,乡下有里,里下有什伍组织。大乡设有秩,小乡设啬夫,是乡的主管,为一乡之长,掌管民政、诉讼和赋税征收等事。乡佐是有秩、啬夫的助手,分职承办县廷布置的各项事务。游徼主管乡中治安,直属于县尉。里设里魁或里正、里典,兼有官民双重身份,负责一里事务,按规定掌管一百家。什设什长主十家,伍设伍长主五家,形成连坐关系。秦汉除乡里什伍之外,在县以下还有亭一级组织,是县派出的治安机构。亭设亭长。东汉仍然保留亭,除承担原有的事务之外,逐渐转向民事,并且纳入县的行政系统中。亭长之下有求盗、亭吏等属员。魏晋南北朝基本因循汉代的乡、亭、里体系,但此时民户多依附于世家大族,国家所控制的民户越来越少,乡里组织实际上遭到破坏。隋代以一百家为里,五百家为乡,设里长、乡正主管。唐代进一步完善乡里组织,对城区、郊区、乡村采取不同的方式进行编组。在城区,四户为邻,五邻为保,五保为坊;在郊区,四户为邻,五邻为保,五保为村;在乡村,四户为邻,五邻为保,五保为里,五里为乡。邻、保各设长,坊、村、里各设正,乡设耆老。宋初延续隋唐时期的乡里制度。王安石变法,实行保甲制度,十家为一保,五十家为一大保,十大保为一都保,选为众所服者为都保正,又以一人为副。同时,以税户三十家为一甲,设甲长主管放贷青苗钱和收税。保甲组织与原有的坊里组织在职责上存在着重叠和冲突,因此在变法失败后,乡里或行保甲,或行坊里,保甲和坊里不再同时设置。辽、金、元在本民族和少数民族地区按民族习惯进行管理,保留部落家族的基层组织形式,只是略加编组。在汉族地区则实行村社制度。明代中叶,一些地区在里甲的基础上开始实行保甲:以十家为牌,设牌长,实行连坐;五至十牌为保,设保长。清初沿用明制,保甲和里甲并存,稍重于里甲。自康熙滋生人丁永不加赋、雍正摊丁入亩之后,里甲逐渐废弛,保甲渐渐取代里甲。晚清的乡里制度在20世纪初的立宪运动中发生了重大变化。光绪三十四年(公元1908年)颁行的《城镇乡地方自治章程》规定:凡府、厅、州县治的城厢地方为城,其余市镇村庄屯集等地方,人口满五万以上者为镇,不满五万者为乡。城镇设议事会和董事会,乡设议事会和乡董、乡佐,负责督办本城镇乡的教育、卫生、道路修建、农工商务和社会慈善公益事务。但这种举措尚未推广,清王朝就灭亡了。

少数民族地区的官制 西汉时设西域都护,为西域地区的最高行政、军事长官。东汉魏晋南北朝设置校尉或中郎将,代表政府对所部的少数民族实行管辖。唐朝在少数民族地区设置羁縻府州,在政治上保留部族原有的治理形式,允许它们保持半独立状态。又建立起名为都护府的政区,代表中央行使对羁縻府州的管理权。宋代把边远地区的少数民族区分为"生番"和"熟番"。"生番"仅保持臣属关系,朝廷不干涉其内政;"熟番"则按部落为单位进行编组,听从朝廷的节制。元代在少数民族和边疆地区设置宣抚使司、宣慰使司、安抚使司、招讨使司等,这些使司统属于中央的宣政院。元代还在中央宣政院设立分院,驻藏管理西藏事务,尊奉西藏喇嘛教首领为国师。明清两代在蒙藏地区长期实行政治宗教合一的管辖制度。在政治管理上,明代在西藏设立乌斯藏都指挥使司,主管西藏各宣慰、宣抚、安抚、长官司等土司官;在蒙古设立大宁卫(今辽宁宁城县西)、开平卫(今内蒙古正蓝旗东闪电河北岸)、东胜卫(今内蒙古托克托北)三个军事重镇以控制边陲,封瓦刺部、鞑靼部首领为王,使他们自统其众。清代在中央设有理藩院以主管蒙藏事务;把西藏分为前后藏,设驻藏大臣以监督统领;在内外蒙古分设诸旗,由各驻防将军、都统或大臣监督统领。在宗教管理上,明代承认蒙藏地区宗教首领的地位,对其宗教活动不加干涉。清代的理藩院则对达赖、班禅及内外蒙古、青海各处的喇嘛教及其所属信徒进行有区别的管理,这种管理也是在尊重原有宗教习俗的基础上实施的。

三、职官管理

职官的管理包括对官吏的选拔、任用、考绩、奖惩、品秩、俸禄及休假、退休等制度。

官吏选拔制度 先秦的官吏选拔制度,在夏商周三代实行的是世卿制,官员由王任命,官职世代相袭。诸侯国的官员由诸侯任命,官职也是世袭。春秋战国时期出现了选官制度,方法主要有荐举、察举、军功、游说、招贤、荫袭等。荐举是通过一定地位的官员向国君举荐人才;察举是通过基层逐级考察上报到中央,经过国君或有关部门的考核而授予官职;军功是根据在战争中战功的大小来选拔官吏;游说是士人用自我推荐的方式博得君主信任而被授予官职;招贤是各国国君和重要大臣以公开招聘的形式招揽人才;荫袭是历史遗留下来的世卿制的变态形式,荫袭的子弟不是荫袭父兄的原有官职,而是荫得比原有官职低的职务,或仅仅取得入仕的资格。

秦汉以来,为适应专制主义中央集权政治的需要,先后建立和发展了以察举、考试为主,以荐举、辟署、征召、军功、纳赀、任子等为辅的多种途径的官吏选拔制度。

荐举有以下几种形式：察举，即经过考察后进行荐举，此制盛行于两汉，中衰于南北朝，在以后历代王朝都有不同程度的存在；九品中正制，是察举制的发展，按上上、上中、上下、中上、中中、中下、下上、下中、下下九品来评定人才等级，然后交尚书吏部选用；私人荐举，是臣属以个人名义向君主举荐人才，亦称保举制；官府荐举，是以官府的名义向君主和上级部门推荐人才；自荐，是因袭战国时期士人游说君主的习俗而形成的制度。

科举是分科举拔人才的意思。国家根据需要，设立若干科目举行公开而统一的集中考试，择优选拔人才，名之为科举制度。隋炀帝时开始设置进士科，以试策取士。经过唐代的发展，科举考试确立并成为一项重要的官吏选拔制度。明清基本上是三年一科，其科考的程序大致可分为四级。童试，是府、县一级的考试，科举考试的最初级，中式之后称为生员，通称秀才，取得府、州、县学的学生资格，毕业后可以参加上一级考试；乡试，是省一级的考试，中式者称为举人，可以直接授任为官；会试，是中央级的考试，中式会试，称为贡士，并且取得做官的资格；殿试，也叫廷试，科举中最高一级的考试，在皇宫的殿廷上举行，由皇帝亲自出题、监考，录取分为三甲，统称进士，被授予较为重要的职官，升迁也比较快。

荐举、科举之外还有征辟制度。君主直接选拔人才称之为征，主要长官直接任用属吏称之为辟。

荫袭是指勋贵子弟依靠父兄的权位而进入仕途的一种制度。荫袭制经过历代的发展，至清代区分为以下几种：恩荫，京官四品、外官三品、军官二品以上，可送一子入国子监学习，或根据其父辈的级别直接授予一定的官阶或职务；难荫，对因战争阵亡、公差殉职以及病故于任所的官吏，准许送一子入国子监学习，或酌情授予官职；特荫，从功臣后裔或前世名人后代中选择一些人授予官衔或职务。

在历史上还存在过其他选拔入仕的途径，诸如适应战争需要和对军人特殊优惠的军功，用财物向朝廷购买官爵的捐纳，由各级官府低级办事人员积资劳而升官入仕的流外铨和吏员，等等。

官吏任用制度 古代对官吏的任用，根据不同的种类、层次，不同的职权界限,有严格的区别。按照任用的等差,可以分为候补、试用、拜授、兼领、参知五大类。候补主要有待诏、郎选、听选等方式。试用一般是以一年为限,多者长达三年。试用期间,俸禄稍低于实授官。试用期满,称职者转为实职,不称职者则罢归。拜授有拜、授、遗诏等方式。经过拜授的官员即是正式任命的实职官。兼领是在某些官位缺员或某些重要事务需要重臣负责的时候,采用兼职的方式任用。参知是有些重要的职事,任命一些参、知官去参加共同议事。

任用方法分级而定。高级官员由官吏主管部门提出候补名单,交朝廷大臣集议推选,称之为"会推"或"廷推",然后交君主最后裁决。中高级官员由官吏主管部门选注拟定,开列名单呈报君主批准。低级官员有由官吏主管部门直接任命的,有由各级官府衙门拟定的,交官吏主管部门核准备案。

任用限制 秦汉以来,实行重农抑商政策,限制商人为官;魏晋南北朝时期,限制寒族为高官;历代都限制所谓的娼优皂隶之家为官。在少数民族为主导的政权中,任用官员还有一定的民族限制。自东汉实行"三互法"以来,对官员的任用又增加了籍贯和亲属的回避限制。本地人不得为本地长官,婚姻之家不得相互监临,兄弟子侄及有婚姻戚属关系的人,不得在一个部门或地区为官。此后,历代不断完善回避制度,除涉及回避籍贯、亲属之外,还包括师生、同乡等。

考课和奖惩制度 考课也称考绩、考核、考查,是对在职官吏的政绩和功过的考核。通过考核,分出优劣加以奖惩黜陟。商周时,王朝对诸侯和地方官的考查,主要通过王本人的"巡狩"和诸侯的"朝觐"来实现。春秋时期,各诸侯国建立了适合本国特点的考核制度,并设置考核官吏政绩的职司和官员。战国时期,实行最普遍的对官吏的考核制度是"上计",就是地方主要长官先对所属进行考核,然后把考核情况上报中央,接受君主的检查考核。秦以后各朝的考课制度更加完备。首先,是有了对所有官吏的统一考课标准。在隋以前,为清正、治行、勤谨、廉能等;唐、宋有德义有闻、清慎明著、公平可称、恪勤不懈;明清是清、慎、勤。其次,有了对各级一般行政官吏的考核,主要是考核所属部门和地区的户口增减、垦田多少、钱谷出入、漕运水利、盗贼狱讼、教育选举、社会治安、督察下属等内容。其三,有了对其他担任专门业务官吏的要求,考核的内容则根据不同的职事制定不同的内容和标准。

在考课中,成绩特别优异者早期称为"最",明清称为"卓异"。对于那些被评定为"最"者,一般都给以重赏,其余则按优劣编排名次。对成绩优良的奖励大体上是按口头褒奖、行文褒奖、增加俸禄、赏赐财物奴婢、提升职务、赐爵封侯的顺序,由低到高地执行。在考课中成绩最差的被称为"殿",明清称为"不称"。对那些被评为"殿"者,要追究其刑事责任。对其他不称职或违反朝纲法纪者,则视情节轻重给予不同的处分。处分是按申诫、鞭杖、罚金、降秩、降职、罢官、判刑、抄家、处死、诛连家族等顺序,由轻到重地执行,有时还数罪并罚。

等级和俸禄制度 为保证上下有别、高低有序、主从有分的统属关系,中国古代官吏的等级划分非常严格,其具体的差别和区分主要体现在政治名誉和各种礼遇之上。主要有如下几种:

秩品。秩品是一种秩序和等级的区别形式,也是官吏职务和权限的基本等级。西周时,以"九命"划分内外官的等级,在内分为公、侯、伯、子、男、公卿、大夫、上士、中士九级;在外分为大国君、次国君、小国君、大国卿、次国卿、小国卿、大夫、上士、中士九级。战国时期,各国以支付谷物作为官吏的报酬,以谷物的多少来区分若干秩等。秦汉时,其秩从万石至斗食分成十六至十八个等级。曹魏时以九品定官级。南北朝时逐渐改为正从九品十八级。以后除唐代实行九品正从上下阶三十阶制度之外,正从九品十八级是基本的官秩品级。

勋赐。勋赐是对有功和拥有特殊身份的官员给予的特殊政治待遇和荣誉。

散阶。散阶是按阶品授官,有官名,但没有任何职务的官阶划分,设散官的目的是为了以叙崇卑,官品低者则不授。

爵位。最早的爵位与政治权力紧密相连,以后逐渐与实际权力相脱离,仅成为一种政治地位。夏代有公、侯、伯、子、男五等爵位。商代也有公、侯、伯、子、男的爵位,均世袭罔替。周代的爵也分五等,这些爵位主要用于奖励军功,同时又与官职、政治和经济权益相结合,不是世袭。秦朝立自公士至列侯二十等爵,专门用以赏功。汉代在秦的基础上有所增加，而且可以买卖顶替，使爵位渐渐与政治权力相分离。魏晋以后，除王以外，还有公、侯、伯、子、男五等，每等再以郡、县、乡、亭划分等级。唐代制定九等爵，有王、郡王、国公、郡公、县公、县侯、县伯、县子、县男。宋代的封爵制度基本上同唐制。元代唯皇族、蒙古贵族可封王爵，宗室封亲王、远支宗亲与贵族封国王。明代的宗室爵自亲王至奉国中尉八等，功臣爵为公、侯、伯、子、男五等，后改为公、侯、伯三等。清代宗室爵自和硕亲王至奉恩将军十二等，功臣爵有公、侯、伯、子、男、轻车都尉、骑都尉、云骑尉、恩骑尉九级。

班位。汉代百官朝贺时分班上下，这种上下之分基本上是依照秩等，但在同秩等之内也有上下。班位还是对现行官制中官员位置的排列。如，吏、户、礼、兵、刑、工六部，吏部为六部之首，班位在前，工部为六部之末，班位在后。

封赠。封赠包括食封、封号、诰命、官衔等内容，通常加于皇族勋戚及有功、退休、殉职的官员及亲属。

章服及仪从导引　章服是官吏的服饰和所佩带的标志，意在见其服而知其贵贱，望其章而知其势。章服主要是以材质、颜色和装饰来区别高低贵贱。仪从导引是官员在外行动时的仪仗护卫制度，用于规范于路上与他方仪仗相遇后何方规避。

俸禄制度。俸禄是国家给予在职官吏的固定报酬，在一定的时期内，以实物和货币的形式支付。在不同的历史时期内，还采用过免赋役、给力役、赐田土等形式作为补充。俸禄除了作为官吏的报酬以外，还表明受俸人已经进入了统治机构，成为了公职人员。

休假、退休和抚恤制度　国家规定官吏可以享受定期休假和年节休假，官吏因事因病也可以请假。一般情况下，官吏每月只许请假三天，超过三天就要罚俸；请假一月要奏请别人替代自己的工作；无论何种原因，请假满百日者停官，由他官递补，假满后再到主管部门听候重新安排职务，一般还要降级使用。官吏的父母去世，应离任守制，称为"丁忧"。丁忧期满后，再由主管部门重新安排工作。

退休也称致仕、致事、致政。致仕制度早在夏、商时就已经存在，即所谓的"养老"。致仕以后，有一部分人可以到各书院、省学、府学或县学任教,继续发挥作用;也可以以缙绅地位居乡,仍然处身于社会上层。对功劳大及德高望重者,在政治上给予较高的待遇,还可以参加国家或地方上的祭祀礼仪活动。

抚恤是国家对因公死伤的在职官吏和死亡的致仕官员给予的救济和抚慰。对于在职死亡的官吏,一般可以追赠官衔,取得比原品高一级的丧葬待遇。对殉职的官吏,除追赠官衔之外,还要抚慰其家属,有些可以荫子入学或为官。对那些功勋卓著的殉职人员,还可以建庙立祠,接受官方的祭扫。伤残的官吏可享受全部的俸禄,有时还发给一次性的经济补偿。

思考题:
1. 试述王权制度下的国家组织机构。

第十一章 教育与科举

作为四大文明古国之一,中国历来有重视教育的传统,是世界教育史上学校教育发展较早的国家之一。儒家理论历来主张将优秀人才选拔到统治阶层中去,因而随着汉代以后儒家学说成为占有主导地位的学说,"学而优则仕"、"治国平天下"便成为中国知识分子普遍的人生追求,受教育的目的在于通过选举、科举方式出仕为官,二者历来具有密不可分的关系。

第一节 学校

中国传统学校教育按性质可以分为官学、私学两大类,且向来以官学为主,私学为辅。约在夏、商、西周时期,中国已经形成了比较定型的学校;秦汉以后,学校教育进一步完善,至唐最为完备;清末新式学堂的出现则标志着古代学校向近代学校的过渡。这是我国古代学校教育产生发展的全过程。

一、学校的起源

关于学校的起源,《孟子》、《礼记》、《汉书·儒林传序》、《说文解字》等古籍中都有所记载,但众家说法并不一致,甚至有相互抵牾之处。尽管如此,我们仍然可以确定至迟在夏商时期,已经产生了比较定型的学校,有庠、序、校、学和瞽宗五种形式。

"庠"原指饲养牲畜的场所,《孟子·滕文公上》又云"庠者,养也","党有庠",因而作为学校的"庠",应该有敬养老人和教育教学两种功能,可能是一种奉养耆老、对青年子弟进行教育的乡学。据记载,到夏代之时,针对不同的教育对象,"庠"已经有了"养国老"的"上庠"与"养庶老"的"下庠"的区分。

"序"原指空旷场地两边相对的东西两面墙壁,作为学校名称,据《孟子·滕文公上》"序者,射也",可知是习射学武、从事军事教育的场所,是一种带有军事体育性质的学校。"序"的设置显然是与当时各部族间的争战、掠夺有着密切关系。"序"发展至商代,不再是单纯习射的场所,又增添了学习礼乐、明君臣、上下、长幼伦理的新内容,成为一种通过习射来习礼、习射与习礼两相结合的教育机构。

"校"原指"木囚",是以木栅羁留马匹的场所,《孟子》对"校"的解释为"教",但没有更进一步的说明。据考证,"校"可能仍然是一种习武、比武和考校的场所。"校"的出现较"序"晚,但军事训练的内容和形式可能更为完备。

"学"的出现是学校教育成熟的标志,由商代设立。根据学者对甲骨文中"学"字的汉字构成的分析,认为当时"学"已有了固定的教学场所,教学内容以算术运算为主。《学记》云"国有学",可见"学"还是由国家兴办的学校。据记载,商代"学"分为"右学"、"左学"两类,由于商代尚右,"右学"即"大学"。

"瞽宗"也是商代出现的一种学校形式。古代以目盲者为乐师,"瞽"也就成为乐官的代称,据说乐师瞽蒙死后成为乐祖,因此"瞽宗"应该是一种由精通礼乐、品行高洁的文官,向贵族士子传授礼、乐等典章文化的高级学校,可能是商代"大学"的又一名称。

可见,夏商时期,学校的教育内容已经包括了礼乐、军事、文化知识等多方面内容,具备了乡学与官学的雏形。

二、学在官府与官学的发展

周代的官学与六艺 周代的学校教育集前代之大成,建立了政教合一的"学在官府"体系,初步形成了比较明确的学制系统,对教育的内容也有明确的规定。根据图1可知,周代将学校分为国学与乡学两大系统:国学指中央官学,乡学为地方官学,并且按等级设立学校。周代的这一官学体制影响极其深远,我国古代学校体制基本上沿袭此制并加以变化。

周初出于巩固政权的需要,学校教育以习武为主,目的在于培养保

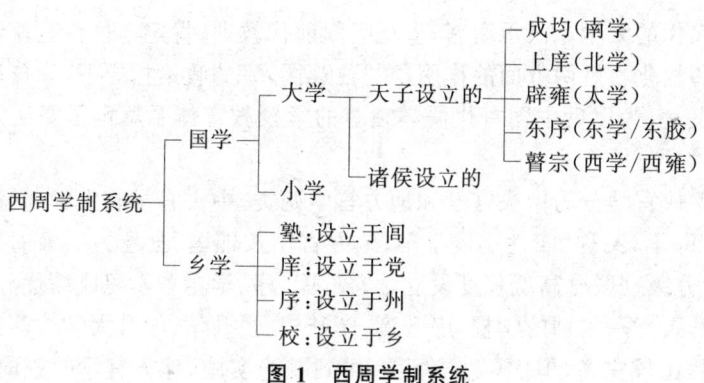

图 1　西周学制系统

家卫国的武士,教师由选拔出来的武官担任,称为"师尚父"(大学教师)、"师氏"(王宫小学教师)。西周中后期,随着政局的稳定,培养文武兼备的治国人才成为迫切的需要,学校教育重心开始由习武转向了习礼乐,教师也由不同等级的典司礼乐的文官(司乐、乐正)或掌管文化的文官(执礼、典书)担任。这一时期学校教育的主要内容便是后来为孔子所大力推崇的"六艺"。所谓"六艺",即礼、乐、射、御、书、数六门课程,"礼"即规章仪式等伦理道德教育,"乐"即诗、乐、舞结合的艺术教育,"射"即射箭技术的训练,"御"即骑马与驾车技术的训练,"书"即识字与书写训练,"数"即算术、辨位、干支等生活技能训练。六艺之中,"礼"、"乐"为大艺,侧重于道德培养和情感陶冶,起到规范和约束贵族子弟的作用,主要在大学阶段学习;"射"、"御"、"书"、"数"为小艺,侧重于基础文化知识与技能的训练,主要在小学阶段学习,其中"射"、"御"也渗透着礼、乐教育,训练非常严格,成童(十五岁)之后才能学习,因而也具有大学阶段入门课程的性质。官学体制的建立,有利于"六艺"教育的推广,使教育在知、行两方面无所偏废,造就了一个"郁郁乎文哉"的盛世。

秦代的学室　秦代重视法令政策教育,实施"以法为教"、"以吏为师"的政策,各郡县普遍设有官学——"学室",教师由官吏担任。"学室"的教育内容为掌握文化基础知识与明习法令两方面,尤以后者为重。与此相应,入学要求十分严格,规定必须至少是低级文官之子才能入学,学成之后也需经过考察方能担任吏职。秦代对教育采取了一种实用主义的态度,学校教育没有太大的发展。

汉代的太学 汉承秦制，重视吸取前代教训，肯定学校在造就治术人才和教化百姓两方面的作用。在"独尊儒术"的政策指导下，学校教育相当发达，为以后中国古代儒学独尊的学校教育体系奠定了坚实的基础。

汉代官学分为中央官学和地方官学两类。中央官学有太学、鸿都门学、官邸学（又称"四姓小侯学"）；地方官学按郡国、县邑、乡、聚的行政区划，分级别区分高低程度设立学、校、庠、序。学生若学习成绩优异，可逐级升入高一级别的学校，序升庠、庠升校、校升学、学升太学。两汉学制虽然比较完备，但实际上并没有得到普遍实施，地方官学时兴时废，仅太学常年设立，有必要作重点介绍。

汉代太学不同于此前的大学，是以传授知识、研究儒家经典为主要任务的最高学府，设立于汉武帝元朔五年（公元前124年），当时只招太学生（又称博士弟子）五十人。太学生从京都直接挑选或由各地方郡邑选送。汉代太学分《诗》、《书》、《礼》、《易》、《春秋》五经施教（王莽时改为六经，东汉又改回五经），教官由博士担任，首席博士称仆射，东汉时改称为祭酒。博士官的选拔标准十分严格，必须是各专一经或精通一经中之一家的学者，故多为当时的名师大儒，待遇优厚，地位崇高。由于太学的教学内容以儒家经典为主，汉代儒学的今古文经学之争使太学传经重视师承关系，形成了"师法"、"家法"的传统。所谓"师法"指某经大师被立为博士之后，他所讲的经说便成为"师法"；弟子相传，对经义各有发挥创新，自成一家之言，遂为"家法"。汉代博士各以师法、家法讲经，使学术流派纷呈，形成了太学中互相诘难的风气，培养出了王充、张衡等杰出学者。汉代太学对学生的管理并不严格，但却注重用考试形式检查学习效果，有岁试（后改为两年一试）、设科（按试题难易程度分甲、乙两科）、射策（抽签问答）等考试形式，考试结束后根据成绩优劣或通经多少授以官职。

鸿都门学和官邸学是汉代性质特殊的中央官学。鸿都门学设于东汉灵帝光和元年（公元178年），专门招收擅长尺牍、辞赋以及长于绘画、书法的学生，由三公推荐入学。鸿都门学由当时的宦官集团把持，选士任官均与太学不同，可视为我国最早的文艺专科学院。官邸学是由东汉明帝永平九年（公元66年）由樊、郭、阴、马四大外戚集团创办的贵族学校，因四者皆不是列侯，故又称"四姓小侯学"，学校待遇优厚，常聘请名师任教。

魏晋南北朝的国子学和分科教学 魏晋南北朝作为中国历史上分裂时间最长的时期，官学教育总体上来看有所削弱，但仍有两点值得重视：

一是国子学的设立。西晋咸宁二年（公元276年），晋武帝在太学之外又增设了国子学，设国子祭酒、博士各一人。晋惠帝时进一步明确规定官至五品以上弟子可入国子学，六品以下弟子入太学。可见，国子学是专为门阀世族子弟设立的特权学校，与太学渐成分庭抗礼之势，是门第观念在教育上的反映。

一是专科制的出现。民族融合与学术争鸣的兴盛反映在学校教育上，就是打破汉以来以儒学为宗的立学常规，出现了分科教学的现象。如三国魏明帝时曾设立律学博士、西晋武帝时设立书博士、南朝宋文帝时开办"儒、玄、史、文"四学馆和医学馆、北魏设立太医博士等，这些现象表明此时教育的针对性已有所增强，标志着我国专科教育的开始。

唐代专科学校 隋代一统天下之后，为了革新政治、移风易俗，非常注重教育，从中央到地方都设有官学。隋文帝时，在中央设立国子寺，寺内设置祭酒，专门负责管理全国的各级学校教育，它是我国历史上设立专门教育行政部门和教育长官的开端。在国子寺辖下，除了设立国子学、太学、四门学等研习儒家经典的学校之外，还有培养书学、算学等专科人才的学校，其中算学的设立为隋代首创。据典籍记载，隋代在一些需要较高专业知识与技能的行政部门之下，还设有附属的学校，如在大理寺下设有律学博士，在太常寺的太医署下设有医学博士、按摩博士、药园师，在秘书省的太史曹下设有天文博士、历法博士等。隋代的学校体制为唐代设立专科学校提供了经验。

唐代继承前代的经验，在重振儒学和兼重佛道的思想指导下，随着政治的清明与经济的发展，官学教育也进入兴盛时期，形成了我国传统社会中最为完备的官学体系，按隶属关系可以划分为：直系六学、旁系二馆、旁系医学、祠部玄学、集贤殿书院以及附属于中书省与秘书省门下的各专科学校。

直系六学,指由尚书省礼部下辖的国子监管理的中央六学以及由地方长史管理的州学、府学、县学、市学及镇学。中央六学包括国子学(收三品以上子弟)、太学(收五品以上子弟)、四门学(收七品以上子弟及庶人之俊彦)、书学、算学、律学。前三者修习儒家经典,属大学性质;后三者学习专门知识,属专科性质。所习儒经分为正经与旁经两类,有规定的学习年限。正经中《礼记》、《左传》为大经,需各习三年;《诗经》、《仪礼》、《周礼》为中经,需各习二年;《易经》、《尚书》、《公羊传》、《谷梁传》为小经,需各习一年半。旁经为《孝经》、《论语》,需共习一年。各经不要求全通,但通五经者大经必须全通,外加任通一经,地方官学中通一经者可升入四门学或参加科举。中央官学普遍实行旬试、岁试、毕业试三种考核制度,评定优劣以定升退,考试合格者四门生可补太学,太学生可补国子学;通三经或五经的学生送尚书省考核录用,或进一步参加与所学相应的科举考试,如进士、明经、明法、明算等,寻求仕进正途。

旁系二馆,即东宫直辖的崇文馆与门下省直辖的弘文馆,都兼有研究和教授儒家经典的任务,但唯有皇室近亲及三品以上贵胄方能入学,教师称学士。

旁系医学,由中书省太医署直辖,包括中央医学以及设在地方的府州、乡镇医学,是医学专科学校,内设博士、助教和讲习等职,讲授医、按摩、针、药四个方面的知识,学生毕业后可考取医师、医正、医工等职。

祠部玄学,由尚书省祠部管辖,与中央六学并列,下设府州崇玄馆,为专门的道教学院,研习《老子》、《庄子》、《列子》等书,还参与僧尼道士等的管理。

集贤殿书院由中书省直辖,实际上是中央图书馆,同时带有研究院的性质。

此外,唐代还有一些隶属于中书省与秘书省的专科学校,范围很广,分工很细,如太卜署下的卜筮术,太仆寺下的兽医学,司天台下的天文学、历数学、漏刻学,校书郎下的校书学,太乐署下的器乐学,少府监下的工艺学等。这些学校或与行政、业务部门结合设置,或与行政、业务部门分离设置,形式多样,是世界上最早出现的专科学校,培养了不少实用型专业技术人才。

宋代官学三舍法　宋代的建立结束了五代十国的分裂割据局面，采取了"重文轻武"的国策，鼓励士人读书，通过科举报效国家，先后掀起了三次规模比较大的兴学运动，即范仲淹的庆历兴学、王安石的元丰兴学和徽宗时的蔡京兴学。故宋代无论是中央的官立大学还是地方的郡县学校都比唐代发达，学生的入学范围和名额也比唐代有所扩大和增加。

宋代官学教育基本沿袭唐代，并有所增益。中央官学于国子监下设国子学（收七品以上子弟）、太学（收八品以下子弟及庶人之俊彦）、四门学（仁宗时设，不久即废），存律学、书学、算学、医学、增武学、画学等，并为皇族贵胄专设宗学、诸王宫学和内小学。地方官学分为州学（或府学、军学、监学）与县学两级。

为实现教育与科举的良好结合，宋代官学对学校的组织形式与学生管理作过较大变革，神宗时在太学中推行由王安石首创的"三舍法"。所谓"三舍法"，即在太学中分设外舍（下等）、内舍（中等）与上舍（下等），规定八品以上官吏子弟及庶民之俊彦经考试合格均可为外舍生，日后依考试成绩逐级升班：外舍生岁试后，将学业成绩与操行成绩综合评定，取其中名列第一、二等者升入内舍；内舍生经两年一次的分试，学业成绩及操行考查合格方可升入上舍；上舍生两年后，举行毕业试，凡学业与操行评为上等者资格与科举进士相同，可直接授官，评为中等者可免尚书省试，评为下等者免乡试，不及格者除名。可见，"三舍法"是一套德行与学业兼顾、平时考查与升舍考试并重的升舍制度，它把养士与取士的职能都赋予了学校。学校不再单单是科举的预备场所，而且具有了直接向国家输送人才的职能。"三舍法"还第一次把本来互不衔接的中央官学和地方官学第一次紧密地结合到了一起，县学生可升入州学，州学生满三年后优秀者可贡入太学，这就构成了一个初步完整的学制系统，在官学教育发展史上具有重要意义。

明清国子监　清承明制，明清的学制系统基本一致。明清中央官学对国子学和太学不再作清楚的区分，明代改"国子学"为"国子监"，虽设有太学，但详情不见史载，清代则将太学并入国子监。明清两代皆不重专科教育,明代仅设有武学、医学、阴阳学学校,清代仅设有算学学校。地方官学按地方行政区划设立儒学,但这些学校教官不事教授,士子不重读书,实则为科举考试的预备场所。此外,明清两代还都为宗室子弟设立了宗学,清则更进一步为满族子弟专设八旗官学、觉罗学。

整体说来,明清官学以国子监为主,形式比较单一,明有北京、南京两监,清代只有北京一监。国子监最高长官祭酒和副长官司业皆从翰林中选拔,其下设监丞、博士、助教、学正、学录等职员。为了网罗人才,国家对监生入学不再作品级出身的限制,学生通过举监(会试落第的举人)、贡监(各地方学校的生员)、荫监(三品官以上或勋戚子弟)、例监(向政府捐资或纳粟之家子弟)等数种方式皆可入学。监生物质待遇优厚,除享受国家供给的廪膳之外,逢季节、节令、婚嫁、喜丧国家均有一定的赏赐,此外监生及其家庭还享有免役特权。与此相应,国家对国子监控制极严,监生没有言论、结社和上书的自由,不可干政,否则严加惩处;教学内容也以程朱学派注释的"四书"、"五经"、性理、习字为主,学生只重时文(八股文)、不问经义的现象十分普遍。国子监修业期为四年,将学生分上、中、下三等,考试采用积分制,年终积至八分以上者升补一等;学习满一定年限之后,即可分派到各部实习吏事三个月,称为"历事",最后按历事成绩或任命正式职务,或继续实习,或退回国子监。通过物质优待与思想控制,明清两代国子监几乎沦为了科举的附庸,经史科目形同虚设,表明明清两代的官学教育已步入末路。

鸦片战争后西学逐渐传入中国,对传统官学教育造成了进一步冲击。1862年,以奕䜣、曾国藩、李鸿章、左宗棠、张之洞为代表的洋务派在北京建立同文馆,这是中国第一所学习外国语的学校,此后又相继开办了一批军事和科技学校,标志着中国的学校教育开始踏上近代化道路。

三、学术下移与私学的发展

私学的兴起 中国传统社会中由国家主办的官学相当于今天的中等至高等教育,启蒙层次的教育以及补官学教育之不足的功能主要是由私学承担的。古代私学包括师授(私人讲学)、蒙养、家传三种形式,其源头可以追溯至原始社会中承担文化保存和传播功能的巫史。但作为一种教育制度,私学应兴起于春秋战国之际。当是之时,土地私有化的倾向使周天子逐渐失去了天下"共主"的地位,政治权力下移,诸侯多意欲借助新兴的"士"阶层在政治争斗中获得优势,中国社会进入了一个所谓"礼崩乐坏"的时期。此时,官学不仅失去了其存在的社会基础,而且也无法适应"士"阶层以学术争政治的要求。官学的衰废、战乱导致的典籍扩散都使得文化学术也随之下移至民间。"士"阶层在总结继承传统文化的基础上,创立了各种适应变革时代的新学说,他们推广自身学说的过程促进了私学的兴起。

先秦诸子私学 先秦诸子私学是我国私学发展的初创阶段,主要表现为"九流十家"之学。"九流"指儒、墨、名、法、阴阳、道德、纵横、杂、农九家,加上小说家,合称"十家",其中影响最大的是儒、墨、道、法四家,尤以儒、墨为当时的两大显学。儒家私学以孔子为代表,史载孔子订正"六经",以诗、书、礼、乐教育弟子三千人,其中身通六艺者有七十二人,所办私学是相当成功的。孔子死后,门生弟子多继承其事业,讲学授徒,孟子所办私学亦盛况空前。墨家私学的成就仅次于儒家,其私学特点是组织严密、纪律严明,代表"农与工肆之人"的利益,重视实用科学知识与技能的传授。汉代儒学独尊以后,墨学逐渐隐没而为绝学。诸子私学在先秦时期各以所长设学施教,相互攻诘,带来了社会思想的活跃与私学的勃兴。

私人讲学 私人讲学之风发端于春秋战国之际,盛于两汉,由经师大儒开讲。这种私学相当于太学,称为"精舍"或"精庐"。汉代经师讲学之风极盛,至东汉时学生人数更远远超过了太学。两汉私学的兴旺一方面与官学制度不尽完善、入学限制较多、不能自由择师受业有关;另一方面是受到了汉代"以经术取士"的影响。两汉官学与私学讲授内容皆以儒家经典为主,但分属今文经学与古文经学两大不同的派别。由于今文经学得到了官学的支持,古文经学家便只能退到私学系统,讲解经义。两汉私学大师以马融、李膺、郑玄最为有名,弟子常有数百人之多。名师所办私学,由于人数众多,教学上以高业弟子以次相传为主。东汉经师讲学,有的不仅讲授儒家经典,而且还兼及天文、历法、算学、律学等知识的传授,据记载郑玄就"通易、公羊春秋、三统历、九章算术",学问十分渊博。

魏晋南北朝时期官学衰颓,名儒私人讲学却呈现繁荣局面。战乱使思想束缚松弛,带来了社会思潮的活跃。儒学讲授虽仍为魏晋私人讲学的主流,但与玄学、佛学、道教的结合却为这一时期私人讲学的显著特色。当时著名的讲学大师有晋之嵇康、齐之刘瓛、陈之徐孝克等。刘瓛是提出"神灭论"说的范缜的老师,儒学冠于当时;徐孝克既讲玄理,又通五经,每日早讲佛经,晚讲《礼》与《左传》,受业者达数百人。

隋唐之际私学也颇发达,但总体而论不及汉代。私人讲学者多为未显达或退职之名儒以及知名文学大师,如颜师古、孔颖达、刘焯、韩愈、柳宗元等。颜、孔都是经学大师,在未做官之前都以教授为业;刘焯曾在国子学与诸博士论学,还乡之后仍讲授不辍;韩愈、柳宗元由于以文章名显当世,上门求教者亦大有人在。唐时私人讲学所设"学馆"并非正式学校,但却有利于唐时诗、文、学问的昌盛。

宋代私学教育极为发达,但这一时期,官学、私学的区分已不十分明显。如宋时名儒胡安定就以自己从私学教学中获得的经验,创立苏湖教法,担任官学教职后按照个人的主张对官学进行改造,在教学中着重经义与时务的传授。此外,宋时大量兴起的书院也原为私学性质,聘请名儒讲学,但后来也渐渐具有官学性质了。故宋代纯粹以私人讲学著称者较为鲜见。

蒙养教育　在官学制度中,一般不包括蒙养教学。虽然在元代以后官方明令在县以下一级设立相当于启蒙教育的社学,但因为经费与人力的缺乏,官方很难顾及。因此,初级启蒙教育主要由私学承担,称为"蒙学"。

汉代蒙学名为"书馆",教师名为"书师",教学分为识字习字与经学入门两级,前者使用当时通行的字书为教材,后者主要依据《孝经》、《论语》。南朝梁周兴嗣撰《千字文》,以四字韵语形式依次叙述有关天文、博物、历史、人文、教育、生活等方面的知识,是一本以识字教育为主但又兼有伦理教育和常识教育的综合性课本,由于押韵自然,易于朗读背诵,成为我国历史上流行最久的蒙学课本。唐时受社会风尚的影响,蒙学教育中首开习诗作对之风,宋人继之。宋代蒙学有乡校、家塾、冬学等名称,设置极为普遍。教学上以识字习字为主,习字已有"描红"字帖;宋人还编撰和改订了《三字经》、《百家姓》、《千字文》、《千家诗》等通行蒙学课本,显示出了宋代蒙养教学的完备。明代蒙学分为私立的家塾、地方宗族公立的义学、官办与公助相结合的社学三类。清代蒙学在此基础上又有所发展,聘请教师在家教读的蒙学称为教馆(坐馆),教师私人在家设馆教徒的蒙学称为家塾(私塾),地方宗族设立的蒙学仍称义学(义塾)。

　　我国古代蒙学散处里巷、乡村,各地各类蒙学对入学年龄、学习内容以及教学水平都无统一规定。但整体而言,蒙学的教学对象应为五至十三岁之间的"学童",主要采取个别教授的方式,教学内容为读、写、作三事。读,强调在阅读中涵泳书理,即"读书百遍,其义自见",教师从句读教起,每读必背,在熟读精思的基础上讲解书意,读的教材一般按《大学》、《中庸》、《论语》、《孟子》的次序进行。写,强调习字,习字之前先学识字,识至千字,开始学《三字经》、《百家姓》、《千字文》,习字每日进行,务求美观。作,指写作训练,从模仿入手。学文模仿真德秀《文章正宗》、谢枋得《文章轨范》、吕祖谦《古文关键》、楼昉《古文标注》;作对模仿《声律启蒙》等,边仿边作。在读懂四书的基础上,研读五经,学作议论文(明以后为八股文),议论文写作中注重分解练习和誊改,虽带有公式化倾向,但基本功扎实却是蒙学写作教学的长处。

　　家学　我国古代素有重视家庭教育之传统,由于官学教育的对象多以官吏贵族子弟为主,对庶民而言家庭教育的重要性也就不言而喻了,众所周知的"孟母三迁"以及岳飞"精忠报国"的故事,都体现了家庭教育的重要性。其中,家学的传授是古代私学的一种特殊形式。最古老的家学,应是卜筮之术与史学,我国著名的历史学家司马迁就出身于天官世家,他写作《史记》也受到了家学的影响。汉代以后,儒家经学的昌盛,使士大夫之家把儒家经义作为了家学的内容,即所谓的"诗礼传家"。历代经师,大多受到了家学的影响,如颜之推、王通、黄宗羲、顾炎武等人皆出身于名儒世家。颜之推写作的《颜氏家训》搜集历代家教典故,结合自己的体会,贯穿儒家伦理,分成"教子"、"勉学"、"兄弟"、"治家"等二十篇,涉及了家庭教育的方方面面,可以说是我国最早的一部家庭教育专著。其后,"家范"、"家则"、"家箴"等著作层出不穷。

第二节 书院

书院是我国传统社会特有的一种教育组织形式,是私人主持、积聚大量图书的聚众讲学之地。书院既不同于官学,也不同于私学中的私人讲学,具有自身的办学特色,对宋以后人才的培养、学术文化的发展都具有重大影响。

一、书院的起源与发展

书院的由来 书院起源于唐代。关于书院的产生,有两个源头:一是方志记载的民间最早的书院——唐初李元通的瀛洲书院与李靖的李公书院;二是官方文献记载的中央最早的书院——中唐的集贤殿书院(长安)与丽正书院(长安、洛阳)。其中,民办书院多设于山林、寺观、村野,是士大夫读书隐居之地,类似书斋,同时又具有半开放的性质,有以文会友、切磋学术之风,所以后来渐渐由个人读书之所发展为聚徒讲经授业之所,但规模不大;官办书院以藏书、校书为主,类似于今天的国立图书馆,同时有举荐贤才,教授图书整理、刊订等相关学问的职能。可见,唐代的书院并不是真正的教育机关,只是基本具备了后世书院的雏形。

书院的出现,与以下四点原因有关:(一)私人讲学传统。我国素有私人讲学传统,一直与官学并行不废,遍及社会各个角落,能补官学之不足。(二)佛教影响。佛教自汉末传入中国,魏晋以来大盛,佛教徒往往在名胜之地兴建寺庙精舍,聚集僧众,公开讲经。(三)雕版印刷技术的发明。雕版印刷术使书籍生产能力得以突破,使书籍得以在全社会范围内广泛流传,为士人对书籍进行藏、校、修、著、刻以及文化研究提供了物质基础。(四)世乱失学。中唐以后,外戚争权、宦官干政,时局的动荡造成学校的荒废,士无所于学,唐末五代尤甚。据统计,唐至五代(公元618~959年)的三百四十年中,全国共创建四十所书院,其中三所为官办,其余皆为民办。书院的大量涌现,意味着书院已经得到社会的承认,标志着书院已经完成了起源、发展的过程。

五代庐山国学 唐末至五代虽社会黑暗,但社会文化的传承却并未断绝,真正具有聚徒讲学性质的书院就形成于唐末五代时期,具有承前启后的文化功效,表现出强大的生命力。南唐升元(公元937~943年)中,在江西庐山白鹿洞设立"白鹿洞国庠",又称"庐山国学",置学田供给学生,由当时的国子监九经教授李善道主持书院,负责教学,一时学者大集,后世著名的白鹿洞书院就是在此基础上发展而成的。庐山国学是书院由读书治学之所发展为聚徒讲学之所的典型。

北宋六大书院 北宋初年,社会渐趋安定,朝廷虽重文轻武,却苦于仍需扩充军备而无力兴学设教。士子们往往自择胜地,建立精舍作为个人或族人群居讲习之所,书院由此进入了兴盛阶段。书院的兴盛一方面满足了广大士子们读书求学的愿望,另一方面也解决了朝廷崇尚文治但又财力不足的问题,培养出了大批文治人才,因而得到了朝廷的赞同和支持,不少书院都先后得到了皇帝的赐书、赐匾和赐田。

据记载,北宋时全国始建的书院有一百四十所左右,但书院规模并不大,组织结构也比较简单,规模最大的应天府书院也只有房舍一百五十间,藏书千卷,学生数百人。虽然如此,北宋时还是出现了一批著名书院,不少学者都提出了"天下四大书院"的说法,但各不相同。综合来看,北宋时以白鹿洞书院(江西庐山)、岳麓书院(湖南长沙)、石鼓书院(湖南衡阳)、嵩阳书院(河南登封)、应天府书院(河南商丘)、茅山书院(江苏南京)这六大书院最为有名。随着北宋中叶统治者大力振兴地方官学,北宋书院在经历了短期兴盛之后几乎都走向了沉寂,这种情况达百年之久。

南宋四大书院 书院在经历了百年之久的沉寂之后,于南宋很快恢复起来,南宋成为书院发展史上的一个鼎盛时期。南宋书院的恢复与勃兴大致出于以下几方面原因:(一)研究和传播程朱理学的需要。程朱理学的发展在南宋屡次受到当权者的排挤,为了讲明义理之学,扩大影响,理学家积极发展书院教育,并以书院为论坛,争鸣学术,指斥朝政。朱熹、陆九渊、吕祖谦等都是积极创办和推进书院教育的代表人物,其中朱熹又是开风气之先的人物。他最早修复了白鹿洞书院,亲自为书院确定方针,建立制度,置田建屋,延请名师,充实图书,并与学生质疑问难。(二)官学衰微。南宋偏安江南,内外交困,财力不足,官学虽有朝廷资助,但往往流于形式,这就为自筹经费的书院留下了发展空间。(三)科举制度的变革。南宋时进入官学学习不再成为应举的先决条件,出身书院的士子同样可以参加科举考试。与官学相比,书院无片面追求科举的弊端,教学质量较高,办学方式灵活,学风开明,更能满足士子们读书应举的愿望,并切实提高学问水平,这就使得书院自然而然受到了士子们的青睐。此外,佛教禅林和南宋活字印刷术的发展,也为书院的勃兴提供了客观有利的条件。

　　南宋书院数量之多、规模之大、组织之严密和制度之完善都是空前的。据统计,南宋共新建书院一百三十六所,一般由祭祀设施、斋舍、讲堂、藏书楼、生活设施五部分构成,规模较大且形成了比较完整的建筑群。当时书院的发展与理学的传播关系密切,著名的书院都由学术大师主持。当时朱熹主持的白鹿洞书院(江西庐山)、张栻主持的岳麓书院(湖南长沙)、吕祖谦主持的丽泽书院(浙江金华)、陆九渊主持的象山书院(江西贵溪)并称"南宋四大书院"。其中,朱熹拟订的《白鹿洞书院揭示》对书院的办学宗旨、培养目标、教育内容、教学方式、教师选聘、学生条件、经费来源及组织管理都作出了详细具体的规定,成为后起书院效仿的目标。至此,书院的三大事业——藏书刻书、供祀、讲学都在南宋书院中得到了充分体现,系统完整的书院制度也逐渐形成。整个南宋时期,书院几乎取代了官学而成为主要教育机关,从此我国教育形成了官学、私学、书院三轨并行的体制。

　　明代书院　　明代书院的发展经历了由衰而兴的历程。明初的百余年间,程朱理学成为占统治地位的学术思想,成为官学教授的主要内容,加上科举制度也很完善,所以书院教育处于冷寂期。明中叶以后,八股文成为科举取士的主要内容,官学沦为科举的附庸,有识之士开始恢复设立书院,白鹿书院、岳麓书院先后得以修复。学术思想上,由于程朱理学日益僵化,以王守仁、湛若水为代表的思想家不断通过非官方的书院讲坛传播心学,他们的讲学活动促使书院再度辉煌。据统计,明代共建有书院一千五百九十九所,远远超过唐宋元三朝的总和。

明代书院发展中值得我们注意的另一点是,书院不再是单纯的传播学术、教诲生徒之所,开始带有一定的政治倾向。万历末年,由顾宪成等人创立的东林书院以"风声、雨声、读书声,声声入耳;家事、国事、天下事,事事关心"为楹联,足以反映出这一时期书院的政治色彩。天启年间,宦官魏忠贤的专权使书院品评人物、朝政之风更盛,从而招致大祸,以东林书院为代表的一大批书院均遭禁毁,明代书院自此一蹶不振。

清代的官学化书院 满族入主中原以后,鉴于明末书院清议朝政、聚党讲学对朝政的干扰,以及书院集中的江南地区反清复明思想的滋生蔓延,清廷视书院讲学活动为大忌,禁止新建书院。直至雍正十一年(公元1733年)朝廷才诏令各省会各设书院一所。尽管如此,清廷猜忌之心未除,曾多次下诏以科举功名规范书院师生,并由各级官府直接管理书院,院长(书院的负责人)也多由地方官担任,书院的经费、教学内容、生员入学等都要经官府审批,书院的教学内容也与官学相近,以四书五经为主。可见,清代的书院虽然还不是完全化的官学,但已呈现出浓重的官学化倾向。

清代书院多以学习科举制艺为业,对学术发展的促进作用不大。但仍有一些书院在学术传承、博习经史上作出了一定的贡献,如清初李颙讲学的关中书院以传播理学为主;姚鼐主持的钟山书院以经学训诂和古文写作方法为教学的主要内容,形成了桐城派这一著名的文学流派。清末,沿海地区出现了一些注重学习西洋近代科学的书院,虽仍以书院命名,但更接近于近代意义上的学校。光绪二十七年(公元1901年)清廷采纳张之洞的建议,将全国各地书院改为兼习中学和西学的学堂(省城书院改为大学堂,府厅及直隶州的书院改为中学堂,各州县书院改为小学堂),从此中国古代的书院制度就失去了存在的法律基础。

二、书院的组织管理制度

办学目的:教训合一 书院兴起之初,作为藏书、传礼、讲学之教育场所,其主要办学目的还是"蒙学"与"修学应举"。南宋时期,书院开始成为多数学者大师从事学术研究和讲习学术研究成果的场所,从此教学活动与学术研究成为书院的主要办学目的。这一目的至朱熹与陆九渊得以进一步深化和发展,补入了"明义理"、"修其身"、"推己及人"的内容,这一人格陶冶的办学思想在书院制度发展史上产生了极为深刻的影响。在自宋、元、明以迄清代的数百年中,历代书院办学的具体内容规则虽不无变更添补之处,但将知识教育与道德完善、品性修养有机结合的教训合一传统则一以贯之。从学术研究到科举制业再到人格陶冶,这是书院办学目的的极大进步,也是对我国古代德育传统的继承。

组织结构 书院初创时,组织机构比较简单,主持人既是组织管理的负责者,又是日常教学工作的承担者。书院的主持者有多种名称,如洞主、洞正、堂长、山主、山长、教授、院长等,不同的地区、不同的历史阶段使用不同的名称。如称"山长"是因书院多设在风景优美的名山,在书院讲学的多是德高望重的年长学者,尊山中长老,故曰"山长"。"洞主"名称源于白鹿洞书院,与地名存在着特殊联系。"院长"即书院之长,清代常用此称呼。"教授"本为地方官学学官的名称,有的主持人由地方官学教授兼任故仍用原称。书院的组织体系以山长为核心,主持书院的教学与学术研究,亦多兼领院务。所以山长学识的高低、德行的高下直接影响书院的盛衰进退。山长人选的产生方式约有建院学者自任、官方任命、举荐、地方公众选任四大类型,一般来讲,道德、学问双优,堪为士人楷模是公认的用人标准。为防日久生弊,山长实行聘任制,一年一任,取舍去留由士绅公论决定。

随着书院的发展、规模的扩大和生徒的增多,开始有了协助主持人管理和教学的辅助人员,主持人之下还增设副山长、副讲、助教等职,协助山长处理书院有关事务。组织机构的扩大,使书院在管理上分工更细,责任更明确。据《白鹿洞志》记载,书院管理人员除洞主之外,有副讲、堂长、管干、典谒、经长、学者、引赞、火夫、采樵、门斗十类,分工负责书院日常的教学、管理、生活服务各项事务。书院对管理人员采用专兼职结合的原则,学生中的优秀者可以兼职管理工作。这是书院,特别是宋代书院管理中的一个特色。

自由入学 作为一种特殊的教育机构,书院没有统一的教学任务、严格的入学条件和学习年限等规定,没有形成系统性的管理体制,学生在书院学习来去自由，所受约束力极少，门户开放、学生自由入学是书院制度有别于官学的一大特色。

书院招收学生一般只有学问、品德的基本要求，没有出身、年龄、地域、学派、人数的严格限制，学生流动性较大，可自由择师、自由入学，还可中途易师。由于书院对学生入学年龄、学习程度等没有严格的限制，其教学对象更为广泛，且延伸到社会下层，扩大了教育面，因此备受广大民众的欢迎。但也有少数著名书院，其教学目的在于进一步提高学生修养，因此入学有一定的资格和条件。到清代，随着书院官学化程度的提高，自由就学的传统也随之发生变化，书院的招生、考核等转由官方控制了。

经费来源 书院多由民间集资创办，不是官办但又不同于私学，因为它有自己固定的教育经费作保障，在经济上是自给的。它建立了类似于官学的以学田为中心的教育经费体系，学田的田租收入是书院赖以生存和发展的根本保障。各书院都有自己的学田和经费筹集方式，但主要筹集方式不外以下几种：个人提供，富有的家族提供，地方绅士捐资，奏请官府拨赐等。其中，以通过地方政府申奏朝廷拨给的方式较为常见，这种方式对书院来说有利于书院稳定发展和扩大社会影响，对朝廷来说有利于对书院施加影响，所以有时官府也会主动拨田、拨钱。

学规 学规、学箴、学训等是书院的教育理念和精神的集中体现，它吸收儒家经典对生徒行为进行规范，是一种具有很强操作性和针对性的行为准则。

从宋代至清代，历代书院都定有诸多的学规，其中著名的学规有朱熹的《白鹿洞书院揭示》、吕祖谦的《丽泽书院学规》、程瑞蒙和董铢的《程董二先生学则》。这些学规都具体地约束生徒行为，提倡道德磨炼。朱熹的《白鹿洞书院揭示》是最为有名的学规，它以"父子有亲，君臣有义，夫妇有别，长幼有序，朋友有信"为教学总方针，要求实施人伦道德的教育和灌输；同时又规范了学习方法、道德修养和待人处世的具体标准，提出修身、处事、接物的"三要"（修身之要：言忠信、行笃敬，惩忿窒欲，迁善改过。处事之要：正其谊，不谋其利；明其道，不计其功。接物之要：己所不欲，勿施于人；行有不得，反求诸己），要求生徒按此严格要求自己。《丽泽书院学规》共十一条,除第一条标明其办学宗旨外,其余十条围绕品德修养对生徒的行为实行严格约束,近似于戒律。《程董二先生学则》检束生徒更是严格,务求生徒每一行为都要符合道德要求,如居处必恭,步立必正,视听必端,言语必谨,容貌必庄,衣冠必整,饮食必节,出入必省。其他如东林书院学规、岳麓书院学规等,也都是比较著名的学规,至今仍为人所景仰。

与学规相辅,书院还制定有好些禁例戒条,对生徒行为作出硬性规定,不得违犯。如明嘉靖年间,白鹿洞的《洞学十戒》要求诸生不得立志卑下、存心欺妄、侮谩圣贤、凌忽师友、群聚嬉戏、独居安肆、作无益之事、观无益之书、好争、无恒,从反面着手对士风、士行作出限制,重在设防和预警。

总之,书院的学规、学箴、学训、戒条等,都针对学生的思想和行为给出了总的纲领,同时又对其学业和德行提供了具体的、可供操作的规定,从另一侧面保障了书院教育理念的实施。

考试制度 书院根据教学内容可以分为考课式与讲会式两种类型:考课式书院的教学内容与官学基本相同,教授"四书"、"五经"等儒家经典以及应试科目;讲会式书院则以"四书"、"五经"为必读教材,再根据所属学术流派将著名学者的研究心得、注疏、讲义或谈话语录作为重要读物,指导学生进行学理的研究。除了重视儒家的知识之外,书院还十分重视对学生的品德教育,重视学生的身心修养。与此相应,书院的考试制度也从内容上可以分为德行考核与学业考课两大类:前者对学生的道德品性、日常行为举止进行检查,后者则测试其学业水平。学业考课除一般情况外,还可依考试内容分为经古课、诗课、字课、散课、小课、正课等不同名目,依考试时间可分为甄别、日课、月课、季考、春课、秋课等。考试之后,要评定优劣、确定升降、给予物质或精神奖惩。

祭祀制度 祭祀是书院规制的重要内容。书院祭祀可以确立和增强士人对儒家伦理的认同感,激发士人的道德使命感与社会责任感。不仅如此,书院祭祀的影响还超出书院本身而及于整个社会,发挥着社会教化功能。

早期的书院,都以崇祀先贤为主要内容,以先贤作为榜样,比较大的书院都建有文庙,设立有孔子及孟子、颜渊、曾参、子思等"四配"的塑像或木主。宋元书院都对程朱学派的儒家道统中的人物加以祭祀。明代书院,属于姚江学派的都供祀王守仁,属于甘泉学派的都供祀朱熹、陈献章、湛若水。清代书院属于乾嘉学派的,都特别供祀郑玄、许慎等汉学代表。除祭先贤以外,兴考课、迎合科举的书院往往建文昌阁供奉文昌帝君。还有的书院特别突出祭祀那些与本书院有关系的先儒以及创建书院的乡贤,用以纪念和表彰他们对书院的贡献。清末大量家族式书院的出现,使祖先牌位也成为主要祭祀对象。

书院的祭祀一般都包括释菜和释奠两种仪式。"释菜"指开学时的祭祀仪式,是较轻的礼仪,一般不需要礼乐舞蹈。"释奠"指在供祀对象生辰或忌日举行的祭祀仪式,不但有牺牲、玉帛、酒食供祭,还要举行迎神乐舞,祭祀的程序都有严格规定。如各书院普遍设有祭孔礼,初期仅在孔子诞辰日(农历八月二十七)举行,后增为春秋二祭,再增为春夏秋冬四季,在每祭第二月的丁日举行。

书院祭祀系统代表着书院的道统与学统,包含着尊师、重道、崇贤等含义,是一种生动的教育过程,在完成书院培养人才的目标,继承、传播和发展传统儒家文化上有着重要意义。

三、书院的学术传授方式

自学为主 书院教学注重学生自学能力的培养,鼓励学生主动学习,积极思考,提高思辨能力。许多名师都把指导学生自己学会读书钻研作为教学的重要任务,他们往往根据自己的治学经验概括出不少读书的原则,帮助学生提高自学的能力和读书的效果。如朱熹就曾提出居敬持志、循序渐进、熟读精思、虚心涵泳、切己体察、着紧用力六项读书原则;他的再传弟子程端礼更制定出《读书分年日程》,详细拟定了分年读书的顺序,对学生读书自学进行具体指导。同时,书院教学多采用会讲论辩方式,十分强调学生读书要善于质疑问难。如朱熹认为"读书无疑者,须教有疑,有疑者却要无疑,到这里方是长进",他在白鹿洞书院讲学时,常常亲自跟学生展开论辩。

设立日记督课法,用以记录考查学生每天的学习情况,是书院指导自学的有效办法。日记督课法始于宋代,具体而言就是规定生徒每日应该完成的课业,发放日程簿、日课簿、日记册等,让学生记录每日所学内容及进度,记录读书心得或疑问,山长或按规定时日抽查,或随时抽查,检验生徒的勤惰进退,进行学业指导。

自由讲学 我国书院一直盛行"讲会"制度,提倡自由讲学。讲会制度起源于书院的会讲教学方式,本来只限于师生间互相讨论和自由切磋、启发,后来发展为允许不同学派进行会讲,展开争辩,讲会制度由此形成。

书院的讲会制度兴于宋而盛于明,到清代形成了一套完整的制度和严密的组织,对讲会的宗旨、组织、会期、仪式、程序和经费都作出了具体的规定。南宋时,朱熹与陆九渊分属不同学派,但淳熙八年(公元1181年)朱熹却请陆九渊赴白鹿洞书院讲学,并把所讲的内容刻石立于院内,成为书院讲会的滥觞。明代书院的讲会往往超出书院讲学的范围,成为一个地区性的学术集会。如东林书院定期召开学术辩论会,每年一大会,每月一小会,每会会期三天,每会公推一人主讲;讲时大家"虚怀以听",讲完之后意见不同者便"诘难",有不清楚的则"学问",有不一致的则"商量",有问有辩。

学院的讲会制度一方面可使广大听讲的生徒可以兼收并蓄各派各家的学术观点,有利于学生思想的活跃;另一方面又可使争论双方取长补短,各有所得,使书院形成浓厚的学术讨论、辩论风气,提高学术水平,促进学术发展,因而成为书院区别于一般学校的一个重要标志。

学术传承 与一般官学相比,书院的学术研究色彩十分明显,对古代学术文化的繁荣和发展起到了重大推动作用。

书院在学术传承上的重要意义,首先表现在书院重藏书和刻书,开展校书和编书活动,不仅使书院内部的教学水平及学术水平得以提高,而且可以使学术文化成果得以保存和流传。其次,书院教学提倡问难论辩,并允许不同学派之间进行讲学,使书院成为不少古代学者进行教学活动和学术研究活动的基地,成为学术争鸣和交流的舞台,不少学术派别的出现都与书院密切相关。比如南宋书院的发展同理学关系密切,理学盛行的年代和地区也正是书院兴盛与集中的时期和地区。理学大师朱熹的主要学术研究就是在他自己创立的紫阳、晦庵等书院中完成的，他兴复白鹿洞书院也是出于传播其学术思想的目的。到了明代，王守仁、湛若水以及他们的弟子到处兴建书院，广收四方志士，宣讲心学。清代朴学家黄宗羲、戴震等也以书院为阵地，致力于经史研究，专重经学的训诂考证，于是出现了一大批重经史训诂的书院。可见，书院与学术研究是互为表里、相互促进的，一方面书院教学成为学术传播和发展的重要途径，另一方面学术派别的涌现也带来了书院的繁荣，使学术研究成为书院教学的基本内容和基础。因此，书院的兴衰很大程度上取决于主持人的学术水平和声望，凡是历史上有名的书院，差不多都由学术大师主持，南宋四大书院就是如此。

第三节 选举制

古代的"选举"与现代的"选举"含义有所不同。古代的选举指选拔、举荐人才，选举制在本书中专指在隋代设立进士科考试之前选拔人才的制度。人才问题是关系到国家兴亡的大问题，历代选举制的内容十分广泛，但在不同的历史时期，总有一两种处于主导地位的选举途径，对政治的发展产生重大影响。

一、先秦时期的选举制

中国选举制度产生较早，先秦时期是各种选举制度孕育和发展的时期。先秦多渠道的选举制度成为中国古代选举制度的渊薮，对后世选举制产生深远影响，其中选贤举能、乡举里选制直接发展为汉代察举制度。

选贤举能 人类作为一种群居生物，应该说自从有了人类，就有了选举的问题。在生产力低下的部落联盟时代，选举合适的部落联盟首领，带领整个部族战胜自然是关系到生存和发展的大问题。这个时期选择、考察、任用人才的标准，据《礼记·礼运》篇记载是"天下为公，选贤与能，讲信睦，故人不独亲其亲，不独子其子"。可见，这一时期部落首领的选拔是在为民为公的基础上进行的，选拔时主要考虑对方的道德品质修养与处理外部事务的能力,选拔出的人才不享有任何特权。这种选贤举能的制度,说得更清楚一点,就是禅让制。部族的首领在选择继任者时,必须征求部族成员会议的意见,不能由个人作出决定;被推举出来的继任者,还必须经过多年的考核、试用,获得部族成员的广泛信任和拥护,才能成为正式首领。我国历史上尧、舜、禹的"禅让"都是通过这种方式实现的。

世卿世禄制 随着私有制的出现,选贤举能的制度不断受到冲击,在部族首领的继任问题上,父死子继的现象越来越明显。禹死后,其子启与推举出的继任者伯益展开了夺权之战,并最终取得了决定性胜利,建立夏朝。从此在漫长的古代社会中,君主世袭这一点始终没有改变,形成了一套较为稳定的以嫡长子继承为中心的宗法制度及社会资源分配形式。夏商周三代,从君主到君主左右的各级官吏都由同姓或异姓贵族充任,如无大的过失,则父死子继,代代相传,把持着政治职位与权力,享有君主赏赐的采邑作为俸禄,这就是世卿世禄制。世卿世禄制作为一种贵族世袭官职的制度,在西周发展得最为完备。

世卿世禄制是以宗法制为基础的,实际上就是按血缘关系的亲疏远近将国家的各级权力在宗族中进行分配。王朝里执政的高官如三公、卿、大夫一般都是由与君王血缘关系最近的人充任,世代相传,即亲贵合一。世卿世禄制中不存在官吏的任免问题,政权和族权紧密结合,从上到下形成盘根错节的血缘政治纽带。在这种制度下,贤能之人不能任用,所以又产生了乡举里选制作为补充,后来进一步被春秋战国时的养士军功制度、秦时的客卿制所取代。

乡举里选制 乡举里选制始于商代,定制于西周,是地方基层官员的一种选任方式。乡,是一种行政区划,主要指王城城郭"国中"以外和近郊以内的地区;里,是基层的居民点,大多是按族来划分的。乡官的推荐要以族人的评论为基础,被乡里推选出来的人称"秀士"(西周的"士"是贵族的最低阶层),秀士经过一级级的推荐由诸侯贡献于天子,经天子认可后进入大学学习。学成后,通过天子的考核后才能被授予官爵。西周时期,大夫以上的官爵出自世卿世禄制,大夫以下的低级职务出自乡举里选制。

乡举里选制确实有助于从下层选拔出贤德有能力的人破格委以重任,使之参与政权建设,如商之重臣伊尹就是从奴隶中挑选出来的,有利于政权的稳固与国家的发展。然而,这种选士范围是很有限的,其地位并不稳固。

养士与军功制度 春秋战国时期,诸侯争霸,人才成为最重要的政治资本,为了在政治斗争和军事兼并中保持与发展自己的势力,各国君主、封君、宰相莫不"礼贤下士",选贤任能,选拔人才的途径有:

(一)养士。春秋战国的"士"是随着学术下移而逐渐产生的一个新知识阶级,其中有很多贵族的后裔,也有出身于平民的,他们掌握一定的知识技能,凭借自身的才干为卿大夫所用。春秋时期,诸侯士大夫已有养士的习惯,士之游说自荐活动已不鲜见。至战国,游说纵横之士遍布天下,成为政治活动中举足轻重的人物,如秦穆公破格起用奴隶出身的百里奚,使秦国成为当时力量最为强大的霸主,为秦统一全国奠定了基础。各国君主、卿相争相养士,凡有一技之长者都受到尊重,战国四公子(齐孟尝君、赵平原君、魏信陵君、楚春申君)都号称门下有食客三千,折节以待士,养士之盛可见一斑。

(二)军功。军功制即通过战争选拔人才,按照作战功劳大小赏赐爵位和官职的制度。春秋战国时期,战争频繁,各国都形成了军功授官制度,有军功者授爵或做官,做官有成绩的,再根据治绩擢升,出众者还可升为高官。军功制对于提高军队战斗力和国家竞争力有着重大作用,其盛行于战国七雄当中,尤以秦国实行军功制最为彻底。商鞅在秦国执政时,制定军功爵制,定军功爵为二十级,以爵位规定占有田宅、臣妾奴婢的数量和服饰等次。宗室贵族无军功者无爵,虽家资富厚亦不得铺张。

客卿制 客卿制是指在一国做官的其他诸侯国人,被以客礼相待,以客的身份入仕。客卿制与养士制关系密切,实际上指的就是重用外籍游说之士。"客卿"这个名称,最早出现于战国,当时燕、齐、赵、韩、秦等国都有客卿,秦客卿最为活跃。

秦自商鞅变法以后,国力日强,为并吞六国,不惜重金招聘天下贤士。客卿不算是正式官职,只是秦王的高级顾问,可以参与商讨国政。由客卿拜为正卿或升迁为相,必须立有军功。自秦惠文三十年(公元前

328年)由魏人张仪拜相开始,至秦始皇三十七年(公元前210年)任楚人李斯为相,百余年间担任秦相的二十二人中,籍贯能确认为秦的仅一人,其他秦高级官吏亦多来自游士,可见为秦统一作出重大贡献者均为客卿。

二、汉代的察举征辟制

察举征辟制的创立 汉代建立中央集权的国家以后,急需大批统治人才,但汉初选拔人才的制度比较狭窄,远远满足不了形势的需要。

汉初选任官吏主要通过以下四种方式:一是按军功选位,按照军士们所立战功的大小授予各种爵位,论功行封,如留侯张良、淮阴侯韩信、平阳侯曹参等皆是因军功得官。二是任子,指俸禄二千石以上的官吏任职满一定年限(一般为三年),可保举子弟一人到京师为郎(郎即皇帝的侍从,也可在郎署熟习典章制度后补授别的官职,西汉前期许多较高的官吏均出于郎官),如苏武就是"少以父任,兄弟并为郎"。任子是世袭制的残余,是给予贵族官僚子弟的一种特权。三是赀选,即以财买官,汉代规定拥有资产十万钱(景帝时改为四万)而又不是商人者,可任命为郎。四是积久为官,即凭年资升迁。当然,另外还有因上书言事或某种技艺,受到皇帝赏识而为官的。但这几种选官方式都有很大的局限性,随着时间的推移,军功人员愈来愈少,任子和赀选的范围又局限在显官贵戚和豪富之家,凭年资和赏识升迁也难于选拔到真正的人才。为适应汉朝日益加强的专制需要,同时满足中下阶层参政的需要,进行权力再分配,汉武帝即位后除沿用原有制度外,开始实行察举征辟制。

察举征辟制的实施 察举是由下而上进行考察和推举人才为官,即由公卿、列侯、宰相郡国等高级官吏经过考察后把品德高尚、才学出众的平民或下级官吏举荐给朝廷,由朝廷核实后择优授予官职。征辟制分征召和辟举两种:不经荐举、由皇帝直接下诏征用社会有名望的人士入朝为官称为征;年俸二千石以上的高官有权聘请士人充当属官、幕僚称为辟举。征辟制从汉代的实际情况来看并不常见,经常实行的还是察举制。

察举制正式确立于汉武帝时,汉武帝元光元年(公元前134年)初令郡国举孝、廉各一人（即孝子、廉吏各一人，后来孝与廉合为孝廉）。以后郡国每年都要向上推举孝廉，察举制正式确定。察举的对象主要是官府的属吏和地方学校的学生（称"诸生"、"门生"），在察举中要经过乡间评议（当地世家大族的评议），以保证真实性。察举的科目很多，常见的有贤良方正、孝廉、秀才（茂才）、明经等。

（一）贤良方正科。此科在汉代察举科目中地位最高，目的是为朝廷选拔具有文学才能的从政人才。察举的办法是由皇帝亲自主持策论考试，提出政治、经义方面的问题，由应举者对策回答，然后评定等第作为授官的依据。这种方式早在汉文帝时期就已经开始了，晁错在对策中就曾因为才华出众而被授予中大夫的官衔，但这一方式当时并未固定下来。武帝即位以后，前后选拔了贤良之士百数人，董仲舒提出了"罢黜百家，独尊儒术"的主张，就很得武帝的赏识。

（二）孝廉科。此科在汉代察举科中人数最多，目的是选拔德行高尚的人才。孝与廉都是儒家基本的道德规范，儒家认为求忠臣必于孝子之门，清正廉洁是为官之关键，孝廉科据此设立。孝廉科主要靠推荐，一般不需考试（东汉顺帝时对孝廉也进行考试）就可直接任职。孝廉科在汉代察举制中占主导地位，被举为孝廉者多是地方官府的官吏或知名儒生，两汉许多公卿大臣都是孝廉出身。

（三）秀才科。秀才科开始于汉武帝元封五年（公元前106年），与贤良方正科相似，同样是举荐才华出众者。初期与贤良方正科并举，但至东汉初已成为每年举行的科目。秀才科在地位、性质和人数方面介于贤良方正科与孝廉科之间，地位略低于前者，略高于后者。相对而言，举孝廉者多数未曾做过官，举秀才者中已担任官职者所占比重较大，且不少人有过举孝廉的经历。秀才科注重才学，代表着察举制度的发展方向，一直延续到隋唐科举时代才被进士科所包容取代。

（四）明经科。此科开始于西汉中后期，专门录取通晓经学的人。令郡国按人口察举明经之士，是儒学在思想文化领域占据统治地位的反映。

察举征辟制的进步 察举征辟制的实施是选举制的一大进步。首先，它科目繁多，选官范围广，选拔标准不拘一格，使一批中下层知识分子进入了统治阶层,开创了布衣卿相的新局面。其次,它为中央和地方行政培养与增加了一批能吏,对世卿世禄制是一种抵制,一定程度上澄清了吏制,加强了中央集权的力量。再次,它的选举与对策相结合的方式使选举渐趋制度化,分科目察举对隋唐科举制度也具有一定的启示意义。

察举征辟制的弊端　察举征辟制虽然比夏商西周的世卿世禄制有进步,也选拔出了一大批德才兼备善于治国的人才,但其制度本身就存在着一定的缺陷,出现了以下弊端:(一)察举的权力集中在三公、九卿和郡国长官等权臣手中,很容易为他们所把持,出现营私舞弊、滥用职权、选举不实的现象。东汉时这方面的问题渐趋严重,"权贵子弟多以人事得举,而贫约守志者常以穷退见遗"成为常态,甚至出现了"举秀才,不知书;察孝廉,父别居"的怪现象。(二)被察举者虽然要通过乡间评议的程序,但由于所举的科目以道德品行为重,考试方式虽间有使用但不受重视,人才选拔标准不够客观、难以掌握,故评议只不过是参照民间舆论而已,在吏制腐败的情况下很容易被作假求名者所利用。如东汉初年孝廉许武为了让两个弟弟得到荐举机会,故意在分家时待两弟不公,使两弟因忍让其兄而被举为孝廉,目的达到之后他不仅归还两弟财产,而且还超出以前三倍,并将此事公之于众,自己也因而成名升官。(三)由于在察举征辟制中世家大族子弟处于优先地位,更易获得机会;加上东汉时地方行政长官的属官多由当地大族充任,使得世家大族常常通过乡间评议控制地方选举权力,扩张势力,在一定程度上削弱了中央集权的力量。

汉代以后,察举征辟制并未消亡,在整个魏晋南北朝时期仍然存在,直到隋代方才废除。

三、魏晋南北朝的九品中正制

九品中正制的产生　九品中正制创立于三国时期的曹魏,是魏晋南北朝时期选拔官吏的基本制度。这一制度的产生,有其深刻的社会背景。一方面是察举制在东汉中期以后弊病日益显著,世家大族、地方豪强操纵了察举大权,官吏质量得不到保证。另一方面,曹操为了在汉末拥兵称雄,急需有"治国用兵之术"的人才,他强调"唯才是举",大胆起用出身微贱甚至是不仁不孝的士人。"唯才是举"便成为了曹魏选官的原则和标准,但这一准则需要具体的办法和制度来落实。再则,当时的战乱造成了士人的大流徙,户籍混乱,士人的道德才能难以查考,曹魏为了网罗天下贤才,需要重新对士人进行调查登记,以便随时任用。九品中正制就是在这种历史背景下创设的。

九品中正制的实施 九品中正制又称九品官人法,是将察举的对象分为九等(即九品),由政府按等录用的官吏选拔方式。具体做法是由中央选择有贤德有识鉴的官员担任原籍州郡县的中正官之职,负责察访本地士人。中正官根据乡里舆论,按"状、品、家世"(才、德、门第)三方面条件品评士人优劣,分为上上、上中、上下、中上、中中、中下、下上、下中、下下九品,然后呈报中央,作为吏部除授官职的依据。可见,九品中正制实际上是察举的另外一种形式,只不过察举之权从州郡守手中转移到了中央派出的各级中正官手中,由他们帮助吏部进行官吏铨选,这就加强了选举制度上的中央集权。

九品中正制的作用只是品评士人作为授官的依据,在具体选任时中央一般仍须通过考试来决定是否除授官职。中正官一般以孝廉、秀才两种名义举荐人才。按照习惯孝廉主要考儒经,侧重德行;秀才考对策,侧重文辞或兼及经义。孝廉、秀才两科的荐举对象最初由世族子弟包揽,但到南北朝时,荐举常容纳寒门子弟,孝廉一科尤是,对门第出身的限制渐趋松弛。

九品中正制的弊端 九品中正制实施之初,还能继续贯彻曹操"唯才是举"的原则,评定人物比较注重才能的优劣和舆论的好坏,使朝廷多少能掌握一些选官权力,在当时起到了较好的作用。但曹魏后期,由于势力雄厚的世家大族逐渐操纵了大小中正官的职权,九品中正制在具体实行中渐渐地变为专论家世门第而不问贤愚才德,选举大权几乎全部被盘踞朝廷的世族高官所垄断,形成了"上品无寒门,下品无势族"的腐败局面。这样一来,九品中正制就成了世家大族把持选举、操纵政治的工具,由此形成了门阀政治。此外,在九品中正制的实施过程中,中正官的品定权力过大,而且在品定中过于重视私德,士人一旦受到中正官的弹劾就可能终身遭到废弃,相对的一旦被评为上品就可以成为显宦并且荫及子孙世代。于是中正官的徇私枉法与士人的极力钻营成为无法根除的弊病。

总之,九品中正制在政治上只满足了门阀世族的要求,将有真才实学的寒门士人拒之门外,必然招来寒门的反对,而身居高位的世族士人却往往崇尚玄学清谈,不关心时事,以任清贵之职相标榜,这就带来了吏制的失序与混乱。南北朝末期,随着世族地位的动摇,九品中正制也失去了赖以生存的根基,难以维系下去了。

第四节 科举制

"科举"一词中,"科"即科目,"举"即举士,"科举"一词有广狭两义:广义的科举是指分科举士,可从西汉以后分科目察举授予官职算起;狭义的科举指进士科举,即指从隋代设置进士科之后产生的以考试成绩来选拔人才、授予官职的制度。本书所言的科举专指后者,它同广义科举的重要区别在于后者允许普通士人自愿报名应试。

一、科举制的产生——隋代进士科

产生条件 南北朝后期,依靠门第选士的九品中正制已不能适应社会发展的要求;魏晋以来世族制度崩溃,庶族势力抬头,要求政治权力的再分配。此外,对经历了长久分裂之后才建立的统一国家来说,再建和发展是紧迫的任务,急需补充大量可用之才。因此,隋朝统一全国后,为了适应政治和经济关系的发展变化,为了满足庶族参政的要求,加强中央集权,把选拔官吏的权力收归中央,废除九品中正制和察举征辟制,选士既不需州郡的荐举,也不经中正的评定,而是由朝廷用公开考试的方法甄别选用,大小官吏都由中央任命。这是科举制的真正开始。当然,隋代科举制度的产生从根本上说也是社会经济发展到一定阶段的产物,手工造纸的普遍发展使纸张的应用突破皇室贵族的垄断,深入到人民日常生活中来了;唐中叶以后配合雕版印刷术的发明,书籍可以大量抄写印行,大大方便了读书应考者,于是科举制度在唐代得以进一步确立。

形成标志 由于进士科出现于隋代,而后来进士科又成为考试中的主导科目,因此人们一般把隋炀帝在大业二年(公元606年)创设进士科作为科举制度正式形成的标志。

隋文帝杨坚代周以后,一再下诏拔取各类人才,并于开皇十八年(公元598年)的诏令中首次使用了"二科举人"的说法,设"志行修谨"与"清平干济"二科,开科举制度之先河。"科举"二字的出现具有语言文字学上的重要意义。"进士"之名始于《礼记·王制》,意为进贡于朝廷以供应用之士子,隋炀帝杨广大业二年设进士科,以试策取人,"进士"有了进受爵禄之意,几乎成为科举的同义语。大业三年(公元607年),设孝悌有闻等十科举人及秀才、明经、进士等常科,进士科以策问为主,分科取士的倾向越来越明显。

分科举人字眼的出现、进士科的创制,标志着中国选举考试史进入了一个新时代——科举时代。

二、科举制的确立与完备——唐代科举

科举制产生于隋,而确立于唐,唐太宗、高宗年间(公元627~655年)为极盛时期,逐步形成了一套较为完备的考选制度。

考生来源 唐代参加科举的考生主要有三个来源:(一)生徒。出身于国子监、弘文馆、崇文馆以及地方州县官学的在校学生,他们通过学校考试以后,可直接参加国家级的科举考试,称为省试。(二)乡贡。乡贡指非官学的学生,他们可凭借身份、履历证书自行到地方州、县报考,逐级通过地方州、县考试取得某科出身后,合格者可由地方州、县按规定名额送到京城参加省试。(三)制科。参加皇帝诏举的考生,一般是现任品级较低的官员和知名人士。制科不定期举行,生徒和乡贡的挑选每年进行,其中乡贡是平民为官的捷径,在唐代科举考生中比较普遍并且影响较大。由于通过科举考试选拔出的人才,朝廷需向全国公布其家世,他们自己日后也大多会出任官职,所以为保证朝廷和为官的威严,唐代规定犯过法的人、工商业者、州县衙门的役吏不得参加科举。

常科 唐代科举考试分为常科和制科两种,由当年冬季陆续考到

次年春天的称为常科。唐代常科的科目很多,在不同的时期科目的设立不尽相同,前后有增有减,总计不下几十种,其中常见的有进士、明经、明法、明字、明算、秀才、童子、诸史、开元礼、武举等科。唐代所设各科,以进士科和明经科最受重视,其中进士科因为录取名额少加上唐代宰相多由进士出身,最为人倾慕。

进士:开始时只考时务策问,检测考生对当前时事政策的熟悉程度,后来也加考贴经和杂文,检测考生的文化修养和文学水平。贴经是由主考官任选经书一页,将左右两边遮住,中间只露出一行,再用纸把这一行中的三到五字贴住,让考生把所贴的字读或填出来,这种题目只有熟读经书者才能回答,不过出题范围限于《五经正义》。杂文指箴、铭等文体,唐玄宗以后又把诗赋规定为必考科目。在进士科的考试中,初期以策问为重,后期则偏重于诗赋,贴经不及格的如果诗赋佳也可通过考试。

明经:明经科主要考查考生对某一经典的熟悉度及理解度。考试方式为贴经和墨义,墨义是要求默写经文二千字左右的段落及其注疏。墨义因为简便,常需三十条、五十条或一百条才能统计成绩,比较机械。明经科有时也加考时务策问。

其他科目:秀才科检测考生读书量和治国见解,需考策问五道,不过只在唐初实行了一段时间就废绝了;明法、明字、明算、诸史、开元礼诸科检测考生对律法、文字、数学、史学、礼仪制度的了解程度;童子科针对十岁以下的通一经以及《孝经》、《论语》的儿童开科,能背诵十卷的可以授官,能背诵七卷的授予出身;武举由武则天设立,测试考生骑、射、枪等武艺,虽只实行了一段时间,但却为后世开了先例。科举考试科目的增设说明唐代对各种专业人才的需要量增加了,这与唐代官学中专科学校的出现是相呼应的。

制科 制科是为国家网罗特别需求的人才而设置的考试,日期和科目都由皇帝临时下诏决定,不定期举行。制科的科目有贤良方正能极言直谏科、博通坟典达于教化科、军谋宏远堪任将帅科、详明政术可以理人科等八十多种,合格者可授官。制科一般要考时务策,自唐玄宗起加试诗赋,取得优等者有机会得到较高的官职。但制科往往不被人所重视,被视为非正途出身。制科因其设置的灵活性,与常科互补成为科举制的重要内容。

科举程序 科举常科的省试最初由尚书省吏部掌管,唐玄宗以后改由礼部侍郎主持,遂成为惯例,有时也用中书舍人等四品官。载初元年(公元 689 年)武则天亲自主持省试,开创了后世科举在省试之外另行殿试的先河;她还针对考场舞弊之风,创造了糊名考试的办法。

唐代被举送参加省试的考生可称"举人",其中乡贡又称"贡士","贡士"中获得府州试(解试)第一名的称"解元"。由于唐代科举实行通榜制度(指主考官在考试前或阅卷前根据社会贤达或相知亲友的意见确定初步录取人选)和公荐制度(指主考官接受社会贤达推荐的人选),因此举子到京以后,一般要在次年省试之前投行卷和纳省卷。所谓"行卷"是指举子择优编选自己的文章投献给社会贤达、权贵或文坛名人,希望得到他们的赏识和推荐,以提高知名度和及第机会。天宝元年(公元 742 年)以后,朝廷规定举子还应把这些文章送交主考官,供主考官核实和了解考生专长,称为"省卷"。由于省卷在录取过程中往往不起决定作用,因此行卷之风更为盛行。值得我们注意的是,因为在进士科的考试中诗赋的地位日益重要,所以投行卷者往往是应进士科的举子。其他科目一般没有行卷风尚,多数情况下还是以考场成绩决定录取与否。

唐代省试一般在长安举行,考试时间为一整天,成绩于春天颁布。考试结果分为甲、乙、丙三等,甲、乙二等意味着被录取,称为"及第",丙等为落第。及第者第一名称为"状元"(状头),同届及第者间互称"同年"。及第者尊主考官为"座师"(座主),自称"门生"。新中进士都要到杏园举行探花宴,到大雁塔办题名会且大宴于曲江亭。落第者,可进入国子监学习,准备再次应试。

唐代考中进士只是获得了出身(即做官的资格),要真正得官尚需吏部诠试,俗称"关试"。关试的方式是举出两则案例,让考生剖析判决,写出判词,按照"身(体貌丰伟)、言(言辞辩正)、书(楷法遒美)、判(文理优长)"四条标准对考生的仪表形象、文字书写、口头及书面语言表达能力进行考察。关试合格以后,便可以授官了。虽然品阶不高,进士、明经得官也只有八九品,但却意味着进入社会上层和仕途的正式开始。如果未能通过关试,可求当朝权贵为之"论荐",或到藩镇节度史处做幕僚,争取以后由他们向朝廷保举得官。

科举制的社会意义 唐代科举制的完备,进一步打破了魏晋以来世家大族垄断朝政的局面,为庶族入仕大开方便之门。大量庶族士人通过具有极大权威性和相对公平的科举考试进入统治集团。他们来自社会的中下层,对民间疾苦和社会状况有较多的感受和了解,从政之后往往能成为维护国家统一、缓和社会矛盾的进步力量。

三、科举制的变革——宋代科举

赵宋王朝在夺取后周政权之后,努力革除藩镇专权、分裂割据的弊端,强化中央集权,推行文官政治。在科举制度上承唐制,在大力发展的同时又对其进行了全面整顿与变革,使之更具备全民性、平等性,以利于扩大和巩固统治基础。

完善考试制度 宋代实行的科举制度仍分常科、制科两种。

制科考试在宋代是众科之最,与唐代被视为非正途不同,不但优于进士诸科,而且成为体现皇帝对臣下尊宠的"大科"。最初仍由皇帝直接面试考生,宋仁宗以后改由考官先进行预试,合格者才可参加皇帝的御试。制科考试分五等,前二等一般空缺,三等相当于进士科第一名,四等相当于进士科第三名,赐制科出身;第五等相当于进士科的第四名,赐进士出身。考取制科的考生可以免任偏远地区的官职,极受优待。

常科考试在宋代科目也很多,虽然与唐代相似仍以进士、明经为主,但增设了词科,也增加了武举的考试内容。北宋前期,宋神宗采纳王安石的建议,将进士科考试改为只考经义、策论,不考诗赋,降低了对考生的文学要求,后来进士科考诗赋便成了偶然现象。宋哲宗时有感于起草应用文书时人才的缺乏,开始设立宏词科,徽宗时改为词学兼茂科。词科考试要求学生博览古今,熟悉表章、颂、箴、铭、序、赞、诰等文体格式,具备较高的文章写作技巧。词科设立之初,仅允许考中过进士科的人报考,后来放宽了限制。至于武举考试,两宋都曾实行,但与唐代不同,除了考骑射弓马以外,还要考笔试策问,最后以对策的成绩决定录取与否,而以武艺的成绩决定等级高低。

宋代常科考试分州试、省试和殿试三个层次。州试时进士科由州通判主考,其他各科由州之录事参军主考,取中的举子名单及试卷都要在秋天呈报礼部。举子也应于当年冬季到京城将自己的家世、年龄、籍贯、参加科考的次数如实写明,找齐十个保人后呈报礼部。礼部的省试在春季举行,主考官往往由六部尚书、翰林学士担任。考过省试以后,还须参加由皇帝亲自主持的殿试,录取者即为天子门生,分为五等三甲。五等按成绩划分:一为学识优长,词理精绝,二为才思该通、文理周密,三为文理俱通,四为文理中平,五为文理疏浅。以一、二等为一甲,即赐进士及第;三等为二甲,即赐进士出身;四、五等为三甲,即赐同进士出身。其中第一、二、三名分别称状元、榜眼、探花。嘉祐二年(公元1057年)以后,参加殿试的考生一律都被录取,发榜之后分别授予官职。

宋代通过较为完善的科举制度,使一批出身贫寒、勤奋苦读之士脱颖而出,有宋一代出身贫寒而官居高位者较历朝为多。下层士人的崛起,使士、庶界限趋于消失,形成一种新的文化导向和浓厚的社会文化氛围。同时,宋代以知识型的文官集团为核心,传统的儒家思想得到了广泛传播,有效地调节着各种社会矛盾,维护了社会的稳定和国家的统一。

优待考生 宋代提倡科举,对考生有种种优待措施。首先,变更考试时间,将省试、殿试时间由唐代的一年一次改为两三年一次,免去了考生疲于奔命之苦。其次,扩大录取名额,减少门第限制,更重视进士科,以利于更广泛地吸纳各阶层的知识分子。唐代每科进士不过二三十人,宋代则一般为二三百人,甚至达到五六百人。两宋王朝延续三百余年,社会经济得到持续发展,与此不无关系。再次,取消吏部关试,士人经过省试、殿试以后便直接被委派官职,而且提高士人及第后的政治待遇,名列前茅者很快便可以获得高官厚禄。据统计,仁宗朝十三次科举中,每次科举甲第取三人,总共三十九人,其中后来位不至公卿者只有五人。种种优待考生的措施使科举成为当时士人猎取功名的主要途径。

严格考试方法 为了杜绝科举中的奸弊,宋代还采取了一系列严格科举考试的方法。其一是取缔"公荐"(即朝廷权贵向主考推荐举子)之法,严禁士人干谒官员,防止权贵操纵科举考试,结党营私。其二是严格控制食禄之家子弟的录取,登第者必须经由复试。其三,实行回避制度,为主考官的亲戚另设考场,另派考官。其四,实行锁院制,即考官一旦被任命就得立即进入贡院,从阅卷到发榜前都被严加隔离,以避请托。其五,实行更为严密的糊名制度,考生试卷要先用印弥封后再交考官评定高下,然后再将一评结果密封进行试卷复查;后来又加上誊录之法,即由专人将考生的卷子照原样誊抄一遍再交考官审阅,防止考官从字体辨认考生,联手作弊。宋代科举通过这些方法减少作弊的环节,使科举考试体系更趋完善。

科举制度与学校教育相结合 宋初大力提倡科举,对培养人才的学校难免有所忽视,使科举成为文化教育的中心,无实学、脱离实际的风气相当严重。因而宋仁宗时的范仲淹、欧阳修和宋神宗时的王安石都对朝廷只取才不养才的做法进行了批评,发起了改革科举的兴学运动,强调科举制度要与学校教育联系起来。

宋庆历年间,范仲淹、欧阳修推行新政,在全国各州县地方普遍兴办学校,规定在校学习三百天以上的士人才有资格参加州试。在考试中更注重对考生整体素质的考查和评价,将省试分为策、论、诗三场,但更偏于策、论;命题上将过去侧重考记诵改为对经义的领会和阐述。

宋熙宁年间,王安石对科举制度再次进行改革,排斥"记诵"之学,废除贴经、墨义,代之以经义、论、策,采用散文形势阐述儒家理论。王安石还改革太学,创立了一套完备、严密的太学教育考试制度,称"三舍法",推行科举考试与学校教育直接结合,使太学生可凭着学业成绩直接得官或参加殿试、省试,大大提高了学校的地位和学生的学习积极性,推动了学校教育的发展。

四、科举制的定型与衰亡——明清科举

元代实行科举的时间不长,所取的人数也不多,但元代所制定的一些制度却成为明清的蓝本。如元朝规定科举考试考"四书"、"五经",用程朱注,使考试成绩的判定有了更为明确、统一的标准。明代吸取前代经验,将科举制度定型化;清代科举在科举层次、考试场期、科第名称上基本沿用明代模式,并严格执行。

四级考试制度 明清时期科举考试科目简单,以进士科最为重要。考试分四个等级进行:

(一)童生试。童生试也称童试,是明清最初级的地方考试。考生称"童生",指没有取得县学、州学、府学学生资格的人,与年龄大小无关。由于明清规定读书人非出身学校不能应举,因此读书人都必须参加童试,取得入学资格。童试包括县试、府试、院试三个阶段的考试。县试日期通常在农历二月,在本县县官主持下分四到五场进行,每场考试间隔一两天,要求黎明入场,当天交卷。府试日期通常在农历四月,由知府主考,考试内容和程序其本上同县试相同,通过府试的考生便取得了童生资格,可以参加院试了。院试是童试中最为关键和正式的一次考试,由学政主持。学政是明清时期由朝廷派往各省负责全省教育事务,并视察府、州主持岁试和科试的官员,一般由进士出身的侍郎、翰林出任。学政主持的院试一般分正试和复试两场,根据各地方官学的入学指标来决定录取人数。通过院试就标志着成为地方官学学生,故称"生员",俗称"秀才"。院试以后,生员还要参加由学政主持的岁试和科试,科试合格的生员才能参加乡试。在科举时代,如果在县试、府试、院试中都考到了案首(第一名),称"小三元",也是极其荣耀的事。

(二)乡试。乡试为省一级考试,在南京、北京和各省省会举行,由皇帝任命的正、副主考官主持。生员、监生、贡生都可参加乡试,但必须回原籍报考。乡试每三年举行一次,称"大比",考期在农历八月,故称"秋闱"。乡试须考三场共计九天,乡试通过者称"举人",俗称"孝廉"。乡试中举又称为"乙榜",第一名称"解元",第二名称"亚元",以下称"经魁"、"亚魁"、"文魁"。举人可以参加在都城举行的会试,即使会试未中也具备了做官的资格。

(三)会试。会试为中央级的考试,于乡试后的第二年春季在京城贡院举行,称"春闱"。会试由礼部主持,分三场三天完成,考试的内容与乡试大体相同。会试录取者称"贡士",第一名叫"会元"。明中期以后,会试实行考生分地区定额录取的办法。清中期后,贡士在参加殿试之前,还要经过复试,复试结果分三等,跟以后授予官职有很大关联。

(四)殿试。殿试在会试之后举行,由皇帝亲自主持,仅考时务策一道,对策有严格、统一的书写格式,要求考生当场交卷。殿试不淘汰考生,中试者称为"进士",分为三甲(等),故考取进士也被称为"甲榜"。一甲赐进士及第,仅三名,为状元、榜眼、探花;二甲赐进士出身若干名,第一名为"传胪";三甲赐同进士出身若干名。殿试后,一甲三名进士立即授予官职,其他进士则要参加朝考,按考核结果任命官职。

八股文 明清科举考试的内容以儒学为主,兼及其他见识才能。乡试和会试都各考三场:第一场考"四书"、"五经"等儒家基本著作的义理;第二场考论、说、判语以及草拟诏诰章表等;第三场考经史及诗赋等。自明中叶以后,八股文逐渐成为明清科举考试的主要文体。

虽然八股文形成于明代,但其渊源可追溯到唐代的试贴诗和宋代的经义。试贴诗的五言八韵的结构布局与八股文相似,宋代经义后来逐渐演化成从破题到结尾的十个段落,成为明代八股文的前身。明清时期的八股文是一种略仿宋朝经义、以古人的语气撰文、有严格排偶分股的应考文体。它有固定的格式和一系列的清规戒律,字数上一般在三百字到七百字之间,结构上每篇八股文由破题、承题、起讲、入手、起股、中股、后股、束股和大结九个部分组成。其中,前三者合称"帽子",申明题意;入手是引入本题;后四者才是文章主体,正式议论,又分别有两股排比对偶文字,合称八股;篇末用大结收束,借题议论。除此之外,八股文对内容也进行了严格的限制,命题局限在"四书"、"五经"之中,答题内容必须以朱熹的《四书集注》等儒家经典为标准,并模仿古人语气"代圣贤立言"。由于八股文与社会实践毫不相干,内容空疏,形式古板,而许多读书人又一心攻读研究八股文,不讲求实际学问,因此八股文束缚个人见解、导致思想僵化的弊端是显而易见的。

试贴诗 在科举考试中,与八股文并行的另一种文体是试贴诗。清乾隆二十二年(公元1757年)规定考生考完八股文以后还要加考试贴诗。试贴诗的"贴"与"贴经"有关,即根据孔孟之道来阐述,不能任意发挥,后来又发展成为用试贴诗来描绘古人诗句的含义。试贴诗和八股文一样,也有严格的结构和形式:形式上应为五言,十六句,除首尾各两句可以不用对偶以外,其余各联都必须对偶;结构上首联称破题、次联称承题,应包括题目大意,三联相当于起股,四、五联相当于中股,六、七联相当于后股,结联相当于束股。试贴诗多为应制之作,文字必须庄重典雅,内容上歌功颂德,没有什么艺术价值,类似于文字游戏。

科举制的改良与废除 1840年鸦片战争爆发以后,西方国家用重炮打开了中国的大门,不仅使清王朝的政治制度受到猛烈冲击,也使向来在中国传统社会中占有主导地位的儒家思想暴露出了其落后的一面。因而,不少有识之士提出引进西学,建立以学习西方科学文化为主的新型学校,改变以学习儒家经典为主的传统教育方式。清末科举制度从改良到废除,就是在这一背景下进行的。

清末科举的革废经历了三个阶段:第一阶段大致是1898年戊戌变法以前。主要措施是兴办学堂,实行与科举分开的维新教育,但仍然是以科举为主、学校为辅。第二阶段以1898年戊戌变法为高峰。主要措施是试图整合科举与新式学校的矛盾,尤其是试图改革科举考试的内容、程序,废弃八股,开设经济特科。第三阶段是1901年以后。以张之洞为首的改良派一开始主张逐步减少科举中额,渐废科举;但1905年日俄战争的爆发使他们感到了沉重的危机感,改为联名奏疏请立停科举,8月4日清廷颁布了停止科举的上谕。这一上谕的颁布,标志着在中国历史上延续了一千三百多年的科举制度的终结和近代考试制度的诞生。

五、科举制的功过

科举制的正面意义 从科举制成功的方面来看,首先,科举制的创立是中国古代选官制度的一次巨大变革,通过考试取士选官,把选拔和任用官吏的权力完全集中于中央政府,其选用标准全凭考试成绩,而不是依赖门第声望,在全世界开创了以公正、公平、公开和择优原则选拔政府官员的先河,使录用官吏有了相对公平的客观标准。其次,科举制把学校教育和任官制度有机地结合起来,由政府掌握,使读书、应考、做官三位一体,在考核中注重真才实学,如考试中的对策大都具有治国安邦、经世致用的实际内容,殿试与吏部铨试也更注重素质与能力的评价,这在一定程度上改变了魏晋南北朝以来世族门阀把持仕途的局面,为庶族地主入仕参政开辟了道路,一大批具有真才实学的知识分子由此得以充任各级官吏,扩大和巩固了统治基础,有利于社会的发展和进步。南京大学历史系所编《中国历代名人辞典》收录的一千四百八十多名历代名人中,由进士及第者达八百余人,占百分之六十左右,当中不乏大学问家、书画家、科学家、政治家和民族英雄,可见科举是他们得以施展人生抱负的重要途径。总之,科举制作为一种文官录用制度,给国家管理带来了若干新气象,成为了中国古代文官制度的有力支撑和文化教育的导向灯。

科举制的负面影响 科举制有其与生俱来的种种弊端,早在唐代就已显露出来,到明清之际八股取士,这种弊端就更为明显,突出表现在以下三方面:一是科举制的考试方法虽然具有一定的合理性,但仍然是不健全的,比较看重文才与对儒家经典的理解程度,这就使得读书人皓首穷经,埋头吟诵,思想僵化,缺乏解决实际问题的才干;二是中科举者容易获得高官厚禄,提升自己的社会地位,前后生活反差极大,而科举的录取名额毕竟有限,考中者凤毛麟角,这就使得考生热衷于攀附权贵、打通关节,科场腐败、作弊现象屡禁不绝;其三,由于科举只考儒学,中国士人只有钻研儒学才有出路,因此"罢黜百家,独尊儒术"的价值取向制约了中国社会的发展,这是科举制对中国社会发展最为严重的负面影响。自科举制确立并发展起来以后,严重地窒息了中国思想文化的创新,不仅原有的其他学派日益衰落,新的学派也难以产生。此外,科举制强化了封闭性的儒家文化体系,造就了"政治至上"的一元社会结构:各种资源和价值都集中体现在政治权力上,其他获得地位、声望和影响力的非政治途径逐渐受到严格的抑制,或者只能成为政治势力的旁支。这种强烈的"政治化"和"官本位"的色彩,对清末以后的中国乃至今天的中国社会生活仍然产生着影响。

思考题:

1. 试论书院的学术传授方式。
2. 试述明清时期科举考试的四级考试制度。
3. 试论科举制的功过。

第十二章　货币与度量衡制度

第一节　中国古代的货币

中国古代货币自产生之日起,经过数千年的发展演变,已自成一套系统,有着自己鲜明的特点。首先,与其他文明相比较,中国货币产生的年代最早,且源远流长,一脉相承,有着很强的延续性。其次,中国货币种类多样,形制丰富,主要有金属钱币、纸币、银两等,在某种特定情况下,还一直保持使用实物货币。而各朝各代所铸造和发行的货币,形制也各不相同。再次,中国古代货币有着较高的艺术价值,特别是金属钱币的钱文,体现了中国古代书法的水平和成就。最后,中国货币影响覆盖亚洲,甚至波及世界。朝鲜、日本、越南以及其他许多东南亚国家,都曾仿效中国钱币铸造自己的货币,甚至直接使用中国货币。而通过商贸往来,中国货币也流通至西亚、欧洲,乃至美洲地区。

一、中国货币的滥觞

中国是世界上最早使用货币的国家之一,早在距今四五千年的新石器时代晚期,中国古人就开始使用海贝充当实物货币。

到了夏商西周时期,随着手工业生产的扩大和工艺技术的提升,以及商业的繁荣发展,物品交换日益繁密,对一般等价物的需求大量增加,在天然实物货币的基础上,又产生了人工制造的仿制品,以作为货币的贝类为例,就有陶贝、石贝、铜贝、银贝、金贝等。而在这一阶段,金属物品因质地均匀、不会由于分割而丧失价值、耐久性好、量小值大、便于携带等优点,而取代了其他物质,成为最适合充当货币的材料。于是金属货币日渐流行,成为主要货币。

春秋战国时期,既是中国古代历史上诸侯林立、战乱频仍的一个阶段,同时也是中国物质文明、精神文明高度发展的一个阶段。一方面各诸侯国均出现了较为完整固定的货币形制和货币体系;另一方面,由于当时诸侯分封的政治格局,各诸侯国之间的货币形制、体系并不相同,主要有四种:(1)布钱体系,(2)刀币体系,(3)圜钱体系,(4)楚币体系。布钱流行于两周、三晋、郑卫诸国,即今天的河南、山西、河北等地,布钱的形制脱胎于一种青铜铲形农具,主要有空首布、平首布两种。刀币是齐国、燕国、赵国所铸造的一种金属货币,由一种渔猎工具"刀削"演变而来,流通于今天的山东、河北、内蒙、山西、东北等地。刀币由刀首、刀身、刀柄、刀环四部分组成,分四种类型:齐刀、尖首刀、明刀、直刀。圜钱的形状则产生于一种纺织工具——纺轮,体圆有孔,孔有方有圆。至战国后期,圜钱流通于除楚国之外的各国,逐渐取代刀币、布钱,成为当时各国最主要的流通货币,圜钱又是半两钱、五铢钱的前身,可以说是一个承前启后的钱币体系。春秋战国时期,楚国自有其经济文化体系,与北方诸国不同,楚国主要通行的钱币,一为蚁鼻钱,是一种铜制贝币,形状如背面磨平的贝壳,面有文字多种;一为爰金,俗称金饼、饼金,属于一种黄金货币。

二、统一货币的产生和发展:半两钱、五铢钱、通宝钱

自公元前221年秦统一中国起,中国始进入一个货币形制、货币体系相对固定的时期。秦兼并天下后,为了大一统专制集权的统治需要,采取了一系列政治经济措施。公元前210年,秦始皇颁布法令统一货币,废除六国货币,"以秦法同天下之法,以秦币同天下之币",规定秦国旧有的钱币——秦半两钱为统一流通的货币,除黄金依旧作为大额货币外,其余的珠、玉、贝、龟、银、锡等,按规定都仅能用作器饰宝藏,不再作为货币流通了。同时,秦朝还实行"货币王室专铸",将货币铸造发行权以及货币流通管理权,以立法的形式收归中央政府掌管。这种做法为后世历代王朝所奉行和沿用,直到民国建立前,延续了两千余年,深刻地影响了古代中国的货币体制。

秦半两钱为圜钱,最初为圆孔圆形,后改为外圆内方,其圆形方孔的样式成为中国古代金属钱币的基本形制。半两钱的币材为铜,钱币面有"半两"二字,"半两"既是钱币的重量,也是货币的币值,这种以货币重量为币值的货币,称为铢两货币。

汉朝建立之后,仍以铜钱作为主要货币,最初延续了秦的半两钱,经过不断的变化,最终在汉武帝元狩五年(公元前118年)确立五铢钱为主要铜钱货币。五铢钱形制与"秦半两"差不多,也是圆形方孔,正背面加有内外廓,用以保护钱币上的文字,也可使钱币更加坚固。钱币重量为五铢,相当于现在的四克,因钱币正面的方孔左右有篆文"五铢"两字,而名为"五铢钱"。五铢钱轻重大小适度,标准实用,产生之后,得到了流通市场的认同,历经七百余年,一直用到了唐初,是我国历史上使用时间最久的货币。在这期间,不同朝代所铸的五铢钱,形制上也各有不同,例如:东汉灵帝、献帝时的"四出五铢",钱背面有四道斜文;南朝萧梁所铸的五铢钱钱币面上有星点,正背面皆有两个星点的,被称为"四柱五铢",只有正面有星点的,被称为"二柱五铢";隋文帝时铸造的五铢钱,钱色发白,又叫"白钱"。

唐高祖武德四年(公元621年)废止隋"开皇五铢"钱,在延续汉五铢钱的圆形方孔有廓的基础上,创立了一种新的钱币体制,即"开元通宝","开元"喻开开辟新纪元之义。"开元通宝"的产生,在中国货币史上有着划时代意义,主要标志为:第一,结束了铢两货币以重量记名的货币制,改称为"通宝"、"元宝"、"重宝",意为通行的宝货。钱上的文字也相应地由过去的标识钱币重量,改成了由年号加"通宝"或"元宝"、"重宝"等。自唐代开始,以后各朝所铸钱币多数都是将皇帝年号铸在钱币上,这种钱币叫做年号钱。年号钱的出现,表明对于钱币重量的强调已让位于社会的认可度,货币的流通职能大大加强了。第二,为后世确定了钱币的大小、重量、成色等铸币标准。通宝钱大小为直径2.4厘米,重约4克,材质主要为铜,含量占钱币总重的83.32%,后来各朝铸钱,大小轻重都以开元通宝为标准。第三,在币值上,规定每十个铜钱重一两,每个铜钱的重量称为一钱,十进位的一两十钱制从此开始实施。同时,将"钱"引申为计量单位,改"铢"为"钱",如"一文钱"、"一个钱","钱"的说法一直沿用到现代。第四,由书法家欧阳询书写的"开元通宝"四字,端庄凝重,为后世钱币文字树立了榜样。此后,一些书法大家,诸如宋徽宗、司马光、苏东坡等都曾为钱币上的文字贡献过自己的墨宝。

通宝钱系建立之后,尽管自唐至清千余年间,各朝代货币制度不尽相同,钱币种类数量繁杂,但大体上都是以通宝钱为基本货币的。宋、辽、西夏、金代实行铜铁钱币并行制度,主要是年号钱。元代确立纸币本位制,但也铸造过通宝钱币。明清两代采用钱币与银两并行的货币政策,所铸钱币,仍属通宝钱系,只是将铜钱改称为"制钱",而将以前各朝代的钱币统称为"旧钱"。随着中国进入殖民地半殖民地社会,方孔圆钱也逐渐为西方化的银元、铜元所取代。中国发行的最后几种钱币是民国初年云南、四川铸行的"民国通宝",福建铸行的"福建通宝"等,但发行量都不甚大。

三、中国古代的纸币:交子、元钞、宝钞

中国是世界上使用纸币最早的国家,早在宋朝,就出现了真正意义上的纸钞——交子。宋代的交子是由唐代的"飞钱"演变而来。"飞钱"类似于今天的"汇票",是一种可异地兑现现钱或现银的票券,这种"飞钱"虽还不具备货币的职能,但是却标志着货币流通价值和货币实体价值分离进程的开始,成为纸币的雏形。

宋交子最初为民间所发行,首创于四川,宋太宗大中祥符四年,成都十六户富商联合起来成立交子铺,"私为券,谓之交子,以便贸易",交子可随时兑现,代替钱币在市场流通。不过,这时的交子还仅是一种以私人财富进行担保的代币券,不能称为真正的纸币。至宋仁宗天圣年间开始设立世界上第一个负责纸币发行的官方机构——益州交子务,第二年二月官方正式发行交子,交子以四川的铁钱为钞本,其流通范围也基本上限于四川、陕西境内。自此,中国的国家纸币正式诞生。

交子分期发行,称之为"界",规定每三年一界,实际上每两年便发行一次,发行新纸币的同时,按一比一的比价回收旧币。相较于金属钱币,交子专用于大数额货币交易。交子面值最初一般是一贯到十贯不等(宋代钱币制度以七百七十文为一贯),宋仁宗宝元二年(公元1039年)时,一律改为五贯和十贯两种。到宋神宗熙宁元年(公元1068年),又改为一贯和五百文两种。政府规定每界纸币发行限额为一百二十五万六千三百四十缗,不准超过这个界限,且备有发行准备金。这些都已经基

本具备了近代本位货币的特征要素。宋代除发行交子之外，徽宗崇宁四年改交子为钱引，全国通行。南宋时期还发行过关子、会子等大额纸币。金朝受南宋的影响，仿照交子和钱引，发行交钞。

元代是纸币最为盛行的时期，统治者限制金银、铜钱的流通，使纸币成为全国唯一的法偿货币，纸币在元朝得到了最广泛的使用。有元一代前后发行的纸钞主要有四种：(1)元世宗中统年间发行"中统交钞"（又名"丝钞"）以及"中统元宝宝钞"。丝钞以两为单位；宝钞则分十等，即十文、二十文、三十文、五十文、一百文、二百文、三百文、五百文以及一贯、两贯。中统钞是元代最重要的纸币，在元代始终通用，甚至流通到海外，影响到波斯和印度等国的货币制度。(2)到至元年间，又发行"至元宝钞"，在中统宝钞十等的基础上，增加了五文这一等。同时规定至元钞一贯相当于中统钞五贯。(3)武宗至大年间，发行"至大银钞"，从二厘到二两，共分十三等，每两合至元钞五贯，中统钞十五贯。(4)元末顺帝时期，发行"至正交钞"，名为新钞，一贯合至元钞两贯或铜钱一千文。

与宋代相比，在货币制度方面，元代更为完善，建立了一整套相对完整的货币流通方法：首先，政府垄断货币发行，确定纸钞的法偿货币地位，对钞与银、钞与钱、钞与钞的比价都有明确规定。其次，纸币与白银挂钩，以两为计算单位，所以元代纸币又称为"银钞"，这样有利于提高纸币的信任度。第三，货币发行准备金充足，以白银作为钞本，设立"平准行用库"维护纸币的币值。第四，纸币的使用不受地区和时间的限制，流通渠道广泛。可以说，元代的钞法是世界上最早的纸币制度。

明清时期，也都先后实行过纸币本位制，不过都未能延续下去。有明一代只发行了"大明通行宝钞"一种纸币，其形制基本仿照元钞，是我国最大的纸币。面额有六种：一百文、二百文、三百文、四百文、五百文和一贯，每贯相当于铜钱一千文或白银一两。由于明代货币制度本身的缺陷，"大明通行宝钞"没有在社会上完全流通，至明中叶弘治年间，已无人使用宝钞，纸币便为钱币、银两所取代了。清代鉴于前朝纸币流弊甚多，一直对发行纸币持谨慎保守的态度，顺治年间曾仿效明制，发行纸币，后废止不行。鸦片战争后，咸丰时期发行"户部官票"，又叫"银票"，以银两为单位；又印发"大清宝钞"，或称"钱票"、"钱钞"，至同治年间也逐渐废止。

清末,清廷仿西法,建银行,发钞票,如政府规定大清银行有代国家发纸币之权等,这已带有西方近现代资本主义货币制度的色彩了。

四、古代中国社会货币的典型——银两

中国在很早的时候,就已经开始使用金银之类的贵重金属作为货币。为了携带使用方便,人们都把生银铸成特定的形状,诸如棒形、圆饼形等,名之为"钣"、"饼"、"铤"或"锭",至宋之后,通称为"锭",一锭一般约为五十两,因其形状为马蹄形,又称之为"银元宝"。至明代,由于政府发行的纸币积弊甚多,无法流通,当时民间一切商品都用白银计价,政府税收、官俸和国库开支也折用白银支付,故自明嘉靖八年(公元1529年)始,明清两朝政府都将白银作为法定货币,确立银两制为国家的货币制度。

银两制是将白银这一贵重金属的重量作为币值单位,银锭铸有产地、工匠名和重量,有时还注明年号,作为其货币价值的参考。在使用时,必须用天平秤量重量,分量多者要进行截凿,还要计算其成色,所以银两制下,小型天平使用非常普遍,顾炎武说过"虽穷乡亦有银秤"。由此可见,银两实际上属于比较原始的秤量货币,其主要计算单位为"锭",明朝的一锭,一般仍是五十两的标准,最大有五百两。清代银元宝则有"元宝"、"中锭"、"小锭"、"碎银"、"滴珠"之分,包括从五十两的锭银到一两以下的银屑不等。在成色上,依据白银含量的比率,银元宝可分为纯银(比率为千分之千)、足银(比率为千分之九百九十以上)、纹银(比率为千分之九百三十以上)、标准银(比率为千分之九百以上)。

尽管明清两朝在银两的重量、成色上都有统一的标准,但政府对银两的铸造和发行采取放任的政策,各地官私炉各自为政,生产的银锭种类杂,成色高下不齐,加之当时各地秤量银子轻重的标准不一,这些都导致了政府所定的标准形同虚设。名目众多的银元宝流通于全国各地,甚至互为相邻的不同地区,流通的银两也不相同。例如清中叶以后,北京流通十足银、松江银,其周边地区,天津则有化宝银、白宝银、老盐课银;上海流通的宝银称为二七宝银,其周边地区,苏州有苏元锭,扬州有扬漕平银,镇江有公议足纹银等。这些名目繁杂的元宝,成色重量也都

有差异,给银两的折算和使用带来了很大的不便,为此,各地设有公估局,炉房所铸宝银,必先送公估局进行重量和成色的测定。

五、近代货币——银元

银元最初是"舶来品",早在明代,葡萄牙、西班牙、荷兰等国的外国银元便已输入国内。至鸦片战争,中国进入半殖民地半封建社会后,随着西方列强势力的不断侵入,外国银元在国内普遍流行。而国内也经由民间至官方,仿效西洋之法,铸造银元。光绪十五年(公元1889年),张之洞在广东铸币,因背面为蟠龙花纹,通称"龙洋",这是中国近代银元制的开始。宣统二年(公元1910年),清政府正式废除传统的银两制而改用西式的银元制。至民国时期,先后铸有币面为袁世凯头像的"袁头币"以及币面为孙中山半身头像的"中山开国纪念币",即"孙币"或"船洋",两种货币币值皆为一元,在社会上广泛流通,成为当时最主要的货币。

第二节 中国古代的度量衡

中国古代度量衡的发展与当时的科学技术有着密切的关系。

首先,度量衡器的制造应用了大量的科学原理。量器的制作体现了中国古代的数学水平:战国时秦商鞅铜方升,刻有"十六寸五分寸一为升",便是用容器的边长推求容器的容量;汉代刘歆设计铜嘉量,也经过了由嘉量容积、深度逆推嘉量直径的数学计算,特别是他在推算过程中所用的圆周率数据为3.1547,比《周髀算经》提出的"经一而周三",更为精确。而衡器的产生与完备,则与中国古人对物理学的杠杆原理认识的逐步加深有关。战国时,墨家学派的经典《墨子》利用杠杆力距平衡之说,论证了权衡的原理。当时的一种不等臂权衡器,被称物与砝码放在提纽两边不同位置的刻线上,同一个砝码便可称量出一倍或几倍于该砝码的重量,正是古人运用杠杆力距平衡理论的最好说明。

其次,度量衡值的确定,也体现了中国古人对科学原理的认识和应用。《汉书·律历志》以音高定长度的量值,实际上是将音频原理和数理统计结合在一起,其思路与现代计量科学用光波波长确定长度标准的方法颇为相近。除了以音高定长度之外，中国古人还尝试过以金属比重定长度、重量的标准：前有《汉书·食货志》，其中记有"黄金方寸，而重一斤"之说；后有清康熙朝的库平制，规定以金、银、铜、铅等金属比重作为长度和重量的标准。此外，中国古人也尝试过用纯水的比重做重量标准，如李照的水秤等。中国古人的这些科学发现在世界度量衡科技史上占有重要的位置。

一、中国度量衡的起源和初步发展

在我国古代，度量衡是指专门用于测量长度、容量、重量的单位，有时也指这种测量本身。我国的度量衡起源于上古的原始社会。原始人群在劳动生产和生活当中，逐渐产生了对数与量的认识，便有"结绳记事"、"布手知尺"、"手捧成升"、"迈步定亩"、"按量估堆"之说。"度量衡"一词最早见于《尚书·舜典》："协时月正日，同律度量衡。"

至商周时期，人们开始应用"尺"、"寸"（长度）、"匀"、"孚"（重量）、"秉"、"缶"（容量）等度量衡单位；周代还有所谓"权度量"之说，天子设立专门官职掌管度量衡，保证度量衡的一致。春秋战国时期，与社会生产力相适应，度量衡趋于精密，河北易县燕下都战国墓出土的金饰件都刻有重量单位，如四两、十六朱（铢）、四分一（铢）等。说明当时的重量单位已非常精细，单位量制和进位基本建立。度量衡器具也逐渐完备，齐国的量器就有豆、区、釜、钟四种，依四升为豆、四豆为区、四区为釜、十釜为钟的进位关系铸造。不过，这一时期，由于诸侯割据，各地之间计量单位并不统一，呈现出混乱的局面。以容量单位为例，有使用升、斗、斛的，也有使用升、豆、区、釜、钟的，还有使用斗、升、分、益的，不一而足。甚至计量单位名称相同，但却在不同的诸侯国内，单位量值也存在差异，一升单位在齐国约合今天的量值两百毫升，在楚国约合二百二十六毫升，到赵国则约合一百七十五毫升。度量衡制的混乱，给各地之间的经济交流、生产发展带来了巨大的阻碍。

二、中国度量衡制的建立——秦汉度量衡制

中国第一次实现度量衡的统一，是在秦始皇统一中国之后。公元前

221年秦始皇颁布统一度量衡的诏书,"廿六年,皇帝尽并兼天下诸侯,黔首大安,立号为皇帝,乃诏丞相状、绾,法度量则不壹歉疑者,皆明壹之",要求将全国的度量衡,统一在一个标准之下。

秦始皇统一度量衡,是以秦国旧的度量衡制为基础,将这些标准强行向全国推广。采取的措施有:(1)检测旧有的度量衡器具以及制造大量的度量衡标准器具,发至全国各地,并刻上统一度量衡诏书,以示标准统一。(2)以法的形式,限定度量衡器的误差范围,秦律《效律》对度量衡器的误差范围作了明确的限制,例如规定:石的误差在十六两以上,罚该官府啬夫一副盔甲;不满十六两在八两以上,罚盾牌一副;半石的误差在八两以上,钧的误差在四两以上,斤的误差在三铢以上,皆罚一副盾牌,等等。故司马迁说秦始皇"一法度衡石丈尺。车同轨,书同文"。度量衡统一之后,秦代的容量单位、长度单位、重量单位都有了一个基本的标准,容量单位包括斛、斗、升、合、龠,其中二龠为一合,十合为一升,十升为一斗,十斗为一斛。长度单位包括寸、尺、丈、引,其中十寸为一尺,十尺为一丈,十丈为一引。重量单位包括铢、两、斤、钧、石,其中二十四铢为一两,十六两为一斤,三十斤为一钧,四钧为一石。度量衡的统一,对秦以后度量衡的发展产生了深远的影响。

汉代度量衡一承秦制,开国之初,高祖刘邦就令张苍依据秦朝制度"定度量衡程式"。所以,两汉之度量衡单位与进位和秦代基本相同。

不过,对中国度量衡制进行理论化阐述,却是自汉代开始的。西汉末年,以历律学家刘歆为首的学者们,考证了历代度量衡制度并整理成《审度》(测长短)、《嘉量》(测容量)、《权衡》(测重量)各篇,后收入《汉书·律历志》,这是我国最早对度量衡进行系统说明的著作。《汉书·律历志》首次以固定音高的黄钟律管为自然基准,用排列计算黍米的方式定长度、容量和重量,为度量衡的标准找到了理论依据,并在此基础上,详细地阐述了度量衡的单位名称、进位制和度量衡器的制作流程。

在建立度量衡的初期,人类往往将人体的部位作为测量单位的基准,所以中国古人有"布手知尺,布指知寸"、"一手之盛谓之掬,两手谓之溢"之说;古埃及人也是以人体指尖到肘间距离作为一个长度单位,称为"肘尺"或"腕尺";英国在12世纪初仍以英王亨利一世鼻尖至指尖的距离定为一码,等等。不过,以人体部位作为测量单位的标准,存在着因人而异、因时而异、误差较大等问题。因此,如何确定一个恒定不变的长度单位,并推导出容量和重量单位,成为中国古人一直探询的问题。

《汉书·律历志》以固定音高的黄钟律管为自然基准,是建立在音高固定,则律管长度、口径基本一致的科学基础上的,即用中等大小的黍米充作媒介,横排九十粒确定黄钟律管之长,定为九寸,一百粒恰合一尺;填充一千二百粒确定律管容积,定为一龠(容量单位),二龠为一合,十合为一升;测量律管中的一千二百粒黍米的重量,定为十二铢,二十四铢为一两。《汉书·律历志》这种以音高来定长度标准,用律管来校正度量衡的方法,使度量衡建立在物理量的自然基准之上,避免了以人体部位为度量衡基准的偶然性和随意性,可以说是中国度量衡史上一个伟大的成就。

三、中国度量衡制的延续和发展

三国、两晋、南北朝时期,国家一直处在地方政权割据的状态,政权更迭、战争频繁,给经济社会带来很大的破坏。这一时期,度量衡的单位和换算基本没有变化,延续了秦汉度量衡制,不过在单位量值上却有很大的增长,且各地增长不一,北方远大于南方,以至于有"南人适北,视升为斗"之说。

有鉴于这一混乱局面,隋朝统一全国之后,开始了中国历史上对度量衡的第二次统一。隋文帝下令统一度量衡,规定以北朝最后一个王朝——北周的制度为统一的标准:隋一尺等于秦汉古尺一尺二寸八分;隋一斗等于秦汉古斗三斗;隋一斤等于秦汉古斤三斤。并下令在全国推行,是为度量衡之"大制",而以秦汉古制为"小制"。隋代统一度量衡是中国度量衡史上的又一次大变化,此后度量衡量值的秦汉标准,基本上为隋的标准所替代。清代顾炎武曾说:"三代以来,权量之制,自隋文帝一变。"

由唐至清,这一千三百余年间,度量衡制基本延续了隋代的标准,在单位量制基本统一的基础上稳步发展。

首先是度量衡管理的制度化。唐代有专门的法律条文,对度量衡进行严格管理。《唐律疏议·杂律门》中"校斛斗秤度"一节，规定了度量衡事务的专职管理机构，定期查检、校准度量衡器具的时间，以及地方上度量衡器具使用的规范等。凡营私舞弊、私造器具者，皆严惩。这是目前所见的中国历史上最早将度量衡管理形诸于法律条款的记载。宋元明清各代都依唐律，以法典的形式，把度量衡制规范下来，由政府统一颁发标准器并定期检定。制度化的管理保证了一千三百年间度量衡制的基本稳定。

其次是对度量衡单位的调整和理顺。秦汉旧制，重量单位两以下，分别是铢、累、黍；唐朝时将"钱"引申为新的计量单位，改铢为钱（一钱合二铢四累），一两为十钱；宋代又将十进位的分、厘代替了钱以下的累、黍，这样，两以下的重量单位也基本上采用了十进位制。此外，旧有度量衡制斛与石两个单位不分，宋代将过去的十斗一斛，改为五斗一斛，十斗一石保持不变，从而将二者区别开来。

清代康熙、乾隆二帝，感于旧制混乱，又重新校订度量衡的标准：改古制横排一百粒黍米为一尺的标准（实际约为二十三厘米），取纵排一百粒黍米为一尺（约为三十二厘米），命名为营造尺；以漕斛为容量单位标准，一升合今天的一千零三十五毫升；又以一立方寸黄铜六两八钱的比重值为衡重标准，称为库平。这种由营造尺、漕斛和库平组成的新度量衡制简称为营造库平制，其基本单位为尺、升、两，营造库平制适应了当时度量衡量值的发展变化，对维护全国度量衡制的统一起到了重要作用，使得此后的度量衡标准有所依据。

清末，西方度量衡特别是米制标准的传入，给中国传统的度量衡带来很大的冲击。至民国时期，施行以米制为标准的度量衡制，以市用制作为过渡，即一公尺的三分之一为一市尺，一公升为一市升，一公斤为二市斤。市用制既适合民众的使用习惯，又与国际公制接轨，为民众所广泛接受，传统的度量衡制便逐渐退出了历史的舞台。

四、中国古代的度量衡器具

度量衡器是专门用于测量长度、容积、重量的器具。自人类有测量活动，便开始了发明、制造度量衡器具的进程。现存中国历史上最早的尺——骨尺、牙尺，产生于商代，尺上刻度采用了十进位制，划分十等分为"寸"。

春秋战国时期，度量衡器开始得到比较广泛的使用。测重工具——权衡，主要包括衡杆和砝码（权），砝码主要分为两大类：一类为环形，一类呈半球形，顶端有鼻钮或穿孔。春秋中晚期，楚国制造的权衡，砝码共十枚，为一铢、二铢、三铢、六铢、十二铢、一两、二两、四两、八两、一斤，分别对应楚制的铢、两、斤三级重量单位，具有较高的精度。战国时的量器基本已定型，大容量的器具釜、斛多为双柄，升、斗则多为单柄，最有代表性的是秦商鞅铜方升，升上所刻铭文"十六寸五分寸一（十六点二立方寸）为升"，以尺寸定容积，是目前所见最早的标准量器。

与统一度量衡相适应，秦汉时期，特别是汉代，在度量衡器的设计思想和制造工艺上有较大发展。汉代已经出现一种新的测长工具——卡尺。王莽建国时期（公元9年）制造的铜卡尺，由固定尺和滑动尺组成，用于测量圆球体的直径和容器的深度，铜卡尺的发明是我国测量技术上的一次突破。在量器上，西汉末年刘歆所设计的嘉量，包括了龠、合、升、斗、斛五个容量单位，是一个五量合一的标准器。器主体为圆柱形，内有隔板，板上为斛，板下为斗，主体左边的小量器为升，右边的小量器为合、龠，又有详细的铭文，记录了各器的径、深、底面积和容积，设计得非常巧妙，有很高的技术水准。在测重工具上，至迟在东汉时期，杆秤开始被普遍使用，之前的权衡，其砝码的重量单位多成倍数关系，而东汉出现的砝码则重量多不规律，说明此时砝码已作秤砣使用了。

魏晋南北朝承秦汉度量衡制，但由于战乱，以前的度量衡标准器皆失传，新的度量衡器在量值上已经与旧制有比较大的差异了。晋武帝泰始九年（公元273年），中书监荀勖校订宫廷音乐时，发现音律不准确，经过考证，原因是"后汉至魏，尺长于古四分有余"，荀勖凭借自己对音高的判定，以律定尺，按秦汉量值制造古尺，后人以荀勖尺为古尺，视之为测长的第一标准尺度。

隋代重新统一度量衡制，其标准与秦汉时期不同，隋以后日常使用的量器多遵循新的标准。

量值标准的新旧交替，也体现在量器的制造上，宋代人刘承珪，创制了两种精度较高的小型杆秤——戥秤:一种是新的量值规格,为两、钱、分、厘十进位制;另一种则为秦汉旧制,为两、铢、累、黍非十进位制。刘承珪所制戥秤,体小而精致,非常适合小型物品,被专用于秤量药材和金银等,流传至今。宋人李照,还发明了一种乐秤,与以往不同,乐秤以水的比重来确定量值标准,将十分之一升水的重量定为一两,一升即为一斤,故乐秤又名水秤。

最晚在东汉时期,杆秤已经开始广泛使用,与之前的权衡不同,东汉时的砝码已不再是倍比关系,而相当于秤砣。南北朝以后,秤砣形态多样,包括了瓜棱形、葫芦形、圆球形、六面体等。元代普遍使用杆秤,杆秤的制造已规范化、定型化了。元代秤的秤砣,称为锤,秤锤上有铭文,除标注出铸造的年代、地点等外,不少还标有锤重和最大秤量。

明清两朝是中国度量衡器发展的成熟期,度量衡标准器种类齐备,测长的器具有铜尺、木尺,量器有斛、斗、升,衡器有秤、戥子、天平、砝码。这些标准器都是官府统一制样颁布,不得滥造。明清两代实行货币银两制,对于小型天平、砝码的需求很大,也促成了戥秤技术的发展。明万历年制戥秤,衡杆上有三组,准星刻度都十分精密,戥秤的砝码分锭形和长方形,一个十两套装盒式铜砝码,包括量值为分、钱、两的三组砝码,使用方便,准确度高。随着与西方交流的扩大,清代制作度量衡器时,已开始参考国际公制的标准了,清乾隆帝所制营造尺和库平两都是用万国权度原器进行校验,尺上刻度既有营造尺的度,也有西方米尺的度。光绪年间,重订度量衡制度,也是参考了米制,规定一营造尺合米尺32厘米,一升合米制1035毫升,一两合米制37.301克。并向万国权度局定制营造尺和库平两铂铱合金原器与镍钢合金副原器各一支,作为国家的标准度量衡器。

思考题:

1. 试述中国古代货币系统的特点。
2. 试论中国古代度量衡的发展与当时的科学技术的密切关系。

参考书目

[1] 张应杭主编:《中国传统文化概论》,浙江大学出版社,2005。
[2] 曲洪志等编:《中国传统文化概论》,山东大学出版社,2003。
[3] 许光华主编:《中国文化概要》,汉语大词典出版社,2002。
[4] 张岱年、方克立主编:《中国文化概论》,北京大学出版社,2000。
[5] 周晓光、裘士京主编:《中国传统文化史概论》,安徽大学出版社,2006。
[6] 冯天瑜等编:《中国文化史》,高等教育出版社,2005。
[7] 王锦贵主编:《中国文化史简编》,北京大学出版社,2004。
[8] 吴小如主编:《中国文化史纲要》,北京大学出版社,2001。
[9] 谭家健主编:《中国文化史概要》,高等教育出版社,1997。
[10] 王德有、陈战国主编:《中国文化百科》,吉林人民出版社,1991。
[11] 程裕祯:《中国文化要略》,外语教学与研究出版社,2003。
[12] 薛明扬主编:《中国传统文化概论》,复旦大学出版社,2003。
[13] 阴法鲁、许树安:《中国古代文化史》,北京大学出版社,1991。
[14] 马敏主编:《中国文化教程》,华中师范大学出版社,2002。
[15] 柴德赓:《史籍举要》,北京出版社,1982。
[16] 张舜徽主编:《中国史学名著题解》,中国青年出版社,1984。
[17] 罗宗强、陈洪主编:《中国古代文学发展史》,南开大学出版社,2003。
[18] 沈福煦:《中国古代建筑文化史》,上海古籍出版社,2001。
[19] 徐复观:《中国艺术精神》,华东师范大学出版社,2001。
[20] 陈振濂:《线条的世界 中国书法文化史》,浙江大学出版社,2002。
[21] 金秋鹏:《中国古代科技史话》,商务印书馆,1997。
[22] 王天有:《中国古代官制》,商务印书馆,1997。
[23] 许树安:《古代的选士任官制度与社会》,天津人民出版社,1985。

［24］毛礼锐:《中国古代教育史》,人民教育出版社,1983。
［25］顾树森:《中国历代教育制度》,江苏人民出版社,1981。
［26］郭齐家:《中国古代学校》,天津教育出版社,1991。
［27］陈元晖:《中国古代的书院制度》,上海教育出版社,1981。
［28］邓洪波:《中国书院史》,中国出版集团东方出版中心,2004。
［29］刘海峰、李兵:《学优则仕:教育与科举》,长春出版社,2004。

后　记

　　文化产业专业本科《中国文化导论》自学考试教材,是全国高等教育自学考试指导委员会委托中文专业委员会组编的。

　　本教材由陈洪、赵季担任主编,编写组成员为(以姓氏笔画为序):王军、牛景丽、龙珊、可延涛、任福海、任德魁、刘彦彦、宋华燕、沈立岩、陈宏、张静、倪春莉、盛志梅、梁晓萍、彭惠莉。

　　参加本书审稿工作的专家是:谭好哲教授(主审)、张晶教授、陶慕宁教授。

　　在此,对所有参加本书工作的同志一并表示衷心的感谢。

全国高等教育自学考试指导委员会

2007 年 7 月

附：

全国高等教育自学考试
《中国文化导论》
自学考试大纲

(2007年版)

课程自学考试大纲出版前言

为了适应社会主义现代化建设事业对培养人才的需要,我国在20世纪80年代初建立了高等教育自学考试制度;经过二十多年的发展,高等教育自学考试已成为我国高等教育基本制度之一。高等教育自学考试是个人自学、社会助学和国家考试相结合的一种高等教育形式,是我国高等教育体系的一个重要组成部分。实行高等教育自学考试制度,是落实宪法规定的"鼓励自学成才"的重要措施,是提高中华民族思想道德和科学文化素质的需要,也是造就和选拔人才的一种途径。应考者通过规定的专业考试课程并经思想品德鉴定达到毕业要求的,可以获得毕业证书;国家承认学历并按照规定享有与普通高等学校毕业生同等的有关待遇。

从20世纪80年代初期开始,各省、自治区、直辖市先后成立了高等教育自学考试委员会,开展了高等教育自学考试工作,多年来为国家培养造就了大批专门人才。为科学、合理地制定高等教育自学考试标准,提高教育质量,全国高等教育自学考试指导委员会(以下简称"全国考委")组织各方面的专家对高等教育自学考试专业设置进行了调整,统一了专业设置标准。全国考委陆续制定了二百多个专业考试计划。在此基础上,各专业委员会按照专业考试计划的要求,从造就和选择人才的需要出发,编写了相应专业的课程自学考试大纲,进一步规定了课程学习和考试的内容与范围,有利于社会助学,使个人自学要求明确,考试标准规范化、具体化。

全国考委按照国务院发布的《高等教育自学考试暂行条例》的规定,根据教育测量学的要求,对高等教育自学考试课程的自学考试大纲进行了探索、研究与建设。目前,为更好地贯彻党的十六大和全国考委五届二次会议精神,以"三个代表"重要思想为指导,全国考委办公室及其各个专业委员会在2003年开始较大幅度地对新一轮的课程自学考试大纲组织修订或重编。

全国考委文史类专业委员会在考试大纲建设过程中结合高等教育自学考试工作的实践,参照全日制普通高等学校相关课程的教学基本要求,并力图反映学科内容的发展变化、体现自学考试的特点,组织制定了《中国文化导论自学考试大纲》,现经教育部批准,颁发施行。

《中国文化导论自学考试大纲》是该课程编写教材和自学辅导书的依据,也是个人自学、社会助学和国家考试的依据,各地教育部门、考试机构应认真贯彻执行。

全国高等教育自学考试指导委员会
2007 年 4 月

目　录

Ⅰ　课程性质和设置目的要求

Ⅱ　课程内容和考核目标

绪言
一、学习目的与要求
二、课程内容
第一节　文化与中国文化
第二节　中国文化的发展历程
第三节　中国文化的基本特征
第四节　中国文化的现代化
三、考核知识点
四、考核要求

第一章　人生—社会思想
一、学习目的与要求
二、课程内容
第一节　儒家
第二节　道家
第三节　法家
第四节　其他学说
三、考核知识点
四、考核要求

第二章　神话传说与宗教

一、学习目的与要求
二、课程内容
第一节 先秦神话传说
第二节 佛教
第三节 道教
第四节 其他宗教
三、考核知识点
四、考核要求

第三章 史学
一、学习目的与要求
二、课程内容
第一节 史学沿革
第二节 史学成就
第三节 重要典籍
三、考核知识点
四、考核要求

第四章 文学
一、学习目的与要求
二、课程内容
第一节 诗歌
第二节 散文
第三节 小说
三、考核知识点
四、考核要求

第五章 艺术
一、学习目的与要求
二、课程内容

第一节 建筑园林
第二节 音乐舞蹈戏曲
第三节 绘画雕塑
第四节 书法篆刻
第五节 工艺美术
三、考核知识点
四、考核要求

第六章 文字与图书
一、学习目的与要求
二、课程内容
第一节 汉字的演变
第二节 汉字的构造——六书
第三节 图书的形式
第四节 图书的分类
三、考核知识点
四、考核要求

第七章 科学技术
一、学习目的与要求
二、课程内容
第一节 天文历法
第二节 农学
第三节 数学
第四节 医学
第五节 物理学、化学与生物学
第六节 工艺制造
三、考核知识点
四、考核要求

第八章　家族与称谓
一、学习目的与要求
二、课程内容
第一节　家族关系
第二节　亲属称谓
第三节　姓名字号
第四节　谦语敬称及特殊称谓
第五节　帝王称号
三、考核知识点
四、考核要求

第九章　民俗
一、学习目的与要求
二、课程内容
第一节　礼俗
第二节　节日
第三节　禁忌
三、考核知识点
四、考核要求

第十章　政体与官制
一、学习目的与要求
二、课程内容
第一节　政体沿革
第二节　政区沿革
第三节　官制沿革
三、考核知识点
四、考核要求

第十一章　教育与科举

一、学习目的与要求
二、课程内容
第一节　学校
第二节　书院
第三节　选举制
第四节　科举制
三、考核知识点
四、考核要求

第十二章　货币与度量衡制度
一、学习目的与要求
二、课程内容
第一节　中国古代的货币
第二节　中国古代的度量衡
三、考核知识点
四、考核要求

Ⅲ　有关说明和实施要求
一、关于考核目标的说明
二、关于教材
三、自学方法指导
四、对社会助学者的要求
五、关于考试命题的若干规定

附录：题型举例

后记

Ⅰ 课程性质和设置目的要求

根据全国自学考试委员会制定的自学考试计划,"中国文化导论"是文化产业本科的一门必修专业基础课。"中国文化导论"的主要内容是介绍中华民族所创造的重大文化成就和基础性的文化知识,目的是使学员通过本课程的学习,能够对中国文化的主要成就及基本知识有较为扎实的了解和把握,从而为进一步学习其他文化课程打好基础。

本课程的主要内容包括精神文化、行为文化和制度文化三部分。精神文化包括人生—社会思想、神话传说与宗教、史学、文学、艺术、文字与图书、科学技术,行为文化包括家族与称谓、民俗,制度文化包括政体与官制、教育与科举、货币与度量衡。绪言部分介绍了中国文化的发展过程和主要特征。

设置本课程的目的是为了适应我国社会主义文化建设的发展要求。中国特色的社会主义文化建设,不仅要汲取外国的优秀文化成果,更重要的是要继承我国的优秀文化传统,否则就无法完成建设中国特色社会主义文化的任务。同时,这也是发展我国文化产业的需要。

本大纲对这门课程各个部分的内容均有明确的提示,指出了具体的知识点和考核要求。考生要特别注意大纲中的提示。对大纲中所列出的"识记"的内容,要求学习者对已经提示的基本知识有确切把握和准确的记忆,并能够准确地表达出来。对大纲中所列出的"理解"的内容,要求学习者知道有关名词、概念和知识的含义,并能够正确认识和表达。对大纲中所提示的"简单应用"、"综合应用"的内容,要求学习者不仅能够理解,对有些内容还要学会运用,目的是提高学生对中国文化重要现象的把握能力。

本大纲所设置的内容,均为考试的范畴。要求学习者根据大纲的提示进行扎实有效的学习。由陈洪、赵季教授依据本大纲主编的《中国文化导论》是学习者学习的主要教材。

Ⅱ 课程内容和考核目标

绪 言

一、学习目的与要求

通过绪言部分的学习,了解什么是文化,什么是中国文化,中国文化的产生、发展和演变过程,中国文化不同于其他文化的基本特征,中国文化的生命力及其未来命运。

二、课程内容

第一节 文化与中国文化

(一)中西"文化"的词源意义

(二)广义和狭义的文化概念

(三)中国文化、中国传统文化

第二节 中国文化的发展历程

(一)中国地理生态环境对中国文化的影响

(二)中国文化发展的八个阶段

第三节 中国文化的基本特征

(一)人文精神

(二)伦理本位

(三)天人合一

(四)尊君重民

(五)尚中贵和

第四节 中国文化的现代化

(一)1840年鸦片战争的爆发至19世纪60年代以前,这一阶段的文化变革主要是物质层面的

(二)19世纪70年代以后,这一阶段的文化变革,可以说主要是制度层面的

(三)以改造国民性为目的的新文化运动,马克思主义随着俄国十

月革命的胜利传入中国,这一阶段的文化变革已远远超出物质和制度的范畴,而深及文化的核心——观念的层面

(四)近现代以来关于中国文化发展的论争

三、考核知识点

(一)文化的定义

(二)中国文化的发展历程

(三)中国文化的基本特征

(四)中国文化的现代化

四、考核要求

(一)文化的定义

简单应用:文化的定义

(二)中国文化的发展历程

综合应用:中国文化发展历程的八个阶段

(三)中国文化的基本特征

综合应用:中国文化的五大基本特征

(四)中国文化的现代化

理解:近现代以来关于中国文化发展的论争

第一章 人生—社会思想

一、学习目的与要求

通过本章学习,把握儒家、道家、法家思想的发展简史、代表人物、主要理论和重要典籍,了解墨家和名家的主要人物和学说。

二、课程内容

第一节 儒家

(一)儒家思想简史

先秦儒学、两汉经学、宋明理学、清代朴学

(二)儒家主要代表人物

孔子、孟子、荀子、董仲舒、孔颖达、周敦颐、二程、朱熹、陆王、清初三大家、戴震

(三)主要典籍

《论语》、《孟子》、《荀子》、《春秋繁露》、"四书五经"、《明夷待访录》、《孟子字义疏证》

(四)主要理论主张

复礼、仁者爱人、人性论、民本思想、天道观、忠孝、存天理灭人欲、格物致知、知行合一

第二节 道家

(一)道家思想简史

先秦道家、汉代黄老学、魏晋玄学

(二)道家主要代表人物

老子、庄子

(三)主要典籍

《老子》、《庄子》、《淮南子》、《论六家要旨》

(四)主要理论主张

道、自然、无为而治、负阴抱阳的辩证思想、道气合一、齐物论、天人新义、魏晋风度、越名教任自然

第三节 法家

(一)法家思想简史

先秦法家、秦代法家、汉代法家

(二)法家主要代表人物

商鞅、韩非、李斯、晁错

(三)主要典籍

《法经》、《商君书》、《韩非子》

(四)主要理论主张

法、术、势

第四节 其他学说

(一)墨家

墨翟、后期墨家

(二)名家

惠施、公孙龙、白马非马、坚白论

三、考核知识点

（一）儒家思想简史

（二）儒家主要代表人物

（三）儒家主要典籍

（四）儒家主要理论主张

（五）道家思想简史

（六）道家主要代表人物

（七）道家主要典籍

（八）道家主要理论主张

（九）法家思想简史

（十）法家主要代表人物

（十一）法家主要典籍

（十二）法家主要理论主张

（十三）墨家

（十四）名家

四、考核要求

（一）儒家思想简史

综合应用：儒学思想嬗变的四个阶段

简单应用：古文经与今文经之异同

（二）儒家主要代表人物

识记：

1.先秦儒家代表人物：孔子、孟子、荀子

2.汉代儒家代表人物：董仲舒

3.宋明理学代表人物：周敦颐、二程、朱熹、陆王

4.清初儒学代表人物：清初三大家黄宗羲、顾炎武、王夫之

（三）儒家主要典籍

理解："四书五经"、《论语》、《孟子》、《荀子》、《春秋繁露》、《明夷待访录》、《孟子字义疏证》

（四）儒家主要理论主张

理解：复礼、仁者爱人、天道观、忠孝、存天理灭人欲、格物致知、知

行合一

简单应用：

1. 古文经与今文经之异同

2. 民本思想

3. 人性论

综合应用：王阳明对知行关系的看法

(五)道家思想简史

综合应用：道家思想发展简史

(六)道家主要代表人物

识记：老子、庄子

(七)道家主要典籍

理解：《老子》、《庄子》、《淮南子》、《论六家要旨》

(八)道家主要理论主张

简单应用：道与自然、无为而治、负阴抱阳的辩证思想、道气合一、齐物论、天人新义、魏晋风度、越名教任自然

(九)法家思想简史

综合应用：法家思想发展简史

(十)法家主要代表人物

识记：

1. 先秦法家代表人物：商鞅、李斯、韩非

2. 汉初法家代表人物：晁错

(十一)法家主要典籍

理解：《法经》、《商君书》、《韩非子》

(十二)法家主要理论主张

简单应用：法、术、势并重

(十三)墨家

识记：墨家代表人物有墨子、后期墨家

简单应用：墨子的主要思想

(十四)名家

识记：名家代表人物有惠施、公孙龙

简单应用:白马非马、坚白论

第二章 神话传说与宗教

一、学习目的与要求

通过本章学习,把握和了解主要先秦神话,佛教和道教的简史、人物、典籍、教义及佛教建筑,了解有关基督教和伊斯兰教的初步知识。

二、课程内容

第一节 先秦神话传说

(一)盘古开天辟地

(二)女娲抟土造人

(三)人文初祖黄帝

(四)大禹治水

(五)后羿射日

(六)西王母

第二节 佛教

(一)佛教简史

佛教的起源与早期演化、佛教传入中国及其"中国化"的情况、佛教的繁荣与中国佛教宗派的创立、佛教在与理学的融合中继续发展、佛教在衰微中延续

(二)佛教人物

鸠摩罗什、玄奘、慧能

(三)中国佛教寺院殿堂结构及其典型配置

山门、天王殿、大雄宝殿、观音殿、地藏殿、祖师殿、罗汉堂

(四)佛教基本教义

因缘生法、不二法门、三昧

(五)佛教典籍

《大藏经》、《五灯会元》、《法华经》、《坛经》

第三节 道教

(一)道教简史

东汉五斗米道和太平道、金丹道,南北朝北天师道、南天师道,隋唐

到南宋时期道教的兴盛和发展,南宋到明中叶道教的持续兴盛和发展,明中叶以后道教的衰微

(二)道教人物

葛洪、陶弘景、王重阳、丘处机

(三)道教基本教义

尊道贵德、仙道贵生、三洞宗元、天道承负

(四)道教典籍

《道藏》、《周易参同契》、《抱朴子内篇》、《真诰》、《云笈七签》

第四节　其他宗教

(一)基督教

基督教最早传入中国的时间是公元635年,正值唐太宗贞观年间。元代,基督教重新在中国内地流传。流传的教派除景教外,还有天主教。明末清初,基督教开始了对中国的第三次传教活动。1840年后,随着帝国主义者对中国侵略的加剧,大批传教士涌入中国进行传教活动。19世纪初新教开始传入中国

(二)伊斯兰教

伊斯兰教于唐朝初年传入中国。唐宋时期是伊斯兰教在中国的初传时期,这一时期伊斯兰教完成了在中国生根的过程。元至明中叶是伊斯兰教在中国的普传时期,穆斯林形成了在中国"遍天下"和"大分散,小集中,西北相对集中"的格局。明中叶至清末是伊斯兰教在中国的完善成型期

三、考核知识点

(一)神话的定义

(二)先秦神话传说

(三)佛教简史

(四)佛教人物

(五)中国佛教寺院殿堂结构及其典型配置

(六)佛教主要教义

(七)道教简史

(八)道教主要代表人物

(九)道教主要典籍

(十)基督教

(十一)伊斯兰教

四、考核要求

(一)神话的定义

简单应用:神话的定义

(二)先秦神话传说

识记:盘古开天辟地、女娲抟土造人、人文初祖黄帝、大禹治水、后羿射日、西王母

(三)佛教简史

识记:佛教创立的时间、佛教传入中国的时间

简单应用:

1. 佛教自从释迦牟尼在印度创教到13世纪在印度消亡经历的几个阶段

2. 乔达摩·悉达多、龙树和提婆

3. 隋唐时期佛教八大宗派

(四)佛教人物识记:鸠摩罗什、玄奘

综合应用:慧能生平经历及其主要成就

(五)中国佛教寺院殿堂结构及其典型配置

综合应用:

1. 佛教寺院大雄宝殿中的主尊释迦牟尼佛的配置情况

2. 中国汉地佛教寺院的典型配置

(六)佛教基本教义

理解:因缘生法、不二法门

(七)佛教主要典籍

理解:《大藏经》、《五灯会元》、《法华经》、《坛经》

(八)道教简史

识记:张陵、张鲁、张角、魏伯阳、寇谦之

(九)道教主要代表人物

识记:葛洪、陶弘景、王重阳、丘处机

综合应用:王重阳创立全真道的过程及其理论
(十)道教主要典籍
识记:《道藏》、《周易参同契》、《真诰》、《云笈七签》
简单应用:
1.《道藏》的分类编排方法
2.《抱朴子内篇》中神仙理论的主要内容
(十一)道教教义
理解:尊道贵德、仙道贵生、三洞宗元、天道承负
(十二)基督教
识记:
1.世界三大宗教:基督教、佛教、伊斯兰教
2.《圣经》
3.明末清初,基督教对中国的第三次传教活动的代表人物:意大利人利玛窦、比利时人汤若望和南怀仁
理解:景教
(十三)伊斯兰教
识记:《古兰经》
简单应用:伊斯兰教在中国的初传时期、普传时期、完善成型期

第三章 史学

一、学习目的与要求

通过本章学习,把握中国史学的发展沿革、中国史学的成就及中国史学重要典籍。

二、课程内容

第一节 史学沿革
(一)中国古代史学的萌芽(先秦)
(二)中国古代史学的确立(汉代)
(三)中国古代史学的发展与完善(魏晋至清 1840 年)
(四)中国古代史学的转型(近代)

第二节 史学成就

（一）中国古代史学的多样表述形式

编年体、纪传体、纪事本末体、典志体、史学评论

（二）中国古代史学的优良传统

其一是会通古今的治史方式，其二是经世致用的治史精神，其三是求实直书的治史态度，其四是德、识、才、学并举的史学人格

第三节　重要典籍

（一）编年类

《春秋》、《汉纪》、《资治通鉴》

（二）纪传类

《史记》、《汉书》

（三）纪事本末类

《通鉴纪事本末》、《宋史纪事本末》

（四）典志类

《通典》、《文献通考》

（五）史评类

《史通》、《文史通义》

三、考核知识点

（一）史学沿革

中国古代史学萌芽、确立、发展完善、转型四期

（二）编年体、纪传体、纪事本末体、典志体、史学评论

（三）中国古代史学的优良传统

其一是会通古今的治史方式，其二是经世致用的治史精神，其三是求实直书的治史态度，其四是德、识、才、学并举的史学人格

（四）编年类历史典籍

《春秋》、《汉纪》、《资治通鉴》

（五）纪传类历史典籍

《史记》、《汉书》

（六）纪事本末类历史典籍

《通鉴纪事本末》、《宋史纪事本末》

（七）典志类历史典籍

《通典》、《通志》、《文献通考》

(八)史评类历史典籍

《史通》、《文史通义》

四、考核要求

(一)史学沿革

简单应用:中国古代史学萌芽、确立、发展完善、转型四期

(二)中国古代史学的多样表述形式

理解:编年体、纪传体、纪事本末体、典志体

综合应用:编年体和纪传体的优点和缺点

(三)中国古代史学的优良传统

简单应用:中国古代史学所体现的优良史学传统

(四)编年类历史典籍

识记:《春秋》、《汉纪》、《资治通鉴》

综合应用:《资治通鉴》发展了编年体的叙事方式

(五)纪传类历史典籍

识记:《史记》、《汉书》

综合应用:《史记》在中国古代文化史中的地位

(六)纪事本末类历史典籍

识记:《通鉴纪事本末》、《宋史纪事本末》

(七)典志类历史典籍

识记:《通典》、《通志》、《文献通考》

(八)史评类历史典籍

识记:《史通》、《文史通义》

综合应用:章学诚对中国古代史学的贡献

第四章 文学

一、学习目的与要求

通过本章学习,把握中国诗歌、散文、小说的发展脉络,重要作家、作品,不同流派及其风格。

二、课程内容

第一节　诗歌

(一)原始歌谣与《诗经》、《楚辞》

原始歌谣、《诗经》、《楚辞》

(二)汉乐府民歌和"古诗十九首"

汉乐府民歌、"古诗十九首"

(三)魏晋南北朝诗歌

建安诗歌、正始诗歌、太康诗歌、左思的《咏史》、郭璞的《游仙诗》、东晋玄言诗、陶渊明、谢灵运的山水诗、鲍照的拟乐府、新体诗、宫体诗、集南北诗风之大成的庾信、南朝乐府民歌、北朝乐府民歌

(四)唐代诗歌与唐五代词

初唐诗歌、盛唐诗歌、中唐诗歌、晚唐诗歌、唐五代词

(五)宋诗与宋词

宋初诗坛、宋诗高潮、南宋诗坛、北宋词、南渡词、南宋中后期清雅词派

(六)辽金元诗坛与元散曲

辽金元三代诗坛、元散曲、元后期散曲

(七)明代诗、词、曲和民歌

前期诗坛、中期文学复古思潮、后期诗歌新变、明散曲、明代民歌

(八)清代诗词的复兴

清诗、清词

(九)近代诗词

进步诗歌、传统诗歌、近代词

第二节　散文

(一)先秦散文

历史散文:我国第一部散文集历史散文《尚书》,鲁国的编年史《春秋》、《左传》,我国第一部国别史《国语》、《战国策》

诸子散文:《论语》、《老子》、《墨子》、《孟子》、《庄子》、《荀子》、《韩非子》

(二)秦汉散文

政论散文：贾谊《《新书》、《过秦论》、《论积贮疏》、《治安策》)、晁错（《守边劝农疏》、《言兵事疏》、《论贵粟疏》）

历史散文：《史记》、《汉书》、《汉纪》、《吴越春秋》、《越绝书》

汉赋：赋体和骚体

(三)魏晋南北朝散文

建安时期、正始时期、两晋时期、南朝骈文、北朝散文

(四)唐宋散文

唐代古文运动、唐宋散文八大家

(五)明清散文

前七子、后七子、唐宋派、公安派、竟陵派、桐城派

第三节 小说

(一)雏形期(魏晋南北朝)——志怪小说和志人小说

志怪小说：张华的《博物志》、干宝的《搜神记》、王嘉的《拾遗记》、祖冲之的《述异记》

志人小说：裴启的《语林》、郭澄之的《郭子》、刘义庆的《世说新语》

(二)有意为小说的时代(唐代)——唐传奇

沈既济《枕中记》、《任氏传》，陈鸿《长恨歌传》，白行简《李娃传》，元稹《莺莺传》，蒋防《霍小玉传》，李朝威《柳毅传》，陈玄祐《离魂记》，杜光庭《虬髯客传》

(三)小说史上的变迁期(宋元)——宋元话本

《三国志平话》、《大宋宣和遗事》、《大唐三藏取经诗话》、《武王伐纣平话》、《秦并六国平话》、《乐毅图七国春秋后集》、《前汉书续集》

(四)小说的成熟期——明清小说

明代：《三国演义》、《水浒传》、《西游记》等长篇累积型小说，而且出现了第一部文人独创的长篇人情小说《金瓶梅》，白话短篇小说集有冯梦龙的《三言》、凌濛初的《二拍》

清代：白话小说史上的集大成者《红楼梦》，古代文言短篇小说的最高峰《聊斋志异》，吴敬梓带有自传性质的讽刺小说《儒林外史》，"晚清四大谴责小说"李宝嘉的《官场现形记》、吴沃尧的《二十年目睹之怪现状》、刘鹗的《老残游记》、曾朴的《孽海花》

三、考核知识点

（一）原始歌谣与《诗经》、《楚辞》

（二）汉乐府民歌和"古诗十九首"

（三）魏晋南北朝诗歌

（四）唐代诗歌与唐五代词

（五）宋诗与宋词

（六）辽金元诗坛与元散曲

（七）明代诗、词、曲和民歌

（八）清代诗词的复兴

（九）近代诗词

（十）先秦散文

（十一）秦汉散文

（十二）魏晋南北朝散文

（十三）唐宋散文

（十四）明清散文

（十五）小说雏形期（魏晋南北朝）——志怪小说和志人小说

（十六）有意为小说的时代（唐代）——唐传奇

（十七）小说史上的变迁期（宋元）——宋元话本

（十八）小说的成熟期——明清小说

四、考核要求

（一）原始歌谣与《诗经》、《楚辞》

理解：原始歌谣、《诗经》、《楚辞》

（二）汉乐府民歌和"古诗十九首"

理解：汉乐府民歌、"古诗十九首"

（三）魏晋南北朝诗歌

理解：建安诗歌、正始诗歌、太康诗歌、左思的《咏史》、郭璞的《游仙诗》、东晋玄言诗、陶渊明、谢灵运的山水诗、鲍照的拟乐府、新体诗、宫体诗、集南北诗风之大成的庾信、南朝乐府民歌、北朝乐府民歌

（四）唐代诗歌与唐五代词

理解：初唐诗歌、盛唐诗歌、中唐诗歌、晚唐诗歌、唐五代词

综合应用：

1. 李白诗歌的思想内容与艺术形式
2. 杜甫诗歌的思想内容与艺术形式

(五)宋诗与宋词

理解：宋初诗坛、宋诗高潮、南宋诗坛、北宋词、南渡词、南宋中后期清雅词派

简单应用：北宋词三期及代表词人

(六)辽金元诗坛与元散曲

理解：元散曲

(七)明代诗、词、曲和民歌

理解：明前期诗坛、明中期文学复古思潮、明后期诗歌新变、明散曲、明代民歌

(八)清代诗词的复兴

理解：清诗、清词

(九)近代诗词

理解：近代进步诗歌、近代传统诗歌、近代词

简单应用：中国诗歌发展的九个阶段

(十)先秦散文

理解：

1. 先秦历史散文：《尚书》、《春秋》、《左传》、《国语》、《战国策》
2. 先秦诸子散文：《论语》、《老子》、《墨子》、《孟子》、《庄子》、《荀子》、《韩非子》

(十一)秦汉散文

简单应用：

1. 汉代政论散文各期特点
2. 两汉政论历史代表作及其特点
3. 汉赋分期及各期特点

(十二)魏晋南北朝散文

综合应用：魏晋南北朝散文、骈文、赋的成就

(十三)唐宋散文

识记:唐宋八大家:韩愈、柳宗元、欧阳修、苏洵、苏轼、苏辙、王安石、曾巩

(十四)明清散文

识记:前七子、后七子、唐宋派、公安派、竟陵派、性灵说、桐城派

(十五)小说雏形期(魏晋南北朝)——志怪小说和志人小说

识记:

1.志怪小说:张华《博物志》、干宝《搜神记》、王嘉《拾遗记》、祖冲之《述异记》

2.志人小说:裴启《语林》、郭澄之《郭子》、刘义庆《世说新语》

(十六)有意为小说的时代(唐代)——唐传奇

识记:沈既济《枕中记》、《任氏传》,陈鸿《长恨歌传》,白行简《李娃传》,元稹《莺莺传》,蒋防《霍小玉传》,李朝威《柳毅传》,陈玄祐《离魂记》,杜光庭《虬髯客传》

(十七)小说史上的变迁期(宋元)——宋元话本

识记:宋元讲史话本:《三国志平话》、《大宋宣和遗事》、《大唐三藏取经诗话》、《武王伐纣平话》、《秦并六国平话》、《乐毅图七国春秋后集》、《前汉书续集》

(十八)小说的成熟期——明清小说

识记:蒲松龄的文言短篇小说《聊斋志异》,白话小说史上集大成之作曹雪芹《红楼梦》

简单应用:"晚清四大谴责小说"的思想内容和艺术特色

第五章 艺术

一、学习目的与要求

通过本章学习,把握中国艺术的主要特征,以及中国艺术的主要门类建筑、园林、音乐、舞蹈、戏曲、绘画、雕塑、书法、篆刻、工艺美术等的历史流变、基本类型、艺术特色和美学原则等。

二、课程内容

第一节 建筑园林

(一)建筑

建筑发展脉络、建筑的分类、建筑风格特色、代表性建筑

(二)园林

中国园林的源起、发展与兴盛，中国园林艺术的特点，中国园林的主要造园手法，名园揽胜

第二节　音乐舞蹈戏曲

(一)音乐

音乐源流、乐律理论简介、代表性乐器、重要音乐家

(二)舞蹈

舞蹈简史、名家简介、经典舞蹈

(三)戏曲

戏曲的历史沿革、戏曲的主要特征、戏曲的代表性样式、重要剧作家

第三节　绘画雕塑

(一)绘画

中国绘画的历史发展、名家名品概览

(二)雕塑

雕塑的历史沿革、雕塑的主要类型、雕塑的主要艺术特色

第四节　书法篆刻

(一)书法

书法艺术源流、名家名品荟萃

(二)篆刻

篆刻艺术源流、篆刻艺术简介、篆刻流派

第五节　工艺美术

(一)玉器工艺

良渚玉器、红山玉器、商代玉器、汉代玉器、唐代玉器、明清玉器

(二)青铜工艺

青铜器种类：日用器皿、礼器、乐器、兵器和货币

青铜器纹样：几何纹样、动物纹样、怪异动物纹样

(三)瓷器工艺

唐代著名的窑场：南方的越窑、北方的邢窑

宋代著名的窑场：汝窑、官窑、龙泉窑、定窑、景德镇窑

(四)织绣工艺

苏绣、京绣、广绣、蜀绣、湘绣

(五)编织工艺

竹编、草编、藤编

三、考核知识点

(一)中国艺术的主要特征

(二)建筑

(三)园林

(四)音乐

(五)舞蹈

(六)戏曲

(七)绘画

(八)雕塑

(九)书法

(十)篆刻

(十一)工艺美术

四、考核要求

(一)中国艺术的主要特征

综合应用:中国艺术的主要特征

(二)建筑

识记:建筑的分类

理解:

代表性建筑:万里长城、佛光寺、大雁塔、赵州桥、明十三陵、北京故宫

简单应用:

1.中国古代建筑发展的六个阶段

2.中国建筑的风格特色

(三)园林

理解:

代表性园林:避暑山庄、圆明园、苏州留园

简单应用:中国园林的主要造园手法

综合应用:中国园林艺术的特点

(四)音乐

识记:

代表性乐器:编钟、琴瑟、琵琶

理解:

重要音乐家:李延年、嵇康、李龟年、姜夔

(五)舞蹈

识记:

经典舞蹈:巴渝舞、巾舞、破阵乐舞、霓裳羽衣舞

理解:

重要舞蹈家:赵飞燕、杨玉环、公孙大娘

(六)戏曲

理解:

重要剧作家:关汉卿、王实甫、汤显祖、洪升、孔尚任

简单应用:

1. 元杂剧

2. 明传奇

3. 京剧

综合应用:中国戏曲的主要特征

(七)绘画

理解:

1. 六朝三杰(顾恺之、陆探微、张僧繇)

2. 吴道子、唐寅

3.《清明上河图》

(八)雕塑

简单应用:传统雕塑的主要类型

综合应用:传统雕塑的主要艺术特色

(九)书法

识记:

1. 二王(王羲之、王献之)
2. 草圣张旭
3. 颜柳(颜真卿、柳公权)
4. 赵孟頫、郑燮

(十)篆刻
理解：
篆刻流派：皖派(徽派)、浙派
简单应用：篆刻艺术三要素
(十一)工艺美术
理解：
1. 青铜工艺
2. 唐代著名的窑场：南方的越窑、北方的邢窑
3. 宋代：汝窑、官窑、龙泉窑、定窑、景德镇窑
简单应用：
编织工艺三大类：竹编、草编、藤编

第六章 文字与图书

一、学习目的与要求

通过本章学习，掌握汉字的演变、汉字的构造——六书，以及图书形式与图书分类的基本知识。

二、课程内容

第一节 汉字的演变

(一)汉字与汉语的关系：语言与文字的关系、汉字与汉语的关系、汉字的书法艺术

(二)汉字的演变：图画文字、甲骨文、金文、篆书(大篆、小篆)、隶书、楷书、草书(章草与今草)、行书

(三)汉字的简化

第二节 汉字的构造——六书

(一)六书：象形、指事、会意、形声、转注、假借

第三节 图书的形式

（一）图书的发展：青铜器铭文与石刻、石经、简牍与帛书、纸质抄本、雕版印刷、活字印刷

（二）图书的形态：简策、卷轴装、经折装、旋风装、册叶装

第四节　图书的分类

（一）四部分类法：经部、史部、子部、集部

（二）类书与丛书

（三）现代图书分类法

三、考核知识点

（一）汉字的演变：图画文字、甲骨文、金文、篆书（大篆、小篆）、隶书、楷书、草书（章草与今草）、行书

（二）汉字的简化

（三）六书

（四）图书的发展

（五）图书的形态

（六）四部分类法

（七）类书与丛书

（八）现代图书分类法

四、考核要求

（一）汉字的演变

理解：图画文字、甲骨文、金文、篆书（大篆、小篆）、隶书、楷书、草书（章草与今草）、行书

（二）汉字的简化

综合应用：汉字简化采用的三种主要方法

（三）六书

综合应用：六书的理论内涵

（四）图书的发展

简单应用：图书的发展

（五）图书的形态

简单应用：图书的形态

（六）四部分类法

理解：
1. 四部分类法
2. 类书与丛书

第七章　科学技术

一、学习目的与要求

通过本章学习,掌握中国古代天文学、农学、数学、医学、物理学、化学、生物学、工艺制造诸方面的学说和知识。

二、课程内容

第一节　天文历法

（一）天学理论：宇宙本原与演化说、天体结构说、宇宙无限性

（二）天象观测与天文仪器：天象观测与记录、天文仪器

（三）岁时历法：中国历法的特点、历法沿革（《古四分历》、《太初历》、《乾象历》、《大明历》、《大衍历》、《统天历》、《授时历》）

第二节　农学

（一）农业发展简史与农学思想：中国农业的起源与发展、农学思想的核心——"三才"理论

（二）农耕技术：农具、"精耕细作"技术系统

（三）农田水利工程：渠系、陂塘、塘浦圩田、海塘、坎儿井

（四）农学家与农学著作：贾思勰和《齐民要术》、《农书》二种、徐光启与《农政全书》

第三节　数学

（一）中国古代数学的产生：十进位值制记数法、算筹

（二）中国古代数学发展简史：先秦两汉时期、魏晋隋唐时期、宋元时期

（三）中国古代数学的突出成就：《九章算术》、刘徽《九章算术注》、祖冲之与圆周率、秦九韶、朱世杰

第四节　医学

（一）中医理论概述：整体论、阴阳五行说、经络说

（二）临床医学成就：针灸、麻沸散、人工免疫法

(三)医药学名家与名著:《黄帝内经》、扁鹊、《神农本草经》、华佗、张仲景及《伤寒杂病论》、孙思邈及《千金方》、宋慈《洗冤录》、金元四大家、李时珍及《本草纲目》

(四)少数民族医学:藏医学、蒙医学

第五节 物理学、化学与生物学

(一)物理学:指南针与磁学、力学、声学、光学

(二)化学:火药、置换反应

(三)生物学:生物分类、遗传与变异、生态学、生物资源的保护与合理利用

第六节 工艺制造

(一)造纸术与印刷术:造纸术、印刷术

(二)陶瓷工艺:陶器的发明与新石器时代的陶艺、汉唐瓷器的发展、宋瓷、元明清瓷

(三)纺织工艺:先进的纺织工具、印染技术、纺织品与"丝绸之路"

(四)冶金与铸造:青铜冶炼、冶铁、炼钢、铸造

(五)机械制造:指南车、被中香炉、记里鼓车、候风地动仪、活塞式风箱

(六)造船工艺:秦汉时期、唐宋时期、明朝时期

三、考核知识点

(一)天体结构说

(二)大象观测与记录

(三)天文仪器

(四)中国历法的特点

(五)历法沿革

(六)农业发展简史

(七)农学思想

(八)农耕技术

(九)农田水利工程

(十)农学家与农学著作

(十一)中国古代数学发展简史

(十二)中国古代数学的突出成就

(十三)中医理论

(十四)临床医学成就

(十五)医药学名家与名著

(十六)物理学

(十七)化学

(十八)生物学

(十九)造纸术

(二十)印刷术

(二十一)纺织工艺

(二十二)印染技术

(二十三)冶金与铸造

(二十四)机械制造

(二十五)造船工艺

四、考核要求

(一)天体结构说

识记:天体结构说——盖天说、浑天说、宣夜说

(二)天象观测与记录

识记:二十八宿及其四宫分属

(三)天文仪器

识记:仪、象、浑仪、浑象、水运仪、圭表、漏壶

(四)中国历法的特点

二十四节气

(五)历法沿革

识记:《古四分历》、《太初历》(《三统历》)、《乾象历》、《大明历》、《大衍历》、《统天历》、《授时历》

(六)农业发展简史

中国农业发展的五个阶段

(七)农学思想

简单应用:以"三才"理论为核心的农学思想

(八)农耕技术

综合应用:"精耕细作"技术系统

(九)农田水利工程

理解:农田水利工程——渠系、陂塘、塘浦圩田、海塘、坎儿井

(十)农学家与农学著作

识记:贾思勰《齐民要术》、陈旉《农书》、王祯《农书》、徐光启《农政全书》

(十一)中国古代数学发展简史

识记:

1. 唐初王孝通《辑古算经》
2. "算经十书"

(十二)中国古代数学的突出成就

识记:

1. 汉代重要数学著作《周髀算经》和《九章算术》
2. 三国刘徽《九章算术注》

理解:

1. 祖冲之与圆周率
2. 南宋杰出的数学家秦九韶
3. 被外国科技史家评为中世纪最伟大的数学家——元代朱世杰以及其著作《算学启蒙》和《四元玉鉴》

(十三)中医理论

综合应用:中医理论的整体论、阴阳五行说和经络说

(十四)临床医学成就

简单应用:针灸、麻沸散、人工免疫法

(十五)医药学名家与名著

理解:

1. 扁鹊、华佗、"医圣"张仲景、孙思邈、金元四大家、宋慈
2. 《黄帝内经》、《神农本草经》、《伤寒杂病论》、《千金方》、《洗冤录》

简单应用:李时珍及《本草纲目》

(十六)物理学

识记：司南、权衡、滑车、鼓宫宫动、小罅光景

（十七）化学

识记：伏火法、曾青得铁则化为铜

（十八）生物学

识记：李时珍《本草纲目》将植物分为草、谷、菜、果、木五部，将动物分为虫、鳞、介、禽、兽、人六部

（十九）造纸术

识记：麻纸、蔡侯纸、藤纸、宣纸

（二十）印刷术

识记：印章和石碑拓印、雕版印刷术、活字印刷术

（二十一）纺织工艺

识记：周代染红色法

（二十二）印染技术

识记：

1. 三锭棉纺车
2. 青取之于蓝而青于蓝

理解：黄道婆

（二十三）冶金与铸造

炒钢、百炼钢、灌钢

（二十四）机械制造

识记：指南车、候风地动仪

（二十五）造船工艺

理解：千里船

第八章　家族与称谓

一、学习目的与要求

通过本章学习，把握中国古代宗法体系的家族关系，了解血缘九族制和血亲五服制，并熟悉亲属称谓、姓名字号、谦语敬称和帝王称号的使用方法。

二、课程内容

第一节　家族关系

(一)严整的宗法体系:家族、嫡长子继承制

(二)血缘九族制和血亲五服制:血缘九族制、血亲五服制

第二节　亲属称谓

(一)九族的称谓:有两种解释,一是以本人为基准,向上、向下各推衍四代,共九代,为九族;二是以父族四、母族三、妻族二为九族

(二)"五服":斩衰、齐衰、大功、小功、缌麻

第三节　姓名字号

(一)姓氏的由来与演变

(二)名与命名

(三)字及其适用范围

(四)号与其他尊称

第四节　谦语敬称及特殊称谓

(一)谦语

(二)敬称

(三)特殊称谓

第五节　帝王称号

(一)年号

(二)谥号

(三)庙号

(四)尊号

(五)避讳

三、考核知识点

(一)嫡长子继承制

(二)血缘九族制

(三)血亲五服制

(四)九族的称谓

(五)"五服"

(六)姓氏的由来与演变

(七)名与命名

(八)字及其适用范围

(九)号与其他尊称

(十)谦语

(十一)敬称

(十二)特殊称谓

(十三)年号

(十四)谥号

(十五)庙号

(十六)尊号

(十七)避讳

四、考核要求

(一)嫡长子继承制

理解:家族

(二)血缘九族制

简单应用:血缘九族制

(三)血亲五服制

简单应用:血亲五服制

(四)九族的称谓

识记:

1.父系系统诸称谓

2.母系系统诸称谓

3.妻族系统诸称谓

(五)"五服"

简单应用:五种等级的丧服制度

(六)姓氏的由来与演变

简单应用:

1.先秦时期姓与氏的区别

2.古代改姓的五种情况

综合应用:古代姓氏来源的六种类型

(七)名与命名

简单应用：

1. 古代名与字的不同用途

2. 古代字辈命名的三种形式

(八)字及其适用范围

(九)号与其他尊称

理解：

古代尊称：称字、称号、称官职、称籍贯、称任所、称封爵、称谥号

(十)谦语

识记：帝王、诸侯使用的谦语，官吏自称谦语，文人雅士自谦语，以鄙陋微贱自喻的谦语，与己有关的人和事采用的谦语

(十一)敬称

识记：尊、贵、令、贤、万岁、天子、陛下、殿下、阁下、足下、夫子、膝下

(十二)特殊称谓

识记：年龄的称谓、不同的朋友关系之间的称谓、百姓的称谓、职业的称谓

(十三)年号

理解：年号

(十四)谥号

理解：谥号

简单应用：谥法的三种类型

(十五)庙号

理解：庙号

(十六)尊号

理解：尊号

(十七)避讳

综合应用：避讳的诸种情况

第九章 民俗

一、学习目的与要求

通过本章学习,了解中国古代礼俗(礼学典籍、五礼)、中国传统节日(春节、元宵节、清明节、端午节、中秋节)、中国民间禁忌(岁时禁忌、行业禁忌、日常生活禁忌、动植物禁忌)的基本知识。

二、课程内容

第一节 礼俗

(一)民俗与礼俗

(二)礼学经典:《周礼》、《仪礼》、《礼记》

(三)五礼:吉礼、凶礼、军礼、宾礼、嘉礼

(四)主要礼俗:冠礼、笄礼、婚礼、丧礼

第二节 节日

(一)节日的定义

(二)春节

(三)元宵节

(四)清明节

(五)端午节

(六)中秋节

第三节 禁忌

(一)岁时禁忌:节日禁忌、节气禁忌

(二)行业禁忌:农业禁忌、渔牧业禁忌、商业禁忌

(三)日常生活禁忌:衣食住行禁忌、婚丧嫁娶禁忌、人际交往禁忌

(四)动植物禁忌:动物禁忌、植物禁忌

三、考核知识点

(一)民俗与礼俗

(二)礼学经典

(三)五礼

(四)主要礼俗

(五)节日的定义

(六)春节

(七)元宵节

(八)清明节

(九)端午节

(十)中秋节

(十一)岁时禁忌

(十二)行业禁忌

(十三)日常生活禁忌

(十四)动植物禁忌

四、考核要求

(一)民俗与礼俗

理解:

1.民俗

2.礼俗

(二)礼学经典

识记:《周礼》、《仪礼》、《礼记》

(三)五礼

简单应用:古代的五礼

(四)主要礼俗

综合应用:

1.古代婚礼的"八礼"

2.古代葬礼的主要内容

(五)节日的定义

识记:节日

(六)春节

理解:春节

(七)元宵节

理解:元宵节

(八)清明节

理解:清明节

(九)端午节

理解:端午节

(十)中秋节

理解:中秋节

(十一)岁时禁忌

简单应用:节日禁忌、节气禁忌

(十二)行业禁忌

简单应用:农业禁忌、渔牧业禁忌、商业禁忌

(十三)日常生活禁忌

简单应用:衣食住行禁忌、婚丧嫁娶禁忌、人际交往禁忌

(十四)动植物禁忌

简单应用:动物禁忌、植物禁忌

第十章 政体与官制

一、学习目的与要求

通过本章学习,了解和把握中国古代王权制度政体和皇权制度政体、中央官制和地方官制、职官管理的各项制度。

二、课程内容

第一节 政体沿革

(一)政体沿革大势

(二)王权制度:"会盟"、"巡狩"、"朝聘",辅政制、司法监察制度、财政制度、军事制度

(三)皇权制度:皇帝的名号制度、皇帝的名位制度、皇帝的陵号制度、皇位继承制度(嫡长子继承制、密建皇储制度);皇权的行使:批答章奏,朝议、廷议

(四)秦汉时期的三公九卿制中央政体

(五)魏晋南北朝时期的过渡性政体

(六)隋唐三省六部制的政体

(七)宋代二府三司制的政体

(八)元代一省制为核心的政体

(九)明清内阁制的中央政体

第二节　政区沿革

(一)政区名称的由来:九州、五服制

(二)政区名称的级别:国、省、道、路、府、州、郡、县

(三)夏商西周时期的政区

(四)秦汉时期的郡县制政区

(五)魏晋南北朝隋时期州制政区

(六)唐宋辽时期的道(路)制政区

(七)元明清时期的行省制政区

第三节　官制沿革

(一)中央官制

(二)地方官制:方国、省、道、路、府、州、郡、县、基层行政组织、少数民族地区的官制

(三)职官管理:官吏选拔制度、官吏任用制度、考课和奖惩制度、等级和俸禄制度、休假退休和抚恤制度

三、考核知识点

(一)政体沿革大势

(二)王权制度

(三)皇权制度

(四)政区名称的由来

(五)政区名称的级别

(六)各时期政区

(七)中央官制

(八)地方官制

(九)职官管理

四、考核要求

(一)政体沿革大势

理解:政体

简单应用:中国古代政体沿革大势

(二)王权制度

识记:"会盟"、"巡狩"、"朝聘"

理解:王权制度

综合应用:王权制度下的国家组织机构

(三)皇权制度

理解:

1. 皇权制度

2. 皇帝的名号制度、皇帝的名位制度、皇帝的陵号制度

3. 皇位继承制度:嫡长子继承制、密建皇储制度

4. 皇权的行使:批答章奏,朝议、廷议

简单应用:

1. 秦汉时期的三公九卿制中央政体

2. 魏晋南北朝时期的过渡性中央政体

3. 隋唐三省六部制的中央政体

(四)政区名称的由来

识记:

1. 九州

2. 五服制

(五)政区名称的级别

理解:国、省、道、路、府、州、郡、县

(六)各时期政区

简单应用:

1. 夏、商、西周时期政区

2. 秦汉时期郡县制政区

3. 魏晋南北朝隋时期州制政区

4. 唐宋辽道(路)制政区

5. 元明清行省制政区

(七)地方官制

简单应用:

1. 方国、省、道、路、府、州、郡、县、少数民族地区的官制

2. 基层行政组织

(八)职官管理
简单应用：
1. 官吏选拔制度
2. 官吏任用制度
3. 考课和奖惩制度
4. 等级和俸禄制度
5. 休假、退休和抚恤制度

第十一章　教育与科举

一、学习目的与要求

通过本章学习，了解和把握中国古代学校的起源，官学、私学的发展，书院的起源与发展，书院的组织管理制度，选举制和科举制的知识。

二、课程内容

第一节　学校

(一)学校的起源

庠、序、校、学和瞽宗

(二)学在官府与官学的发展

周代的官学与六艺、秦代的学室、汉代的太学、魏晋南北朝的国子学和分科教学、唐代专科学校、宋代官学三舍法、明清国子监

(三)学术下移与私学的发展

私学的兴起、先秦诸子私学、私人讲学、蒙养教育、家学

第二节　书院

(一)书院的起源与发展

书院的由来、五代庐山国学、北宋六大书院、南宋四大书院、明代书院、清代的官学化书院

(二)书院的组织管理制度

教训合一的办学目的、组织结构、自由入学、经费来源、学规、考试制度、祭祀制度

(三)书院的学术传授方式

自学为主、自由讲学、学术传承

第三节 选举制

(一)先秦时期的选举制

选贤举能、世卿世禄制、乡举里选制、养士与军功制度、客卿制

(二)汉代的察举征辟制

察举征辟制的创立、实施、进步、弊端

(三)魏晋南北朝的九品中正制

九品中正制的产生、实施、弊端

第四节 科举制

(一)科举制的产生——隋代进士科

产生条件、形成标志

(二)科举制的确立与完备——唐代科举

考生来源、常科、制科、科举程序、科举制的社会意义

(三)科举制的变革——宋代科举

完善的考试制度、优待考生、严格考试方法、科举制度与学校教育相结合

(四)科举制的定型与衰亡——明清科举

四级考试制度、八股文、试贴诗、科举制的改良与废除

(五)科举制的功过

正面意义、负面影响

三、考核知识点

(一)学校的起源

(二)学在官府与官学的发展

(三)学术下移与私学的发展

四、考核要求

(一)学校的起源

简单应用:学校的起源

(二)学在官府与官学的发展

简单应用:

历代官学:周代的官学与六艺、秦代的学室、汉代的太学、魏晋南北朝的国子学和分科教学、唐代专科学校、宋代官学三舍法、明清国子监

(三)学术下移与私学的发展

简单应用:

各类私学:私学的兴起、先秦诸子私学、私人讲学、蒙养教育、家学

识记:

蒙学教材:"四书"、《三字经》、《百家姓》、《千字文》、《声律启蒙》

(四)书院的起源与发展

识记:书院

简单应用:

书院的起源与发展:书院的由来、五代庐山国学、北宋六大书院、南宋四大书院、明代书院、清代的官学化书院

(五)书院的组织管理制度

简单应用:

书院的组织管理制度:教训合一的办学目的、组织结构、自由入学、经费来源、学规、考试制度、祭祀制度

(六)书院的学术传授方式

综合应用:

书院的学术传授方式:自学为主、自由讲学、学术传承

(七)先秦时期的选举制

识记:选举制

理解:

先秦时期的选举制:选贤举能、世卿世禄制、乡举里选、养士与军功制度、客卿制

(八)汉代的察举征辟制

简单应用:汉代的察举征辟制

(九)魏晋南北朝的九品中正制

简单应用:魏晋南北朝的九品中正制

(十)科举制的产生——隋代进士科

识记:科举

理解:科举制的产生——隋代进士科

(十一)科举制的确立与完备——唐代科举

理解:科举制的确立与完备——唐代科举
(十二)科举制的变革——宋代科举
简单应用:科举制的变革——宋代科举
(十三)科举制的定型与衰亡——明清科举
识记:八股文、试贴诗
综合应用:明清时期科举考试的四级考试制度
(十四)科举制的功过
综合应用:科举制的功过

第十二章 货币与度量衡制度

一、学习目的与要求

通过本章学习,了解和把握中国古代货币与度量衡制度的基本知识。

二、课程内容

第一节 中国古代的货币

(一)中国货币的滥觞
(二)统一货币的产生和发展
(三)中国古代的纸币
(四)古代中国社会货币的典型——银两
(五)近代货币——银元

第二节 中国古代的度量衡

(一)中国度量衡的起源和初步发展
(二)中国度量衡制的建立——秦汉度量衡制
(三)中国度量衡制的延续和发展
(四)中国古代度量衡器具

三、考核知识点

(一)中国货币的滥觞
(二)统一货币的产生和发展:半两钱、五铢钱、通宝钱
(三)中国古代的纸币:交子、元钞、宝钞
(四)古代中国社会货币的典型——银两

(五)近代货币——银元

(六)中国度量衡的起源和初步发展

(七)中国度量衡的建立——秦汉度量衡制

(八)中国度量衡制的延续和发展

(九)中国古代的度量衡器具

四、考核要求

(一)中国货币的滥觞

识记:新石器时代晚期的海贝,夏商西周时期的陶贝、石贝、铜贝、银贝、金贝,春秋战国时期的四种货币体系(布钱体系、刀币体系、圜钱体系、楚币体系)

综合应用:中国古代货币系统的特点

(二)统一货币的产生和发展:半两钱、五铢钱、通宝钱

识记:半两钱、五铢钱、通宝钱

(三)中国古代的纸币

简单应用:中国古代的纸币(交子、元钞、宝钞)

(四)古代中国社会货币的典型——银两

简单应用:古代中国社会货币的典型——银两

(五)近代货币

简单应用:近代货币——银元

(六)中国度量衡的起源和初步发展

综合应用:中国古代度量衡的发展与当时的科学技术的密切关系

识记:中国度量衡的起源和初步发展

(七)中国度量衡制的建立

简单应用:中国度量衡制的建立——秦汉度量衡制

(八)中国度量衡制的延续和发展

简单应用:中国度量衡制的延续和发展(三国至明清)

(九)中国古代的度量衡器具

理解:中国古代的度量衡器具(尺、卡尺、权衡、杆秤、五量合一、戥子)

Ⅲ 有关说明和实施要求

一、关于考核目标的说明

为使个人自学、社会助学和考试命题有所遵循,本大纲对各方面考试内容的规定,尽可能落实到具体的考核点。对各考核点的能力层次要求,大致由低至高分为识记、理解、简单应用和综合应用四个层次。现分别说明如下:

(一)有关识记能力的要求:记忆、识记。

(二)有关理解能力的要求:解释、把握、概括、理解、归纳。

(三)有关简单应用的要求:说明、简说、简析、简论。

(四)有关综合应用的要求:论述、论析、分析、综合、评说、评价。

二、关于教材

本课程的教材是:《中国文化导论》,全国高等教育自学考试指导委员会组编,陈洪、赵季主编,南开大学出版社 2007 版。

三、自学方法指导

(一)认真阅读本大纲,明确考核内容范围和考核目标,了解试题题型。

(二)依照本大纲所规定的考核点,结合每章后的思考题,认真学习钻研教材,防止偏离教材的倾向。

(三)书后所列的参考书目,是为了帮助考生领会教材内容而设置的,它有利于对中国文化现象的理解,但并不作为考试内容。

(四)考生应注重联系比较分析综合能力,理清脉络,把握中国文化的基本知识和实质精神。

四、对社会助学者的要求

(一)社会助学者应根据本大纲规定的考试内容和考核目标,认真钻研指定教材,对考生作准确严谨的辅导。

(二)按照本课程的学习要求,围绕教材进行辅导,防止偏离教材的倾向。

(三)指导考生按考试目标和考试题型做一定程度的练习。

五、关于考试命题的若干规定

(一)本课程 6 学分。考试命题应根据本大纲规定的考试内容来确定考试范围,试题的内容和材料均取自指定的本课程统编教材《中国文化导论》。

(二)所有试题的考核目标,均应以本大纲所规定的能力层次要求为限度。为适应自学考试特点,避免题目过难,本大纲所规定的低能力层次考核目标的内容不能命高能力层次的题目,高能力层次考核目标的内容可以命低能力层次的题目。

(三)组配试卷,应掌握好试题的内容覆盖面、能力层次和难易度。每种比例规定均可有 3 分以内的浮动幅度。

1. 试题覆盖比例:每份试卷必须覆盖教材全部各章。

2. 不同能力层次的比例:一般为识记 20%,理解 25%,简单应用 25%,综合应用 30%。

3. 不同难易度的比例:一般为易 20%,较易 30%,较难 30%,难 20%。

4. 主观性试题与客观性试题比例:一般为主观性试题 50%,客观性试题 50%。

(四)本课程命题较适合的题型有:单项选择题、多项选择题、词语解释题、简答题、论述题等。各种题型的具体样式,可参看本大纲"附录:题型举例"。

(五)本课程考试时间为 150 分钟。试题量应以中等水平的自学应考者能在规定时间内答完全部试题为度。

附录：题型举例

一、单项选择题（下列四个备选答案中只有一个是正确的，请将正确选项的代码填写在题后括号内，多选、错选均不得分）

1. 我国佛教的鼎盛阶段是（   ）
   A. 南北朝时期   B. 隋唐时期
   C. 两宋时期   D. 宋以后

2. 按建筑类型划分，文庙属于（   ）
   A. 宫廷府第建筑   B. 陵墓建筑
   C. 祭祀性建筑   D. 宗教建筑

二、多项选择题（在下列五个备选答案中，至少有两个是符合题目要求的，请将其全部选出，并将正确选项的代码填写在题后括号内，多选、少选、错选均不得分）

1. 中华戏曲的雏形在唐代已形成，主要体现为出现了（   ）
   A. 角抵戏   B. 参军戏
   C. 歌舞戏   D. 杂剧
   E. 南戏

2. 中国古代影响最大的天体结构理论有（   ）
   A. 盖天说   B. 浑天说
   C. 宣夜说   D. 元气说
   E. 五行说

三、词语解释题

1. 甲骨文
2. 选举制

四、简答题

1. 简述谥法的几种分类形式。

2.何谓语言禁忌?

五、论述题
1.试述中国传统雕塑的主要艺术特色。
2.试论中国古代度量衡的发展与当时科学技术的密切关系。

后 记

《中国文化导论自学考试大纲》是根据全国高等教育自学考试文化产业专业(独立本科段)考试计划的要求,由全国考委文史类专业委员会组织编写的。

《中国文化导论自学考试大纲》由南开大学教授陈洪、赵季编写的。

参加本大纲审定并提出修改意见的专家有:山东大学谭好哲教授(主审),中国传媒大学张晶教授,南开大学陶慕宁教授。

在此一并表示衷心的感谢。

全国高等教育自学考试指导委员会文史类专业委员会

2007 年 5 月